Embedded Systems mit RISC-V und ESP32-C3

Prof.(FH) Dipl-Ing. Patrick Ritschel studierte Informatik an der TU Wien. Anschließend leitete er die Entwicklung von Smart Cards bei der Winter AG. Seit 2003 unterrichtet er embedded Systems, Programmierung und Algorithmik in C, C++ und Java, sowie Mobile Computing an der Fachhochschule Vorarlberg. Er gründete die clownfish IT GmbH, die eingebettete Anwendungen im B2B-Bereich anbietet. In seiner Freizeit zieht es ihn mit seiner Familie auf die Theaterbühne, um zu spielen, zu singen und auch Theaterstücke zu schreiben.

Patrick Ritschel

Embedded Systems mit RISC-V und ESP32-C3

Eine praktische Einführung in Architektur, Peripherie und eingebettete Programmierung

dpunkt.verlag

Patrick Ritschel
patrick@ritschel.at
www.ritschel.at

Lektorat: Gabriel Neumann
Copy-Editing: Annette Schwarz, Ditzingen
Satz: Patrick Ritschel
Herstellung: Stefanie Weidner, Frank Heidt
Umschlaggestaltung: Helmut Kraus, *www.exclam.de*
Druck und Bindung: mediaprint solutions GmbH, 33100 Paderborn

Bibliografische Information der Deutschen Nationalbibliothek
Die Deutsche Nationalbibliothek verzeichnet diese Publikation in der Deutschen Nationalbibliografie; detaillierte bibliografische Daten sind im Internet über *http://dnb.d-nb.de* abrufbar.

ISBN:
Print 978-3-86490-937-5
PDF 978-3-96910-998-4
ePub 978-3-96910-999-1
mobi 978-3-98890-000-5

1. Auflage 2023

Wieblinger Weg 17
69123 Heidelberg

Hinweis:
Dieses Buch wurde mit mineralölfreien Farben auf PEFC-zertifiziertem Papier aus nachhaltiger Waldwirtschaft gedruckt. Der Umwelt zuliebe verzichten wir zusätzlich auf die Einschweißfolie. Hergestellt in Deutschland.

PEFC-zertifiziert
Dieses Buch stammt aus nachhaltig bewirtschafteten Wäldern und kontrollierten Quellen
PEFC/04-31-0810
www.pefc.de

Schreiben Sie uns:
Falls Sie Anregungen, Wünsche und Kommentare haben, lassen Sie es uns wissen: *hallo@dpunkt.de*.

5 4 3 2 1 0

Vorwort

> *»Für euch, Kinder der Wissenschaft und der Weisheit, haben wir dieses geschrieben. Erforschet das Buch und suchet euch unsere Ansicht zusammen, die wir verstreut und an mehreren Orten dargetan haben; was euch an einem Orte verborgen bleibt, das haben wir an einem anderen offengelegt, damit es fassbar werde für eure Weisheit.«*
>
> HEINRICH C. AGRIPPA VON NETTESHEIM
> »DE OCCULTA PHILOSOPHIA«

Warum schreibt man heutzutage noch ein Fachbuch? – Man findet doch alle Informationen im Internet.

Diese Antwort ist grundsätzlich richtig, trifft aber nicht den Kern des Buchbegriffs:

Wenn man ein Buch liest, nimmt man es zur Hand, blättert, liest dies, sieht das. Und irgendwann auch das, was man sucht. Doch der Weg zum Gesuchten ist voller schöner Überraschungen und Informationen. Man profitiert bereits von der Suche, was bei der Internetsuche selten der Fall ist. Dort bekommt man Millionen Treffer, die nicht zu weit vom Thema weg führen.

Ein Buch ist also kein Anachronismus in einer zunehmend digitalisierten Welt, sondern durchaus zeitlos und modern. Ein E-Book erzielt, einen entsprechenden Reader vorausgesetzt, denselben Erfolg wie die Papiervariante.

Entgegen dem strukturierten Aufbau üblicher Fachbücher zu der Thematik habe ich einen beispielorientierten erzählerischen Ansatz gewählt, der entlang eines roten Fadens vom Mikroprozessor zum IoT-Ding führt. So werden viele Themen behandelt, die theoretische und praktische Bedeutung für die Entwicklung professioneller Embedded Systeme haben.

Ich möchte mich an dieser Stelle noch herzlich bei meinen geschätzten Freund:innen und Kolleg:innen bedanken, die mir mit Rat und Tat zur Seite gestanden haben. Dies sind Johannes Koch MSc, der auch Inhalte der Webseite zum Buch beigesteuert hat, Dr. Regine

Kadgien, Dr. Franz Geiger, DI Wolfgang Auer und Dr. Christoph Scheffknecht sowie die Teams des dpunkt.verlags und der Firma clownfish GmbH. Des Weiteren möchte ich meinen Lieben, Johanna, Jakob und Babsi, für ihre Geduld danken, mit der sie mich bei all meinen Ideen und Projekten unterstützen.

Ich wünsche der Leserin bzw. dem Leser viel Vergnügen beim Schmökern und Blättern, beim Löten und Messen, beim Grübeln und Programmieren! Und wenn interessante Dinge zu knapp erklärt sind, macht es doch wieder Sinn, sie nachzugoogeln ...

Inhaltsverzeichnis

I Mikrocontroller-grundlagen

1 Einleitung

> *»Kompliziertes kompliziert zu sagen ist einfach.*
> *Nur Einfaches einfach zu sagen ist kompliziert.«*
>
> KARL-HEINZ KARIUS

Laut statista.com [57] wurden im Jahre 2021 weltweit 31,2 Milliarden Mikrocontroller produziert, was rund vier neuen Mikrocontrollern pro Erdenbürger entspricht. Damit sind diese Kleinstcomputer mittlerweile auch in Gegenständen des Alltags verbaut (»eingebettet«, *embedded*), in denen wir sie nicht vermuten. Oft werden Consumer-Produkte, Haushalts- und Kommunikationsgeräte, die Mikrocontroller enthalten, als »smart« bezeichnet. Vom üppig ausgestatteten Smartphone bis zur stark ressourcenbeschränkten Smart Card ist ein Mikroprozessor informationsverarbeitender Kern des Gerätes. All diese Geräte benötigen eine weitestgehend fehlerfreie Software, um mitunter ohne Update-Möglichkeit viele Jahre reibungslos zu funktionieren. Um dies zu gewährleisten, ist ein solides Grundverständnis von Aufbau und Arbeitsweise der Embedded Systeme unerlässlich.

Da die Komplexität durch wachsende Applikationsgröße und Internetanbindung steigt, wird auch die Programmentwicklung umfangreicher und komplexer. Diese IoT(»Internet of Things«)-Geräte besitzen embedded Betriebssysteme, deren Tasks miteinander kommunizieren. Auch dieses Zusammenspiel muss gut durchdacht sein, um performante Software ohne Deadlocks zu designen.

1.1 Ziel des Buchs

Ein Einstieg in die Entwicklung eingebetteter Systeme (in der Folge »Embedded Systeme« genannt) bringt verschiedene Hürden mit sich. Oft ist eine Programmiersprache bekannt, doch die technischen Details machen die Lernkurve steil und den Weg zum Ziel steinig.

Nimmt man ein Buch über die C-Programmiersprache zur Hand, enthält dieses keine Details zur Programmierung von Mikrocontrollern. Versucht man hingegen, die Datenblätter, Family Guides und Reference Manuals zu verwenden, machen die technischen Details den Einstieg schwer. Die Beispielprogramme und Application Notes auf den Webseiten der Hersteller implementieren Lösungen für sehr spezielle Probleme, was eine Umsetzung einer Lösung zu einem anders gearteten Problem schwierig gestaltet.

Insgesamt lässt sich sagen, dass eine Entwicklung oder Anpassung der Software ohne fundiertes Basiswissen aufwendiger und fehleranfälliger als mit den entsprechenden Grundlagen ist.

Ziel dieses Buches ist, der Leserin bzw. dem Leser die Grundlagen anschaulich und fundiert zu vermitteln. Aufgrund der Größe des Gebiets werden einige Bereiche nur gestreift, punktuell werden Themen aber in die Tiefe verfolgt.

1.2 Struktur des Buches

Die Struktur des Buches mag etwas ungewohnt erscheinen. Statt eines strukturierten, aufzählenden Aufbaus wurde ein beispielorientierter erzählerischer Ansatz gewählt. Anhand von Beispielen wird die embedded Welt durchwandert und erklärt.

Ein detaillierter Index am Ende des Buches dient dem Nachschlagen einzelner Themen. Der Inhalt ist drei Teilen zugeordnet, die schichtweise aufeinander aufbauen, aber jeweils für sich separat gelesen werden können, wie Abb. 1–1 zeigt.

Abb. 1–1
Das Buch ist in drei Teile gegliedert.

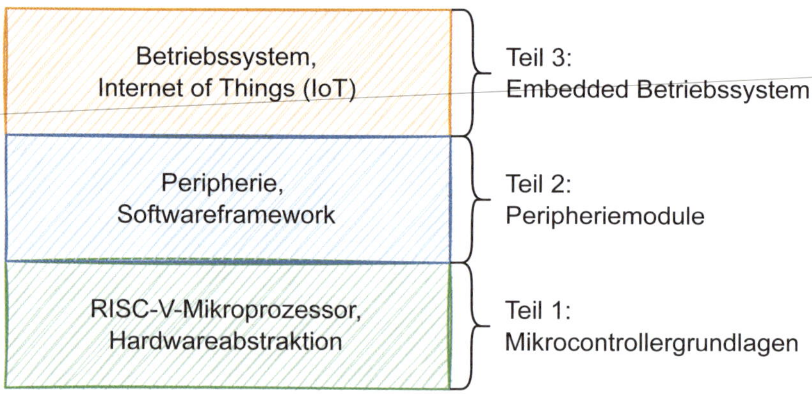

Teil I behandelt den Aufbau eines RISC-V-Mikroprozessors, dessen Anbindung an ein Bussystem und die Grundlagen des Zugriffs auf

Peripheriemodule. Grundlagen der Assemblersprache und der hardwarenahen Programmierung in C mit Memory-Mapped I/O, Speicherverwaltung und Performanz werden vermittelt.

Teil II beinhaltet elektrotechnische Grundlagen zum Verständnis einfacher elektronischer Schaltungen. Verschiedene Peripheriemodule zur Ein-/Ausgabe, Kommunikation, Interrupt-Behandlung sowie die Verarbeitung analoger Sensordaten werden anhand der beispielhaften Implementierung eines Pulsoximeters erläutert.

Teil III bettet das Pulsoximeter in den Kontext des IoT ein, indem Daten über verschiedene Internetprotokolle verschickt werden. Die Grundlagen von embedded Betriebssystemen und deren Systemprogrammierung werden anhand des Beispiels verständlich. Eine praktische Betrachtung von Bluetooth LE und der Möglichkeiten des Stromsparens rundet das Kapitel ab.

1.3 Zielpublikum

In erster Linie ist dieses Buch für den Einsatz im einführenden und fortgeschrittenen Unterricht über Embedded Systeme geplant. Es ist von großem Vorteil für das Verständnis, wenn Grundlagen der Informatik und des Programmierens in der Programmiersprache C vorhanden sind. Alternativ sind Grundlagen in einer anderen Programmiersprache sehr anzuraten. Die einzelnen Teile bieten sich an, in separaten Lehrveranstaltungen zu Rechnerarchitektur/-organisation (Teil I), Embedded Programmierung (Teil II), Betriebssystemen (Teil III) und Kommunikationssystemen/IoT (Teil III) Eingang zu finden.

In zweiter Linie richtet sich das Buch an interessierte Leser:innen mit informatischem Background. Entsprechendes Interesse vorausgesetzt profitiert diese Leserschaft vom Inhalt. Die Lesereihenfolge ist beliebig, idealerweise sequenziell vom Anfang zum Ende.

Auch Personen, die bereits im Embedded Systems-Umfeld aktiv sind, sind von diesem Buch angesprochen. Die technischen Details zu Architektur und Programmierung, die hier zusammengetragen sind, vertiefen das vorhandene Wissen. Dieser Leserschaft ist angeraten, das Buch von vorne nach hinten zu lesen und bekannte Teile zu überfliegen. Beim Überspringen könnten wertvolle Details ausgelassen werden.

Für alle Leser:innen dient das Buch als Nachschlagewerk zu den vielfältigen Technologien, die in Embedded Systemen zum Einsatz kommen.

1.4 Gebrauchsanweisung

Es ist möglich, das Buch nur zu lesen. Um ideal zu profitieren, ist anzuraten, die entsprechende embedded Hardware anzuschaffen und die Beispiele im Buch nachzuvollziehen. In diesem Sinne handelt es sich nicht um ein Lese-, sondern ein Arbeitsbuch.

Embedded Hardware Als embedded Hardware findet ein ESP32-C3-Mikrocontroller (siehe Abschnitt 2.2.1), basierend auf einem modernen RISC-V-Prozessor, Anwendung. Die Beispiele erfordern teilweise zusätzliche Komponenten wie eine Steckplatine (siehe Abschnitt 5.3.4) und Bauteile, die auch mit einem kleinen Budget zu beschaffen sind. Quellen zur Materialbeschaffung finden Sie auf der Webseite zum Buch (siehe Anhang A).

Beispielprogramme Die Herausforderungen, die sich bei den ersten Implementierungen im embedded Umfeld ergeben, folgen typischerweise bestimmten Mustern, die sich hauptsächlich aus der Interaktion des Systems mit seiner Umgebung ergeben. Solche Muster werden im Buch zum besseren Verständnis durchgehend in Beispielprogrammen verwendet. Um diese besser nachzuvollziehen, ist der Code der Beispiele online zugänglich (siehe Anhang A) abgelegt. Dies ist vor allem beim großen Pulsoximeterbeispiel wichtig, da im Buch wesentliche Teile, aber nicht die gesamten Sourcen abgedruckt sind.

Übungsbeispiele Jeder Teil verfügt über theoretische und praktische Übungen. Diese dienen dem Sammeln von Erfahrungen mit der embedded Plattform und dem Üben anhand typischer Problemstellungen. Ein Vergleich mit den bereitgestellten Lösungen hilft bei der Beurteilung der eigenen Ausarbeitung.

Wichtig ist dabei zu beachten, dass eine Musterlösung nicht die einzig sinnvolle Lösung darstellt. Es gibt immer viele Wege zum Ziel, die jeweils ihre eigene Begründung haben. Deshalb werden auf der Webseite zum Buch (siehe A) Kommentare zu den Musterlösungen und alternative Ansätze gesammelt und bereitgestellt.

1.4.1 Konventionen

Im Bereich der Informatik werden oft Fachbegriffe verwendet, die eine sperrige oder ungewohnte deutsche Übersetzung haben. Aus diesem Grund werden die Begriffe bei der ersten Verwendung in »französischen« Anführungszeichen eingeführt und dann direkt verwendet. Eine Vermischung wie »Embedded Systeme« statt »eingebettete

Systeme« oder »embedded systems« ist eine unweigerliche Folge, die dem Autor bitte verziehen wird.

Die abgedruckten Sourcen in der Programmiersprache C wurden der Übersichtlichkeit halber auf den Platzbedarf hin optimiert. Umbrüche langer Zeilen werden mit ↪ dargestellt. Der Programmierstil ist modern und teils ungewöhnlich. So wird ein `int *pX` als `int* pX` dargestellt, um zu zeigen, dass der Pointer zum Typ gehört und nicht zum Namen. Die Benennung von Variablen und Funktionen ist modern in Camel-Case. Wer das unangebracht findet, möge bitte über diese Spitzfindigkeiten hinwegsehen und die eigenen Konventionen weiter verwenden.

Werden im Fließtext Variablen verwendet, werden diese in einer `Terminal-Schriftart` dargestellt. Zur einfachen Darstellung, dass es sich um eine Funktion handelt, wird diese mit runden Klammen, aber ohne Parameterliste, angegeben, beispielsweise `doIt()`.

Abb. 1–2
Die Implementierung des Pulsoximeters `poxi` *bildet die Basis der Teile II und III.*

Weiterführendes

Einführende oder weiterführende Themen werden in separaten Kästen untergebracht. Bei Interesse können sie gelesen werden; sie sind allerdings nicht im Fließtext eingebettet.

Die Größenverhältnisse von Kleinsystemen bieten sich für eine kurze Betrachtung an. Die kleinsten Mikrocontroller sind mit Gehäuse kleiner als 2 mm x 2 mm x 0,5 mm. Der in diesem Buch verwendete ESP32-C3-Mikrocontroller hat in etwa die Leistungsfähigkeit eines Intel-Pentium-PC-Prozessors und passt mit seiner Größe 5 mm x 5 mm x 0,85 mm etwa 6½ Mal auf dessen Siliziumfläche - inklusive RAM, Wi-Fi und Bluetooth-Hardware.

Die weiteren Themen sind nicht minder spannend!

2 Hallo, Welt!

> *»Das Durchschnittliche gibt der Welt ihren Bestand, das Außergewöhnliche ihren Wert.«*
>
> OSCAR WILDE

Seit Kernighan und Ritchie in ihrem Buch *The C Programming Language* [36] gleich zu Beginn ein Programm schrieben, das

```
hello, world
```

auf dem Bildschirm ausgab, verwenden viele Programmierbücher diesen Ansatz. Die Begründung, »der einzige Weg, eine Programmiersprache zu lernen, ist, Programme in ihr zu schreiben«, ist ja durchaus plausibel.
Da dieses Buch unter anderem den Anspruch erhebt, die Programmierung von Embedded Systemen als Fertigkeit zu erlernen, wird dieser beispielgetriebene Ansatz auch hier verfolgt. In diesem Kapitel wird ein erstes C-Programm erstellt, auf eine embedded Plattform mit einem RISC-V-basierten Mikrocontroller aufgespielt und dort gestartet. Der Debugger dient dann zur schrittweisen Programmausführung.

Auf diese Weise werden die einzelnen Komponenten des Entwicklungsflusses verständlich. Begleitend zu dieser praktischen »Implementierung« werden die Entwicklungsumgebung und das »Embedded System«, nämlich der Rechner, auf dem das Programm ausgeführt wird, erläutert. Dieses Embedded System unterscheidet sich doch stark von einem klassischen PC mit Monitor, Tastatur, Maus und grafischer Benutzeroberfläche.

PC, Personal Computer: Heimcomputer oder Arbeitsplatzrechner wie Desktop, Notebook oder Tablet

Embedded System

Unter einem *embedded system* (zu Deutsch: *eingebettetes System*) versteht man ein Computersystem, bestehend aus Hard- und Software, das in einen technischen Kontext eingebettet ist. In diesem Kontext verrichtet es Arbeiten wie Überwachung, Steuerung, Regelung und die weitere Datenverarbeitung. In modernen Systemen nimmt die Kommunikation eine wachsende Rolle ein, was sich in den technischen Modeschlagworten IoT und IIoT (*[Industrial] Internet of Things*: Sensoren und andere Geräte, die [im industriellen Umfeld] vernetzt sind) niederschlägt.

Embedded Systeme treten in ihren Applikationen oft so weit in den Hintergrund, dass sie für Anwender unsichtbar sind oder nicht mehr als Computer wahrgenommen werden. Beispiele sind moderne Haushaltsmaschinen, Unterhaltungsgeräte wie Uhren etc., aber auch Geräte der Kommunikationsinfrastruktur, Industrie und Fahrzeuge vom Automotive-Bereich bis zur Raumfahrt. Aufgrund dieser Unsichtbarkeit, Durchdringung und Allgegenwärtigkeit von Computersystemen stößt man im Umfeld auf die Begriffe *invisible*, *pervasive* und *ubiquitous* Computing.

Da solche Systeme oft mobil sind, keinen Anschluss an das Stromnetz haben, auch extremen Umweltbedingungen ausgesetzt sind und technisch in großen Stückzahlen produziert werden, liegt der Fokus auf kleinen, stromsparenden, robusten und günstigen Komponenten. Dadurch nicht vergleichbar mit üppig ausgestatteten PCs sprechen wir von *ressourcenbeschränkten Systemen*. Diese Beschränkung von Ressourcen wie Arbeitsspeicher, Akkukapazität, Bandbreite und Latenz der Kommunikation, Ein-/Ausgabemöglichkeiten, Antwortzeit und Echtzeitfähigkeit, Kosten etc. wirkt sich direkt auf die gesamte Hard- und Softwareentwicklung aus.

Die Hardware besteht neben Gehäuse und mechanischen Komponenten aus einer Elektronik, die diverse Schnittstellen bereitstellt. Neben LEDs, Displays, Tastern, Joysticks, Segmentanzeigen, Leistungselektronik, Sensoren für Temperatur, Druck, Helligkeit, Beschleunigung und vielem mehr enthält die Hardware als steuernde Komponente einen Mikroprozessor bzw. Mikrocontroller.

2.1 Wahl der Programmiersprache

Für die Programmierung von Embedded Systemen werden verschiedene Programmiersprachen angepriesen und in der Praxis auch verwendet. Sowohl von Skriptsprachen als auch von Sprachen mit einer virtuellen Maschine wird in diesem Buch aus mehreren Gründen Abstand genommen:

Ein wesentliches Ziel dieses Buches ist es, ein grundlagenbasiertes Verständnis des Systems zu vermitteln, weshalb auf die gesamte

Hardware direkt, also ohne interpretierende Zwischenschicht, zugegriffen wird. Python, Lua, Java, C# usw. fallen dadurch weg.

Das wohl stärkste Kriterium bei der Auswahl einer Programmiersprache für Embedded Systeme ist aufgrund der beschränkten Ressourcen die Performanz in Bezug auf Ausführungsgeschwindigkeit und Speichernutzung. Um den Zugang zu sämtlichen Ressourcen zu ermöglichen, spielt die Hardwarenähe ebenso eine große Rolle, was die Sprache C mit ihrem Pointer-Konzept in den Fokus rückt.

Viele Konstrukte und Paradigmen moderner Sprachen wie Objektorientierung und funktionale Programmierung spielen in den hardwarenahen Schichten eine untergeordnete Rolle. Bei der Bewältigung von Aufgaben mit hoher Komplexität, wie sie in höheren Schichten üblich sind, sind sie aber hilfreich, weshalb Sprachen mit derartigen Konzepten hier breiten Einsatz finden. Die Sprache C++ kann deshalb als durchgängige Sprache eingesetzt werden, wird aber gerade wegen der Fülle an Funktionalität und damit einhergehender Komplexität und Beherrschungsschwierigkeiten oft gemieden.

Meist fällt die Wahl als Sprache der »unteren Schichten« auf die Programmiersprache C, was sich auch dadurch ausdrückt, dass die Mikrocontrollerhersteller vorrangig C-Code in ihren Entwicklungskits, Application Notes und Treiberbibliotheken bereitstellen.

Der TIOBE Index beurteilt monatlich die Popularität von Programmiersprachen.

Aus diesen Gründen wurde auch für die Praxisbeispiele in diesem Buch die Programmiersprache C gewählt. Die Einfachheit und Klarheit der Sprache dürfen ebenfalls nicht unterschätzt werden. Die Programmiersprache C gehört laut TIOBE Index [60] zu den populärsten Programmiersprachen überhaupt. Zuletzt war C 2019 »Programming Language of the Year«.

C wurde mit dem Ziel entwickelt, eine Hochsprachenabstraktion zur Assemblersprache zu bieten. Als Resultat ist C-Code verhältnismäßig leicht in Assembler zu übersetzen, was den Aufwand der Compiler-Portierung auf eine neue Prozessorplattform gering hält. Der freie GNU C Compiler (gcc) ist auf allen gängigen Plattformen und Betriebssystemen verfügbar, und C-Programme sind damit leicht auf diese portierbar. Die Performanz des übersetzten C-Codes ergibt sich auch daraus, dass Mikroprozessorarchitekturen wie RISC-V, ARM, MIPS und weitere gemeinsam mit einem (und damit für einen) C-Compiler entwickelt werden.

Eine interessante, weil auf Performanz und Sicherheit hin entwickelte Sprache stellt Go dar. Aufgrund der derzeit geringen Verbreitung wird diese objektorientierte Sprache in diesem Buch aber nicht eingesetzt. Eine weitere Sprache mit diesem Fokus ist Rust, auf dessen Grundlage Google das embedded Betriebssystem KataOS entwickelt.

Eine weitere hardwarenahe Programmiersprache, die aber zunehmend durch Hochsprachen ersetzt wird, ist Assembler. Moderne optimierende Compiler generieren Code, der an Effizienz oft handgeschriebenes Assembly übertrifft, und das bei schnellerem Entwicklungstempo und stärkerer Sicherheit der Hochsprachen. Im Rahmen dieses Buches wird RISC-V Assembler gestreift, um die RISC-V ISA (Instruction Set Architecture) zu verstehen. Ebenso wird das Disassembly beim Debuggen verwendet, um schwer zu findende Fehler zu lokalisieren.

2.2 Benötigte Komponenten für die Applikationsentwicklung

Damit eine Applikation entwickelt werden kann, werden verschiedene Komponenten benötigt, wie sie auch in Abb. 2–1 ersichtlich sind. Nach der folgenden Übersicht wird in diesem Abschnitt detailliert auf die einzelnen Teile eingegangen.

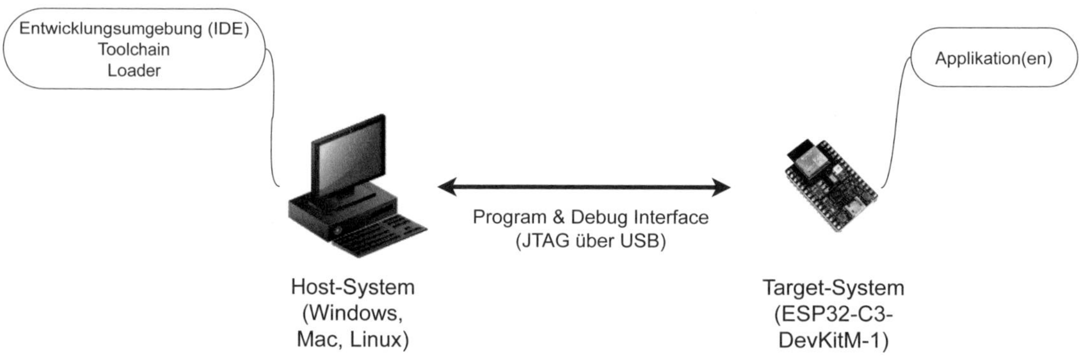

Abb. 2–1
Komponenten der Cross-Platform-Entwicklung

Target-System Einerseits wird das »Target-System«, also das Zielsystem, benötigt. Auf diesem wird die erstellte Software ausgeführt. Es ist auch möglich, per *ISD* (»In-System Debugging«) die Software auf der Zielplattform zu debuggen, also schrittweise auszuführen, Variablen einzusehen und vieles mehr. Für die weitere Arbeit mit diesem Buch empfiehlt sich das in Abschnitt 2.2.1 vorgeschlagene preiswerte RISC-V-Entwicklerboard.

Host-System Wenn sich, wie in unserem Fall, das »Host-System«, auf dem die Software entwickelt wird, vom Target-System unterscheidet, spricht man von »Cross-Platform-Entwicklung«. Das

Host-System ist typischerweise ein Windows-PC, auf dem die integrierte Entwicklungsumgebung (siehe Abschnitt 2.2.2) läuft. Da ein Apple Mac sich hardwaretechnisch nicht wesentlich von anderen PCs unterscheidet, ist diese Computerklasse unter dem Begriff »PC« in diesem Buch mit eingeschlossen. Mithilfe einer »Toolchain«, also einer Sammlung von Softwarewerkzeugen, wird der Sourcecode in eine Applikation übersetzt und anschließend mit einem Loader auf das Zielsystem übertragen.

Die in den Beispielen eingesetzte Software läuft auf PCs mit den Betriebssystemen Windows, Linux und macOS. Hinweise zur Installation und Benutzung sind in Anhang A.1 zu finden.

Program & Debug Interface Die Kommunikation zwischen Host- und Target-System wird über das Program & Debug Interface gewährleistet. In der Praxis kommen auch verschiedene Interfaces für beide Zwecke zum Einsatz, also beispielsweise serielle Kommunikation (RS-232) zum Programmieren und ein JTAG (Join Test Action Group) Interface zum Debuggen. Diese Interfaces sind üblicherweise kabelgebunden. Bei vielen Development Boards werden diese Schnittstellen zugleich mit der Stromversorgung über USB angeboten.

2.2.1 Development Board

Die von vielen Herstellern angebotenen »Development Boards« (Entwicklungsboards) sind mit einem Mikrocontroller, verschiedener Peripherie (LEDs, Taster, Displays, Sensoren und Aktoren verschiedener Art) sowie meist einem Program & Debug Interface ausgestattet.

Espressif ESP32-C3-DevKitM-1

Das Entwicklungsboard ESP32-C3-DevKitM-1 von Espressif (siehe [14]) wird für die Beispiele in diesem Buch verwendet. Grundsätzlich kann auch ein anderes Board genutzt werden. Die Beispiele müssen in diesem Fall durch die Leserin bzw. den Leser angepasst werden.

Abb. 2–2 zeigt das Board mit den Komponenten:

ESP32-C3-MINI-1 Dieses Modul beinhaltet den RISC-V-Mikrocontroller ESP32-C3Fx4 (siehe Kapitel 3), Flash-Speicher, einen Quarz und die Antenne für Wi-Fi und Bluetooth.

Micro-USB Port Dieser Anschluss dient der Programmierung und der seriellen Datenausgabe, wofür auch die »USB-to-UART Bridge«

Abb. 2–2
Espressif ESP32-C3-DevKitM-1 Development Board

verwendet wird. Alternativ besteht die Möglichkeit, zwei Widerstände umzulöten, um JTAG Debugging auf der USB-Schnittstelle anzubieten. In Anhang A.1 wird gezeigt, wie auf die eingebaute JTAG-Schnittstelle zugegriffen werden kann, alternativ auch ohne Notwendigkeit des Lötens.

5V Power On LED Diese LED leuchtet, wenn das Board per USB mit einer Spannung von 5V versorgt wird. Der »5V to 3.3V LDO« ist ein Spannungswandler, der die benötigte 3,3-V-Spannung für das Board aus der USB-Spannung generiert.

Taster Per »Reset Button« wird das System neu gestartet, wobei die Daten im RAM verloren gehen. Wird der »Boot Button« während des Neustarts gedrückt, wird der serielle Upload-Modus des Bootloaders gestartet. Andernfalls wird die Applikation gestartet. Nach dem Reset kann der Taster als Eingabemöglichkeit für die Applikation verwendet werden.

RGB LED Diese mehrfarbige LED kann in der Applikation beliebig als Benutzerschnittstelle verwendet werden.

I/O Connector Diese beiden Stiftleisten bilden die Ein- und Ausgänge des Mikrocontrollers ab. Die Beispiele des Teils II Peripheriemodule verwenden diese Steckverbindung extensiv.

Die Ausstattung dieses Boards ist im Vergleich mit Development Boards anderer Hersteller nicht üppig. Diese Beschränkung kann aber auch von Vorteil sein: Wenn man eigene Hardware für ein embedded-Gerät aufbauen möchte und eventuell eine kleine Serie produzieren will, wird die zusätzliche Peripherie nicht verwendet und verteuert nur das Produkt. Die Vorgehensweise in diesem Fall ist, dass man eine kleine Platine mit benötigter Peripherie fertigt und das Development Board darauf ansteckt. Bei einer größeren Serie kommt dann eine Platine zum Einsatz, auf die das ESP32-C3-MINI-1-Modul und andere Komponenten des Entwicklerboards direkt aufgelötet werden.

Geliefert wird das Board in einer Konfiguration, die das Programmieren und die Ausgabe von Statusmeldungen über USB erlaubt. Ein Debuggen per JTAG ist nicht direkt möglich. Eine Spezialität des eingesetzten Mikrocontrollers ist aber ein integriertes JTAG-over-USB-Modul. Es muss also im Grunde nur ein USB-Kabel an die richtigen Pins der Stiftleisten gehängt werden, um das Debugging zu ermöglichen.

Weitere Informationen zur Verwendung des Boards, zur Installation der Software sowie zur Vorgehensweise beim Debugging sind in Anhang A.1 hinterlegt.

Blockschaltbild

Um die einzelnen Komponenten und deren Zusammenspiel zu zeigen, wird statt eines Fotos wie in Abb. 2–2 üblicherweise ein schematischer Aufbau wie in Abb. 2–3 gezeigt. Bei dieser Darstellungsform, dem »Blockschaltbild«, werden Funktionsblöcke mit Rechtecken und deren Verbindungen (Signale, Leitungen) mit Pfeilen dargestellt. Elektrische und zeitliche Zusammenhänge spielen dabei eine untergeordnete Rolle, sodass das Zusammenspiel der Komponenten im Vordergrund steht und intuitiv erfasst werden kann. Die Pfeile geben dabei die logische Richtung des (Signal-)Flusses an.

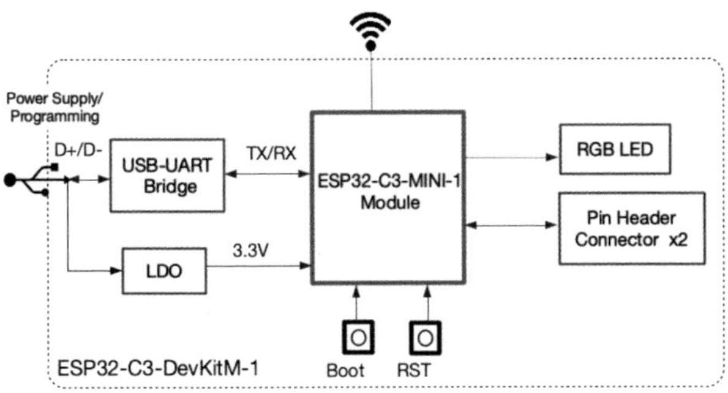

Abb. 2–3 Schematischer Aufbau des Espressif ESP32-C3-DevKitM-1

Weitere Symbole, wie in der Abbildung das USB-Symbol links und das Antennensymbol oben, können zur weiteren Veranschaulichung verwendet werden. Im schematischen Aufbau ist so beispielsweise ersichtlich, dass

- die beiden Taster unten ihren Status an das ESP32-Modul senden,
- die RGB LED vom Modul gesteuert wird,
- das Modul über die Leitungen TX und RX per USB-UART Bridge an USB bidirektional angeschlossen ist, also Daten senden und empfangen kann,
- zwei Stecker (»x2«) angeschlossen sind, über die Daten ein- und ausgegeben werden können,
- der LDO aus der USB-Spannung die 3,3V für das Modul erzeugt und
- eine Antenne angeschlossen ist.

Derartige Blockschaltbilder werden in der Praxis vielfach verwendet. So finden sie auch in den Datenblättern und Reference Manuals der verschiedenen Hersteller Verwendung.

2.2.2 Software für die Entwicklung

Auf dem Host-System, also dem PC, wird verschiedene Software für die Programmentwicklung benötigt. Grundsätzlich stellt sich die Wahl, ob kostenfreie oder zahlungspflichtige Software verwendet werden soll. In diesem Buch wird, wie in vielen Projekten der Wirtschaft, robuste und ausgereifte freie Software verwendet, um den Einstieg in die Entwicklung zu erleichtern.

In der Praxis kann es auch aus mehreren Gründen nötig werden, zahlungspflichtige Software einzusetzen. Teilweise sind Bibliotheken oder Support nicht frei verfügbar, teilweise möchten sich die Entwickler auch gegen die Verwendung fehlerhafter Tools absichern: Nur wenn der Hersteller bekannt ist und für die Software haftet, kann im Schadensfall ein Regress erfolgreich abgewickelt werden.

Ein grundsätzlicher, wesentlicher Aspekt bei Entwicklung und Vertrieb von Software ist die Haftung im Fehlerfall. Mögen Fehler in kaufmännischer Software finanzielle Schäden bewirken, die auch finanziell abgegolten werden können, besteht bei Geräten mit Einfluss auf die Umwelt das Problem, dass Sach-, Umwelt- oder auch Personenschäden auftreten können. Da diese teils strafrechtlichen Konsequenzen nicht durch Versicherungen abgedeckt werden können, muss hier zu besonderer Vorsicht und Einhaltung der bestehenden Richtlinien geraten werden.

Development Toolchain

Unter einer »Development Toolchain« wird eine Sammlung von Werkzeugen verstanden, die bei der Implementierung von Software eingesetzt wird. Unter der Implementierung wird der Teil der Softwareentwicklung verstanden, der sich mit der Programmierung, Ausführung und der Fehlerlokalisierung beschäftigt. Essenzielle begleitende und organisatorische Maßnahmen wie Analyse, Design, Spezifikation, Testen, Dokumentation, Zertifizierung usw. sind nicht Teil der Implementierung.

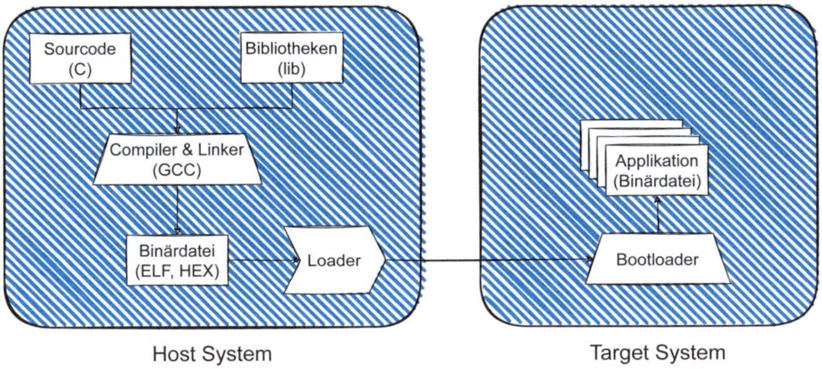

Abb. 2–4
Cross-Platform Development Toolchain

Abb. 2–4 zeigt die wesentlichen Werkzeuge, die beim Kompilieren und Aufspielen der Applikation zum Einsatz kommen. Es befinden sich noch wesentlich mehr Werkzeuge in der Toolchain, die aber in der Abbildung nicht gezeigt sind.

Die auf dem Host-System befindlichen Quellcodedateien (in den Sprachen C, C++ geschrieben) werden vom Compiler in die Assemblersprache des Target-Systems übersetzt. Dabei handelt es sich um eine Sprache, die die Befehle (»Instructions«) der Maschinensprache in menschenlesbarer Form (sogenannte »Mnemonics«) abbildet. Ein Assembler übernimmt dann die Transformation der Mnemonics in Instructions und erzeugt Objektdateien. Die entstandenen Assemblerdateien sind temporär und werden wieder gelöscht. Der Linker nimmt diese und weitere Objektdateien (z.B. aus Bibliotheken) und ordnet sie hintereinander im Speicher an. Referenzen (»Links«) von einer Datei in eine andere werden dabei aufgelöst.

Das Ergebnis dieses sogenannten »Build-Prozesses« ist die Applikation als Binärdatei, typischerweise im ELF(*Executable and Linking*)-Format mit Debug-Informationen oder im Intel HEX(*Hexadecimal Object File*)-Format ohne weitere Informationen. Da diese Applikation auf dem Host-System erzeugt und gespeichert wird, aber auf dem Target-System ausgeführt, also eine Systemgrenze überquert wird, spricht man hier von »Cross-Platform Development«.

Eine wichtige begriffliche Unterscheidung liegt zwischen »statisch« (zur Compile-Zeit) und »dynamisch« (zur Laufzeit). Die Laufzeit eines Programms beginnt mit dem Laden des Programms in den Speicher. Somit sind bereits das Laden, das Anlegen der globalen Variablen im RAM, die Ausführung, die Reservierung von Speicherplatz für lokale Variablen auf dem Stack usw. dynamisch. Das Schreiben des C-Codes, das Kompilieren und Linken (»Binden«), das Schreiben des Programmspeichers usw. sind hingegen statisch.

Es gibt auch Systeme ohne Bootloader, die auf anderen Wegen (z.B. per JTAG) programmiert werden.

Um die Systemgrenze physisch zu überwinden, wird die Applikation über einen Loader auf das Target-System übertragen. Am Zielsystem ist hierfür eine minimale Startsoftware untergebracht, der sogenannte Bootloader, der die Applikation per serieller Verbindung übernimmt und permanent speichert. Der Bootloader lässt sich in ausgelieferten Produkten deaktivieren, sodass eine nachträgliche Änderung der Software nicht mehr möglich ist.

Für die Beispiele in diesem Buch wird eine Anpassung der GNU Toolchain für RISC-V in Verbindung mit weiteren Tools unter dem Namen ESP-IDF (*Espressif IoT Development Framework*) verwendet. Informationen zur Installation finden Sie in Anhang A.1.

IDE, Integrierte Entwicklungsumgebung

Ursprünglich erfolgte die Bedienung der Toolchain über eingegebene Kommandos in der Konsole. Mit einem separaten Editor wurde der Quellcode geändert, mit einem Terminalprogramm wurden die Programmausgaben angezeigt. Moderner ist die Verwendung einer IDE (*Integrated Development Environment*), die Editoren und Toolchain unter einer Oberfläche miteinander vereint und automatisiert verknüpft.

Für den ESP32-C3 werden die weit verbreiteten IDEs *Eclipse* und *Visual Studio Code* mit entsprechenden Erweiterungen (*Plug-ins*) unterstützt. Für die Beispiele in diesem Buch wird Eclipse aufgrund der weiten Verbreitung im embedded Umfeld verwendet.

Abb. 2–5 zeigt die ursprünglich für Java entwickelte, leicht erweiterbare IDE Eclipse während des Debuggings. Das Mittelfenster zeigt den Quellcode in automatischer Einfärbung, während die Programmausführung gerade in Zeile 128 angehalten ist. Rechts ist das Variablenfenster, das die aktuellen Werte der lokalen Variablen anzeigt, zu sehen. Die tatsächliche Ausführung findet dabei direkt auf dem angeschlossenen Mikrocontroller statt (ISD, *In-System Debugging*).

Weitere Informationen zur Installation und Verwendung der IDE Eclipse und auch der Alternative Visual Studio Code finden Sie in Anhang A.1.

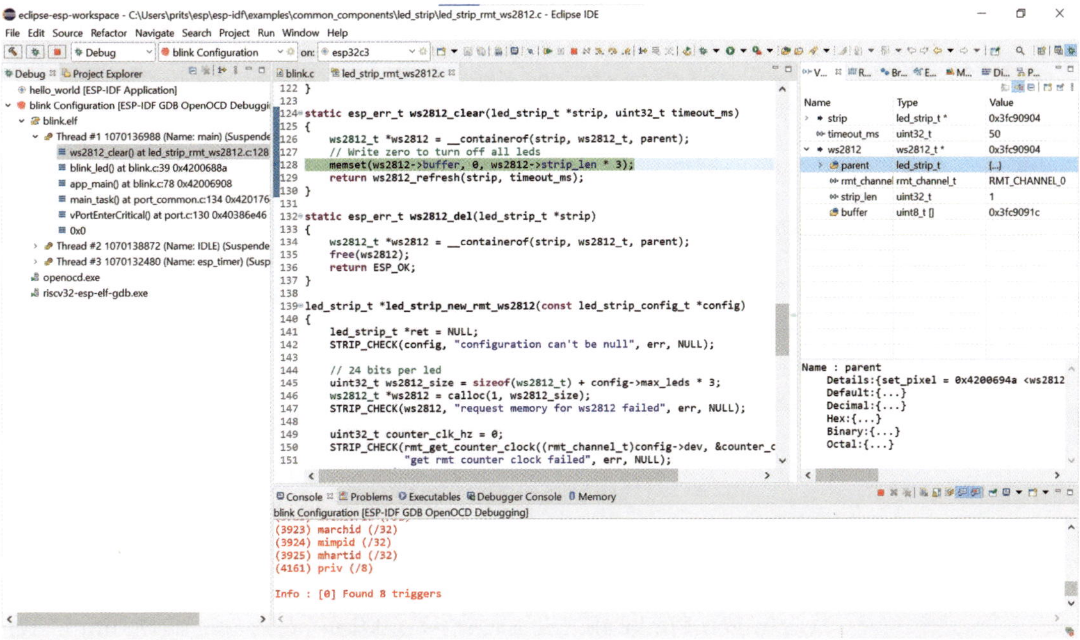

Abb. 2–5
Eclipse IDE beim Debugging

Weitere Software

Üblicherweise werden bei der Softwareentwicklung weitere Tools, wie Terminalprogramme, verwendet. Deren typische Vertreter, wie »Putty« oder »Tera Term«, eignen sich, um mit Geräten zu kommunizieren. Bei der eingebetteten Entwicklung können so textuelle Ein- und Ausgaben gemacht werden.

Weitere Software kann den Softwareentwicklungsprozess überwachen beziehungsweise leiten. In der Softwareentwicklung zählen ja nicht nur die Programmierfertigkeit und technische Realisierung. Vielmehr ist wichtig, dass die Spezifikation des Produktes schlüssig ist und die Implementierung dieser Spezifikation entspricht. Weitestgehende Fehlerfreiheit, Wartbarkeit und gute Dokumentation für Entwickler:innen und Anwender:innen sind in der Praxis Pflicht. Einen guten Einblick in die Thematik liefert das Buch »Software Engineering« [56].

2.3 Die erste Applikation

Nach der Installation der Espressif Toolchain und IDE kann das erste Projekt `hello_world` aufgesetzt werden (siehe Anhang A.1).

Das Original

Die »Urfassung« des Hello-World-Programmes von Kernighan und Richie [36] hat eine überraschende Signatur der `main()`-Funktion:

```
#include <stdio.h>
main()
{
    printf("hello, world");
}
```

Seit ANSI C99 muss der Rückgabedatentyp explizit angegeben werden, anstatt implizit `int` zu verwenden. Mit der `void`-Parameterliste liest sie sich

`int main(void)`.

Wird die Funktion von einem Betriebssystem aufgerufen, werden die Eingabeparameter auch mit angegeben, also

`int main(int argc, char* argv[])`.

Der Quellcode des Beispiels aus dem ESP-IDF (Extrakt in Listing 2.1) weicht von der »Urfassung« im Kasten »Das Original« in einem wichtigen Punkt ab: Die `main()`-Funktion heißt `app_main`, mit leerer Parameterliste und Rückgabe.

Listing 2.1 *Extrakt des* `hello_world`*-Beispiels aus dem Espressif IDF*

```
#include <stdio.h>
/* [...] other */
void app_main(void) {
    printf("Hello world!\n");

    /* [...] print system infos and reset system after 10s */
}
```

Dies liegt daran, dass beim ESP-IDF das embedded Betriebssystem *FreeRTOS* verwendet wird. Aufgrund der wachsenden Ressourcen, wie RAM, Flash, Taktfrequenz und weiteren, sowie der damit einhergehenden wachsenden Applikationen und Softwarekomplexität gewinnen embedded Betriebssysteme zunehmend an Bedeutung. Diese ermöglichen die Ausführung mehrerer Tasks gleichzeitig, meist unter Einhaltung strikter zeitlicher Schranken für die Abarbeitung der Algorithmen.
Die Applikation wird im ESP-IDF als solch ein Task gestartet, weshalb der `main`-Einstiegspunkt die Initialisierung von Hardware und Betriebssystem übernimmt. Die Funktion `app_main()` ist die Hauptfunktion des `main`-Tasks. Mit embedded Betriebssystemen und deren Mechanismen befasst sich Abschnitt 9.3 in Teil III dieses Buches ausführlich.

Programmausführung Nach dem erfolgreich durchgeführten Build wird die Applikation zur Programmausführung erst in den persistenten Speicher (Flash) des eingebetteten Systems kopiert. Das eingesetzte ESP32-C3-DevKitM-1 Board hat einerseits eine USB-Schnittstelle für den seriellen Anschluss, andererseits aber auch den Zugang zu einem JTAG-Interface über USB an dem Erweiterungsstecker. Der Upload der Applikation kann entweder über die serielle Schnittstelle oder über das JTAG-Interface erfolgen. In der Eclipse IDE wird der Build- und Uploadprozess über den »Launch«-Button, wie in Abb. 2–6 orange eingekreist, angestoßen. Die »Console« zeigt dabei den Vorgang und Erfolg des Uploads.

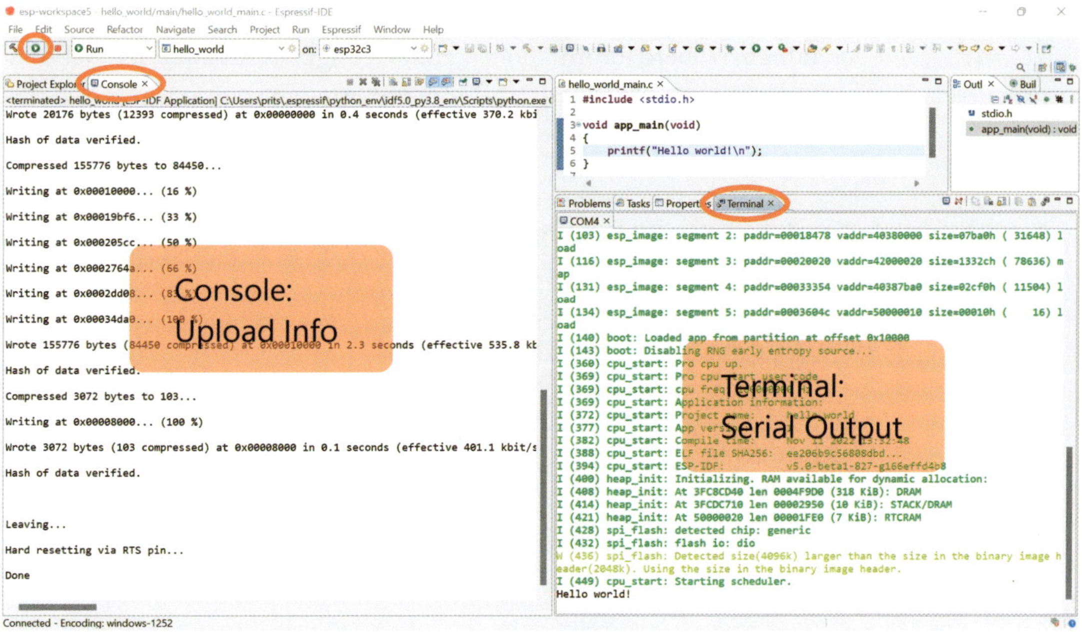

Abb. 2–6
Upload einer Applikation in Eclipse

Während des anschließenden Neustarts werden vom ESP-IDF Bootloader Informationen über das Embedded System auf der seriellen Schnittstelle ausgegeben, weshalb der Text `Hello world!` erst weiter unten im »Terminal« erscheint. In der Abbildung wurde die Konsole im Arbeitsbereich links und das Terminal unten angeordnet. Die einzelnen »Views« können in Eclipse beliebig verschoben werden. Weitere Informationen zur Verwendung der IDEs sind in Anhang A.1 zu finden.

Debugging Wird in der `printf`-Zeile ein Breakpoint gesetzt und der Debugger über den »Debug«-Button gestartet, wird die Initialisierung ausgeführt und die Programmausführung in der Zeile mit dem

Breakpoint angehalten, wie in Abb. 2–7. Es besteht nun die Möglichkeit, Inhalte von Variablen, Registern, Speicher und mehr einzusehen und sogar direkt auf dem Target-System zu verändern.

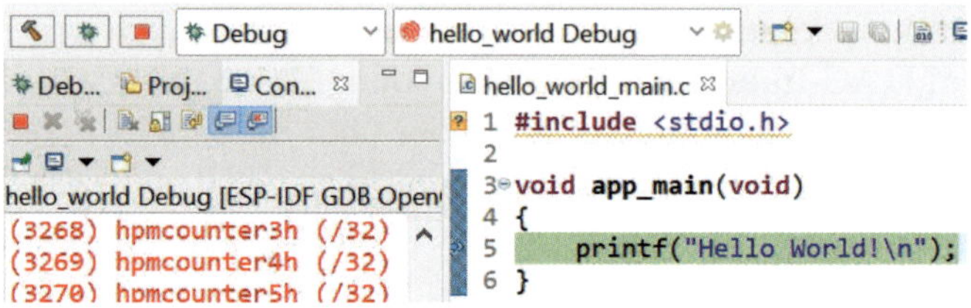

Abb. 2–7
Eclipse ist am Breakpoint angehalten.

In den folgenden Kapiteln dient der Debugger dazu, mehr über den eingesetzten Mikrocontroller sowie die Codeausführung zu erfahren. Nähere Informationen zum Debugging sind auf der Webseite zum Buch (siehe Anhang A.1) zu finden.

3 Der Mikroprozessor

»Die Gefahr, dass der Computer so wird wie der Mensch, ist nicht so groß wie die Gefahr, dass der Mensch so wird wie der Computer.«

KONRAD ZUSE

In diesem Kapitel wird die Arbeitsweise des Mikroprozessors beziehungsweise der CPU (»Central Processing Unit«) erklärt. Ausgehend von einem Programm zur Berechnung der Summe der ersten n natürlichen Zahlen wird die RISC-V-Architektur und deren Arbeitsweise und Assemblersprache erläutert. Eine Erläuterung der Möglichkeiten zur Messung von Taktzyklen und ausgeführten Instruktionen direkt im System rundet die Betrachtung der Systemperformanz ab.

Die im Folgenden vermittelten Kenntnisse sind eine Grundlage für die praktische Anwendung sowie Ausgangspunkt für ein Verständnis der detaillierteren Fachliteratur.

3.1 Prozessorarchitektur

Ein Mikroprozessor bzw. eine CPU ist ein Rechenwerk, das einen Algorithmus ausführen kann.

Ein Mikroprozessor ist ein auf einem integrierten Schaltkreis (IC, »Integrated Circuit«) untergebrachtes Rechenwerk, das eine Liste von Befehlen abarbeiten kann und damit einen Algorithmus bzw. Prozess ausführt. In einem Computer wird der Mikroprozessor als CPU, »Central Processing Unit«, eingesetzt. Ähnlich dem Trommeln für den gleichzeitigen Ruderschlag auf einer Galeere dient ein Systemtakt der Steuerung und Synchronisation des Datenflusses. Ein idealisierter Prozessor schafft es, pro Takt eine Instruktion abzuarbeiten.

Bei der Softwareentwicklung auf hohem abstrakten Niveau ist die Kenntnis der Funktionsweise eines Mikroprozessors nicht dringend erforderlich, da Betriebssysteme und Hochsprachen wie Java mit virtuellen Maschinen die Eigenheiten der Hardware weg abstrahieren. In der embedded Programmierung kann es aber von Vorteil sein, dieses Wissen zu haben und beispielsweise bei der Optimierung zeit- und speicherplatzkritischer Programmstücke einzusetzen. Auch bei der Fehlersuche und -behebung ist es von Vorteil, wenn man sich anhand des Disassembly, also des kompilierten Codes, zurechtfindet und den Fehler damit feingranularer orten kann als im Debugger der Hochsprache.

3.1.1 Eine kleine Aufgabe

Wie einst dem jungen Mathematiker Gauß, dessen Klasse als Beschäftigung aufgetragen wurde, die Zahlen von 1 bis 100 zusammenzuzählen sind an dieser Stelle auch Sie, werte Leserin, werter Leser, gebeten, ein Programm zu schreiben, das die Zahlen von 1 bis 100 zusammenzählt. Dieses Beispiel stellt dann die Grundlage der weiteren Betrachtungen in diesem Kapitel dar. Nach Bewältigung dieser kleinen Programmieraufgabe sollte der Code dem von Listing 3.1 ähneln. Der Einsatz der kopfgesteuerten `while`-Schleife macht die folgende Analyse verständlicher als die in C meist verwendete `for`-Schleife.

Listing 3.1
Das Beispiel berechnet die Summe der Werte 1 bis 100 in einer Schleife.

```
#include <stdio.h>
#include <inttypes.h>

void app_main(void) {
    printf("sum up n\n");

    const uint32_t upperNumber = 100;
    uint32_t sum = 0;

    // add the values in a loop
    uint32_t i = 1;
    while (i <= upperNumber) {
        sum += i;
        i += 1;
    }

    printf("Sum of 1 to %lu: %lu\n", upperNumber, sum);
}
```

Die Verwendung der `inttypes.h` Datentypen ist bei der embedded Programmierung für die Portabilität von besonderer Bedeutung (siehe dazu auch den Kasten »Arithmetische Datentypen in C«).

Arithmetische Datentypen in C

Der C-Standard definiert die arithmetischen ganzzahligen (»Integer«)-Datentypen `char` und `int`, die jeweils `signed` oder `unsigned` vorliegen können. Ebenso kann die Breite (der Wertebereich) von `int` durch Voranstellen von `short`, `long` und `long long` verändert werden.

Allerdings ist die tatsächlich verwendete Anzahl an Bits für den jeweiligen Datentyp architekturabhängig. `int` ist auf 8- und 16-Bit-Systemen typischerweise 16 Bit breit, auf 32-Bit-Systemen 32 Bit breit und auf 64-Bit-Systemen 32 oder 64 Bit breit. Dies verkompliziert die portable Programmerstellung für verschiedene Systeme.

Abhilfe schafft hier das Modul `inttypes.h` bzw. `stdint.h`. Hier wird die Breite im Datentyp mit angegeben, also beispielsweise `int16_t` für eine 16 Bit breite vorzeichenbehaftete Zahl. Ein vorangestelltes `u` definiert eine vorzeichenlose Zahl, also in diesem Beispiel `uint16_t`. Das Modul bietet außerdem noch die Möglichkeit, schnelle Zahlen (z.B. `uint_fast16_t`) und Zahlen mit Mindestgröße (z.B. `uint_least16_t`) sowie Pointer (z.B. `uintptr_t`) und den größten Datentyp (`uintmax_t`) portabel zu definieren. Die Wertebereiche dieser Zahlen stehen auch über Makros wie (`UINTMAX_MAX` oder auch `INT_FAST16_MIN` und `INT_FAST16_MAX`) zur Absicherung des Codes zur Verfügung.

Durch Implementierung des Standards IEEE754 sind die Fließkommazahlen `float` und `double` auf den Systemen portabel. `long double` hat aber verschiedene Implementierungen und liefert deshalb durch unterschiedliche interne Darstellungen und Rundungen nicht auf allen Systemen dieselben Resultate. Grundsätzlich ist aber von der Verwendung von Fließkommazahlen wo möglich abzusehen, da diese Zahlen einerseits durch die Rundungen mathematisch schwer beherrschbar (das Feld der numerischen Mathematik beschäftigt sich mit diesen Zahlen, bei denen Assoziativgesetz und Distributivgesetz nicht allgemein gelten) und andererseits aufwendiger in der Berechnung sind.

Nachdem der Build-Prozess durchlaufen ist, die Applikation auf das Target aufgespielt und der Debugger aufgespielt wurde, befindet man sich in der Debug-Ansicht der IDE (diese Vorgehensweise ist in Kapitel 2 beschrieben). In Abb. 3–1 sind die Fenster für den Sourcecode und das Disassembly nebeneinander angezeigt. Der Code wurde per Single-Stepping bis zum Ende der 4. Schleifenrunde durchlaufen.

Disassembly

Bei der Fehlersuche kann es hilfreich sein, das Disassembly des Codes anzuzeigen. Hierbei handelt es sich um eine Rückübersetzung des beim Build-Prozess erzeugten Maschinencodes in die Assemblersprache. Durch die Verwendung von Debuginformationen ist es mög-

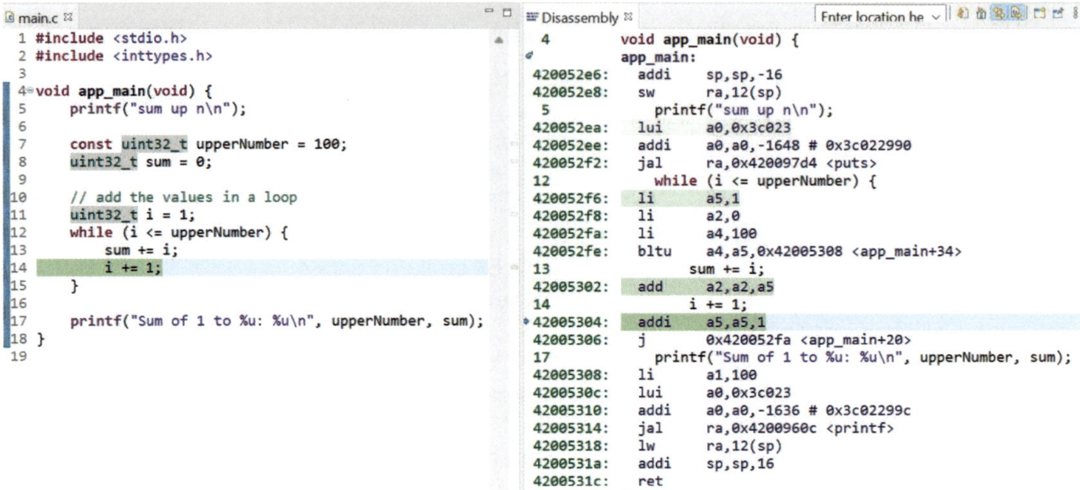

Abb. 3–1 *Applikation sum_up_n: Debug-Ansichten Sourcecode und Disassembly*

lich, den ursprünglichen Quelltext und das Assembly gemeinsam anzuzeigen.

Beispielsweise ist erkennbar, dass das C-Statement `i += 1;` dem Assemblerstatement `addi a5,a5,1` entspricht. Der darauffolgende Sprung `j 0x420052fa <app_main+20>` gehört aber zur `while`-Schleife, was nicht direkt ersichtlich ist.

Der generierte Code ist von der Compilerversion und der eingestellten Optimierung abhängig. Bitte dies beim Nachvollziehen dieses Kapitels zu beachten.

Im C-Code sind in der linken Spalte die Zeilennummern dargestellt. In den Assemblerbefehlen (auch »Instruktionen«) ist jeweils die Adresse im Speicher, an der der Befehl liegt, in Hexadezimaldarstellung gefolgt von einem Doppelpunkt angegeben. Eine Zeile ohne Nummer, wie `app_main:`, ist eine Sprungmarke (»Label«), in diesem Fall der Name der Funktion.

In Assembler werden die Befehle einzeln in Zeilen untereinander geschrieben. Am linken Rand der Zeile stehen Sprungmarken mit abschließendem Doppelpunkt, wie die Marke `app_main:`, die den Einsprungspunkt für die Applikation deklariert.

Ein Mnemonic ist ein Kürzel für einen Befehl, wie `li` *für* `load immediate [value]`.

Assemblerbefehle müssen eingerückt werden und können einen abschließenden, durch ein Semikolon eingeleiteten Kommentar enthalten. Ein Befehl besteht aus einem »Mnemonic« und darauf folgenden Parametern. Die Parameter können Register, direkte Werte, Sprungmarken und mehr sein.

Wenn ein Befehl schreibend auf ein Register zugreift, ist das Ziel das erste nach dem Befehl angegebene Register. `add a2, a3, a4` liest beispielsweise die Inhalte der beiden Register `a3` und `a4` aus, addiert diese und schreibt das Ergebnis in Register `a2`.

»Variables« und »Registers«

Im weiteren Verlauf des Kapitels wird die RISC-V-Assemblersprache verwendet, um die Arbeitsweise des Prozessors im Detail zu besprechen. Vor einem tieferen Einstieg in die Assemblersprache sollten in der Entwicklungsumgebung noch die Fenster »Variables« und »Registers« eingeblendet werden. Abb. 3–2 zeigt die Fensterinhalte für die aktuelle Programmposition.

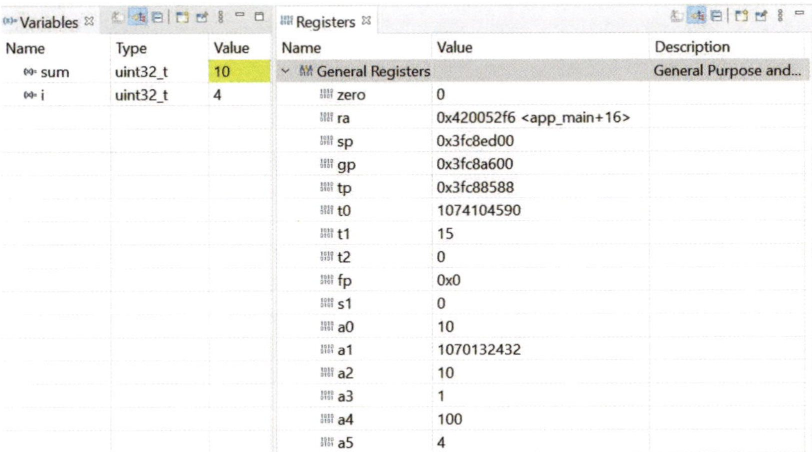

Abb. 3–2
Applikation sum_up_n: Debug-Ansichten Variables und Registers

Die Werte der angezeigten Variablen sind aktuell, gelb hinterlegt sind die Werte, die sich im letzten Schritt geändert haben. In der Abbildung ist das die Variable `sum` durch das vorangegangene Statement `sum += i;`. Am Ende des 4. Schleifendurchlaufs hat `sum` den Wert 10 $(= 1 + 2 + 3 + 4)$ und `i` den Wert 4. Die nächste auszuführende Anweisung ist der Inkrement von `i` in Zeile 14.

3.1.2 Die Registerbank

Die Registerbank ist der kleinste und schnellste Datenspeicher eines Computers.

Im Registers-Fenster ist zu sehen, dass `a2` in der letzten Anweisung geändert wurde und denselben Wert wie `sum` hat. Ebenso fällt während des Debuggens auf, dass `a4` `upperNumber` und `a5` `i` zu entsprechen scheint. Tatsächlich handelt es sich bei den Registern (beziehungsweise der Registerbank oder »Register File«) um den innersten und schnellsten Datenspeicher der CPU, der zur Ablage dieser lokalen Variablen verwendet wurde.

Ein Mikroprozessor hat eine stark beschränkte Zahl von Registern, die als Operanden in Befehlen verwendet werden können. Ein ARM-Prozessor hat beispielsweise 16 Integer Register, ein RISC-V verhältnismäßig »üppige« 32 Integer Register. Prozessoren mit Fließkommaeinheiten haben zusätzliche Fließkommaregister. Im weiteren Text wird Integer Register mit Register gleichgesetzt. Die Breite der Register entspricht üblicherweise der Breite der internen Busse und wird auch als »Architekturbreite« bezeichnet. Wenn die Register beliebig ausgelesen, beschrieben und durch die Befehle verarbeitet werden können, handelt es sich um eine »General Purpose Register Machine« (GPRM). Die RISC-Prozessoren der ARM- und RISC-V-Familien sind GPRM.

Die RISC-Philosophie

Designprinzip KISS: Keep It Simple, Stupid

RISC, *Reduced Instruction Set Computer* wurde von D. Patterson und C. Séquin im Gegensatz zu CISC, *Complex Instruction Set Computer* definiert. Diese nach dem KISS-Prinzip entwickelte Architektur bietet wenige hochoptimierte Maschinenbefehle, was unter anderem die Größe der benötigten Siliziumfläche verringert und den Befehlsdurchsatz erhöht. Der Befehlssatz wird auf optimierende Compiler von Hochsprachen anstatt die direkte Assemblerprogrammierung ausgelegt. Die C-Compiler werden gemeinsam mit dem Befehlssatz entwickelt, was die hohe Performanz dieser Programmiersprache erklärt.

Die Erweiterung von RISC-Befehlssätzen durch Befehle, die viele Daten bearbeiten (SIMD, *Single Instruction, Multiple Data*), weichen das RISC-Prinzip in modernen Prozessoren auf, womit »RISC« mehr und mehr zu einer Worthülse verkommt. Diesem Trend entgegenwirkend hat die RISC-V-Architektur eine Erweiterung mit Vektor- statt SIMD-Instruktionen, was die Größe des Befehlssatzes wiederum gegenüber der Alternative reduziert.

Die 32 Register der RISC-V-CPUs sind von `x0` bis `x31` durchnummeriert. Register mit speziellen Verwendungen wie der Stack Pointer (`sp`) oder das Link Register (`lr`), das die Adresse des letzten Aufrufs enthält und automatisch vom Prozessor verwendet wird, sind nicht vorhanden. Dennoch wird die Nutzung im ABI (siehe Abschnitt 3.3.2), das das Zusammenspiel zwischen Programmmodulen regelt, vorgeschlagen. Tabelle 3–1 listet die Register und ihre per ABI zugeordnete alternative Benennung und Verwendung auf. Der C-Compiler arbeitet mit diesen Registerbezeichnungen und verwendet die Register gemäß der Spezifikation. Im Disassembly und im Fenster »Registers« werden ebenso die Bezeichnungen des ABI verwendet.

Sehr eigentümlich, aber auch praktisch ist das fest mit dem Wert 0 verdrahtete Register `zero`: Wenn es ausgelesen wird, liefert es immer den Wert 0 zurück, und ein Schreiben des Registers wird ignoriert. Dies hat unter anderem den Vorteil, dass die Konstante 0 nicht immer wieder separat geladen werden muss. Eine weitere Verwendung in Pseudoassemblerbefehlen wird in diesem Kapitel noch erläutert.

Bei ARM-Prozessoren sind die Register `r13` als `sp` und `r14` als `lr` fix reserviert und werden intern verwendet. Bei einem Funktionsaufruf wird die Rücksprungadresse automatisch gesichert, bei Abhandlung eines Interrupts, also einer asynchronen Unterbrechung des Programmflusses (siehe Abschnitt 6.1), wird der aktuelle Prozessorstatus automatisch auf dem Stack gesichert. Da diese Automatismen in der RISC-V-Architektur fehlen, werden sie (üblicherweise vom Compiler) in Code ausprogrammiert. Dies vergrößert zwar den Code etwas, macht die Architektur aber simpler und damit günstiger.

Ein weiteres reserviertes ARM-Register ist `r15`, in dem der Program Counter (`pc`) gespeichert wird. Dieses Register beinhaltet die Adresse des nächsten auszuführenden Befehls. In der RISC-V-Architektur ist der `pc` wiederum aus Gründen eines einfacheren Prozessoraufbaus nicht in der Registerbank enthalten, wohl aber im »Registersatz«. Hier finden sich auch die Register wieder, die nicht direkt durch Programme angesprochen werden können und nur intern im Prozessor verwendet werden. Sprünge werden mit eigenen Befehlen, die den `pc` ändern, realisiert.

Für eine Betrachtung des schematischen Aufbaus eines RISC-V-Prozessors findet das in Abb. 3–3 dargestellte Blockschaltbildsymbol für die Registerbank Verwendung. In dieser Darstellung bedeuten schwarze Pfeile einen Datenfluss in der angegebenen Richtung, die hellblau eingefärbten Linien ein Steuersignal. Ein Schrägstrich mit zugefügter Zahl durch ein Signal gibt die Anzahl an parallelen Leitungen, die für dieses Signal verwendet werden (und somit gleichzeitig übertragene Bits), an.

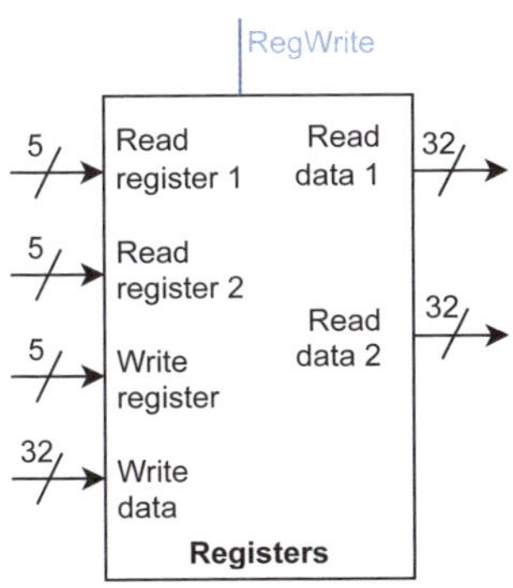

Abb. 3–3
Blockschaltbildsymbol der Registerbank

Um ein Register zu schreiben, wird der Index des zu schreibenden Registers über »Write register« ausgewählt und die Daten werden über »Write data« unter gleichzeitigem Setzen des Signals »Reg-

Write« übergeben. Aus der Registerbank können gleichzeitig zwei verschiedene Register, deren Index über »Read register 1/2« gesetzt wird, ausgelesen werden. Die Daten stehen dann an »Read data 1/2« zur Verfügung.

Die Lese- und Schreiboperationen sind mit dem Takt synchronisiert, wobei in jedem Takt immer gelesen wird, egal ob ein Befehl die Daten verwendet, und nur geschrieben, wenn das Steuersignal »RegWrite« anliegt. Da die Auswahl der Register fünf Leitungen in Anspruch nimmt, können alle $2^5 = 32$ Register angesprochen werden.

Um beispielsweise Register 10 auf einen Wert zu setzen, muss »Write register« mit dem Wert 10 und »Write data« mit dem Wert belegt und »RegWrite« gesetzt werden. Im nächsten Takt wird der Wert dann übernommen.

Beispielhafte Assemblerbefehle aus dem Disassembly, die lesend und/oder schreibend auf Register zugreifen, sind:

`li a4,100`	Lade die Konstante 100 in Register a4.
`add a2,a2,a5`	Addiere die Inhalte von Register a2 und Register a5 und schreibe das Ergebnis in Register a2.

3.1.3 Die Arithmetic Logic Unit (ALU)

Neben dem innersten Speicher, der sich in den Registern befindet, wird in einem Rechner ein Rechenwerk benötigt. Dieses, die »Arithmetic Logic Unit (ALU)«, ist schematisch in Abb. 3–4 dargestellt.

Abb. 3–4 *Blockschaltbildsymbol der Arithmetic Logic Unit (ALU)*

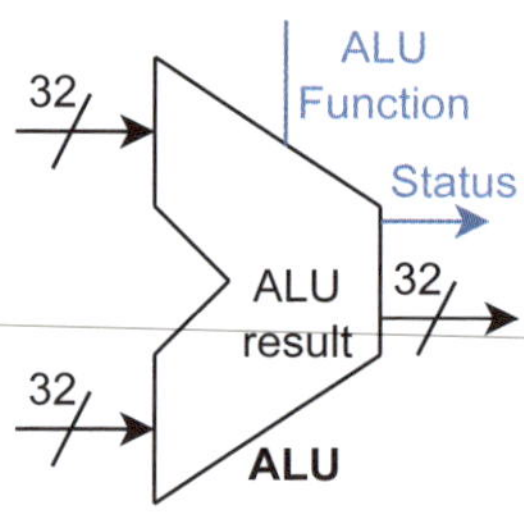

Die ALU beherrscht eine Auswahl arithmetischer Operationen auf Ganzzahlen. Das sind hauptsächlich die Grundrechnungsarten und bitweise logische Operationen wie AND, OR, XOR, NOT sowie Bitmanipulationen wie Shifts, Rotationen, Setzen und Löschen einzelner Bits (siehe dazu auch Abschnitt 4.4).

Bits, Bytes und Vorsätze für Maßeinheiten

Die Angabe von Bits und Bytes kann für Unsicherheiten sorgen. In der Kurzschreibweise bedeutet das kleingeschriebene »b« ein Bit, das großgeschriebene »B« ein Byte. Es gilt also, dass 8 b = 1 B. Ein Umstand, der manchmal auch absichtlich zur Verschönerung von Zahlen verwendet wird, wenn eine Bandbreite in MB/s statt Mb/s angegeben wird.

Da ein Byte eigentlich nicht auf 8 Bit normiert ist, sondern ursprünglich von der Architekturbreite abhing, wird in ISO-Standards die Bezeichnung »Oktett« für 8 Bit verwendet. Ein Oktett besteht aus 2 Nibbles zu je 4 Bits und ist hexadezimal mit 2 Ziffern darstellbar (siehe Kasten »Hexadezimalzahlen«).

Der Datentyp, der der Architekturbreite, also der Breite der Daten, die die ALU verarbeiten kann, entspricht, trägt die Bezeichnung »Word«.

Um Zahlen mit vielen Stellen zu vermeiden, wurden die SI-Präfixe definiert. Mit ihnen kann man Vielfache oder Teile von Maßeinheiten bilden. Das Präfix »k (kilo)« ist beispielsweise wie allgemein bekannt ein Faktor $1000 = 10^3$, »m (milli)« der Faktor $\frac{1}{1000} = 10^{-3}$.
Da das Dualsystem als technologische Basis auch die Größe von Komponenten bestimmt, wurde das Präfix »K (kilo)« für $2^{10} = 1024$ verwendet. Ein kB sind also 1000, ein KB 1024 Bytes. Beim Präfix »Mega« ist dieses Vorgehen mit Klein- und Großbuchstaben nicht möglich, da dies mit »milli« kollidiert, was auch in der Realität für Verwirrung sorgte: Wenn ein Hersteller die Kapazität einer Festplatte mit 100 GB angibt, können dies $100 \cdot 10^9$ oder $100 \cdot 2^{30}$ Byte sein, ein Unterschied von 6,9 GB.

Um diese Mehrdeutigkeiten zu vermeiden, wurden die IEC-Präfixe zu Basis 2 definiert:

SI-Präfix	Symbol	Wert	IEC-Präfix	Symbol	Wert
kilo	k	$10^3(1000)$	kibi	Ki	$2^{10}(1024)$
mega	M	10^6	mebi	Mi	2^{20}
giga	G	10^9	gibi	Gi	2^{30}
tera	T	10^{12}	tebi	Ti	2^{40}
peta	P	10^{15}	pebi	Pi	2^{50}
exa	E	10^{18}	exbi	Ei	2^{60}
zetta	Z	10^{21}	zebi	Zi	2^{70}
yotta	Y	10^{24}	yobi	Yi	2^{80}

Die auszuführende Operation wird über das Signal »ALU Function« ausgewählt, deren Operanden werden über die beiden Eingänge und das Ergebnis nach der Berechnung am Ausgang bereitgestellt. Zusatzinformationen über die letzte Berechnung werden am Statusausgang bereitgestellt. Dies sind Informationen über das Ergebnis der letzten Operation wie »Zero« (das Ergebnis war 0), »Sign« (das höchste Bit ist gesetzt bzw. das Ergebnis war negativ) oder über mögliche Fehler wie »Carry« und »Overflow« (das Ergebnis lieferte einen Übertrag) und »Division by Zero« (es wurde versucht, durch 0 zu dividieren). In der folgenden Betrachtung der RISC-V-Architektur wird nur das »Zero«-Flag eine Rolle spielen.

Die ALU ist so ausgelegt, dass sie die meisten Rechnungen in einem Takt durchführen kann, was eine beachtliche Million Berechnungen pro Sekunde je Megahertz bedeutet. Fließkommazahlen beherrscht die ALU eines RISC-Kerns nicht. Diese müssen deshalb per Software, was viele Rechenschritte erfordert, oder über eine eigene Fließkommaeinheit durchgeführt werden.

3.1.4 Datenspeicher

Für eine Ausführung großer Applikationen sind auch »üppige« 32 Register natürlich viel zu knapp bemessen. Aus diesem Grund wird ein großer Adressraum, auf den über ein Bussystem (siehe Abschnitt 4.1.2) zugegriffen wird, angelegt. In diesem Adressraum werden einerseits Speicher, andererseits Peripherie (unter anderem Timer, I/O- und Schnittstellenmodule, siehe Teil II) untergebracht.

Ein »aligned Access« liegt vor, wenn die Adresse des Zugriffs ein Vielfaches der Breite des Datentyps ist.

Auf den Speicher wird wortweise, und damit bei einer 32-bittigen Architektur auf 4 Byte große Einträge, zugegriffen. Damit sind die Adressen, auf die unproblematisch zugegriffen werden kann, Vielfache von 4, also $0, 4, 8, 12, ..., 4 \cdot n$. Diese Adressen nennt man auch »aligned« im Gegensatz zu den »misaligned« oder »unaligned« Adressen.

Abb. 3–5 verdeutlicht die Problematik eines solchen misaligned Zugriffs. Folgende Speicherbelegung wird dabei angenommen: An Adressen 0 und 1 ist das Halbwort X (gelb), an Adressen 2 und 3 das Halbwort Y (lila) gespeichert. Diese Variablen liegen auf ihren Datentyp aligned vor (die 2 Byte großen Daten liegen an Adressen $2 \cdot n$). Im Anschluss an Adresse 4 liegt das Byte Z ebenso aligned (orange).

An Adressen 5, 6, 7, 8, und damit misaligned, liegen die 4 Bytes von B (grün). Um diese Daten korrekt auszulesen, müssen die einzelnen Bytes B_0, B_1, B_2, B_3 eines Wortes an die richtige Stelle verschoben werden. Hierfür müssen zwei Lesezugriffe auf Speicher mit 32-Bit-Architektur und die Verschiebeoperation durchgeführt werden.

In der RISC-V-Architektur wurde entschieden, dass solche misaligned Zugriffe möglich sein sollen. Je nach RISC-V-Implementierung kann die Hardware selbst diesen misaligned Access durchführen,

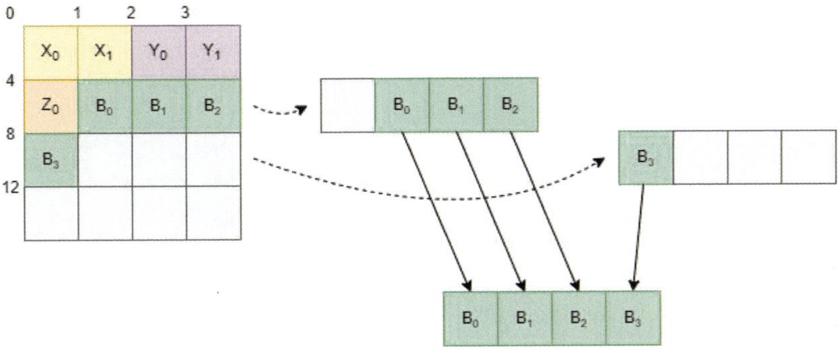

Abb. 3–5
32-bittiger unaligned Wortzugriff

oder er wird zeitaufwendiger in Software über zwei aligned Zugriffe und entsprechendes Umkopieren erledigt.

Die Größe des möglichen Speichers ergibt sich aus der Anzahl an möglichen Adressen und ist im Fall einer 32-Bit-Architektur $2^{32}\,B = 4\,GiB$.

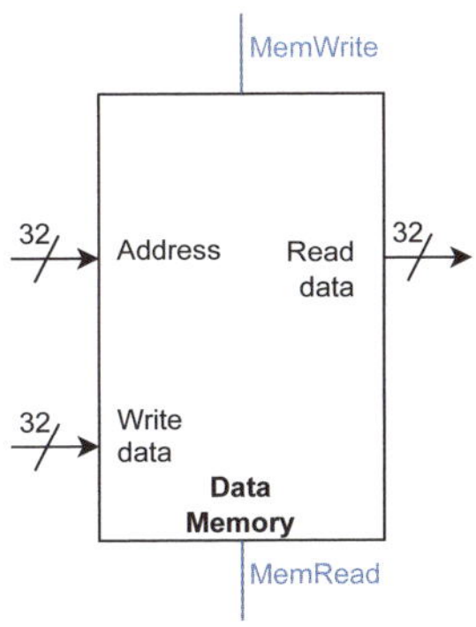

Abb. 3–6
Blockschaltbildsymbol des Datenspeichers

Das Blockschaltbildsymbol in Abb. 3–6 hat die Adressleitungen »Address« zur Wahl der Speicherzelle. Wird das Signal »MemRead« gesetzt, wird der entsprechende Speicherinhalt angefordert und an »Read data« zur Verfügung gestellt. Über das Signal »MemWrite« und die Datenleitungen »Write data« kann der Speicher beschrieben werden.

Beispielhafte Load-/Store-Assemblerstatements aus dem RISC-V-Befehlssatz sind:

`lh a4,16(a5)`	Lade den Wert des Halbworts an Adresse a5 + 16, verbreitere unter Berücksichtigung der Vorzeichen auf Wortbreite und schreibe das Ergebnis in Register a4.
`lhu a4,16(a5)`	Lade den Wert des Halbworts an Adresse a5 + 16, verbreitere ohne Berücksichtigung der Vorzeichen auf Wortbreite und schreibe das Ergebnis in Register a4.
`sw ra,12(sp)`	Schreibe den Inhalt des Registers `ra` auf den Stack an Adresse sp + 12.
`lw ra,12(sp)`	Lade den Wert des Wortes an Adresse sp + 12 vom Stack und schreibe das Ergebnis in Register `ra`.

RISC hat typischerweise eine Load/Store-Architektur

Bei der RISC-typischen Load/Store-Architektur wird auf den Datenspeicher nur über spezielle Load- und Store-Befehle zugegriffen. Load lädt ein Wort aus dem Datenspeicher in ein Register, Store speichert den Inhalt eines Registers in den Datenspeicher. Für vorzeichenbehaftete und vorzeichenlose Datentypen unterschiedlicher Breiten existieren Befehle, die jeweils eine Konversion in (Load) oder von (Store) einem 32-Bit-Wort vornehmen.

Für die Addition zweier Werte im Datenspeicher werden diese Werte erst mit zwei Loads in Register geladen, dann in ein Register addiert und anschließend über ein Store gespeichert, wie im folgenden Beispiel skizziert.

Eine Entsprechung in C-Code ist

```
values[0] = values[0] + values[1]
```

oder auch

```
*values = *values + *(values+1)
```

unter der Annahme, dass `values` ein Integer-Array ist und die Adresse in Register `a0` gespeichert ist. Im folgenden Listing werden beide Werte geladen, anschließend addiert und zurückgespeichert. Bei der Adressierung wird ein Byte-Offset mit angegeben, der zur Adresse addiert wird. Beim zweiten Wert wird 4 zur Adresse addiert, da ein Wort 4 Byte breit ist.

```
lw a1,0(a0)      ;load first value from memory
lw a2,4(a0)      ;load second value from memory
add a1,a1,a2     ;add both values
sw a1,0(a0)      ;store result in memory
```

3.1.5 Befehlsspeicher

Wie die Daten sind auch die auszuführenden Befehle in einem eigenen Speicher untergebracht. Die Variante der Trennung von Befehls- und Datenspeicher wird »Harvard-Architektur« genannt. Dies hat den Vorteil, dass auf beide Speicher gleichzeitig zugegriffen werden kann, während bei der »Von-Neumann-Architektur« hier der sogenannte »Flaschenhals« ist.

Der Nachteil der Harvard-Architektur ist, dass in den Befehlsspeicher nicht geschrieben werden kann. Dies bedeutet, dass man das Programm softwaretechnisch nicht ändern kann. Um diese Änderungen aber zu ermöglichen, werden der Befehls- und der Datenspeicher extern üblicherweise über dasselbe Bussystem angeschlossen und dort auf verschiedene Speicherbereiche gelegt (siehe Abschnitt 4.1.2). Um dann den entstehenden Flaschenhals durch gleichzeitigen Speicherzugriff zu eliminieren, werden separate Caches (siehe Abschnitt 4.2.3) für Daten und Befehle oder eine Busmatrix eingesetzt. Mehr Informationen über den Speicheraufbau und die eingesetzten Technologien sind in Abschnitt 4.2 zu finden.

Abb. 3–7 zeigt das Blockschaltbildsymbol des Befehlsspeichers (»Instruction Memory«). Über die »Address«, die aligned vorliegen muss, wird ein Befehl ausgelesen und an »Instruction« bereitgestellt. Ein Schreiben ist in diesem Speicher nicht vorgesehen.

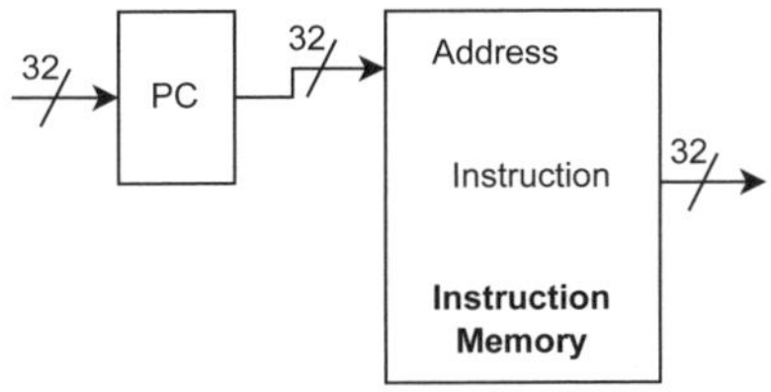

Abb. 3–7 *Blockschaltbildsymbol des Befehlsspeichers mit vorgelagertem PC*

In der Abbildung ist dem Programmspeicher ein `PC` vorgelagert. Dieses Element, der »Program Counter«, speichert wie bereits erwähnt die Adresse des nächsten auszuführenden Befehls. Bei RISC-V ist er Teil des Registersatzes. Im Beispiel in Abb. 3–1 ist der `PC` mit dem Wert 0x42005304 belegt. Im Disassembly-Fenster rechts daneben ist auch diese Zeile als gerade aktuelle Zeile mit einem Pfeil und zusätzlich grün hinterlegt markiert. Der nächste auszuführende Befehl `addi a5,a5,1` liegt also an dieser Adresse.

Beispielhafte Assemblerbefehle für Sprünge im Disassembly des Beispiels sind:

`jal ra,0x420097d4`	»Jump And Link«, springe an die angegebene Adresse, hier die Funktion `puts()`, und speichere die Rücksprungadresse in `ra`.
`bltu a4,a5,0x42005308`	»Branch if Less Than Unsigned«, springe an die angegebene Adresse, wenn `a4` < `a5`. Sonst fahre mit dem nächsten Befehl fort.
`ret`	»RETurn«, springe aus der Unterfunktion zurück.

Man unterscheidet hier unbedingte Sprünge wie `jal` und `ret`, die immer durchgeführt werden, und bedingte Sprünge wie `bltu`, die nur genommen werden, wenn die Bedingung erfüllt ist. Ansonsten wird im linearen Kontrollfluss fortgefahren. Wenn Pipelining eingesetzt wird, sind bedingte Sprünge für die Systemperformanz kritischer (siehe Abschnitt 3.1.9).

Die obigen Sprünge sind relativ. Das heißt, dass ein positiver oder negativer Offset im Befehl angegeben wird, der dann zum `PC` addiert wird, um vorwärts oder rückwärts zu springen. Dies hat den Vorteil, dass die Sprungadressen bei Code, der im Speicher verschoben wird, nicht angepasst (also nicht neu gelinkt) werden müssen. Der Offset ist dabei bedeutend kleiner als 32 Bit, da Sprünge im Allgemeinen nahe zum `PC` erfolgen. Für absolute Sprünge beispielsweise zu fixen Routinen eines Betriebssystems oder auch für den Rücksprung aus einer Funktion steht der Sprungbefehl `jalr rd,rs,offset`, der an `rs` $+ offset$ springt, zur Verfügung.

Ein Pseudoassemblerbefehl ist ein in der ISA nicht vorhandener, für Programmierer einfach nutzbarer, Befehl, der vom Assembler ersetzt wird.

`ret` ist ein »Pseudoassemblerbefehl«. Der einfacheren Lesbarkeit halber gibt es über fünfzig solcher Befehle, die während der Assemblierung durch andere Befehle implementiert werden. Somit stehen für die Programmierung einfache Befehle bereit, die von der ISA nur in komplizierterer Version zur Verfügung gestellt werden. Das einfache `ret` wird beispielsweise durch den Sprungbefehl `jalr x0,0,ra`, der den aktuellen PC in Register `x0` sichert und an die im Register `ra` stehende Rücksprungadresse + Konstante 0 springt, ersetzt.

Sprünge werden für die Prüfung von Bedingungen, für Schleifen und Funktionsaufrufe verwendet.

3.1.6 Steuerwerk

Das Steuerwerk (»Control Unit«) ist die zentrale Komponente der Befehlsverarbeitung. Es erhält einen in einem 32-Bit-Datenwort kodierten Befehl als Eingabe, analysiert ihn und generiert die entsprechenden Steuersignale für die anderen Module. Je einfacher der Aufbau eines Befehls, desto einfacher ist die Logik des Steuerwerks. Einfachheit ist hier von Vorteil, da dies einerseits die Anzahl der benötigten Gates (Transistoren) und damit die Größe des Chips, den Stromverbrauch und den Preis des Prozessors senkt und andererseits die Geschwindigkeit steigert.

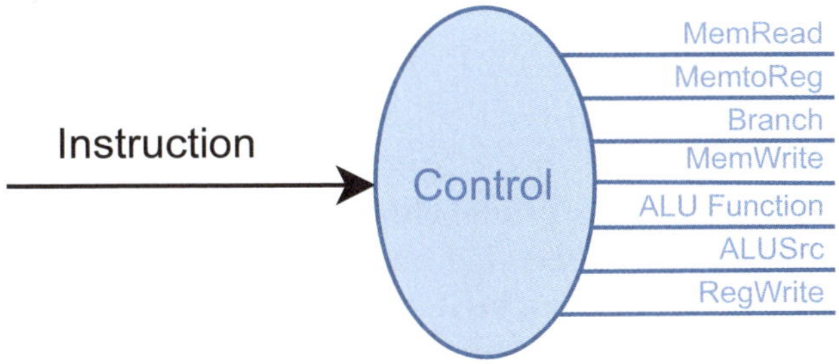

Abb. 3–8
Blockschaltbildsymbol des Steuerwerks mit den Steuersignalen für RISC-V

Der gleichmäßige Aufbau des RISC-V-Befehlssatzes, der in Abschnitt 3.2.1 detailliert besprochen wird, resultiert aus dieser Überlegung. Hier ist es ausreichend, die Logik zur Ableitung der Steuersignale mit den Bits 0..6 des Befehlswortes zu versorgen. Die Steuersignale zur ALU benötigen mehr Informationen aus den Instruktionen (die Bits 12..14, 30), weshalb der Control Unit üblicherweise die eigene Einheit »ALU control« zur Seite gestellt wird. Diese erhält zusätzlich die entsprechenden Instruktionsbits, dekodiert diese und generiert die entsprechenden Steuersignale für die ALU.

Für die Zwecke dieses Buches genügt die Sichtweise, dass die Control Unit die benötigten Signale, und damit auch direkt das Signal »ALU Function«, erzeugt. [46] bietet einen detaillierteren Einblick in Aufbau und Arbeitsweise dieser Einheiten.

3.1.7 Weitere Einheiten

Zusätzlich zu den erwähnten Einheiten benötigt der Prozessor noch verhältnismäßig einfache Elemente wie den Konstantengenerator, mehrere Multiplexer und UND-Gatter (siehe Abschnitt 5.4.2). Diese werden hier erklärt, um dann den Mikroprozessor im Schaltbild zusammenzusetzen.
Abb. 3–9 zeigt die Blockschaltbilder der drei Einheiten.

Konstantengenerator Der Konstantengenerator (»ImmGen, Immediate Generation Unit«) erhält eine Instruktion als Eingabe und extrahiert daraus eine Konstante. Je nach Kommando werden spezielle Bits aus dem Wort extrahiert, als vorzeichenlose oder vorzeichenbehaftete Zahl interpretiert und auf 32 Bit erweitert. Bei Load-/Store-Speicherzugriffen wird diese Konstante zur Zugriffsadresse addiert.

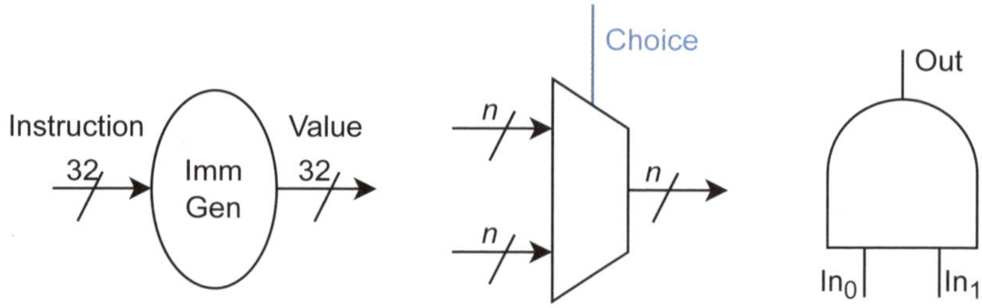

Abb. 3–9 Blockschaltbildsymbole von Konstantengenerator (links), Multiplexer (Mitte) und UND-Gatter (rechts)

In bedingten relativen Sprungbefehlen wird sie mit 2 multipliziert (bzw. nach links geshiftet) und zum PC addiert. Bei weiten relativen Sprüngen kommt eine breitere Konstante (auf 20 Bit erweitert) zum Einsatz, womit in diesem Fall ± 1 MiB weit gesprungen werden kann. »Immediate values« (Konstanten, die im Befehl kodiert sind) in Befehlen wie `addi` sind 12 Bit groß mit einem Wertebereich $[-2048, +2047]$.

Multiplexer Mit einem Multiplexer (MUX, »Multiplexor«) kann ein Ausgangssignal aus mehreren Eingangssignalen ausgewählt werden. Hierfür wird über das Steuersignal »Choice« der entsprechende Eingang selektiert. Die Breite des Steuersignals definiert die Anzahl der Eingänge und wird in der Bezeichnung n-MUX angegeben. Ein Steuersignal mit n Bit Breite dient zur Auswahl aus 2^n Eingängen.

UND-Gatter Das UND-Gatter entspricht dem logischen UND (siehe auch Abschnitt 4.4.1). Es schaltet den Ausgang »Out« auf den Wert 1, wenn beide Eingänge »In_0« und »In_1« den Wert 1 haben. Andernfalls erhält der Ausgang den Wert 0.

3.1.8 Der Prozessor

Unter Verwendung der besprochenen Blockschaltbildsymbole lassen sich der typische Aufbau sowie die Funktionsweise des RISC-V-Prozessors mit einem Blockschaltbild des Datenpfades («Datapath«), wie in Abb. 3–10 [46, nach Figure 4.21/4.35] dargestellt, erklären.

Die groben Blöcke der Abarbeitung eines Befehls sind dabei:

Instruction fetch Ein Befehl wird am aktuellen `PC` aus dem Befehlsspeicher geladen und der `PC` auf den nächsten Befehl gesetzt.

Instruction decode/register fetch Der aktuelle Befehl wird dekodiert und die Kontrollsignale werden entsprechend gesetzt. Die Operandenregister werden gelesen.

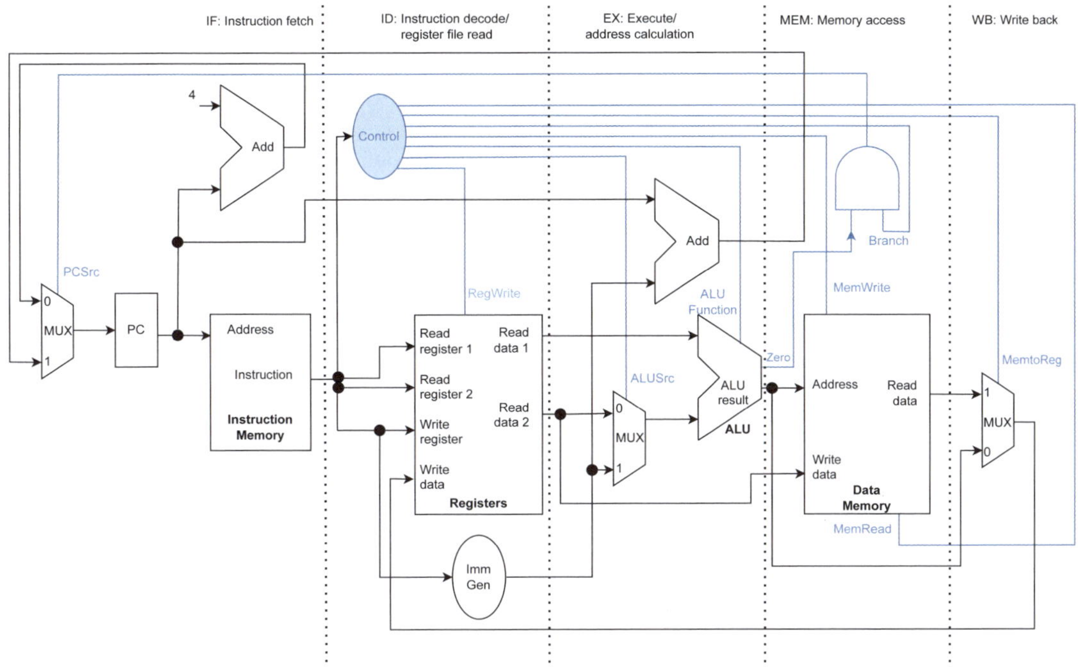

Abb. 3–10
Datenfluss der RISC-V-Architektur, frei nach [46]

Execute/address calculation Der Befehl wird in der ALU ausgeführt. Das Ziel von Speicherzugriffen und Sprüngen wird berechnet.

Memory access Ein Zugriff auf den Datenspeicher wird durchgeführt, falls es sich um einen Speicherzugriffsbefehl handelt.

Write back Berechnete und geladene Werte werden ins Zielregister »zurück« geschrieben, falls dies Teil des Befehls ist.

Nicht alle Befehle benötigen alle fünf Schritte. `add a2,a2,a5` hat beispielsweise keinen Memory access, `sw ra,12(sp)` keinen Write back. Anhand der schrittweisen Ausführung dreier grundsätzlich verschiedener RISC-V-Assemblerbefehle, nämlich einer arithmetischen Operation, einem Speicherzugriff und einem bedingten Sprung, wird das Zusammenspiel der einzelnen Komponenten verdeutlicht. Hierfür sind in den folgenden Abbildungen 3–11 bis 3–13 jeweils die aktiven Pfade aus Abb. 3–10 in Einzelabbildungen rot markiert.

Arithmetische Operation

Der Befehl `add a2, a2, a5` liest die beiden Quellregister `a2` und `a5`, addiert die Inhalte und schreibt das Ergebnis in Zielregister `a2`, wie in folgenden Schritten und Abb. 3–11 detailliert dargestellt:

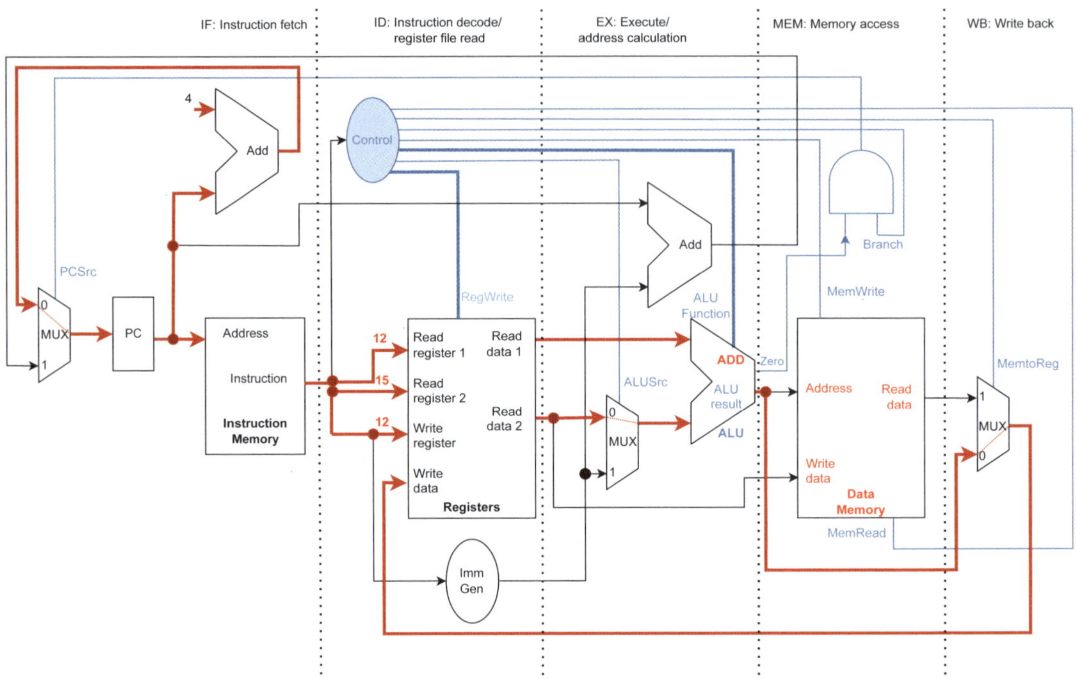

Abb. 3–11
Aktiver Datenfluss für den `add`-Befehl rot markiert

1. Zur Ausführung eines neuen Befehls wird über die Adresse im `PC` auf den Befehlsspeicher zugegriffen. Da in der RISC-V-Grundarchitektur jeder Befehl 32 Bit breit ist, befindet sich der nächste Befehl an der Adresse PC + 4. Deshalb addiert eine spezialisierte ALU, die nur die Additionsfunktion bietet, den Wert 4 zum aktuellen PC. Der erhöhte Wert wird an den dem PC vorgeschalteten Multiplexer geleitet und dann in den PC geschrieben.
2. Der ausgelesene, in Maschinensprache kodierte 32 Bit breite Befehl wird nun dekodiert. Quellregister `a2=x12` und `a5=x15` und Zielregister `a2=x12` werden aus dem Befehl extrahiert und die Leitungen »Read register 1« auf 12, »Read register 2« auf 15 und »Write register« auf 12 gesetzt.
   Die Control Unit erzeugt die Steuersignale:

   »Branch« = 0 Es handelt sich nicht um einen Sprungbefehl, womit auch »PCSrc« = 0.

   »RegWrite« = 1 Das Zielregister wird geschrieben.

   »ALUSrc« = 0 Zweiter Registeroperand ist zweiter ALU-Input.

   »ALU Function« = ADD Die ALU soll die Operanden addieren.

   »MemWrite« und »MemRead« = 0 Es erfolgt kein Speicherzugriff.

   »MemtoReg« = 0 Das Ergebnis der ALU-Berechnung wird an die Registerbank geleitet.

Register a2 und a5 werden ausgelesen und an »Read data 1« und »Read data 2« bereitgestellt.

3. Die ALU addiert »Read data 1« und »Read data 2« (durch entsprechendes Multiplex) und stellt das Ergebnis am Ausgang bereit.
4. Das Ergebnis der Addition umgeht den Speicher und wird über den Multiplexer an »Write data« gesendet. Durch das gesetzte Signal »RegWrite« wird das in »Write register« angegebene Register a2 geschrieben.

Speicherzugriff

Der Befehl `lw ra, 12(sp)` greift lesend auf den Speicher an Adresse sp + 12 (also auf den Stack) zu, wie im Folgenden schrittweise erklärt und in Abb. 3–12 gezeigt wird.

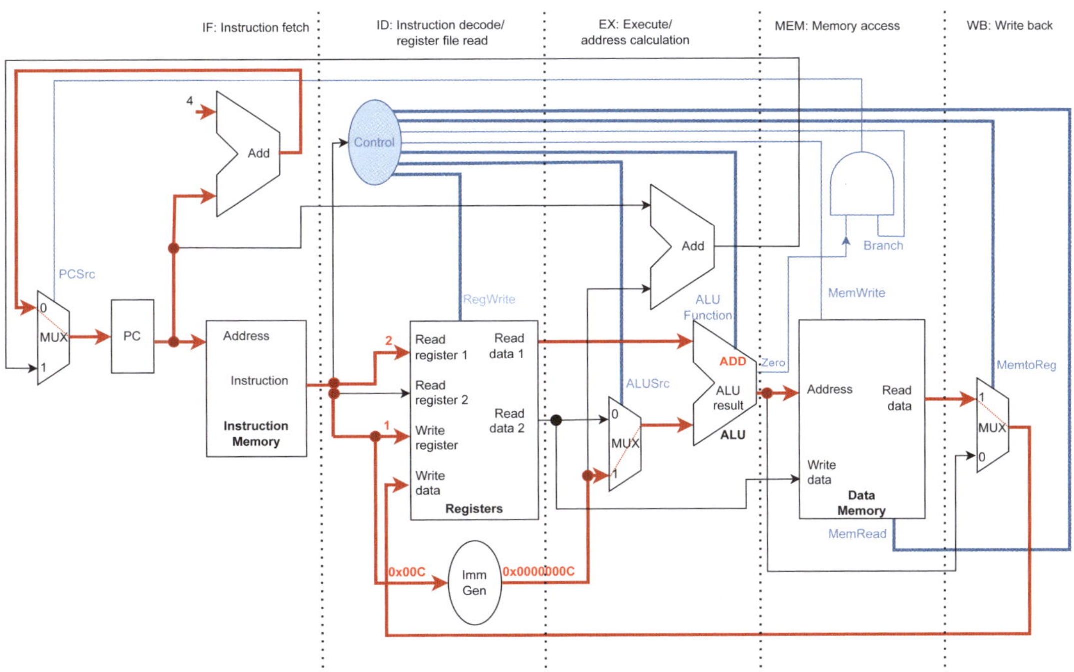

Abb. 3–12
Aktiver Datenfluss für den `lw`-Befehl rot markiert

1. Wie beim add-Befehl wird die Instruktion, auf die der PC zeigt, ausgelesen und der PC anschließend um 4 erhöht.
2. Der ausgelesene, in Maschinensprache kodierte 32 Bit breite Befehl wird nun dekodiert. Quellregister sp=x2 und Zielregister

ra=x1 werden aus dem Befehl extrahiert und die Leitungen »Read register 1« auf 2 und »Write register« auf 1 gesetzt.
Die Control Unit erzeugt die Steuersignale:

»Branch« = 0 Es handelt sich nicht um einen Sprungbefehl, womit auch »PCSrc« = 0.

»RegWrite« = 1 Das Zielregister wird geschrieben.

»ALUSrc« = 1 Zweiter ALU-Input ist ein Immediate Value (Offset = 12).

»ALU Function« = ADD Die ALU soll die Operanden addieren (Pointer + Offset).

»MemWrite« und »MemRead« = 1 Der Datenspeicher wird an der berechneten Adresse gelesen.

»MemtoReg« = 1 Das Ergebnis des Speicherzugriffs wird an die Registerbank geleitet.

Register sp wird ausgelesen und an »Read data 1« bereitgestellt. Der Wert von »Read data 2« ist unwichtig, da das gelesene Register nicht verwendet wird.
Der Immediate Value 12 (hexadezimal 0x00C) wird aus dem Kommando extrahiert und auf 32 Bit erweitert.

3. Die ALU addiert »Read data 1« und den Immediate Value (Offset = 12) und stellt das Ergebnis am Ausgang bereit.
4. Das Ergebnis der Addition dient als Adresse für den Lesezugriff auf den Datenspeicher, da das Signal »MemRead« gesetzt ist. Das gelesene Datenwort wird an »Read data« zur Verfügung gestellt.
5. Der Ausgang des Datenspeichers wird über das Signal »MemtoReg« und den entsprechenden Multiplexer an »Write data« in der Registerbank gesendet. Durch das gesetzte Signal »RegWrite« wird das in »Write Register« angegebene Register ra geschrieben.

Bedingter Sprung

Der Befehl `beq a4, a5, offset` wird als Beispiel für einen bedingten Sprung herangezogen. Er vergleicht die Inhalte der Register a4 und a5 und führt den Sprung durch, wenn a4 = a5. Ziel des Sprungs ist die Adresse PC + $offset$. Bei Ungleichheit wird mit dem nächsten Befehl nach dem Sprungbefehl fortgefahren. Im Folgenden sowie in Abb. 3–13 wird dies schrittweise erläutert.

1. Wie bei den anderen Befehlen wird die Instruktion an PC ausgelesen und der PC anschließend um 4 erhöht.

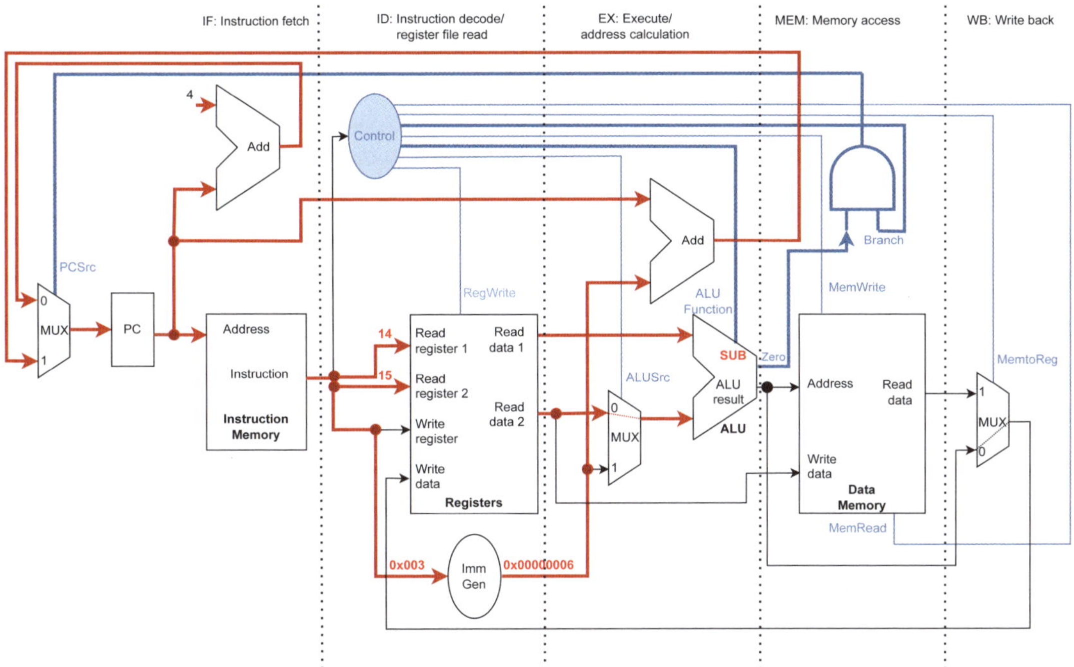

Abb. 3–13
Aktiver Datenfluss für den `beq`*-Befehl rot markiert*

2. Der ausgelesene, in Maschinensprache kodierte 32 Bit breite Befehl wird nun dekodiert. Quellregister `a4=x14` und `a5=x15` werden aus dem Befehl extrahiert und die Leitungen »Read register 1« auf 14 und »Read register 2« auf 15 gesetzt.
   Die Control Unit erzeugt die Steuersignale:

   »Branch« = 1 Es handelt sich um einen Sprungbefehl.

   »RegWrite« = 0 Das Zielregister wird nicht geschrieben.

   »ALUSrc« = 0 Zweiter ALU-Input ist »Read data 2«.

   »ALU Function« = SUB Die ALU soll die Operanden subtrahieren. Das Signal »zero« wird dann in der Folge verwendet.

   »MemWrite« und »MemRead« = 0 Es erfolgt kein Speicherzugriff.

   »MemtoReg« = 0 Da »RegWrite« den Wert 0 hat, ist dieses Signal nicht von Bedeutung.

   Register `a4` und `a5` werden ausgelesen und an »Read data 1« und »Read data 2« bereitgestellt.
   Der Immediate Value 3 wird aus dem Kommando extrahiert, mit 2 multipliziert und auf 32 Bit erweitert.
3. Die ALU subtrahiert »Read data 2« von »Read data 1« und setzt entsprechend dem Ergebnis das Signal »Zero«.

Die Additions-ALU addiert zum `PC` den Immediate Value (Offset). Die Summe wird am Ausgang als Sprungadresse für das Feedback bereitgestellt.

4. Wenn das Signal »Zero« gesetzt ist, wird ebenso »PCSrc« gesetzt und damit die berechnete Sprungadresse in den `PC` übernommen. Ist das »Zero« Signal nicht gesetzt, wird »PCSrc« 0, womit als neuer `pc` die Adresse des nächsten Befehls in der Ausführungsfolge gesetzt wird.

Für weitere bedingte Sprungbefehle wie `bltu a4, a5, 0x420065c8` aus dem Disassembly in Abb. 3–1 kommen weitere Statussignale der ALU (z.B. »Negative« mit der Bedeutung, dass das Ergebnis der letzten Operation negativ war) zum Einsatz.

3.1.9 Pipeline

Bemerkenswert ist, dass nicht bei allen Befehlen auch alle Komponenten des Prozessors arbeiten. Ein Zugriff auf den Datenspeicher erfolgte in den vorigen Beispielen nur beim zweiten Befehl. Bei näherer Betrachtung fällt auch auf, dass die Befehle im vorigen Abschnitt schrittweise abgehandelt wurden. Der `add`-Befehl benötigte vier Schritte, `lw` fünf und `beq` wiederum vier Schritte. Während ein Schritt abgehandelt wird, steht der Rest der CPU still.

Wenn der gesamte Befehl in einem Prozessortakt ausgeführt werden soll, muss der Systemtakt auf den langsamsten Befehl gesetzt werden, bei dem alle Schritte durchgeführt werden. Eine naheliegende Lösung bietet hier Pipelining, also die Aufteilung einer großen und lange dauernden Aufgabe in kleine, kürzer dauernde Aufgaben. Werden diese Aufgaben hintereinander ausgeführt, ist die Gesamtausführungszeit unverändert lange. Es ist dann aber möglich, diese Teilaufgaben für verschiedene Befehle parallel auszuführen.

Es finden sich in der Praxis viele Beispiele für die Anwendung dieser Parallelisierung. Im folgenden Beispiel sind die übertragbaren Fachbegriffe jeweils in Klammern angeführt.

Alice, Bob und Berta haben miteinander ein Vogelhäuschen gebaut. Alice hat das Holz gesägt, Bob hat es verschraubt und Berta hat es in einer hübschen Farbe bemalt. Das Vogelhäuschen hat in der Nachbarschaft riesigen Anklang gefunden, sodass die drei beschließen, auf dem diesjährigen Weihnachtsmarkt 200 Stück anzubieten. Bei dieser Massenproduktion haben Berta und Bob anfänglich Alice beim Sägen zugesehen, dann haben Alice und Berta geplauscht, während Bob geschraubt hat. Als Berta anschließend gemalt hat, haben Alice und Bob was getrunken. Nach dem vierten Vogelhaus war die

Stimmung schlecht. So würden die drei mit den Vogelhäuschen frühestens zum Ostermarkt fertig werden! Also beschlossen sie, gleichzeitig zu arbeiten. Während Alice sägte, schraubte Bob und Berta malte. Immer wenn Berta fertig war, denn das Malen war die langsamste Tätigkeit, gaben alle ihr Werkstück weiter (getaktete Pipeline bzw. zeitlich gebundene Fließfertigung). Nur zu Beginn mussten Bob und Berta warten (Füllen der Pipeline), und beim letzten Häuschen malte Berta noch, als Alice und Bob bereits miteinander anstießen. Die drei stellten fest, dass die Fertigstellung eines Häuschens nicht schneller war, aber die Anzahl an Häuschen in derselben Zeit (Durchsatz) sich annähernd verdreifachte. Da das Bemalen der Häuschen am langsamsten war, hing der Durchsatz maßgeblich von dieser Zeit ab. Wenn das Häuschen ein Erfolg wird, wird Antonia hinzugezogen, um gleichzeitig mit Berta zu malen, jede an einem eigenen Häuschen (»Superskalarität«).

Um ein solches unabhängiges Arbeiten innerhalb einer CPU zu ermöglichen, werden die einzelnen Schritte als unabhängige »Stufen« definiert und jeweils mit Schnittstellen ausgestattet. Die fünf Stufen des RISC-V-Prozessors sind in Abb. 3–10 angeführt als

- IF: Instruction fetch
- ID: Instruction decode/register file read
- EX: Execute/address calculation
- MEM: Memory access
- WB: Write back

Bei dieser fünfstufigen Pipeline benötigt ein Befehl zur Ausführung fünf Takte, da jede Stufe in einem Takt bearbeitet wird. Da während eines Taktes aber alle fünf Stufen parallel betrieben werden können, beginnt und endet mit jedem Takt ein Befehl.
Wenn die Befehle $\texttt{CMD}_0$, $\texttt{CMD}_1$, $\texttt{CMD}_2$, ... hintereinander ausgeführt werden, wird im ersten Takt erst *IF* von $\texttt{CMD}_0$ durchgeführt. Im nächsten Takt erfolgt *ID* von $\texttt{CMD}_0$ gleichzeitig mit *IF* von $\texttt{CMD}_1$. Im darauffolgenden Takt erfolgt *EX* von $\texttt{CMD}_0$, *ID* von $\texttt{CMD}_1$ und *IF* von $\texttt{CMD}_3$.

Im Pipeline-Diagramm (Abb. 3–14) ist dies für sieben Befehle dargestellt. Auf der vertikalen Achse sind die ausgeführten Befehle eingetragen, auf der horizontalen die Systemtakte. Pipelinestufen in derselben Spalte finden also im selben Takt (also zur selben Zeit) statt. Zu Beginn ist die Pipeline leer, in CC_0 wird mit dem Befüllen begonnen.

Im Diagramm blau herausgehoben sind die Spalten in den Taktzyklen CC_4 bis CC_6. Hier sind alle fünf Pipelinestufen gleichzeitig aktiv, und der maximale Durchsatz ist erreicht. Dies lässt sich in den

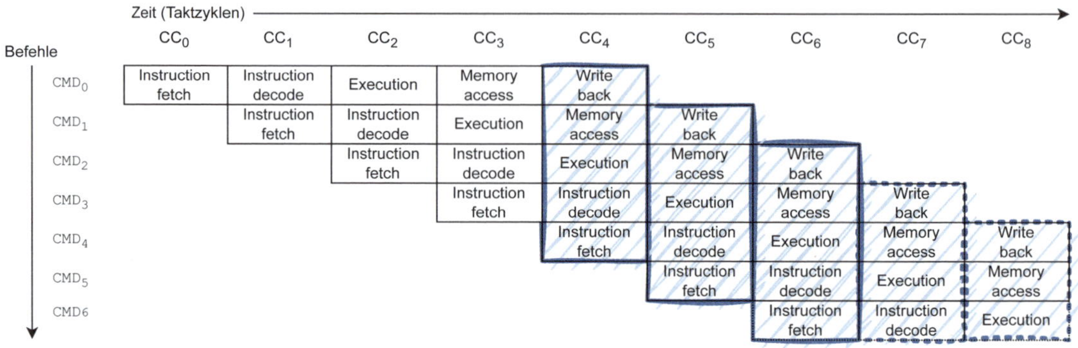

Abb. 3–14
Pipeline-Diagramm für sieben Befehle in der fünfstufigen RISC-V Pipeline, nach [46, Figure 4.46]

Folgezyklen so fortsetzen, wenn die Pipeline weiter durchgehend geladen wird.

In der Praxis ist die Befehlsabarbeitung in einer Pipeline wegen Optimierungen, Befehlen, die auf Ergebnisse unmittelbar vorangehender Befehle angewiesen sind, und Sprüngen komplexer. Für das weitere Verständnis reicht die beschriebene Sichtweise aber aus.

1 MIPS ist eine Million Instruktionen pro Sekunde.

Eine Pipeline bewirkt im Normalfall, dass pro Takt ein Befehl fertiggestellt werden kann. Dies bedeutet, dass 1 MIPS pro MHz möglich ist. Pipelining erhöht damit nicht die Ausführungsgeschwindigkeit eines Befehls, sondern den Durchsatz.

In der Praxis lässt sich dieser Durchsatz jedoch aufgrund verschiedenartiger Abhängigkeiten, »Hazards« genannt, nicht erreichen. Bei der Betrachtung der beiden Codezeilen

```
li a4, 100
bltu a4, a5, 0x42005308
```

aus Abb. 3–1 fällt auf, dass das Register a4 im ersten Befehl beschrieben und im unmittelbar nächsten zur Auswertung der Sprungbedingung «kleiner als« ausgelesen wird. Das Pipeline-Diagramm in Abb. 3–15 zeigt das Problem der Abhängigkeit von Register a4.

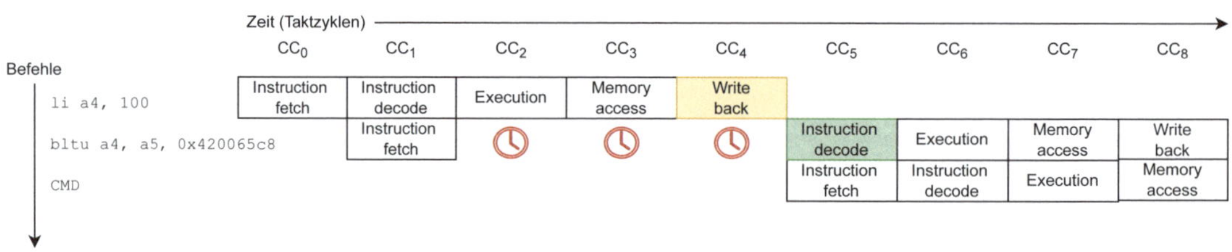

Abb. 3–15
Pipeline-Diagramm für einen »Data Hazard«

Das Ergebnis des Speicherzugriffs wird in Stufe 5 »Write back« in die Registerbank geschrieben. Der lesende Zugriff im folgenden Befehl geschieht aber bereits in Stufe 2 »Instruction decode«. Somit muss die Ausführung des Befehls für drei Takte angehalten werden. Dieser »Stall« wird in der Abbildung durch eine Uhr dargestellt.

Diese sogenannten »Data Hazards« können durch den Compiler bereits erkannt und teils, jedoch nicht immer, durch Umstellung der Assemblerbefehle behoben werden. Zielführender ist hier ein Erkennen der Abhängigkeit zur Laufzeit durch die CPU und eine direkte Weiterleitung an die jeweilige Stufe. Im beschriebenen Fall ist das die direkte Weiterleitung von Stufe 4 «Memory Access« an die Stufe 3 »Execution«, um den »Stall« zu vermeiden.

Ein weiterer Ausnahmefall (und diese Ausnahme ist *nicht* selten) für die Pipeline ist eine Verzweigung bzw. ein unvorhersehbarer Sprung im Programmfluss. Ob ein bedingter Sprung an die berechnete Sprungadresse genommen wird oder nicht, steht erst nach Auswertung der Sprungbedingung, also nach der »Execution«-Stufe, fest.

Da nur ein Pipeline-Pfad existiert, wird die Pipeline mit der regulären Befehlsfolge befüllt. Wenn dann doch gesprungen werden soll, muss die Pipeline geleert (»flushed«) und neu befüllt werden, was einige Takte Verzögerung mit sich bringt. Um diesen sogenannten »Control Hazard« zu vermeiden, implementieren moderne Prozessoren raffinierte Methoden wie eine Sprungvorhersage (»Branch Prediction«), die auch mit erheblicher Siliziumfläche zu Buche schlagen. Unvorhersehbare Sprünge wie Interrupts bzw. Exceptions (siehe Abschnitt 6.1) bewirken aber dennoch immer ein Leeren und ein Neubefüllen der Pipeline. Dass die Branch Prediction schwer zu beherrschen ist, führt der Angriff Spectre [67], der spekulative Mechanismen ausnützt, eindrucksvoll vor Augen.

Superskalare Architekturen

Wenn die funktionalen Gruppen im Prozessor mehrfach ausgeführt werden, lassen sich mehrere Befehle gleichzeitig parallel abarbeiten. Es handelt sich dann um eine »Nebenläufigkeit auf Befehlsebene«.

Besitzt das System beispielsweise zwei ALUs, lassen sich die Befehle `add` und `sub` im Grunde gleichzeitig ausführen. Dies hat den Vorteil, dass sich der Durchsatz bei genügend Parallelisierung stark erhöhen kann. Als Maß dienen hierbei einerseits die MIPS (»Million Instructions Per Second«), andererseits die CPI (»Clock Cycles per Instruction«), die angeben, wie viele Takte eine Instruktion im Schnitt benötigt. Kleinere Werte sind bei dieser Metrik besser.

In der Praxis verdoppelt eine Verdopplung der Komponenten den Durchsatz nicht, da Abhängigkeiten die parallele Ausführung mitunter verhindern. In der Beispielsequenz

```
add a2, a2, a3
sub a2, a4, a2
```

verwendet der Subtraktionsbefehl das Ergebnis der Addition in a2 als Eingabeoperand. Da das Ergebnis vor der Subtraktion bekannt sein muss, ist eine parallele Ausführung nicht möglich.
Ein Forwarding wie beim Pipelining ist in diesem Fall nicht möglich, da die Execution-Stufen parallel und damit gleichzeitig sind. Eine Auflösung solcher Konflikte nimmt im Falle des statischen Scheduling der Compiler vor, beim dynamischen Scheduling der Prozessor selbst.

Bei Prozessoren im ressourcenbeschränkten Einsatz wie dem ESP32-C3 findet Superskalarität derzeit keine Anwendung.

3.2 Instruction Set Architecture

Ein IC (»Integrated Circuit«) ist eine integrierte Halbleiterschaltung auf einem Bauelement.

Der Aufbau (Syntax) und die Funktionsweise (Semantik) von Maschinenbefehlen sind in der Befehlssatzarchitektur (*ISA, Instruction Set Architecture*) unabhängig von der Implementierung definiert. Das heißt, es ist möglich, allein auf der Basis der ISA einen kompatiblen Mikroprozessor zu entwickeln. Um dies zu gewährleisten, sind in der ISA die Kodierung der Kommandos im Binärcode und deren Verhalten exakt spezifiziert. Kompatible Prozessoren müssen nicht zwangsweise in Hardware auf einem IC erstellt werden. Es ist auch möglich, einen Prozessor in Software zu erstellen, der in der ISA vorliegende Programme ausführen kann. Man spricht in diesem Fall von Simulatoren und virtuellen Maschinen.

Verbreitete ISAs für PC-Prozessoren, die auch ständigen Weiterentwicklungen unterliegen, sind x86, IA-32 (»Intel Architecture 32 Bit«), IA-64 (64-Bit-Erweiterungen von Intel), AMD64 (64-Bit-Erweiterungen von AMD). In diesen CISC-Architekturen sind Befehle 1 bis 15 Bytes lang, was die Dekodierung aufwendig macht.

Bei CISC (»Complex Instruction Set Computer«) hat die ISA sehr viele Befehle. Zwischen 1978 und 2017 ist die Zahl an Befehlen in diesen PC-Prozessoren von etwa 100 auf 1400 Befehle angewachsen. Dass im Gegensatz zu einer Load-/Store-Architektur jeder Befehl potenziell auf den Programmspeicher zugreifen kann, macht die derzeit 14-stufige Pipeline der Intel-Prozessoren (z.B. »Cypress Cove«) kompliziert. Der Pipeline-Rekord der »Prescott«-Prozessoren war mit 31

Stufen zu kompliziert und stromhungrig, weshalb die Stufen im Anschluss auf etwa 14 reduziert wurden. Um das Design beherrschbar zu machen, beherbergen diese Prozessoren heutzutage einen RISC-Kern, der Microcode superskalar mit hoher Geschwindigkeit ausführen kann. Die komplexen CISC-Befehle werden hier zur Laufzeit im Prozessor in Microcode übersetzt.

Weitere bekannte ISAs, die hauptsächlich in Embedded Systemen implementiert werden, sind Atmel AVR (8 Bit), Texas Instruments MSP430 (16 Bit), PICmicro (diverse ab 12 Bit), Intel MCS-51 mit sehr vielen Derivaten, Renesas H8 (8 und 16 Bit), Infineon TriCore und viele mehr. Die Architekturbreiten reichen in diesem Anwendungsfeld von den immer noch z.B. in Armbanduhren vertretenen 4-Bittern über 8, 16, 32 bis hin zu 64 Bit Breite.

Moderne Nachfahren der im Jahre 1980 vorgestellten 8-Bit-Mikrocontrollerfamilie MCS-51 sind auch heute noch häufig in Smartcards vertreten.

Eine ISA-Familie, die sich im 32-Bit-embedded-Segment und in Smartphone-Prozessoren starker Beliebtheit erfreut, ist die ARM-Architektur, deren neunte Version Armv9-A im März 2021 vorgestellt wurde. Da es sich nicht um die exklusive Architektur eines Herstellers handelt und ARM selbst keine eigenen ICs herstellt, sondern die Architektur als Lizenzen vertreibt, gibt es eine große Zahl namhafter Hersteller mit entsprechenden Produkten. Beispielsweise sind Cortex-M4-Kerne in STM32Fxx-Controllern von ST Microelectronics, CC13/25xx von Texas Instruments, XMC4000 von Infineon, Kinetis von NXP, efr32 von Silicon Labs usw. enthalten.

ARM Prozessoren sind in die drei Familien

- »Cortex-A« für Applikationsprozessoren, wie sie etwa in PCs und Handys verbaut sind,
- »Cortex-R« für Realtime-Systeme mit Echtzeitanforderungen wie in der Automobilindustrie und
- »Cortex-M« für embedded Anwendungen, wie sie in diesem Buch betrachtet werden,

unterteilt.

3.2.1 RISC-V

Die ISA von RISC-V ist ein offener Standard der RISC-V Foundation, nicht patentiert und unter der BSD-Lizenz frei verfügbar. Das bedeutet, dass Hersteller für die Verwendung der Lizenz nicht zahlen müssen, was bei den erwähnten ARM-Prozessoren der Fall ist.

Einen Überblick über die Lizenzmodelle liefert die Webseite von choosealicense [8].

Die Architektur ist modular aufgebaut, mit Buchstabenkürzeln für einzelne Erweiterungen. Die Basis RV32I für Integerberechnung ist 32-bittig, mit den optionalen Erweiterungen RV64I für 64 Bit und RV128I für 128 Bit.

Jede Erweiterung definiert zusätzliche Befehle zur Basisarchitektur (mit Ausnahme der auf 16 Register reduzierten Basisarchitektur RV32E für Kleinstprozessoren). Ist eine Erweiterung nicht implementiert, fehlen die jeweiligen Befehle. Dennoch gibt es die Möglichkeit, für den vollen Befehlssatz kompilierte Programme auszuführen: Stößt der Prozessor auf einen unbekannten Befehl, wird ein Fehler ausgelöst. In einer entsprechenden Softwareroutine kann der Befehl dann implementiert sein. Dies macht günstige Implementierungen mit weniger Transistoren und damit kleinerer Siliziumfläche möglich, die in der Abarbeitung aber entsprechend langsamer sind.

Die Benennung des Prozessors gibt Auskunft darüber, welche Erweiterungen implementiert sind, und damit über den nativen Befehlssatz. Im Datenblatt des ESP32-C3 [25] ist ersichtlich, dass der verbaute Prozessor die RV32IMC ISA unterstützt. Die beiden verwendeten Erweiterungen zur Basis RV32I sind für Integer-Multiplikation und -Division (M) und für komprimierte Befehle (Compressed Instructions, C). Weitere teils fertig spezifizierte und teils in Entwicklung befindliche Erweiterungen gibt es für Fließkommazahlen, Bitmanipulationen, Vektorerweiterung, Sicherheitsoperationen und mehr [62].

RV32I-Basisarchitektur

In der RISC-V-Integer-Basisarchitektur RV32I ist jeder Befehl 32 Bit groß, wie auch schon in Abschnitt 3.1.8 erwähnt wurde. Die etwa 40 Befehle sind in folgende funktionale Gruppen eingeteilt:

Arithmetic Addition, Subtraktion, Laden von Konstanten

Shifts Logisches Schieben nach links, logisches und arithmetisches Schieben nach rechts

Logical Bitweise logische Operatoren AND, OR, XOR

Compare Vergleichen von Registerinhalten $x_i < x_j$ vorzeichenbehaftet und vorzeichenlos

Branches und Jump & Link Bedingte und unbedingte Sprünge

Loads und Stores Lesender Zugriff und schreibender Zugriff in den Datentypen Byte, Halbwort und Wort. Da das Laden in ein Register mit Wortbreite erfolgt, werden kürzere Datentypen auf ein Wort erweitert. Im vorzeichenlosen Fall wird mit »0» Bits aufgefüllt, im vorzeichenbehafteten mit dem Vorzeichenbit. Da beim Speichern verkürzt wird, ist eine Unterscheidung vorzeichenloser und vorzeichenbehafteter Datentypen beim Schreiben nicht notwendig.

Control Status Register Zugriff auf die Control Status Register (CSRs), die zur Messung der Performance, zum Debugging und mehr dienen

Synch, Environment Befehle zur Synchronisierung von Mehrkernsystemen, zum Implementieren von System Calls in Betriebssystemen und Debuggern

Wie in Abb. 3–16 gezeigt, sind zur Kodierung der 32 Bit breiten Befehle vier Basisformate (beziehungsweise sechs Formate, die sich teils bei der Kodierung der Konstante unterscheiden) definiert, die die Dekodierung aufgrund des regelmäßigen Aufbaus erleichtern. Diese und weitere interessante Designentscheidungen der Architektur sind in [47] angeführt.

Die Art des Befehls ist im »opcode« angegeben. In den sieben Bits

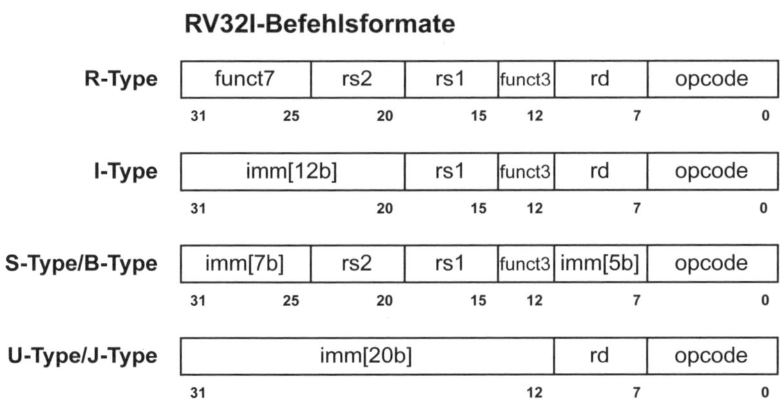

Abb. 3–16
RISC-V-Basis-Befehlsformate [62]

des »opcode« ist zum einen die Länge des Befehls kodiert, da auch abweichende Befehlsgrößen definiert werden können. Dies dient der Möglichkeit, die Codedichte zu erhöhen (Erweiterung C), und der Erweiterbarkeit der ISA. Zum anderen ist im »opcode« die Art des Befehls kodiert. Unter den 28 Möglichkeiten befinden sich »LOAD«, »STORE«, »BRANCH«, »OP« und weitere für den Integer-Befehlssatz. Zusätzlich gibt es opcodes für Fließkommazahlen, reservierte Einträge für zukünftige proprietäre Erweiterungen durch die Hersteller. Durch diese Möglichkeit für die Hersteller, die ISA für einen Anwendungsfall zu erweitern, können sehr spezialisierte und hochperformante Systeme geschaffen werden. Die Grundidee, mit einem universalen Rechner alle Aufgaben zu lösen, wird damit geändert, sodass ein Rechner mehr und mehr zu einem hocheffizienten Löser für Spezialaufgaben wird.

»funct3« und »funct7« definieren den Befehl darüber hinaus, falls dieser durch den »opcode« nicht ausreichend bestimmt ist. »rs1« und »rs2« sind die Quellregister, »rd« das Zielregister eines Befehls. Für die Kodierung der Adresse jedes Registers werden 5 Bits verwendet, was in den möglichen $2^5 = 32$ Registern (x0 bis x31) resultiert.

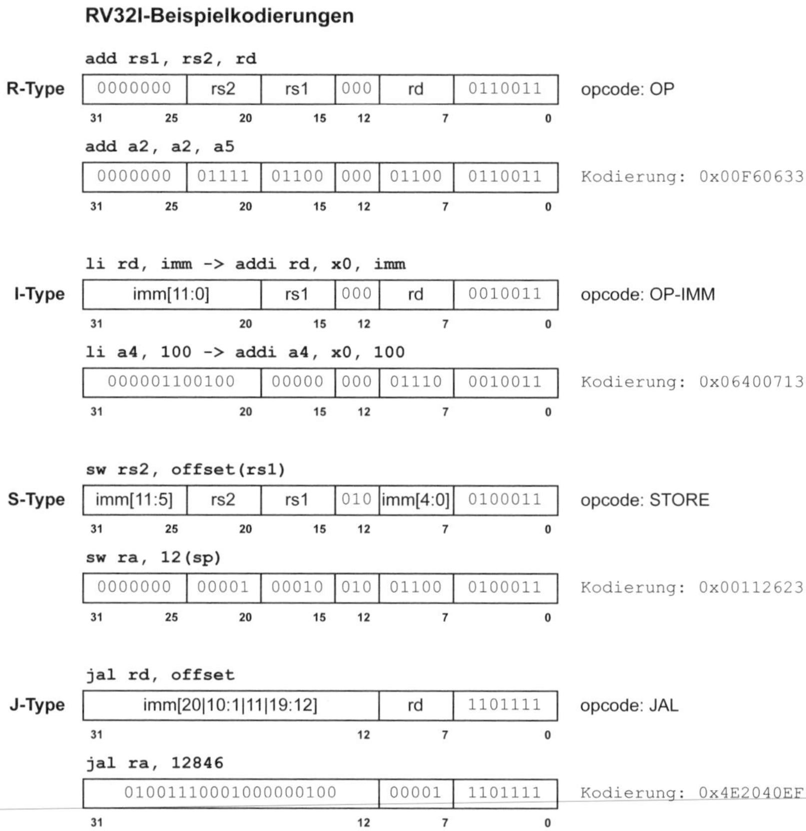

Abb. 3–17
Beispielkodierungen in den vier RISC-V-Basis-Befehlsformaten

Da nicht jeder Befehl diese Register benötigt, sind diese auch nicht in jedem »Type« vorhanden. Ebenso nicht in jedem Befehl benötigt ist eine Konstante, der »immediate value«. Da die Regelmäßigkeit der Befehle im Design Vorrang hatte, ist die Konstante im »S-Type« auf zwei Felder aufgeteilt. So kann gewährleistet werden, dass die Register an denselben Stellen im Befehl als Quell- und Zielregister kodiert sind. S-Type/B-Type und U-Type/J-Type differieren in der Kodierung der Konstante. Beispielsweise unterscheidet sich die Konstante im Befehl `lui rd, imm`, der die oberen 20 Bits (Bit 12–31) in ein Register lädt (U-Type), vom unbedingten Sprungbefehl `jal rd, imm`, der den 21-bittigen geraden Sprungoffset (Bit 1–20, Bit 0 hat fix den Wert 0) als Konstante beinhaltet.

Hexadezimalzahlen

Da Hexadezimalzahlen für Menschen übersichtlicher sind als Binärzahlen und diese gut abbilden können, wurden sie diesen in der Programmiersprache C vorgezogen.

Eine Zahl im üblichen Dezimalsystem besteht aus Ziffern, die den Wertebereich 0 bis 9 abbilden und anhand ihrer Position in der Zahl mit Zehnerpotenzen multipliziert und addiert werden. Die Zahl 178 kann als die Summe $1 * 100 + 7 * 10 + 8$ aufgefasst werden. Allgemein ist also die natürliche Zahl $n = \sum_{i=0}^{m} d_i * 10^i$ mit m Ziffern d_i. Die Ziffer mit kleinstem Stellenwert d_0 heißt »LSD, Least Significant Digit«.

Mit diesem Zahlenmodell können auch Zahlensysteme mit einem kleineren oder größeren Satz an Ziffern aufgebaut werden, also $n = \sum_{i=0}^{\infty} d_i * b^i$. b ist hier die »Basis«, im Dezimalsystem 10.

Im Binärsystem ist die Basis 2, mit den beiden Ziffern ›0‹ und ›1‹. Eine Stelle in einer Binärzahl heißt »bit«, von **b**inary dig**it**.

Hexadezimalzahlen haben die Basis 16. Die Ziffern sind ›0‹ bis ›9‹ und, da die arabischen Ziffern somit aufgebraucht sind, die Ziffern ›A‹ bis ›F‹ (gleichwertig ›a‹ bis ›f‹) mit den Werten 0 bis 9 und 10 bis 15.

Zur Darstellung einer 8-Bit-Zahl verwendet man zwei »Hex«-Ziffern, da eine Ziffer ein »Nibble« (4 Bit) kodiert. Um in der Programmiersprache C Hexadezimal- von Dezimalzahlen zu unterscheiden, wird der Zahl `0x` vorangestellt. Der Zahl 178 entspricht `0xB2` $(11 * 16 + 2)$.

Konkrete Kodierungen für Befehlsbeispiele aus dem Disassembly in Abb. 3–1 sind für die vier Basistypen in Abb. 3–17 angegeben. Diese sind

- Register(R)-Type: Die Befehle haben zwei Quellregister und ein Zielregister.
- Immediate(I)-Type: Die Befehle haben ein Quellregister, ein Zielregister und eine Konstante (immediate value).
- Store(S)-Type: Die Befehle haben zwei Quellregister und eine Konstante (immediate value).
- Jump(J)-Type: Die Befehle haben ein Zielregister und eine große Konstante (immediate value).

Für die Befehlstypen ist jeweils die allgemeine Kodierung im oberen Bereich dargestellt, die Implementierung eines speziellen Befehls im unteren Bereich. Die Zahlen in den Feldern sind die entsprechenden Bitwerte. Diese Beispielkodierungen werden nachfolgend besprochen.

Der R-Type-Befehl `add a2, a2, a5` wird zu 0x00f60633 kodiert. Register `a2 (=x2)` trägt den Wert 12, Register `a5 (=x15)` den Wert 15. In dieser Maschinensprache wird der Befehl im Speicher direkt abgelegt, um dann zur Laufzeit vom Prozessor geladen, interpretiert und ausgeführt zu werden.

Der I-Type-Befehl `li rd, imm` ist ein Pseudoassemblerbefehl, der durch eine Addition mit Register `x0`, das immer den Wert 0 enthält, ersetzt wird: `addi rd, x0, imm`. Die Konstante 100 ist durch die 12 Bit lange Bitfolge 000001100100 repräsentiert. Damit ist der Wertebereich von Konstanten in I-Type-Befehlen $[-2^{11}, +2^{11} - 1] = [-2048, +2047]$.

Der Befehl `sw ra, 12(sp)` ist ein Vertreter der S-Type-Kodierung. Die Konstante 12 ist im Immediate value kodiert, der Stack Pointer ist Register `x2`, das Return-Address-Register `ra` ist `x1`.

Beim PC-relativen Sprungbefehl `jal ra, 0x420097d4` ist im Disassembly des Debuggers eine absolute Adresse eingetragen. Da der Befehl selbst an Adresse 0x420052f2 steht, ist der kodierte Offset 0x044e2 (0x420052f2 + 0x044e2 = 0x420097d4). Im Memory-Fenster des Debuggers kann der Speicherinhalt eingesehen werden. In Abb. 3–18 wurde die Adresse des Befehls eingegeben. Es fällt auf, dass die markierten Bytes verkehrt angeordnet scheinen. Dies liegt daran, dass Integer-Datentypen in »Little Endian«-Darstellung gespeichert werden (siehe Kasten »Byte Order«).

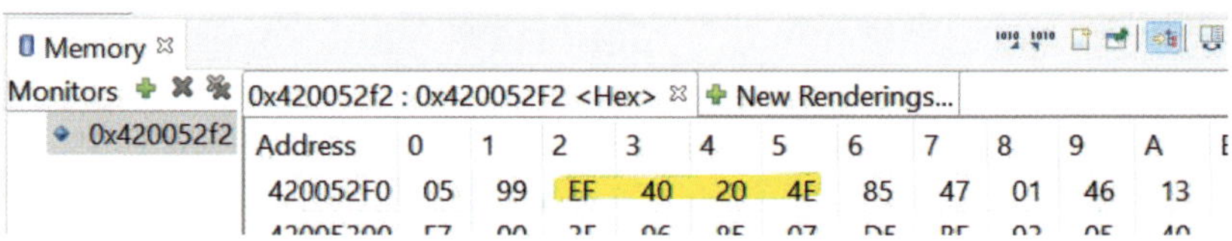

Abb. 3–18 *Ausschnitt des Memory-Fensters mit markiertem* `jal`*-Befehl*

M-Erweiterung

Die Erweiterung »Standard Extension for Integer Multiplication and Division (RVM)« erweitert die ISA um acht R-Type-Befehle zur Multiplikation, Division und Berechnung des Divisionsrests (»Modulo«-Operation). Wenn ein Kern diese Erweiterung nicht unterstützt, können diese Operationen unter Zuhilfenahme von Addition, Subtraktion und bitweisen Operationen nachgebildet werden. Die Implementierung in Software ist allerdings entsprechend langsamer, weshalb der ESP32-C3 diese Erweiterung implementiert.

C-Erweiterung

Wenn man den Speicher an den Adressen der Befehle aus Abb. 3–17 ansieht, stellt man fest, dass die Kodierung der Befehle `jal` und `li` korrekt ist, die der Befehle `add` und `sw` aber nicht stimmt. Ebenso fällt im Disassembly auf, dass der `add`-Befehl an Adresse 0x42005302 steht und der nächste Befehl bereits an Adresse 0x42005304. Gleichfalls benötigt der `sw`-Befehl nur zwei Byte.

Dies liegt daran, dass diese Befehle gemäß der »Standard Extension for Compressed Instructions (RVC)« kompiliert wurden. Diese Erweiterung bietet rund 40 16 Bit breite Befehle, die etwa 50–60% der Befehle eines Programms ausmachen. Damit kommt man auf eine Reduktion der Codegröße um etwa 25–30%. Diese Befehle entsprechen den häufigsten Basisbefehlen und werden vom Instruction Decoder in diese übersetzt.

Einschränkungen, die es möglich machen, den Befehl so stark zu kürzen, sind dabei:

- Die im Befehl enthaltene Konstante ist klein.
- Die üblichen Register `x0`, `lr = x1` und `sp = x2` können in der Kodierung weggelassen werden.
- Zielregister und erstes Sourceregister sind identisch.
- Die verwendeten Register gehören zu den acht üblichsten.

Ist die Erweiterung aktiv, können alle Befehle, auch 32-bittige, die beliebig mit 16-bittigen gemischt werden können, an geraden (also durch 2 teilbaren) Adressen stehen.
Im Unterschied zu den nachträglich eingeführten Thumb-Befehlen in der ARM-Architektur kommen die von vornherein eingeplanten RVC-Befehle ohne Modusumschaltung des Prozessors aus. Bei ARM muss der Modus zwischen 32-bittigem Standard- und 16-bittigem »Thumb«-Befehlssatz umgeschaltet werden. Im Thumb-Modus müssen Sprünge augenscheinlich auf ungerade Adressen – aber im Endeffekt doch auf eine gerade Adresse – erfolgen, da im untersten Adressbit der Thumb-Modus kodiert ist.

Bei der RISC-V-Architektur wurde die Compressed-Erweiterung von Beginn an in der Befehlskodierung berücksichtigt. Sind die untersten beiden Bits eines Befehls (im »opcode«) gesetzt, handelt es sich um einen 32-bittigen oder längeren, sonst einen 16-bittigen Compressed-Befehl. Aufgrund der vielen Komprimierungsmöglichkeiten sind in der Spezifikation acht verschiedene Befehlsformate spezifiziert.

Abb. 3–19 zeigt die Kodierung der Befehle `add a2, a2, a5` und `sw ra, 12(sp)`. Im `add`-Befehl wird das zweite Quellregister durch Doppelnutzung als Zielregister, im `sw`-Befehl der Stack Pointer durch

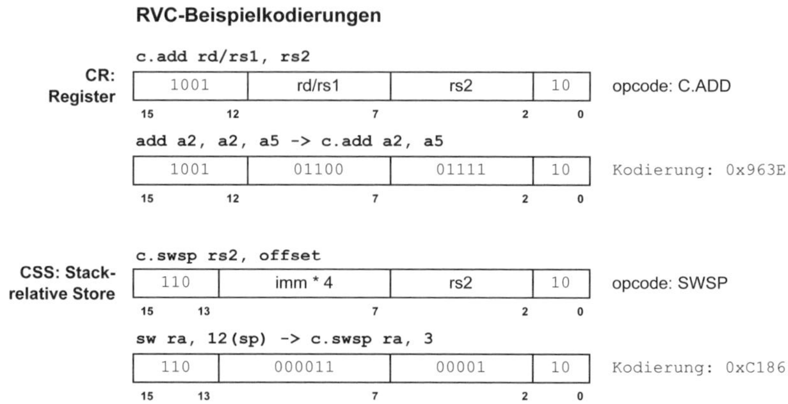

Abb. 3–19
Beispielkodierungen in zwei der acht RVC-Befehlsformate

implizite Angabe wegoptimiert und die Konstante durch implizite Multiplikation mit 4 erweitert.

3.2.2 sum_up_n in Assembler

Da nun essenzielle Assemblerbefehle bekannt sind, empfiehlt es sich, ein größeres Assemblerprogramm zu lesen und zu verstehen. Die Berechnungsschleife des Disassembly aus Abb. 3–1 ist in Listing 3.2 in Assembler zur besseren Lesbarkeit mit symbolischen Sprüngen wiedergegeben.

Zur Orientierung sind Zeilennummern, die nicht Teil des Assemblercodes sind, klein angeführt. Die Register werden wie folgt verwendet:

Register	Verwendung
a2	erhält das Ergebnis; entspricht C-Variable `sum`
a4	enthält das obere Limit der Schleife; entspricht C-Variable `upperNumber`
a5	Zählvariable der Schleife; entspricht C-Variable `i`

Im Gegensatz zur klassischen Sichtweise, bei der lokale Variablen, Funktionsparameter und Rückgabewerte auf den Stack gelegt werden, werden diese bei den RISC-typischen Load-/Store-Architekturen in Registern gespeichert, um die langsameren Zugriffe auf den Datenspeicher zu vermeiden. Bei verschachtelten Funktionsaufrufen werden die entsprechenden Register auf dem Stack gesichert (siehe Abschnitt 3.3.2).

Der Pseudoassemblerbefehl `li a5, 1` (ersetzt durch `addi a5, x0, 1`) in Zeile 1 lädt den Wert 1 in Register `a5`. Dies entspricht dem C-Statement `i = 1`. Analog entsprechen Zeile 2 dem Statement `sum = 0` und Zeile 4 `upperNumber = 100`.

```
1    li a5, 1 # load value 1 into register a5
2    li a2, 0
3 countloop:  # label
4    li a4, 100
5    bltu a4, a5, outofcountloop # branch if a4 < a5
6    add a2, a2, a5 # a2 := a2 + a5
7    addi a5, a5, 1 # a5 := a5 + 1
8    j countloop    # jump to countloop
9 outofcountloop:
```

Listing 3.2
Assemblercode nach `sum_up_n` *aus 3–1*

In Zeile 3 ist ein Label beziehungsweise eine Sprungmarke. Diese stellt keinen Assemblerbefehl dar, sondern dient dem Assembler zur Berechnung von Zieladressen, durch die sie beim Assemblieren ersetzt werden. Label stehen immer am Beginn einer Zeile, mit abschließendem Doppelpunkt. Assemblerbefehle müssen im Code hingegen eingerückt sein, Kommentare beginnen mit einer Raute # und enden mit dem Zeilenende.
Zeile 5 prüft die Schleifenbedingung `i <= upperNumber` mit einem Sprungbefehl: Ist das Limit kleiner als die Zählvariable, wird aus der Schleife an das Label `outofcountloop` gesprungen.

Zeilen 6 und 7 implementieren den Schleifenrumpf mit der Addition `sum += i` und dem Inkrement `i += 1`.

Abschließend erfolgt ein unbedingter Sprung zurück an den Schleifenkopf beim Label `countloop` mit `j countloop`. Bei der Durchsicht des Assemblerlistings fällt auf, dass die Lesbarkeit durch das Fehlen sowohl von Variablennamen als auch der Einrückungen bei Verschachtelungen leidet.

3.2.3 sum_up_n-Maschinensprache

Nach dem Assemblieren des in Datei `sum_up_n.S` vorliegenden Codes und anschließendem Linken liegt die Applikation in Maschinensprache vor. Mit einem Tool wie `objdump` kann vorliegender Binärcode in Assembler rückübersetzt werden. Die folgende Box zeigt den Listing 3.2 entsprechenden Ausschnitt. In der ersten Zeile ist der Aufruf mit Parametern des Tools zu sehen.

Die Ausgabe gliedert sich in drei Spalten. In der ersten Spalte ist die Adresse, in der zweiten der maschinenkodierte Befehl und anschließend der disassemblierte Befehl angegeben. Da die noch nicht gelinkte Objektdatei rückübersetzt wurde, beginnen die Adressen an 0x00000000. Beim Linken werden diese Adressen ersetzt.

Fünf der sieben Befehle liegen als RV32C-Befehle, und damit auf 16 Bit komprimiert, vor. Der Befehl `li a4, 100` lässt sich im Gegensatz zu `li a5, 1` nicht komprimieren, da die Konstante 100 sich nicht mit den möglichen sechs Bit für den Immediate value des Befehls darstellen lässt.

Ausschnitt des per `objdump`-*Tool erzeugten Disassembly*

```
>riscv32-esp-elf-objdump.exe sum_up_n.S.obj -d
Disassembly of section .text:
 00000000   <test_main>:
       10:  4785        li     a5,1
       12:  4601        li     a2,0
 00000014   <countloop>:
       14:  06400713    li     a4,100
       18:  00f76563    bltu   a4,a5,22 <outofcountloop>
       1c:  963e        add    a2,a2,a5
       1e:  0785        addi   a5,a5,1
       20:  bfd5        j      14 <countloop>
 00000022   <outofcountloop>:
```

Laut Einleitung zu Kapitel 12 in [62] können »50–60% der RISC-V-Befehle in einem Programm durch RVC-Befehle ersetzt werden, was in einer 25–30%igen Reduktion der Codegröße resultiert«. Bezogen auf obigen Code können rund 70% der Befehle ersetzt werden, resultierend in einer 35%igen Reduktion.

3.3 Performance

Im Allgemeinen wird gute Performance oft mit »schnellem Prozessor« und damit mit der hohen Taktfrequenz eines Systems gleichgesetzt. Der Einfluss der Architektur mit ISA, Pipelining, Superskalarität, Speichermanagement, Caches, Stromsparmodi, Busgeschwindigkeit und vieles mehr wird dabei kaum beachtet.

Gerade im Bereich der Embedded Systeme ist es aber oft ebenso wichtig wie die Ausführungsgeschwindigkeit, dass die Reaktion des Systems garantiert innerhalb einer gegebenen Zeit erfolgt. Wenn beispielsweise eine Abschaltung einer Heizung zu spät erfolgt, kann eine Überhitzung oder gar ein Brand die Folge sein. Zu spätes Steuern eines Fahrzeugs kann unmittelbar zum Unfall führen, und eine späte Rückmeldung auf einen Tastendruck kann eine Nutzerin oder einen Nutzer zur Verzweiflung bringen, wenn sie/er den Taster durch die späte Reaktion öfter drückt und die vielen gepufferten Tastendrucke dann später doch noch behandelt werden. Systeme, die diese zeitlichen Garantien erbringen, heißen »Echtzeitsysteme«.

Die essenzielle Grundeinheit zur Performanzmessung in diesem Abschnitt ist somit die Zeit. Theoretische Werte wie CPI und MIPS dienen dem Vergleich von Architekturen, sind in der folgenden Betrachtung aber nachrangig. Performanz im Sinne eines niedrigen Stromverbrauchs und damit einhergehender hoher Batterielebensdauer wird unter dem elektrischen Gesichtspunkt in Abschnitt 5.4.12 und dem Thema Power-Management in Abschnitt 10.4 eingehend behandelt.

Ein generell wichtiger Gedanke zu der Thematik ist, inwieweit ein System optimiert werden soll. Hardwareingenieure und Programmierer können viele Tricks anwenden, um das System auszureizen. Oft machen diese Optimierungen allerdings Probleme in Bezug auf Systemverständnis und Lesbarkeit des Codes. Somit wird das vermeintlich bessere System aber fehleranfälliger und schwerer wartbar. »Besser« ist dieses kompliziertere System unter Umständen auch nicht, da ein System dann performant genug ist, wenn es den Anforderungen entspricht. Darüber hinausgehende Optimierungen sind im Allgemeinen nicht sinnvoll.

3.3.1 Control and Status Registers

In der RISC-V-Architektur ist eine Reihe von Befehlen zum Auslesen und Manipulieren von zusätzlichen Spezialregistern, die nicht Teil der Registerbank sind, optional vorgesehen. Diese Befehle aus der Zicsr-Erweiterung (»Control and Status Register (CSR) Instructions«) sind im ESP32-C3 verfügbar.

Bis Version 2.2 der RISC-V ISA waren die Befehle und einige Register in der Basisarchitektur untergebracht.

Beispielhafte Assemblerbefehle für den Zugriff auf CSRs sind:

`csrrwi a5, 0x7E0, 4`	»CSR Register Write Immediate«, schreibt den gegebenen Wert (4) in das CSR (0x7E0) und gibt den ursprünglichen Wert des CSR in Register a5 zurück
`csrwi csr, value`	Pseudoassemblerbefehl, der durch `csrrwi x0, csr, value` ersetzt wird
`csrrs a5, 0x7E0, a4`	»CSR Register Set bits«, setzt die in Register a4 gesetzten Bits im gegebenen CSR (0x7E0) und gibt den ursprünglichen Wert des CSR in Register a5 zurück
`csrr rd, csr`	Pseudoassemblerbefehl, der durch `csrrs rd, csr, x0` zum Auslesen eines CSR ohne dessen Änderung ersetzt wird

In der »Privileged Architecture« sind viele CSRs definiert [63], die auch auf diesem Prozessor verfügbar sind. Neben Registern wie `mvendorid`, `marchid` und `misa`, die Aufschluss über den eingesetzten Prozessor, dessen Hersteller, die installierten Erweiterungen usw. geben, sind auch Register zu Interrupt-Status und Interrupt-Behandlung, die im weiteren Verlauf des Buches noch verwendet werden, in der Spezifikation definiert.
Zur Messung verschiedener Ausführungsparameter sind im Rahmen eines »Hardware Performance Monitors« etliche verschiedene Register spezifiziert. Diese sind in dieser Form aber nicht im ESP32-C3 aufgenommen worden. Als Ersatz finden in der vorliegenden RISC-V-Implementierung drei Register Anwendung:

CSR	Bedeutung
`mpcer`	Machine Performance Counter Event Register: gibt an, welche Art von Event gezählt werden soll. Hierzu zählen Taktzyklen, Assemblerbefehle, Speicherzugriffe, Sprünge und mehr.
`mpcmr`	Machine Performance Counter Mode Register: dient der Aktivierung und dem automatischen Stoppen des Zählers
`mpccr`	Machine Performance Counter Count Register: enthält den Zählwert

Nähere Informationen zu diesen Registern und der Bedeutung der Werte sind Abschnitt 1.4 von [26] zu entnehmen.

Inline Assembler

Um auf diese Performance Counter zuzugreifen, müssen die CSR-Befehle abgesetzt werden. Dies kann über Assemblerdateien, Inline-Assembler oder »intrinsische Funktionen« erfolgen.

Assemblerdateien müssen zur Gänze in Assembler geschrieben werden und sind dementsprechend umständlich zu schreiben. Außerdem besteht der Nachteil, dass eine Assemblerfunktion angesprungen werden muss, weshalb zusätzliche Befehle für diesen Sprung und die Sicherung der lokalen Variablen ausgeführt werden müssen. Dies verfälscht entsprechend das Messergebnis der Counter.

Eine Alternative zu einer komplett in Assembler geschriebenen Bibliothek ist die Verwendung einzelner Assemblerstatements im C-Code. Dies kann mit Statements in sogenanntem »Inline Assembler« erfolgen. Die allgemeine Form dieses Statements ist:

```
asm  ("Assemblercode"
     : Ausgabeoperanden
     : Eingabeoperanden
     : Liste der clobbered Register
);
```

Der Assemblercode kann mehrzeilig sein und mehrere Statements enthalten. Im Grunde wird er an die Stelle seines Vorkommens in den kompilierten C-Code eingefügt und anschließend mit assembliert. Der Compiler berücksichtigt den Code dabei bei Optimierungen nur wenig. Um auf Daten, also bei dieser Architektur auf Register, zugreifen zu können, werden die Ein- und Ausgabeoperanden angegeben. Zu ihrer Angabe werden sie im Assemblercode mit %0, %1, %2, ... durchnummeriert. »Clobbered« Registers sind Register, die ein Assemblerbefehl als Seiteneffekt ändert, ohne dass der Compiler dies merkt. Diese Information verwendet der Compiler, um solche Register vorab zu sichern oder deren Einsatz zu vermeiden.

Die Operanden können über »Constraints« definiert werden. In den Beispielen in Listing 3.3 besagt ›r‹ aus den Simple Constraints, dass es sich um ein Register handelt, ›=‹ aus den Modifiers, dass das Register beschrieben werden kann, und ›K‹ aus den RISC-V-spezifischen Machine Constraints, dass es sich um eine 5-bittige Konstante für CSR-Befehle handelt [27].

Listing 3.3
Zugriff auf die CSRs per Inline Assembler

```
// prefix: write 0x2 to mpcer to count instructions
uint32_t eventType = 0x2;
asm volatile (" csrw 0x7E0, %0" : : "r"(eventType));

// reset counter by writing 0 to mpccr
uint32_t csrval = 0;
asm volatile (" csrwi 0x7E2, %0" : : "rK"(csrval));

// put code to measure here

// postfix: read out counter value
asm volatile (" csrr %0, 0x7E2" : "=r"(csrval));
printf("CSR count %d.\n", (csrval));
```

Die asm-Statements sind `volatile` deklariert, damit der Compiler den Code direkt dort einfügt, wo er im C-Code angegeben wird. Andernfalls dürfte das Statement vom Compiler verschoben werden, also beispielsweise aus einer Schleife heraus.

In Zeile 3 wird der zu zählende Event, hier ausgeführte Instruktionen, über die lokale Variable `eventType` als Eingaberegister »r« gesetzt. Der Schreibbefehl in Zeile 7 erwartet einen Immediate Value, weshalb der Typ des Eingabeoperanden auf »rK« gesetzt ist. Beim Lesen in Zeile 12 wird die lokale Variable `csrval` als zu beschreibender Ausgabeoperand »=r« definiert.

Damit die Verwendung von Assembler im Falle des Zugriffs auf CSRs vermieden werden kann, stehen über `#include <riscv/csr.h>` C-Makros wie `RV_READ_CSR(reg)` und `RV_WRITE_CSR(reg, val)` als Bibliotheksfunktionen zur Verfügung. Ein kurzer Blick in den Code zeigt, dass zu deren Implementierung ebenso Inline Assembler verwendet wurde.

Intrinsische Funktionen sind die dritte Möglichkeit, Assemblerfunktionalität in C-Code unterzubringen. Hierbei sind die Funktionen direkt in den Compiler eingebaut, weshalb er Optimierungen in vollem Umfang einsetzen kann. Diese Möglichkeit ist für den Zugriff auf die CSRs nicht in der verwendeten Toolchain vorhanden.

Instrumentierung

Wird ein Programm durch speziellen Code zum Untersuchen des Verhaltens ergänzt, spricht man von »Instrumentierung«. Solch eine Instrumentierung findet nun in der Berechnungsschleife in Listing 3.1 Anwendung, indem der Vorspann vor der Schleife (Zeile 9) und der Nachspann nach der Schleife (Zeile 16) angebracht wird. Der Vorspann ist das »prefix«, Zeilen 1–7, der Nachspann das »postfix«, Zeilen 11–13 aus Listing 3.3.

Die Durchführung der instrumentierten Messung liefert konkret die gemessenen Werte 504 ausgeführte Instruktionen (eventType = 0x2) und 710 Taktzyklen (eventType = 0x1). Während die Anzahl an Instruktionen bei Durchführung mehrerer Testläufe gleich bleibt, schwankt die Taktzyklenzahl. Dies liegt hauptsächlich daran, dass zwischendurch das Betriebssystem aktiv ist und Tätigkeiten im Hintergrund wie die Abarbeitung von Interrupts erledigt werden. Um dies zu unterbinden, ist es sinnvoll, Interrupts generell auszuschalten. Im Detail werden Interrupts in Abschnitt 6.1 behandelt. Für das weitere Vorgehen genügt es zu wissen, dass die Abschaltung über das Bit `MIE` (»global machine mode interrupt enable«) im CSR `mstatus` (0x300) erfolgen kann, wie mit dem Statement

```
asm volatile ("csrci 0x300, 8" : : );
```

Auf die tatsächlich verbrauchte Zeit umgelegt, sind es bei 160 MHz Taktfrequenz rund 4,4 µs:

$$Laufzeit = \frac{AnzahlTaktzyklen[T]}{Taktfrequenz[\frac{T}{s}]} = \frac{710}{160*10^6}[s] = 0,0000044375s$$

3.3.2 Funktionsaufruf

Funktionen und Prozeduren (das sind in C Funktionen mit Rückgabedatentyp `void`) dienen der Strukturierung des Programms. Damit wird der Code wiederverwendbar, übersichtlicher und besser wartbar. Die konzeptionelle Kapselung des Codes bringt mit sich, dass Daten über eine definierte Schnittstelle ausgetauscht werden.

In der Programmiersprache C werden die Argumente immer als Wertparameter (»Call-by-Value«) übergeben und damit kopiert. Will man eine übergebene Variable ändern, muss ein Pointer auf diese übergeben werden. Das Verhalten von »Call-by-Reference« muss in C also eigens implementiert werden, während Sprachen wie C++ es bereits mitbringen.

Die Referenzübergabe macht auch dann Sinn, wenn eine Struktur als Eingabe übergeben oder als Ausgabe erwartet wird. Um das ineffiziente Kopieren der Strukturen zu vermeiden, werden diese als Pointer übergeben, was in der Kopie einer Adresse, also nur eines Wortes, resultiert. Die Eingabeparameter sollten in diesem Fall als `const`-Pointer deklariert werden, damit unabsichtliches Ändern vermieden werden kann und Optimierungen durch den Compiler ermöglicht werden.

Listing 3.4 `sum_up_n` *als C-Funktion*

```
uint32_t sum_up_n(uint32_t upperNumber) {
    // add the values in a loop
    uint32_t i = 1;
    uint32_t sum = 0;
    while (i <= upperNumber) {
        sum += i;
        i += 1;
    }
    return sum;
}

[...app_main...]
    const uint32_t upperNumber = 100;
    uint32_t sum = sum_up_n(upperNumber);
[...]
```

In der klassischen Sicht werden lokale Variablen, Parameter und der Rückgabewert einer Funktion auf dem Stack abgelegt. Der Stack (beziehungsweise Stapelspeicher oder Kellerspeicher) ist eine dynamische Datenstruktur zur Ablage von Elementen gleicher Größe. Mittels

der Operation push() wird ein Wert oben auf dem Stapel abgelegt, die Operation pop() entnimmt den obersten Wert vom Stapel. Um auf beliebige lokale Variablen zugreifen zu können, ist es bei Stacks für Funktionen nicht nur möglich, auf den obersten Wert zuzugreifen, sondern auch auf einen tiefer im Stapel liegenden Wert.
In Listing 3.4 wurde die Summenbildung in die Funktion sum_up_n() verlagert. Aus der Funktion main_app() wurde nur der Funktionsaufruf entnommen. Abbildung 3–20 zeigt in der linken Skizze a) die klassische Stapelsicht. Blau dargestellt ist die Nutzung des Stacks durch die Hauptfunktion app_main(). Auf diesem »Stack Frame« liegen die lokalen Variablen und die Adresse für den Rücksprung aus der Funktion. Durch den Aufruf der Funktion sum_up_n() wird der neue grün eingefärbte Stack Frame erzeugt und auf den Stapel gelegt. Dieser Stack Frame beinhaltet die Rücksprungadresse in die aufrufende Funktion, den Parameter upperNumber als Kopie und die lokalen Variablen sum und i.

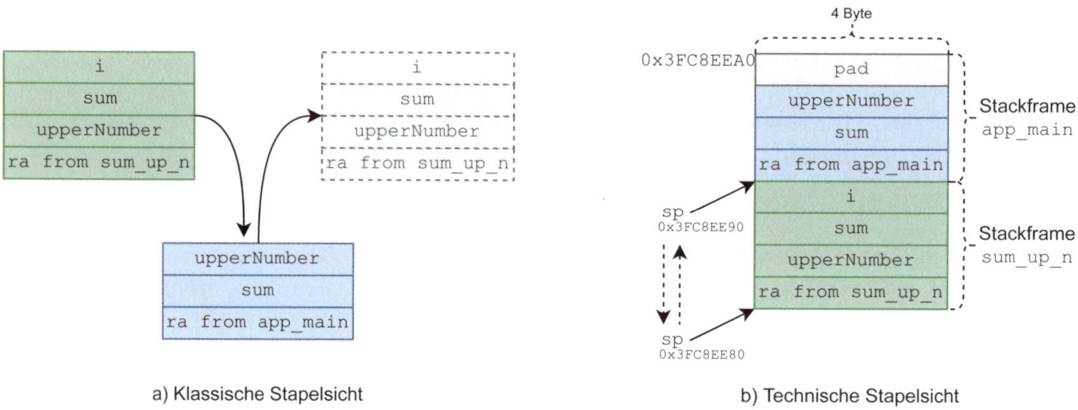

Abb. 3–20 Verwendung des Stacks beim Funktionsaufruf

ABI (Application Binary Interface)

Technisch wächst der Stack von hohen Adressen zu niederen, also sozusagen »abwärts«, was in der rechten Grafik b) von Abb. 3–20 dargestellt wird. Angenommen, der Stack startet an der vom Betriebssystem zugewiesenen RAM-Adresse 0x3FC8EEA0 mit dem Stack Frame der Hauptfunktion, in dem die lokalen Variablen und die Rücksprungadresse abgelegt werden.

Beim Aufruf der Funktion sum_up_n() wird der Stack Pointer (sp) um die 16 Byte des Stack Frame erniedrigt und die Daten werden auf dem Stack abgelegt. Eine entsprechende Erhöhung des Stack Pointer

Register	Name	Verwendung	Sicherung durch
x0	zero	Hat immer den Wert 0	– (Unveränderbar)
x1	ra	Rücksprung- (Return) Address	Aufrufer
x2	sp	Stack Pointer	Aufgerufene
x3	gp	Global Pointer	– (Reserviert)
x4	tp	Thread Pointer	– (Reserviert)
x5–x7	t0–t2	Temporäre Register	Aufrufer
x8	s0/fp	Saved Register/Frame Pointer	Aufgerufene
x9	s1	Saved Register	Aufgerufene
x10–x11	a0–a1	Funktionsparameter/Rückgabewert	Aufrufer
x12–x17	a2–a7	Funktionsparameter	Aufrufer
x18–x27	s2–s11	Saved Register	Aufgerufene
x28–x31	t3–t6	Temporäre Register	Aufrufer

Tab. 3–1 *Die 32 Integer Register der RISC-V-Architektur (ohne Fließkommaeinheit)*

findet beim Rücksprung aus der Funktion statt. Die Daten des Stack Frame werden dabei nicht gelöscht. Es wird bei der Freigabe nur der Stack Pointer geändert, weshalb die Werte auf dem Stack erhalten bleiben, aber nicht mehr zugreifbar sind. Werden dann wieder uninitialisierte lokale Variablen auf dem Stack angelegt, enthalten diese keine Zufallswerte, sondern die Werte, die sich noch im Speicher befinden.

In der Praxis wird die Verwendung des Stacks in einem »Application Binary Interface« (ABI) geregelt. Diese Spezifikation legt das Zusammenspiel zwischen Prozessor und Assembler, Compiler, Debugger, Bibliotheken und Betriebssystem fest. Hierunter fällt die Definition der Datentypen in C und C++, die Übergabe von Parametern in Aufrufen, das Speichermodell und so weiter. Das betreffende Dokument für RISC-V [51] unterliegt wie die ISA einer Weiterentwicklung durch RISC-V International.

Die ABI definiert neben der Nutzung der Register `x0` bis `x31` auch eine Umbenennung dieser Register, wie sie in diesem Kapitel bereits verwendet wurde. In Tabelle 3–1 sind Namen und die vorgesehene Verwendung festgelegt. Register `x1` ist beispielsweise als `sp` vorgesehen, der laut ABI auf 16 Byte aligned, also in Vielfachen von 16 vergrößert und verkleinert wird. Aus diesem Grund ist der Stack Frame für die Funktion `app_main()` in der technischen Stapelsicht 16 Byte statt der notwendigen 12 Byte groß. Ein Wort wird nicht verwendet und wird zuzusagen leer aufgefüllt (»Padding«).

Aus Effizienzgründen definiert die ABI, dass Parameter an eine Funktion nicht per Stack, sondern in den Registern a0 bis a7 übergeben werden. Die Register werden in der Reihenfolge der Parameterliste benutzt, also a0 für den ersten Parameter, a1 für den zweiten und so weiter. 64 Bit breite Parameter werden bei RV32I in zwei aufeinanderfolgenden Registern übergeben. Der Stack wird bei der Parameterübergabe nur verwendet, wenn nicht genügend Register vorhanden sind. Ebenso erfolgt die Rückgabe eines Wertes aus einer Funktion in diesen Registern. In C ist das a0 für die Rückgabe eines 32-Bit-Typs bzw. a0 und a1 für eine 64-bittige Rückgabe.

Für die Rücksprungadresse aus einer Funktion steht statt des Stacks das »Return Address Register« ra zur Verfügung. In diesem Register wird beim Aufruf die Adresse des Befehls, mit dem nach der Rückkehr aus dem Aufruf fortgesetzt werden soll, gespeichert. Dies ist der Befehl, der dem Aufruf unmittelbar folgt.

Bei verschachtelten Aufrufen ist es notwendig, verwendete Register auf dem Stack zu sichern. Die ABI definiert, wie in Tabelle 3–1 in der Spalte »Sicherung durch« angegeben, wer für diese Sicherung verantwortlich ist. Dies kann einerseits die aufgerufene Funktion, andererseits auch der Aufrufer sein.

Abb. 3–21
Verwendung von Stack und Registern beim Funktionsaufruf

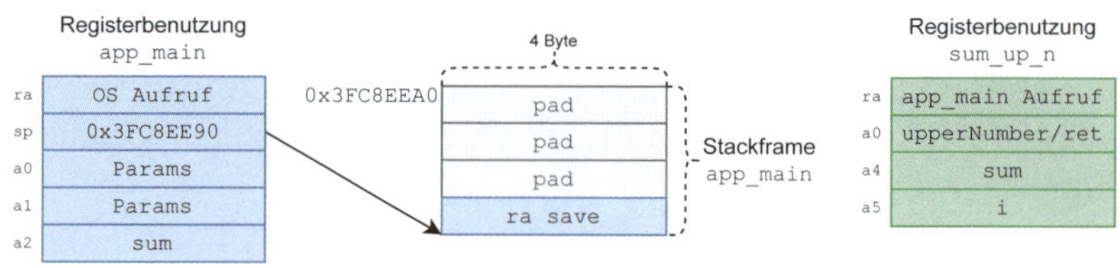

In Abb. 3–21 ist die Verwendung der Register und des Stacks für das sum_up_n-Beispielprogramm dargestellt. Die Registernutzung der Funktion app_main() (links) zeigt, dass die Rücksprungadresse zum Aufruf aus dem Betriebssystem in ra gespeichert ist. Da diese Funktion ihrerseits wiederum die Unterfunktion sum_up_n() aufruft, wird dieses durch den Aufrufer zu sichernde Register auf dem Stack abgelegt.

Weitere lokal verwendete Register sind der Stack Pointer sp und die Register a0 und a1 zur Übergabe der Parameter an die Funktionen printf() und sum_up_n() sowie die lokale Variable sum in a2. Diese Register müssten ggf. durch den Aufrufer gesichert werden. Da die Parameter vor dem Aufruf der Unterfunktionen aber neu geladen werden und nur das Ergebnis in a0 verwendet wird, ist es nicht notwendig, die Register im vorliegenden Beispiel auf dem Stack zu sichern.

Der Aufruf der Funktion `sum_up_n()` selbst erfolgt ohne Nutzung des Stacks, da sowohl keine Register verwendet werden, die von der aufgerufenen Funktion gesichert werden müssen, als auch in der Funktion keine weiteren Unterfunktionen aufgerufen werden. In `ra`, das bereits durch den Aufrufer gesichert wurde, wird die Rücksprungadresse gespeichert. `a0` wird für den Parameter `upperNumber` und für die Rückgabe der berechneten Summe verwendet. Als lokale Variablen dienen die Register `a4` und `a5`, die durch den Aufrufer `app_main` gesichert werden müssten, dort aber nicht verwendet werden.

Call und return

```
1    li a0, 100 # load value 100 into first parameter a0
2    jal sum_up_n
3    mv a2, a0 # copy the return value to a2
```

Listing 3.5 *Aufruf der sum_up_n()-Funktion in RISC-V Assembler*

Listing 3.5 zeigt den Aufruf der Funktion `sum_up_n()` in Assembler. In Zeile 1 wird der Wert 100 als erster Parameter in das Register `a0` übergeben. Der anschließende Sprung ist ein Pseudoassemblerbefehl, der durch `jal ra, sum_up_n` ersetzt wird. Dieser Befehl springt PC-relativ an die gegebene Sprungmarke und sichert die Adresse der folgenden Anweisung (Zeile 3) im gegebenen Register `ra`. Nach Ausführung der Funktion wird der Rückgabewert aus Register `a0` zur weiteren Verwendung in `a2` kopiert.

```
.section .text
.global sum_up_n

sum_up_n:
    li a4, 0  # calculate sum in a4
    li a5, 1  # i = 1
countloop:
    bltu a0, a5, outofcountloop # upperNumber < i?
    add a4, a4, a5 # sum += i
    addi a5, a5, 1 # i += 1
    j countloop
outofcountloop:
    mv a0, a4 # copy sum to return value register a0
    ret   # jump back
```

Listing 3.6 *Funktion sum_up_n() in RISC-V Assembler*

Der Assemblercode der Funktion `sum_up_n()` ist in Listing 3.6 dargestellt. Zum Zweck dieser Besprechung wurde die Funktion in C geschrieben, kompiliert und in einer eigenen Assemblerdatei untergebracht. Damit der Code im `text`-Segment untergebracht wird, ist das section-Statement in Zeile 1 angeführt. Zeile 2 weist den Assembler an, das Symbol sum_up_n zu exportieren, sodass der Linker die Funktion auch aus anderen Objektdateien, wie aus C generierten, finden kann. Der Beginn der Funktion ist durch die Sprungmarke in Zeile 4 definiert. Die Register a4 und a5 werden mit den lokalen Variablen sum und i belegt und entsprechend mit 0 und 1 initialisiert. Diese Register müssten wie besprochen ggf. durch den Aufrufer gesichert werden. In den Zeile 7 bis 11 wird die Summe berechnet, wie bereits in Abschnitt 3.2.2 behandelt.

In Zeile 13 wird die Summe schließlich in das Rückgaberegister a0 kopiert. Im Anschluss springt der Pseudoassemblerbefehl ret, der in jalr x0,0(ra) übersetzt wird, an die Adresse ra+0 und speichert das nächste Statement in x0, was einem Sprung an ra ohne Sicherung der Rücksprungadresse entspricht. Die Sicherung wäre sinnlos, denn ein Zurückspringen hinter den ret-Befehl am Ende der Funktion wäre ja nutzlos.

3.3.3 Optimierung des Codes

In Listing 3.2 Zeile 4 ist ersichtlich, dass upperNumber in Register a4 in jedem Schleifendurchgang erneut auf 100 gesetzt wird. Dies ist unnötig und kann vermieden werden. Die Assemblerimplementierung in Listing 3.6 verwendet den Parameter upperNumber in Register a0 und lässt diese Ladeanweisung aus. Diese manuelle Optimierung scheint also erfolgversprechend. In Tabelle 3–2 sind Messwerte dieser beiden Verfahren zum Vergleich angeführt.

Tab. 3–2 *Gemessene Taktzyklen, Instruktionen und Idle-Takte für verschiedene Implementierungen*

Variante	Taktzyklen	Instruktionen	Idle
Listing 3.2	607	504	1
Listing 3.6	605	403	100
3.6 mit Funktionsaufruf	612	408	100

Es ist ersichtlich, dass das zweite Verfahren zwar 101 Instruktionen weniger durchführt (das Laden der Konstante erfolgte hier bereits vor der Messung), aber dennoch nur zwei Takte schneller ist, da die CPU entsprechend mehr Takte »Idle« ist. Konkrete Messungen ergeben oftmals solch unerwartete Resultate.

In der dritten Zeile ist der Funktionsaufruf in die Messung aufgenommen. Hier sind weniger überraschend fünf Befehle und sieben Takte hinzugekommen. Es gibt also meist keinen Grund, Funktionsaufrufe aus Performanzgründen einzusparen.

Bevor nun aber der Versuch unternommen wird, den Code weiter zu optimieren, stellt sich die grundsätzliche Frage, wann und wie lange optimiert werden soll.

Es gibt hier eigentlich nur eine Antwort:

Code muss optimiert werden, wenn er die Anforderungen (bezüglich Laufzeit, Akkuverbrauch, Speicherplatz, ...) nicht erfüllt.

Im Umkehrschluss muss Code, der die Anforderungen erfüllt, nicht weiter optimiert werden. Die Lesbarkeit von Code leidet meist an exzessiven Optimierungen, die des Verständnisses halber von vielen Kommentaren begleitet werden müssen. Guter Code gilt aber als lesbar, wartbar, sauber, ... – was dem manuellen Optimieren entgegenspricht.

Eine Form der Optimierung, die noch nicht besprochen wurde, ist die vom Compiler durchgeführte. Sie hat den Vorteil, dass sie die Lesbarkeit des Codes nicht ändert, wohl aber das zeitliche Verhalten. Mitunter wird auch das semantische Verhalten durch Umstellen der Compileroptionen geändert. Es ist deshalb anzuraten, die Applikation bei Änderung der Compilereinstellungen komplett neu durchzutesten.

Beim Aktivieren der Optimierung stellt sich die Frage, ob der Compiler schnelleren (»Performance«) oder kleineren (»Size«) Code erzeugen soll. Es gibt Optimierungen, die beides bewirken, doch auch welche, die sich widersprechen. Beispielsweise kann der Inhalt einer Schleife mehrfach angeführt werden, um Sprünge zu vermeiden (»Loop unrolling«). Oder Werte können in einer Tabelle vorgerechnet gespeichert werden, anstatt sie zur Laufzeit zu berechnen. Beides bewirkt schnelleren, aber im Schnitt größeren Code.

Was die Softwareentwicklung betrifft, so hat eine starke Optimierung den Nachteil, dass das Debugging erschwert wird. Da Sprünge und Funktionsaufrufe teils wegoptimiert und Schleifen umgestellt werden, scheint der Debugger beim Einzelschritt wild durch den Code zu hüpfen. Für das Debugging bietet sich eine eigene Optimierungsstufe (»Debug (-Og)«) an, die Optimierungen, nur durchführt, wenn sinnvolles Debuggen möglich bleibt.

In Tabelle 3–3 sind die Auswirkungen der Debugstufe »Optimize for performance (-O2)« für verschiedene Werte der `upperNumber` angeführt. Die Geschwindigkeit des stärker optimierten Codes liegt bei etwa 80% des Originals.

Schwankende Messungen entstehen durch unterschiedliche Faktoren, obwohl eigentlich angenommen werden sollte, dass es sich bei Computern um deterministische Systeme handelt. Tatsächlich sind Schwankungen durch auftretende asynchrone Ereignisse wie Interrupts, die hier aber abgeschaltet wurden, aus der Sicht des Anwen-

Tab. 3–3 *Auswirkung der Compileroptimierung auf die Funktion aus Listing 3.6 mit unterschiedlicher* `upperNumber`

	1	10	100	1000	10000	100000	1000000
-Og Taktzyklen	18	72	612	6012	60012	601022	6003040
-Og Instruktionen	12	48	408	4008	40008	400008	4002240
-O2 Taktzyklen	6	51	501	5001	50001	500941	5002820
-O2 Instruktionen	6	33	303	3003	30003	300003	3001500

dungsentwicklers nicht deterministisch. Diese Ereignisse treten zu unterschiedlichen Zeitpunkten im ausgeführten Code auf. Weitere Ereignisse, die Messschwankungen verursachen, sind Hazards, falsche Sprungvorhersagen, Wartezeiten bei externen Zugriffen und vor allem Probleme beim Caching. Programmteile und Daten, die nicht im Cache sind, werden vom langsameren Speicher nachgefordert. In Abschnitt 4.2.3 wird dieses Verhalten genauer erläutert.

Bei näherer Betrachtung des optimierten Codes fällt einerseits auf, dass die Funktion `sum_up_n()` nicht mehr vorhanden ist, sondern der Funktionsrumpf direkt in den Code kopiert wurde. Dieses, »Inlining« genannte Verfahren, ist auch seit C99 im ANSI-Sprachstandard enthalten. Wird eine Funktion mit dem Attribute `inline` versehen, ist es ein Hinweis an den Compiler, den Rumpf der Funktion an die Aufrufposition zu kopieren. Der Compiler darf den Hinweis aber ignorieren, was er in höheren Optimierungsstufen auch macht.

Der eigentliche Performanzgewinn liegt in einer besseren Schleifenimplementierung, wie sie in Listing 3.7 wiedergegeben ist.

Listing 3.7 *Eine optimierte Version der Schleife*

```
countloop:
    add a2, a2, a5
    addi a5, a5, 1
    bgeu s0, a5, countloop # upperNumber is in s0
```

Statt des originalen Schleifenende-Tests zu Beginn und eines fixen Sprungs am Ende der Schleife ist nur ein einziger Test mit Sprung am Ende der Schleife implementiert.

3.3.4 Änderung des Verfahrens

Im Kasten »Hello Gauß!« wird ein vielversprechender alternativer Algorithmus vorgestellt. Eine Implementierung in C ist in Listing 3.8 gegeben, der daraus resultierende Assemblercode in Listing 3.9.

Listing 3.8 *Die Gauß'sche Summenformel als C-Implementierung*

```
uint32_t sum_up_n(uint32_t upperNumber) {
    return (upperNumber * (upperNumber + 1)) / 2;
}
```

```
1 sum_up_n:
2     addi a5, a0, 1
3     mul a0, a5, a0
4     srli a0, a0, 0x1
5     ret
```

Listing 3.9 *Disassembly der Funktion in Listing 3.8*

Zur Berechnung des Ergebnisses genügen drei Assemblerbefehle. In Zeile 2 wird der in Register `a0` übergebene Parameter `upperNumber` inkrementiert und in Register `a5` abgelegt. In Zeile 3 werden die beiden Zahlen miteinander multipliziert, um anschließend in Zeile 4 effizient durch 2 dividiert zu werden: Ein Verschieben (»Shift«) der Bits um eine Stelle nach rechts entspricht der effizient durchgeführten Division.

Hello, Gauß!

Laut Überlieferung bekam die Schulklasse, in der auch der neunjährige Carl Friedrich Gauß saß, zur längeren Beschäftigung die Aufgabe, die Zahlen von 1 bis 100 zu addieren. Nicht lange, und der junge Mathematiker hatte schon die Lösung ausgerechnet. Er bemerkte, dass 50 Paare mit der Summe 101 gebildet werden können, also $1 + 100, 2 + 99, 3 + 98, ..., 50 + 51$. Das Talent von Gauß wurde von seinem Lehrer in der Folge erkannt und gefördert, sodass er zu einem der größten Mathematiker der Geschichte wurde.

Eine mathematische Formulierung der »Gauß'schen Summenformel« beziehungsweise des »kleinen Gauß« ist

$$0 + 1 + 2 + 3 + ... + n = \sum_{k=0}^{n} k = \frac{n(n+1)}{2} = \frac{n^2+n}{2}$$

Die Einfachheit der Berechnung spiegelt sich auch in der Ausführungszeit wider: Es fällt auf, dass die Ausführungszeit konstant

	1	10	100	1000	10000	100000	1000000
-Og Taktzyklen	10	10	10	10	10	10	10
-Og Instruktionen	7	7	7	7	7	7	7

ist und nur bei der Größe 1 von der höchstoptimierten Schleife geschlagen wird. In der Algorithmik werden verschiedene Verfahren anhand ihrer »asymptotischen Laufzeitkomplexität« verglichen. Es ist hier wesentlich, inwieweit Algorithmen von der Problemgröße abhängen. Im Falle der Schleife werden `upperNumber` Schleifendurchgänge benötigt, resultierend in einer asymptotischen Laufzeit $O(n)$. Bei der direkten Berechnung durch die Gauß'sche Summenformel ist die Laufzeit unabhängig von `upperNumber`, was eine asymptotische Laufzeit O(1) ergibt.

Dies sei hier nur ein kleiner oberflächlicher Blick auf ein sehr interessantes Gebiet der Informatik, die Algorithmik, die in der Literatur ausführlich behandelt wird, zum Beispiel in [53].

4 Der Mikrocontroller

> *»The unknown was always so attractive to me ... and still is.«*
>
> HEDY LAMARR

Im vorigen Kapitel wurde der Mikroprozessor als zentrale Komponente eines Rechners erläutert. Für den Betrieb in einem Embedded System werden weitere Komponenten wie Speicher und I/O Interfaces benötigt. In diesem Kapitel wird der Aufbau eines Mikrocontrollers, der viele dieser Komponenten auf einem Chip vereinigt, besprochen.

Anhand eines Beispiels, das erst auf den Speicher zugreift und dann erweitert wird, um den Hardware-Zufallszahlengenerator zu verwenden, werden der Aufbau eines Mikrocontrollers, der Zugriff auf die Peripherie über Memory-Mapped I/O und die Anwendung in der Programmiersprache C gezeigt.

4.1 Aufbau eines Mikrocontrollers

Um den Anforderungen an Embedded Systeme gerecht zu werden, wird als zentrale rechnende Komponente oft ein Mikrocontroller eingesetzt, der, salopp formuliert, die gemeinsame Unterbringung eines Mikroprozessors mit Peripheriekomponenten auf einem einzigen Chip ist. Man spricht hier auch von einem SoC (System-on-a-Chip).

Das Hardwaredesign der Zielplattform wird dadurch stark vereinfacht, dass einzelne Komponenten wie zum Beispiel der RAM-Speicher des Systems nicht als separater Chip integriert werden müssen, sondern im Mikrocontroller bereits vorhanden sind. Um zu verstehen, welche Auswirkungen das Design und die Architektur eines Mikrocontrollers auf die Programmerstellung haben, ist es sinnvoll, dessen Aufbau näher anzusehen.

Abb. 4–1 zeigt den typischen schematischen Aufbau eines Mikrocontrollers in einem Blockschaltbild. Die einzelnen Komponenten werden hier im Überblick besprochen, einer detaillierteren Besprechung widmen sich dieses Kapitel und der gesamte Teil II des Buchs.

Ein zentraler Bestandteil, der aber nur einen Teil der Siliziumfläche ausmacht, ist der Mikroprozessor (grün markiert, siehe Kapitel 3), der zentrale Berechnungs- und Steuerungsaufgaben übernimmt.

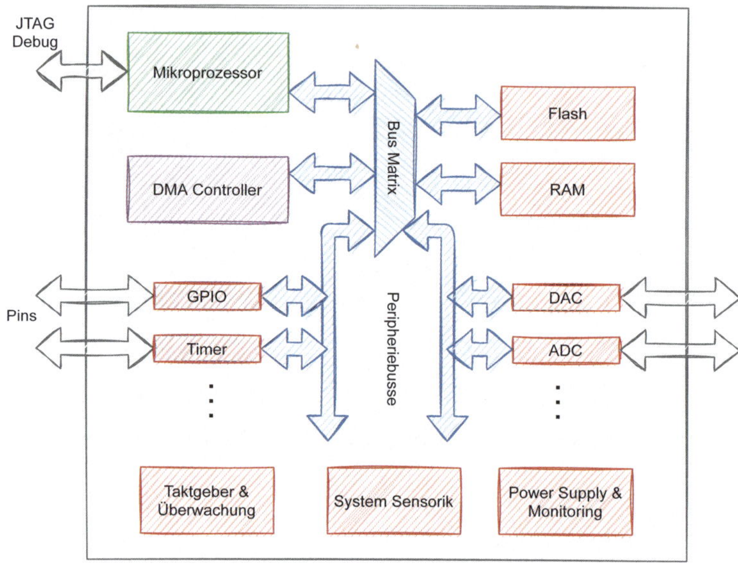

Abb. 4–1 *Schematischer Aufbau eines Mikrocontrollers im Blockschaltbild*

Verschiedene Module, die spezialisierte Tätigkeiten übernehmen können, sind rot eingezeichnet. Diese »Peripherie« (Abschnitt 4.3) beinhaltet Module wie GPIO (Abschnitt 5.4.3) zum Setzen und Lesen externer digitaler Signale, Timer/Counter zum Zählen von Ereignissen (Abschnitt 8.5), DAC/ADC zur Messung und Erzeugung externer analoger Signale (Kapitel 8) und viele mehr. Die grauen Pfeile zu den Chipkontakten (»Pins«) bzw. zum JTAG Interface (Abschnitt 2.2) symbolisieren die externen Schnittstellen. Zur Peripherie zählen auch Speicher wie RAM und Flash (Abschnitt 4.2).

Damit die CPU auf die Peripherie zugreifen kann, kommunizieren sie über ein Bussystem (Abschnitt 4.1.2), an das sie angeschlossen sind, miteinander. Das hierarchisch strukturierte Bussystem moderner Embedded Systeme ist blau eingezeichnet. Der Bus arbeitet in der Zuteilung der Teilnehmer mit Adressen: Jedem Teilnehmer ist ein eigener Adressbereich zugeordnet, auf dem er erreichbar ist. Die Adressierung selbst erfolgt mit der Granularität einzelner Bytes. Die CPU greift als Master, die anderen Module als Slaves auf den Bus zu. Der Master greift steuernd auf den Bus zu, die Slaves dürfen nur antworten.

Schwierig wird es, wenn mehrere Teilnehmer als Master auf einen Bus zugreifen möchten. Der lila eingezeichnete DMA-Controller (»Direct Memory Access«, Abschnitt 7.4.2) ist eine Komponente, die zur Entlastung der CPU auf Peripherie zugreifen kann. So ist es beispielsweise möglich, dass der DMA-Controller Daten von einer Kommunikationsschnittstelle in das RAM überträgt, während der Prozessor »schläft« oder anderen Tätigkeiten nachgeht.

Das Bussystem muss in diesem Fall unterstützen, dass mehrere Master gleichzeitig zugreifen können. In der Abbildung ermöglicht die »Bus Matrix« die Arbitrierung, also den gleichzeitigen Zugriff zum Durchschleusen der Daten zwischen den Mastern und den Slaves, oder die Reihung des Zugriffs, wenn mehrere Master auf dieselben Busse zugreifen möchten.

Der Mikrocontroller beherbergt noch weitere Komponenten, die nicht zwingend an den Bus angeschlossen sein müssen. Überwachung und Steuerung von Größen wie Prozessortakt (Abschnitt 8.4.1), Temperatur und Spannung garantieren ein reibungsloses Funktionieren der Hardware.

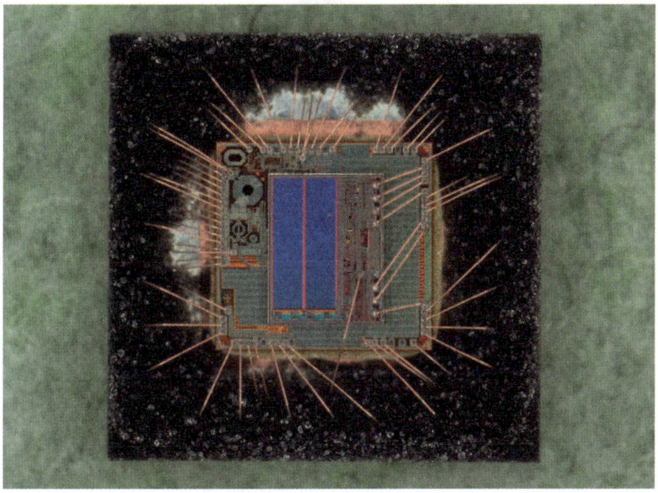

Abb. 4–2
Fotografie des Silizium-Die des Mikrocontrollers ESP32-C2, Quelle: The ESP Journal [59]

Abb. 4–2 zeigt die vergrößerte Aufnahme eines ESP32-C2-Mikrocontroller-Chips. Auf den Die mit dem Mikrocontroller ist der Flash-Speicherchip obenauf gestapelt. Die einzelnen funktionalen Einheiten sind optisch zu erkennen, gleichförmig gemusterte Areale sind Speicher. Über die »Bond-Drähte« sind die Chips miteinander und mit den Kontakten des Gehäuses verbunden.

4.1.1 Test des Zufallszahlengenerators

In diesem Kapitel wird der Zugriff über den Bus auf den Speicher sowie auf den eingebauten Zufallszahlengenerator anhand eines Beispiels gezeigt. Mittels χ^2-Test lässt sich die Verteilung der Zufallszahlen prüfen.

Der χ^2-Test (Chi-Quadrat-Test) wird oft verwendet, um vorliegende Daten auf eine bestimmte Verteilung zu prüfen. So kann man beispielsweise testen, ob die produzierten Werkstücke in einem Fertigungsprozess normalverteilt sind, was oft ein Qualitätskriterium für einen guten Prozess ist. Abb. 4–3 zeigt einen solchen exemplarischen Fertigungsprozess mit vertikal eingetragenen Stückzahlen und horizontal eingetragenen Abweichungen vom Zielprodukt.

Abb. 4–3
Normalverteilung von Werkstücken in einem Fertigungsprozess

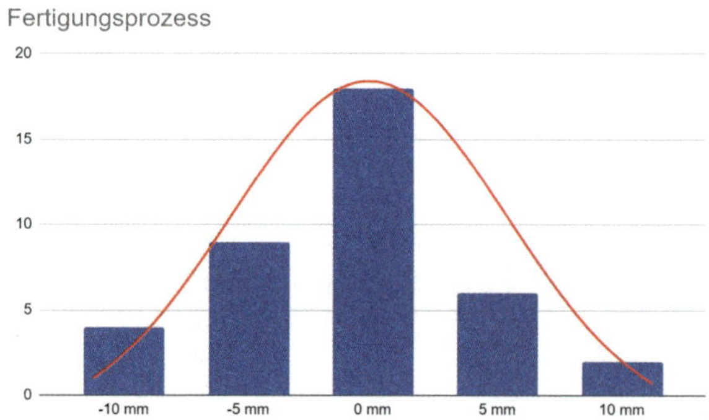

Ohne beim Chi-Quadrat(χ^2)-Test zu sehr ins Detail zu gehen, soll dessen Vorgehensweise kurz skizziert werden. Das zu untersuchende statistische Merkmal X wird in m Kategorien eingeteilt, das heißt, es wird ein Histogramm mit den Häufigkeiten N_j erstellt. Für jede Kategorie wird die erwartete Häufigkeit n_{0j} berechnet und anschließend die Prüfgröße X^2 als Größe der Abweichung wie folgt ermittelt:

$$X^2 = \sum_{i=1}^{m} \frac{(N_i - n_{0i})^2}{n_{0i}}$$

Die »Nullhypothese« H_0, die besagt, dass X eine zu überprüfende Verteilung aufweist, wird bei einem Signifikanzniveau α abgelehnt, wenn $X^2 > \chi^2_{(1-\alpha;m-1)}$. Die χ^2-Quantile mit entsprechenden Freiheitsgraden $m-1$ werden üblicherweise einer Tabelle entnommen [64].

Im Beispielprojekt dieses Kapitels soll geprüft werden, ob ermittelte Zufallszahlen gleichverteilt sind und damit in etwa gleich oft vorkommen. Vor dem Zugriff auf den eingebauten Zufallszahlengenerator, um ihn zu prüfen, wird ein realer Spielewürfel oft geworfen

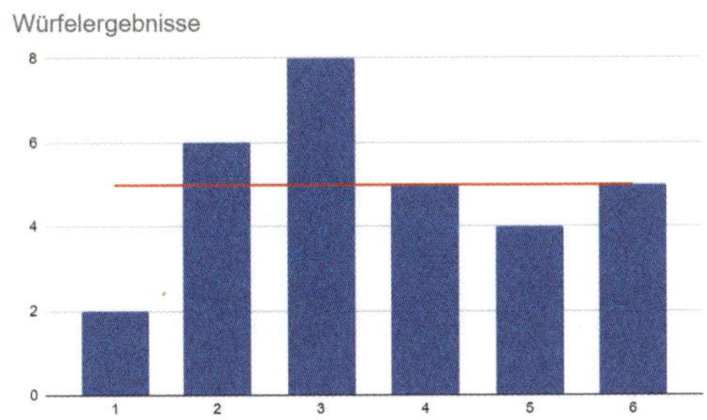

Abb. 4–4
30 Würfe eines Würfels sollen auf Gleichverteilung geprüft werden.

und die Ergebnisse werden notiert. Abb. 4–4 zeigt das Ergebnis von 30 durchgeführten Würfen.

In Listing 4.1, das den χ^2-Test mit $\alpha = 10\%$ implementiert, sind die Würfe im Array N eingetragen. Bei der Implementierung wurden die Variablen gemäß der Formel benannt, allerdings als Funktionsparameter C-typisch in Kleinbuchstaben. Includes sind nicht und der Funktionsaufruf ist nur schematisch wiedergegeben.

Listing 4.1
Implementierung des χ^2-Tests für die Prüfung der Gleichverteilung

```
#define M                   6
#define OBSERVATIONS        30
#define SQUARE(x)           ((x) * (x))
static const uint32_t N[M] = { 2, 6, 8, 5, 4, 5 };

bool equalDistChi2(const uint32_t n[], uint32_t m,
    ↪ uint32_t n0, uint32_t chi2) {
    uint32_t squaresum = 0;
    for (int i = 0; i < m; i += 1) {
        squaresum += SQUARE(n[i] - n0);
    }
    uint32_t x2 = squaresum / n0;
    return (x2 <= chi2);
}

bool ok = equalDistChi2(N, M, (OBSERVATIONS / M), 9); // Aufruf
```

Der Code ist sehr direkt umgesetzt und bedarf nur wenig Erklärung. Einerseits erfolgt die Division durch n_{0i} nicht in jedem Schleifendurchgang, da bei der Gleichverteilung alle erwarteten Häufigkeiten gleich n_0 sind und die Division aus der Schleife gehoben werden kann, was den Berechnungsaufwand reduziert:

$$\forall_i : n_{0i} = n_0 \Rightarrow X^2 = \sum_{i=1}^{m} \frac{(N_i - n_0)^2}{n_0} = \frac{\sum_{i=1}^{m}(N_i - n_0)^2}{n_0}$$

Andererseits erfolgen die Berechnungen zur Steigerung der Performanz ganzzahlig. Dies bedeutet zwar eine geringere Genauigkeit,

spielt aber für den Einsatzzweck eine untergeordnete Rolle. Das damit neu eingeführte Problem eines Überlaufs beim Quadrieren oder der Summation sollte sich nicht auswirken, da die Werte im Histogramm diese Größenordnung nicht erreichen.
Die Performanz und Einfachheit des χ^2-Tests ist der hauptsächliche Grund seines Einsatzes. Er sollte aber nur verwendet werden, wenn genügend Daten zur Analyse zur Verfügung stehen. Konkret sollte jeder Eintrag im Histogramm mindestens den Wert 5 haben. Für die Prüfung von schwächer besetzten Datenreihen gibt es in der Statistik ausgereiftere, aber aufwendigere Tests.

In Abschnitt 3.1 wurden hauptsächlich die 32 Register der RISC-V CPU und die internen CSRs verwendet. Der Befehlsspeicher und der Datenspeicher waren Komponenten, die über Adressen gelesen und beschrieben werden konnten, aber nicht weiter betrachtet wurden. Diese Sicht soll hier anhand des Feldzugriffs weiter detailliert werden.

Der Hauptunterschied dieses Beispiels zu dem Summationsprogramm in Kapitel 3 ist die Verwendung des Arrays `N`, das als globale Variable im Datensegment untergebracht wird. Der Zugriff erfolgt über den Assemblerbefehl `lw` mit der berechneten Adresse $n + i \cdot 4$. Die Adresse des ersten Array-Eintrags ist `n` und hat den Wert 0x3c022990. Das C-Statement `*(n + i)` entspricht daher in Pointer-Arithmetik dem Array-Zugriff `n[i]`.

Der Speicher, auf den zugegriffen wird, liegt außerhalb der CPU. Um dort Daten zu lesen oder zu schreiben, werden sie über das Bussystem mit ihrer Adresse angesprochen.

4.1.2 Das Bussystem

Über den Steuerbus wird die Kommunikation gesteuert.

Ein Bus dient dazu, zwischen mehreren Teilnehmern, die direkt über dasselbe Übertragungsmedium physisch verbunden sind, Daten auszutauschen. Abb. 4–5 zeigt ein Bussystem, also eine Verknüpfung mehrerer Busse, aus Daten-, Adress- und Steuerbus. In der Folge werden Bus und Bussystem austauschbar verwendet. Die Busse im System sind parallel ausgeführt. Bei diesen Bussen werden die einzelnen Bits auf jeweils eigenen Leitungen parallel, und damit gleichzeitig, übertragen. An einen Bus sind im einfachsten Fall ein Master und mehrere Slaves angeschlossen. Slaves sind Speicher, I/O-Module, Kommunikationsmodule und weitere.

Die Steuerung der Kommunikation erfolgt über einzelne Signalleitungen auf dem Steuerbus. Der Master bestimmt über Signale wie »Read« und »Write«, ob die Slaves auf die Anfrage Daten bereitstel-

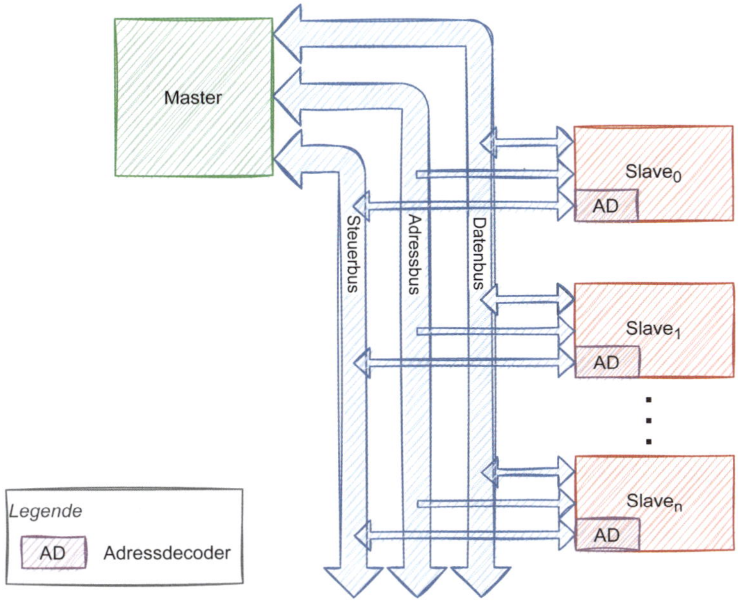

Abb. 4–5
Schema eines parallelen Bussystems

len oder entgegennehmen sollen. Taktsignale dienen der Synchronisation der Teilnehmer. Die Übernahme der Adressen und Daten geschieht beispielsweise bei einem definierten Übergang des Taktsignals, also synchron zu einer Flanke des Takts. Master und Slaves haben auch die Möglichkeit, Bestätigungen (ACK, acknowledgement), priorisierte Anfragen (IRQ, interrupt requests) und Weiteres zu signalisieren. Zudem wird auch die Arbitrierung, also die Zugriffsabfolge beim Vorhandensein mehrerer Master über Signale auf dem Steuerbus durchgeführt. In vielen, aber nicht allen Bussystemen gibt es auch die Möglichkeit, die Blockgröße des Transfers festzulegen.

Auf dem Datenbus werden die Nutzdaten vom Master zu den Slaves und von den Slaves zum Master übertragen. In einer 32 Bit breiten Architektur werden üblicherweise Vielfache von 32 Bit übertragen, um ein oder mehrere Wörter in einem einzigen Transfer zu übermitteln.

Der Master legt für einen Zugriff die Adresse einer Speicherstelle, die er ansprechen möchte, auf den Adressbus. Üblicherweise kann jedes Byte einzeln adressiert werden, was bei 32 Bit einen Adressraum von 2^{32} B $=4$ GiB ergibt. Den angeschlossenen Slaves werden jeweils Teilbereiche des Adressraums zugeordnet. Per Adressdecoder stellt ein Slave fest, ob der adressierte Speicher in seinem privaten Adressraum liegt.

Eine »Memory Map«, wie diese beispielhaft in Tab. 4–1 gezeigt ist, dient dazu, die Adressbereiche der Busteilnehmer aufzulisten. Legt der Master beispielsweise die Adresse 0x00020020 auf den Adressbus, ist $Slave_1$ Ziel des Transfers. Der Adressdekoder (AD) dieses Slaves subtrahiert nun seine Basisadresse 0x00020000 und greift in seinem privaten Adressraum auf den Offset 0x20 zu, während die anderen Slaves den Bustransfer ignorieren.

Tab. 4–1 Beispielhafte Memory Map mit drei Busteilnehmern

Modul	Adressbereich
$Slave_0$	`0x00010000 - 0x0001FFFF`
$Slave_1$	`0x00020000 - 0x00020FFF`
$Slave_2$	`0x00040300 - 0x000403FF`

Im Adressraum muss nicht zwingend jede Adresse gültig sein, wie auch in diesem Beispiel nur ein kleiner Bereich des Adressraums »belegt« ist. Wird auf einen nicht zugeordneten Bereich zugegriffen, bleibt die Antwort eines Slaves aus. Der Master signalisiert in diesem Fall einen »Bus Fault«.

Der Durchsatz des Busses hängt wesentlich vom Takt ab, mit dem die Daten übertragen werden. Dieser Bustakt lässt sich per Software beeinflussen. Die an den Bus angeschlossenen Module (Slaves), die einen eigenen Takt benötigen, können ihren Takt vom Bus entnehmen. Um ein solches Modul in den Stromsparmodus zu versetzen, kann der Takt des gesamten Busses oder betreffender Module beim sogenannten »Clock Gating« abgeschaltet werden.

Nach dem Systemstart sind bei Mikrocontrollern viele Module in diesem Stromsparmodus, um den Stromverbrauch vom Start weg niedrig zu halten. Um ein solches Modul zu verwenden, muss der Takt programmtechnisch über das Power-Management eingeschaltet werden. Der Bustakt `RTC20M_CLK` wird exemplarisch in Abschnitt 4.3.5 eingeschaltet, um Rauschen für den Zufallszahlengenerator bereitzustellen.

Manche Busse, wie der RISC-V IBUS zum Zugriff auf Befehle, unterstützen nur aligned access (siehe Abschnitt 3.1.4). Andere Busse, wie der RISC-V DBUS zum Zugriff auf Daten, bieten des einfacheren CPU-Designs halber auch »misaligned access« an.

Busse mit mehreren Mastern (»Multimaster«) sind auch möglich, allerdings sind diese komplexer und damit aufwendiger. In Abb. 4–1 ist ein solcher Multimaster-Bus als Hochgeschwindigkeits-Bus-Matrix eingezeichnet. An dieser Bus-Matrix (auch »Bridge«) sind dann einzelne Peripheriebusse mit niedrigerer Geschwindigkeit, ein Mikroprozessor und ein DMA-Controller angeschlossen.

4.1.3 ESP32-C3 Memory Map

Das Bussystem sowie der 4 GiB große Adressraum sind für alle Mikrocontroller der ESP32-C3-Familie gleich aufgebaut. Abb. 4–6 zeigt den schematischen Aufbau. Der Mikroprozessor RV32IMC greift im Instruction Memory (siehe Abschnitt 3.1.5) über den IBUS (Instruction Bus) 4-Byte aligned lesend auf den IRAM-Speicherbereich (blau markiert) oder die Peripherie (orange) zu. Der Zugriff im Data Memory (siehe Abschnitt 3.1.4) erfolgt 1-/2-/4-Byte aligned über den DBUS (Data Bus) auf den DRAM-Speicherbereich oder die Peripherie.

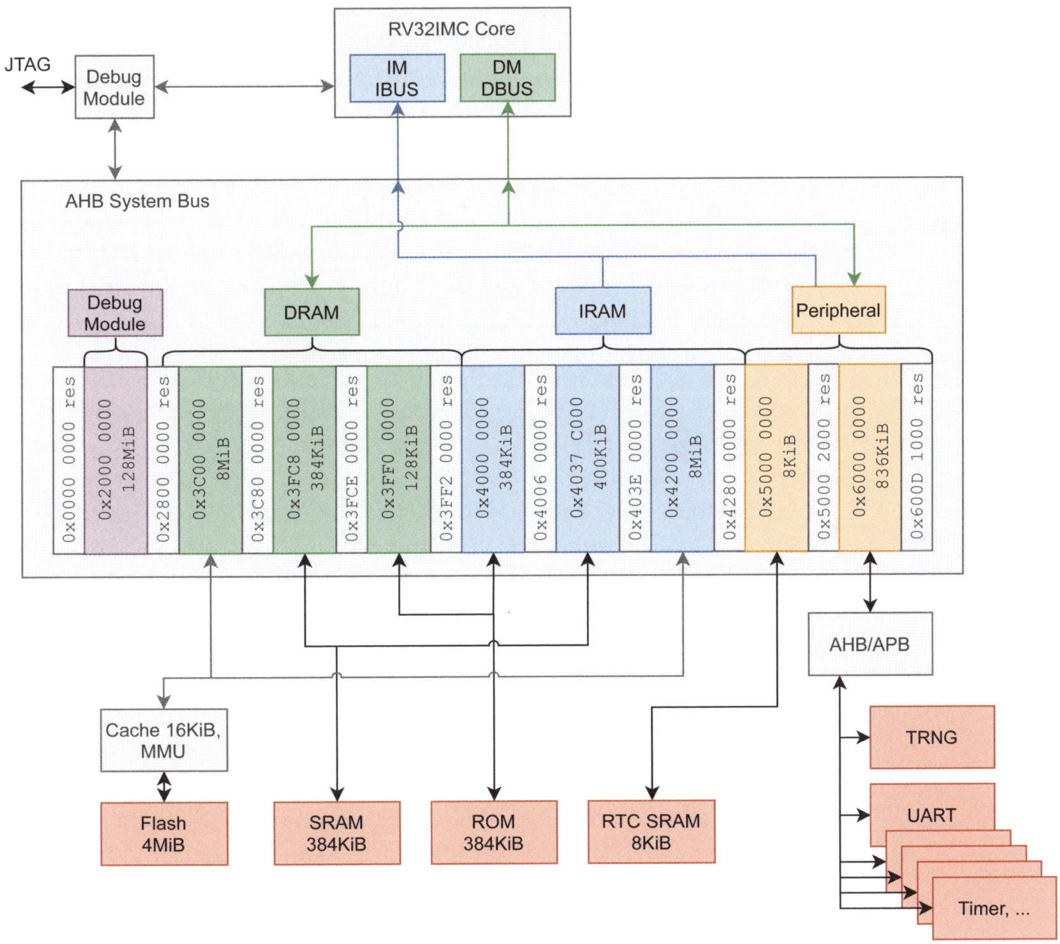

Abb. 4–6 *Schematischer Aufbau des ESP32-C3-Adress- und -Bussystems*

Im Speicherbereich der Peripherie liegt einerseits der Speicher der RTC (»Real Time Clock«). Diese 8 KiB RAM werden noch im Tiefschlaf mit Strom versorgt, sodass der Inhalt dieses Speichers im Gegensatz zum restlichen RAM über diese Phase und einen Reset hinaus erhalten bleibt. Beim Aufwachen muss bei einem System mit tiefstem Schlaf der Systemstatus dann mit Hilfe dieses Speichers mit entsprechendem zeitlichen Aufwand wiederhergestellt werden. Weitere Peripherie wie Kommunikationsschnittstellen, kryptografische Coprozessoren, Timer usw. sind im Speicherbereich der Peripherie untergebracht (siehe Abschnitt 4.3).

Als Bussystem kommt der schnelle AHB (Advanced High-Performance Bus) zum Einsatz. Die langsamere Peripherie ist über den einfacheren APB (Advanced Peripheral Bus), der seinerseits über eine Bridge mit dem AHB verbunden ist, angeschlossen. Diese Busse sind in dem offenen AMBA (Advanced Microcontroller Bus Architecture) Standard [3] für die Verbindung innerhalb von Chips definiert und können von den Herstellern lizenzfrei verwendet werden. Die zuverlässigen AMBA-Busse, zu denen auch noch AXI (Advanced Extensible Interface) und ATP (Advanced Trace Bus) gehören, erfreuen sich deshalb großer Beliebtheit und sind weit verbreitet.

Das Debug Module in der Abbildung wird über JTAG angesprochen. Es kommuniziert einerseits mit dem Mikroprozessor und kann andererseits direkt auf den Bus zugreifen. Auf diese Weise ist es möglich, beim Debuggen direkt auf die Register, Speicher und Peripheriemodule lesend und schreibend zuzugreifen.

4.2 Speicher

Im System sind verschiedene Arten von Speicher untergebracht, die jeweils ihre Eigenheiten, Vor- und Nachteile aufweisen. Für Embedded-Software-Entwickler:innen ist es wichtig, den Speicher korrekt einzusetzen, um ein effizientes und langlebiges System zu kreieren.

4.2.1 Speichertechnologien

Die Hauptunterscheidung in der Namensgebung ist zwischen RAM (»Random Access Memory«, Speicher mit wahlfreiem Zugriff) und ROM (»Read Only Memory«, Nur-Lese-Speicher), wobei diese Bezeichnungen leicht irreführend sind. Der wahlfreie Zugriff bezieht sich bei RAM oft auf ganze Wörter, es sind also nicht immer einzelne Bytes ansprechbar, weshalb RAM auch schon in RWRAM (»Read-Write RAM«) umbenannt werden sollte. Bei PCs wird auch der Arbeitsspeicher (Hauptspeicher) als RAM bezeichnet, weil hierfür hauptsächlich DRAM zum Einsatz kommt. Im Kontext von Embedded Systemen ist mit RAM die eingesetzte Technologie und mit Hauptspeicher der zur Verfügung stehende Hauptspeicher gemeint. ROMs auf der anderen Seite sind als PROM (»Programmable ROM«) auch ein Mal schreibbar.

Eine weitere Unterscheidung der Technologien liegt in deren Datenerhaltung nach Abschaltung der Stromzufuhr. Volatile Technologien verlieren den Inhalt, wohingegen persistente (beziehungsweise non-volatile) Technologien diesen behalten. Im Folgenden werden gebräuchliche Speichertechnologien, die auch in Tabelle 4–2 zusammengefasst sind, besprochen.

SRAM SRAM (»Static RAM«) ist ein volatiler Speicher, der seinen Zustand in einer bistabilen Kippstufe («Flipflop«) je Bit speichert. Die gängige Implementierung erfordert sechs Transistoren pro Bit, was im Verhältnis zu anderen Speichertechnologien sehr viel Siliziumfläche einnimmt und damit teuer ist. Vorteile von SRAM sind die hohe Geschwindigkeit und Stabilität sowie ein niedriger Stromverbrauch für die Datenerhaltung. Haupteinsatzgebiete sind als Arbeitsspeicher in Embedded Systemen, für den Aufbau von Registern in Prozessoren und Peripheriemodulen sowie als Caches (siehe Abschnitt 4.2.3). Die hohe Geschwindigkeit steht im Vordergrund beim Einsatz in CPU-Speicher und Caches, da der Zugriff innerhalb eines Taktes erfolgen kann. Der ESP32-C3 bringt 400 KiB SRAM als Arbeitsspeicher mit, von denen 16 KiB als Cache für den Flash-Speicher verwendet werden können. Die Echtzeituhr (RTC) bietet noch zusätzlich 8 KiB SRAM, die ebenso als Arbeitsspeicher verwendet werden können.

DRAM Dynamischer RAM ist ein volatiler Speicher, der die Datenbits in einzelnen Kondensatoren (siehe Abschnitt 5.4.11) speichert. Der große Vorteil dieser Technologie gegenüber SRAM ist die kleinere Siliziumfläche, die ein Speicherbit einnimmt. Für die Implementierung einer Speicherzelle genügen ein Transistor und ein Kondensator.

Ein Bit wird als Ladung eines Kondensators gespeichert. Diese Ladung kann sich über Leckströme ändern, wodurch der Speicherinhalt mit fortlaufender Zeit verloren geht. Um dem entgegenzuwirken, muss der Speicher zyklisch ausgelesen und neu beschrieben werden. Diesen etwa alle 40 ms durchzuführenden Refresh führt ein eigener DRAM-Controller durch. Nachteile dieser Technologie gegenüber SRAM sind der erhöhte Stromverbrauch und die niedrigere Geschwindigkeit, die sich einerseits aus dem Zugriff über den DRAM-Controller, andererseits aus der Optimierung auf Packungsdichte statt Geschwindigkeit ergibt.

DRAM findet vor allem Anwendung, wenn große Arbeitsspeicher im Bereich mehrerer GiB wie bei PCs und Smartphones benötigt

Tab. 4–2
Verbreitete Speichertechnologien im Vergleich

Technologie	Persistenz	Vorteile	Nachteile
SRAM	volatil	schnell, stromsparend	teuer
DRAM	volatil	günstig	langsam, stromhungrig
Masken-ROM	non-volatil	am günstigsten, schnell	Änderungen unmöglich
PROM	non-volatil	schnell lesbar	einmalig beschreibbar, teuer
EPROM	non-volatil	löschbar	Programmer und Löschgerät nötig
EEPROM	non-volatil	vielfach schreibbar	begrenzte Schreib-/Löschzyklen, langsam
FRAM	non-volatil	schnell, RAM-Ersatz, lange haltbar	sehr teuer
ReRAM	non-volatil	stromsparend	begrenzte Schreibzyklen

werden. Der hier eingesetzte SDRAM (»Synchronous DRAM«) wird durch den Bus getaktet und wird als DDR-SDRAM in Steckmodulbauweise hergestellt. Für den mobilen Einsatz gibt es die stromsparende »Low-Power«-Variante LP-SDRAM.

Eine weitere Variante, PSRAM (»Pseudostatisches RAM«), beinhaltet den Refresh Controller und lässt sich wie SRAM ansteuern. Damit kann ein SRAM-Hardwarebaustein einfach durch einen günstigeren PSRAM-Baustein ersetzt werden. Im ESP32-C3-MINI-Modul ist kein DRAM verbaut.

Masken-ROM Beim Masken-ROM werden die einzelnen Bits bereits bei der Herstellung »fest verdrahtet«, also in der Belichtungsmaske untergebracht. Ein Bit wird hier prinzipiell durch Vorhandensein (»1«) oder Fehlen (»0«) einer Diode in einer Zeilen-/Spaltenmatrix kodiert. Dieser Speicher ist der günstigste in der Massenherstellung, sein Inhalt kann jedoch nicht mehr geändert werden. Die Hersteller bringen im ROM Basisfunktionalitäten wie einen Bootloader oder Bibliotheken unter. Dabei wird darauf geachtet, dass Patches über anderen persistenten Speicher wie Flash aufgebracht werden können, um im Falle eines Fehlers nicht die gesamte Produktionscharge unbrauchbar zu machen. Auf den Mikrocontrollern der ESP32-C3-

Familie sind 128 KiB ROM mit Bootloader und Kernfunktionen untergebracht.

PROM Ein PROM (»Programmable ROM«) hat denselben Grundaufbau wie ein Masken-ROM. Im Unterschied dazu werden alle Dioden oder alternativ Transistoren bestückt und bei jeder Diode wird eine Leitung als Schwachstelle ausgeführt. Die Daten des Speichers bestehen somit aus gesetzten Bits. Eine Schwachstelle kann beim Programmieren mit einem erhöhten Strom durchgebrannt werden, womit aus einer »1« irreversibel eine »0« wird.

Das PROM in dieser Form findet nur noch wenig Verwendung. Manchmal wird es noch als »Sicherung« eingesetzt. Soll beispielsweise bei einem Embedded System die Programmierung, JTAG Debugging, Auslesen des Speichers usw. abgeschaltet werden, werden entsprechende Sicherungen durchgebrannt. Eine Alternative zu PROM für diesen Zweck ist der Einsatz von EPROM- oder EEPROM-Speicher ohne Löschfunktion. Die 512 Byte große eFuse des ESP32C3 ist ein solcher »OTP«-Speicher, also »One-Time Programmable«.

Die Verwendung der eFuse ist auf der Espressif Webseite [12] beschrieben.

EPROM Wird der Gedanke des PROM weitergeführt, sodass der Speicher nicht nur ein Mal beschrieben, sondern auch wieder gelöscht werden kann, resultiert dies in einem EPROM (»Erasable PROM«). Wie im Schema in Abb. 4–8 wird unter dem Gate eines Feldeffekt-Transistors (FET, siehe Abschnitt 5.4.1) ein zweites Gate in einem Isolator untergebracht. Ist dieses »Floating Gate« mit Elektronen geladen, sperrt der Transistor. Im anderen Fall ist der Transistor leitend.

Abb. 4–7
EPROM mit dem BIOS eines PC-XT-Nachbaus links mit Schutzfolie, rechts mit freigelegtem Fenster (Quelle: eigenes Foto)

Wird das EPROM für etwa 20 Minuten UV-Licht ausgesetzt, ionisiert die Strahlung die Isolierschicht durch ein Fenster im Chipgehäuse, worauf die Elektronen vom Floating Gate entweichen. Das EPROM wird somit zur Gänze gelöscht. Zur Programmierung wird eine hohe Spannung (bis zu 25 V) an Gate und Drain angelegt, im resultierenden Lawinendurchbruch überwinden Elektronen die dünne Isolierschicht und sammeln sich am Floating Gate. Dieser Vorgang dauert im Bereich einer Millisekunde.

Das Löschen erfolgt in einem eigenen Löschgerät, einer UV-Leuchte, die wegen der schädlichen Strahlung in einer Box untergebracht ist. Die Programmierung erfolgt in einem eigenen EPROM-Programmer, der die nötige hohe Spannung anlegen kann. Es kann davon ausgegangen werden, dass ein programmiertes EPROM den Inhalt mindestens 10 Jahre zuverlässig behalten kann. Da aber Programmieren und Löschen sehr umständlich sind, wurde diese Technologie nahezu vollständig von der folgend beschriebenen EEPROM-Technologie abgelöst.

Abb. 4–7 zeigt ein EPROM mit dem BIOS eines PC XT aus dem Jahr 1986. Die Alufolie schützt den Baustein im linken Bild vor Licht. Im rechten Bild wurde die Alufolie entfernt und das Fenster freigelegt.

EEPROM/Flash Eine Erweiterung des EPROM ist das »Electrically Erasable« PROM, das elektrisch gelöscht und beschrieben werden kann (siehe Abb. 4–8). Das Floating Gate ist mit einer Isolationsschicht von ungefähr 100 Å Dicke sehr nahe am Substrat. Dies macht es möglich, dass die Elektronen beim Löschen und Programmieren den Isolator über den quantenmechanischen Tunneleffekt passieren. Die angelegte Programmierspannung ist dabei niedriger als beim EPROM und kann üblicherweise auf dem Chip generiert werden.

1 Angström (1 Å) entspricht 0,1 nm.

Das Laden und Entladen des Floating Gate dauert verhältnismäßig lang, im Bereich mehrerer Millisekunden. Der Zustand wird dann je nach Hersteller zwischen 10 und 100 Jahren gehalten. Zu beachten ist hierbei, dass eine höhere Temperatur einen negativen Einfluss auf die Haltbarkeit hat. Des Weiteren wirkt das Tunneln der Elektronen zerstörerisch auf den Isolator. Jeder Schreib-/Löschzyklus hinterlässt seine Spuren und erniedrigt die Datenerhaltungszeit. Die maximale Anzahl an garantiert möglichen Zyklen liegt im Bereich 10.000 bis 1.000.000. Das Auslesen ist sehr schnell und hat nur einen geringen Einfluss auf die gespeicherte Ladung.

Flash-Speicher entspricht vom Aufbau her dem EEPROM mit dem Unterschied, dass hier nicht einzelne Bytes geschrieben werden, sondern größere Bereiche (»Pages«) gleichzeitig. Da sie auch das Problem der Abnutzung (»Wearout«) haben, werden in eigenen Controllern »Wear Leveling«-Algorithmen eingesetzt. Wird derselbe Block

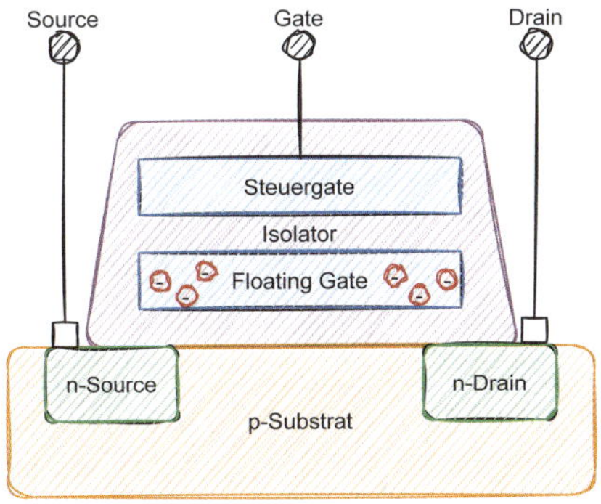

Abb. 4–8 *Schematischer Aufbau einer EPROM- oder EEPROM-Zelle*

adressiert und geschrieben, nimmt der Controller einen unterschiedlichen physischen Block, um beim Schreiben den gesamten Speicher möglichst gleichmäßig abzunutzen.

Flash beziehungsweise EEPROM wird in modernen Systemen häufig zur persistenten Datenhaltung eingesetzt: SSDs, das sind auf Flash basierte Laufwerke, haben die mechanischen Festplatten weitgehend ersetzt. Mobile Geräte wie Fotoapparate, Smartphones usw. verwenden SD-Karten mit der Flash-Technologie.

Der ESP32C3FN4-Controller besitzt einen über ein SPI-Interface (siehe Abschnitt 7.4) verbundenen externen Flash-Speicher mit 4 MiB Größe. Auf ihm werden Programme, konstante Daten und optional ein Filesystem gespeichert. Der lesende Zugriff erfolgt über den Bus durch einen normalen Lesezugriff. Der schreibende Zugriff kann üblicherweise nicht so einfach durchgeführt werden. Ein separater Flash-Controller oder spezieller Zugriff mit entsprechend einzuhaltendem Timing muss durchgeführt werden. Bei vielen Systemen ist es auch nicht möglich, während eines schreibenden Zugriffs auf den Flash-Programmcode, der im selben Flash gespeichert ist, auszuführen. Routinen, die während des Speicherns ausgeführt werden sollen, werden deshalb im RAM (oder auf einer unabhängigen »Bank« des Flashs) untergebracht.

FRAM Bei dieser persistenten Speichertechnologie werden einzelne Bits durch die Lage von Atomen in einer Kristallstruktur gespeichert. Die aus der Atombewegung resultierende elektrische Polarisierung kann gemessen werden.

FRAM bietet gegenüber EEPROM enorme Vorteile. Ein Schreibzugriff liegt mit 150 ns im Bereich von langsamem RAM, und mit etwa 10^{12} Lese-/Schreibzyklen ist der Wearout praktisch vernachlässigbar, weshalb FRAM auch als Hauptspeicher eingesetzt werden kann. Der Speicher ist eigentlich recht unempfindlich, hohe Temperaturen zerstören aber die gespeicherten Daten. Da FRAM nicht die Speicherdichte von Flash aufweist und dadurch verhältnismäßig teuer ist, ist FRAM derzeit wenig verbreitet.

Die MSP430FRxxx-Mikrocontroller von Texas Instruments beinhalten bis zu 256 KiB FRAM (»Ferroelectric RAM«). Bausteine mit 512 KiB FRAM sind bei Fujitsu mit verschiedenen Schnittstellen ausgestattet erhältlich.

ReRAM Das persistente RRAM/ReRAM (»Resistive RAM«) speichert die Daten in der programmierbaren Änderung des elektrischen Widerstands eines leitfähigen Dielektrikums. Diese Technologie, deren größter Vorteil ein sehr niedriger Stromverbrauch beim Auslesen ist, ist in Mikrocontrollern der Panasonic MN101L-Familie und als separate Speicher mit etwa 512 KiB erhältlich. Mit einer maximalen Zahl von 1.000.000 Schreibzyklen hat der Speicher einen deutlichen Wearout und ist wie EEPROM nicht als RAM-Arbeitsspeicher im System einsetzbar. Für eingebettete Applikationen mit hohen Ansprüchen an die Lebensdauer einer Batterie, wie Armbanduhren oder Sensoren in der Medizintechnik, ist ReRAM eine gute Speicheralternative.

Weitere Technologien Es existiert eine große Palette an weiteren Technologien, die keine wesentliche Bedeutung für Embedded Systeme mehr oder noch nicht erlangt haben. Mechanische Festplatten, die die Informationen auf sich drehenden magnetischen Scheiben speichern, wurden in Kleinstrechnern nie eingesetzt und verlieren auch in PCs und Servern an Bedeutung. CDROMs, DVDs und Blue-Ray Discs sowie Bandlaufwerke werden hauptsächlich für Backups eingesetzt.

Es befindet sich eine Reihe an persistenten Speichertechnologien in der (Weiter-)Entwicklung wie die erwähnten FRAM und RRAM, aber auch MRAM und PRAM. Sie nutzen unterschiedliche elektrophysikalische Effekte, um die Daten als Einzelbits (»SLC, Single Level Cell«) oder Multibits (»MLC, Multi Level Cell«) zu speichern. Die Skalierbarkeit und Massenproduktion von Speichern mit hoher Haltbarkeit in ansprechenden Größen und zu konkurrenzfähigen Preisen sind Gegenstand aktiver Weiterentwicklung.

4.2.2 Speicherzugriffe in Software

Auf die verschiedenen Speicher wird einerseits zugegriffen, um die auszuführenden Befehle zu laden, und andererseits, um dort Daten zu halten. In der Software werden die Daten in Variablen abgebildet, die vom Compiler automatisch angelegt und zerstört werden. Dies ist bei globalen und lokalen Variablen sowie Funktionsparametern der Fall. Es besteht auch die Möglichkeit, den Speicher selbst zu verwalten. Dieser dynamische Speicher muss dann explizit angefordert und freigegeben werden.

Speicherlayout

In C-Programmen werden Elemente, die statisch Speicher benötigen, in einem Speicherlayout angeordnet. Grob unterschieden werden in der klassischen C-Sicht, wie Abb. 4–9 links zeigt, das Textsegment und das Datensegment. Im Textsegment oder auch Codesegment, das nur les- und nicht beschreibbar ist, werden der kompilierte Programmcode sowie Konstanten und Sprungtabellen untergebracht.

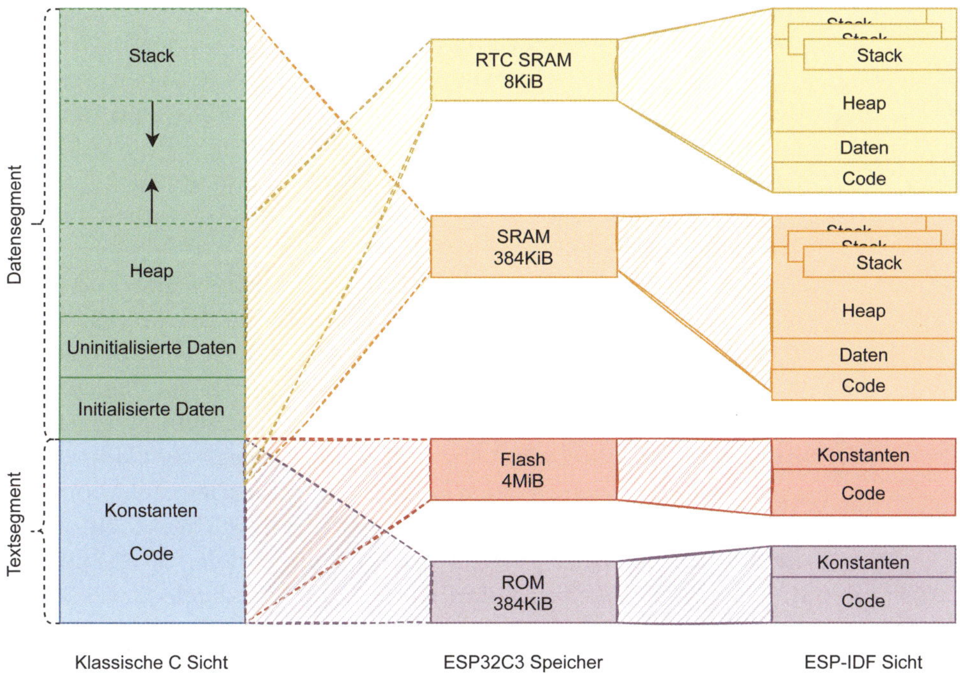

Abb. 4–9 *Segmente von Applikationen und Zuordnung zum Speicher*

Das Datensegment fasst einen uninitialisierten, einen initialisierte Bereich, den Heap und den Stack zusammen. Globale Variablen, die nicht oder mit 0 initialisiert werden, kommen in den uninitialisierten Bereich. Dieser Bereich, der aus historischen Gründen `BSS` (`Block Started by Symbol` war in den 1950er Jahren ein hierfür benutzter Pseudoassemblerbefehl) heißt, wird beim Programmstart mit dem Wert 0 belegt. In Embedded Systemen gibt es auch den Bereich `noinit`, der tatsächlich uninitialisiert ist, um den Speicherinhalt über einen Systemreset hinweg zu erhalten (siehe Abschnitt 4.2.4).

Im initialisierten Bereich werden globale Variablen, die mit einem Wert ungleich 0 initialisiert werden, abgelegt. Die Initialisierungswerte werden beim Start aus dem Konstantenbereich kopiert. Aus diesem Grund benötigen initialisierte Variablen zusätzlich Platz im Konstantenbereich.

Der Stack, der von der höheren Adresse zur niederen wächst, wird ebenso im Datensegment angelegt. Auf dem Stack werden lokale Variablen, Funktionsparameter und Rücksprungadressen abgelegt, sofern diese nicht in Registern gespeichert sind.

Dem Stack entgegen wächst der »Heap« von der niederen zur höheren Adresse. Dieser Speicher wird als dynamischer Speicher in den Funktionen des Moduls `malloc.h` verwendet. Abschnitt 4.2.2 beschäftigt sich eingehender mit der Heap-Implementierung des ESP-IDF. In C++ werden auf dem Heap-Objekte und -Daten gespeichert, die mit `new()` angelegt werden.

In der Abb. 4–9 ist die Zuordnung der Segmente zu den Speichern des ESP32-C3 in der Bildmitte ersichtlich. Das ROM und der Flash nehmen Code und Daten auf. Im SRAM und im RTC SRAM wird hauptsächlich das Datensegment, aber auch Code untergebracht (die Ausführung von Code im RTC SRAM ist beim Aufwachen aus dem Tiefschlafmodus zwingend).

Da beim ESP-IDF ein Multitasking-Betriebssystem und damit mehrere Tasks eingesetzt werden, muss nicht nur die Applikation als Task, sondern ebenso das Betriebssystem im Speicher untergebracht werden. Der Linker (siehe Abschnitt 4.2.4) ordnet die Elemente zur Compile-Zeit den einzelnen Speichern zu. In der Abbildung ist diese Zuordnung rechts dargestellt. Auffallend ist, dass der Code auf alle vier Speicher verteilt werden kann. Da der flüchtige SRAM den auszuführenden Code beim Systemstart aber noch nicht enthält, wird er zusätzlich im Flash abgelegt und beim Starten in den SRAM geladen.

Daten können bei Bedarf im RTC SRAM abgelegt werden, im Standardfall wird hier aber der SRAM bevorzugt. Der Heap wird auf alle verfügbaren volatilen Speicher verteilt. Für jeden Task wird beim Anlegen ein eigener Stack im Heap reserviert. Aus diesem Grund können sich die Stacks ebenso auf alle verfügbaren volatilen Speicher verteilen. Bevor näher auf den dynamischen Speicher eingegangen wird, werden die Speicherzugriffe auf Instruktionen und Daten über die entsprechenden Busse betrachtet.

Zugriff auf Instruktionen

Der Instruction Memory ist in RISC-V über den IBUS (Instruction Bus) an den Speicher angebunden. Maschinenbefehle werden zur

Ausführung über diesen Bus, auf den 4-Byte aligned zugegriffen werden muss, transportiert.

Beim Booten des Systems wird zunächst der Bootloader, der im ROM gespeichert ist, ausgeführt. Wie Abb. 4–6 zeigt, erfolgt der Zugriff hierfür ab Adresse 0x40000000.

Im regulären Anwendungsfall verzweigt der Bootloader in die Applikation (Betriebssystem und auszuführende Programme), die auf dem Flash gespeichert sind. Dies wird durch den Sprung an eine Adresse ab 0x42000000 durchgeführt. Da der Flash-Speicher über SPI angesprochen wird und dementsprechend langsamer ausgelesen werden kann als der Mikroprozessor dies erfordert, wird ein Cache zwischengeschaltet. Ein Cache ist ein schneller Zwischenspeicher, der die meistbenutzten Daten eines langsameren Speichers vorhält (siehe Abschnitt 4.2.3). Dies erlaubt die Ausführung von Code aus dem Cache, auf den ohne »Wait States«, also ohne die Notwendigkeit, auf die Befehle zu warten, zugegriffen werden kann.

»Wait States« oder »Wait Cycles« sind Takte, die der Mikroprozessor auf einen Speicherzugriff warten muss.

Per IBUS-Zugriff an Adressen ab 0x4037C000 kann der Prozessor ein Programm, oder häufiger Programmteile wie einzelne Funktionen, im SRAM ausführen. Dies kann notwendig sein, wenn zeitkritische Handlungen (Reaktion auf externe Ereignisse, zeitgebundene Tätigkeiten, ...) ausgeführt werden sollen obwohl gerade Daten in den Flash persistiert werden. Interrupt-Service-Routinen, siehe Abschnitt 6.1, werden deshalb meist im SRAM platziert.

Zugriff auf Daten

Wenn über LOAD/STORE-Befehle auf den Data Memory zugegriffen wird, erfolgen diese Zugriffe über den DBUS. Wie dies auch beim IBUS der Fall ist, werden diese Zugriffe dann je nach Zieladresse auf die verschiedenen physischen Speicher ausgeführt.

Lokale Variablen, Rückgabewerte und Rücksprungadressen werden, wie in Abschnitt 3.3.2 besprochen, nach Möglichkeit in Registern abgelegt. Dieser schnellste Speicher ist jedoch auch klein und rasch erschöpft. Wenn nicht genügend Registerplatz vorhanden ist, wird der Stack zum Sichern von Registern beim Aufruf von Unterfunktionen verwendet. Dieser liegt im RAM, im `sum_up_n`-Beispiel im Abschnitt 3.3.2 an Adresse 0x3FC8EEA0. An dieser Adresse wird über den DBUS auf den schnellen SRAM zugegriffen. Der Zugriff auf das SRAM erfolgt beim ESP32-C3 ohne Wait States, weshalb hier auch kein Cache vorgeschaltet wird.

Das unveränderliche Array `static const uint32_t N[M]` des χ^2-Test-Beispiels wird an die Adresse 0x3c022990, die per DBUS in den Flash geleitet wird, gelegt. Da der Flash verhältnismäßig groß, seine Programmierung aber zeitaufwendig und mit einem Wearout verbunden ist, macht es Sinn, dass dieser Speicher für solche Konstanten, aber nicht für Variablen verwendet wird. Die Konstanten werden beim Kompilieren festgelegt, ihr Inhalt kann ohne »Programmiertricks« nicht geändert werden. Konstanten, die im Flash liegen, dürfen auch mit diesen Tricks, die bei findigen C-Tüftlern aber mitunter zu finden sind, nicht verändert werden: Der Type Cast in einen beschreibbaren Pointer `uint32_t* pN = (uint32_t*)N` mit anschließender Inhaltszuweisung, beispielsweise `pN[0] = 7`, führt zu einem Programmabsturz, da der Flash auf diese Weise nicht beschrieben werden kann (»Store access fault«). Abstürze führen beim ESP-System zu einer Fehlerausgabe mit anschließendem Reset.

Wenn das Feld nicht konstant angelegt wird, in diesem Fall global `static uint32_t N[M]`, wird es im Beispiel ab Adresse 0x3FC8A0BC, und somit über den DBUS ansprechbar im SRAM, abgelegt. Globale Variablen werden vom Compiler im Datensegment abgelegt. Auch Gedächtnisvariablen, also lokale Variablen, die mit dem Schlüsselwort `static` versehen sind, werden im Datensegment untergebracht. Wird das Array aber lokal definiert, kommt es auf dem Stack zu liegen.

In allen Fällen wird ein Array-Eintrag mit der Assemblerfolge

Listing 4.2 *Laden eines Array-Eintrags*

```
1 slli a5, a4, 0x2
2 add a5, a5, a0
3 lw a5, 0(a5)
```

geladen. Register `a0` enthält die Basisadresse und Register `a4` den Index des Arrays. Da der Basisdatentyp des Feldes `uint32_t` ist und damit 4 Byte groß, muss der Offset mit 4 multipliziert werden. In Zeile 1 wird dieser Offset ins Array über eine Shift-Left-Operation berechnet. Ein Links-Shift um 2 Bit entspricht einer Multiplikation mit $2^2 = 4$ (siehe Abschnitt 4.4.2). In Zeile 2 wird der berechnete Offset zur Basisadresse des Arrays addiert, und in Zeile 3 wird auf diesen Offset per Load-Befehl zugegriffen. Das Schreiben der Variablen läuft analog über den Store-Befehl.

Dynamischer Speicher

In Programmen ist die Größe der zu verarbeitenden Daten oft nicht zur Compile-Zeit (i.e. statisch) bekannt. Somit kann eine exakte Dimensionierung von Arrays nur schwer abgeschätzt werden.

Als Lösung können Arrays einerseits statisch mit der Maximalgröße initialisiert werden. Dies ist aber mitunter unpraktisch. Soll beispielsweise eine Audiodatei geladen werden, muss Speicher für die größtmögliche Datei vorreserviert werden. Und beim Empfang von Datenpaketen über eine Netzwerkschnittstelle müssen Puffer für die maximale Anzahl an gleichzeitig zu verarbeitenden Paketen in maximaler Paketgröße angelegt werden. Für zu sendende Pakete verhält es sich genauso.

Tab. 4–3
Statischer vs. dynamischer Speicher

Speicherung	Vor-/Nachteile
statisch	△ Speicherprobleme zur Compile-Zeit △ deterministisch ▽ Maximum an Speicher notwendig
dynamisch	△ speichereffizient ▽ Speicherprobleme zur Laufzeit ▽ Fragmentierung ▽ indeterministische Dauer bei Allokation und Freigabe

Problematisch ist, dass mit der statischen Reservierung alle Speicher vorreserviert werden müssen, auch wenn sie nicht gleichzeitig verwendet werden. Wird also im Beispiel nicht kommuniziert, während die Audiodatei benötigt wird, belegen die Speicher dennoch den maximalen Platz. Damit muss der Speicher des Systems größer dimensioniert werden, als dies eigentlich praktisch notwendig wäre.

Der große Vorteil der statischen Reservierung ist hingegen, dass bereits zur Compile-Zeit erkannt wird, wenn zu wenig Speicher vorhanden ist. Bei erfolgreicher Kompilierung steht der Speicher dann zur Laufzeit zur Verfügung und kann keine unvorhergesehenen Speicherprobleme verursachen.

Eine Alternative zur statischen Reservierung ist die Verwendung von dynamischem Speicher. Dabei wird der Heap, der ein großer vorreservierter oder bei vielen Systemen ein wachsender Speicher ist, zur Laufzeit in Blöcke angeforderter Größe unterteilt. So kann beispielsweise ein Speicherblock der Größe einer Audiodatei angefordert werden, um diese in den Speicher zu laden. Oder beim Empfang und Senden von Paketen kann der Speicher paketweise angefordert und verwendet werden.

Aus der C-Programmierung ist die Verwendung der Funktionen aus dem Modul `malloc.h`, wie `malloc()`, `calloc()`, `realloc()` und `free()` bekannt. Die Allokationsfunktionen geben einen Zeiger auf den reservierten Bereich zurück, der dann mit `free()` wiederum freigegeben werden muss.

Das typische Muster bei der Verwendung dieser Funktionen ist in Listing 4.3 wiedergegeben. Die Funktion `testRNG()` stellt ein Gerüst dar, um den χ^2-Test aus dem Beispiel in Listing 4.1 zu kapseln, um in der Folge den Hardware-Zufallszahlengenerator zu testen. Der Übergabeparameter `m` gibt die Größe des Histogramms an. Da die Größe übergeben wird, muss das Array dynamisch erstellt (oder statisch für alle erwarteten Fälle groß genug dimensioniert) werden.

Listing 4.3 *Muster für die Verwendung von* `malloc()` *und* `free()`

```
1  Status_t testRNG(uint32_t observations, uint32_t m) {
2      uint32_t* n = malloc(m * sizeof(uint32_t));
3      if (n == NULL) {
4          return Status_OutOfMemory;
5      }
6      memset(n, 0, m * sizeof(uint32_t));
7      // fetch observations numbers from the random number
8      // generator and run Chi-Square-Test
9      free(n);
10     n = NULL;
11     return Status_Ok;
12 }
```

In Zeile 2 wird das Array mit `m` Elementen allokiert. Da die `malloc()`-Funktion die Anzahl an Bytes als Parameter erhält, wird die tatsächliche Größe des Arrays durch Multiplikation mit der Größe des Basisdatentyps, `sizeof(uint32_t)`, berechnet. Nach der Erzeugung muss das Array initialisiert werden. In Zeile 6 wird die Funktion `memset()` dafür eingesetzt. Alternativ erledigt die Funktion `calloc()` die Allokation mit Initialisierung. Die Anzahl und Größe der Elemente werden dieser Funktion mit zwei separaten Parametern übergeben, wie die Änderung in Listing 4.6 zeigt. Das Array `n` kann nun wie gewohnt verwendet werden, beispielsweise `n[i] = value`. Nach der Verwendung muss der Speicher wieder wie in Zeile 8 freigegeben werden. Der Zeiger auf den Datenbereich wird gemäß üblicher Programmierrichtlinien auf `NULL` gesetzt (Zeile 9), um einen »Dangling Pointer«, also einen Zeiger auf einen freigegebenen Speicher oder ein gelöschtes Objekt, zu vermeiden. Ein Zeiger auf `NULL`, in `stddef.h` definiert mit `(void *)0`, führt statt des Zugriffs auf ungültigen Speicher zu einer Laufzeit-Exception (beim Leseversuch ein »Load access fault«, beim Schreibversuch ein »Store access fault«).

Die Funktionen zum dynamischen Speichermanagement haben keine deterministische Ausführungsdauer. Dies liegt an der blockweisen Speicherung auf dem Heap. Es gibt zwar verschiedene Verfahren der Reservierung und Freigabe (wie "First-Fit", "Best-Fit", "Next-Fit", "Buddy System"), die sich in Aufwand, Speicherausnutzung und Effizienz unterscheiden, doch grundsätzlich haben alle dieselben Eigenschaften. Eine ausführliche Beschreibung findet sich beispielsweise in [31, Kapitel 8], ein kurzer Überblick folgt hier.

In Abb. 4–10 Teil a) ist ein Teil des Heaps mit reservierten Blöcken eingezeichnet. Jeder Block hat einen Header, in dem steht, ob der Block frei oder vergeben ist, sowie die Größe und bei sicheren Speichermanagern eine Checksumme und mehr. Die von `malloc()` zurückgegebenen Pointer zeigen hinter den Header auf den reservierten Datenbereich.

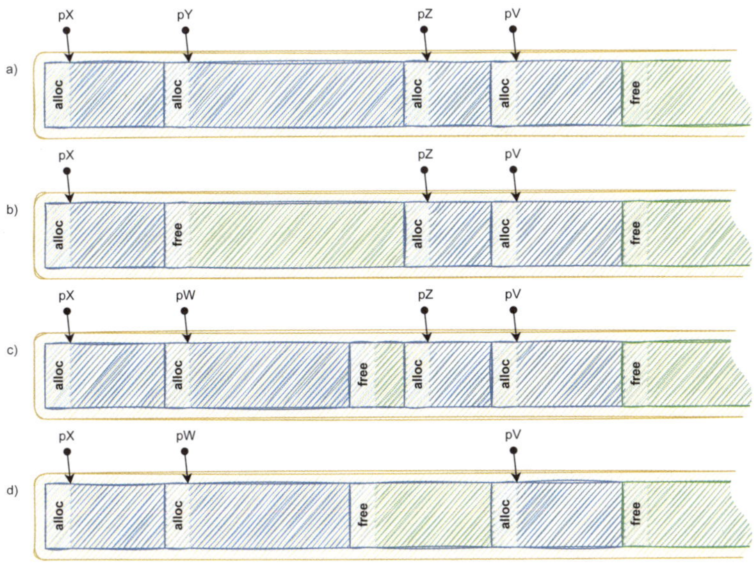

Abb. 4–10
Blockaufbau des dynamischen Speichers
b) nach `free(pY)` *eines Blocks*
c) nach `malloc()`
d) nach `free(pZ)`

Die Zeiger `pX`, `pY`, `pZ`, `pV` in der Abbildung wurden nacheinander mit `malloc()` per »First-Fit«-Algorithmus reserviert. Bei diesem Verfahren wird der erste freie Speicherblock, der groß genug für den angeforderten Inhalt ist, vergeben. Dabei wird er in einen reservierten und einen freien Block zerteilt.

Abb. 4–10 b) zeigt den Speicher nach Löschen des zweiten Blocks mit `free(pY)`. Der zugehörige Speicherblock wird dabei im Header auf frei gesetzt. Die meisten Speichermanager löschen den Speicherinhalt nicht, sondern belassen ihn bei den aktuellen Werten.

In der Abbildung Teil c) wurde ein neuer Speicherblock per `pW = malloc(count)` angelegt. Da der Block kleiner angefordert wird, als der freie Block war, kann der zuvor vom größeren Block `pY` belegte Speicher verwendet werden. Dabei entstehen der reservierte Block und ein kleiner freier Block. Dieser kleine Block kann nun zu klein für weitere Allokationen sein, weshalb dann größere freie Blöcke herangezogen werden. In der Folge kann es sein, dass solche kleinen Blöcke, die nicht weiter genutzt werden, über den Speicher verteilt werden. Diese »externe Fragmentierung« kann besonders bei Systemen mit kleinen Speichern wie Embedded Systemen, zu Laufzeitproblemen führen: Nach langer Zeit erfolgreicher Ausführung kann eine Allokation fehlschlagen. Aus diesem Grund ist gerade in der embedded Programmierung die Testung der `malloc()`-Rückgabe auf `NULL` wichtig.

Auf Systemen mit Festplatten kann die externe Fragmentierung durch eine »Defragmentierung« behoben werden. Dabei werden örtlich zusammengehörende Blöcke auch örtlich nahe auf der Platte verschoben. Freier Speicherplatz wird ebenso zusammengezogen. Eine Defragmentierung ist im dynamischen Speichermanagement nicht möglich, da Pointer auf die reservierten Speicher existieren. Würden in der Abbildung die Blöcke, auf die `pZ` und `pV` zeigen, nach vorne verschoben, würden die Pointer ungültig (»wild pointer«) werden. Eine Änderung der Pointer beim Defragmentieren ist in C nicht möglich, da die Pointer (und Kopien der Pointer, also »aliased pointer«) vom System nicht korrigiert werden können.

Bei der Freigabe eines Blockes wird geprüft, ob auch benachbarte freie Blöcke existieren. Wenn dies wie in der Abbildung Teil d) nach `free(pZ)` der Fall ist, werden diese Blöcke zu einem Block zusammengefasst, um der Fragmentierung entgegenzuarbeiten. Aus der Beschreibung des Verfahrens ist ersichtlich, dass sowohl die Allokation eines Blockes als auch die Deallokation zeitlich nicht deterministisch sind.

Da die Speicherprobleme bei der Verwendung von dynamischen Speicher selten und schwer zu lokalisieren sind, wird statischer Speicher in Programmierstandards für Embedded Systeme, wie dem weit verbreiteten MISRA-C Standard, dynamischem Speicher vorgezogen. Vollständige Informationen zu MISRA sind auf der MISRA-Webseite [41] nachlesbar.

Interne Fragmentierung Die »interne Fragmentierung« ist weniger problematisch als die oben beschriebene externe Fragmentierung. Bei der Reservierung eines Blocks kann es sein, dass ein Aufteilen des Blockes nicht möglich ist, da zu wenig Platz für einen zusätzlichen Header bleibt. In diesem und verschiedenen anderen Fällen wird tatsächlich mehr Speicher reserviert, als angefordert wurde. Da dieser Speicher dann zwar vorhanden und reserviert ist, aber nicht verwendet wird, ist er für das System verloren. Man spricht hier auch, wie beim Abfall eines Materialzuschnitts, von »Verschnitt«.

Auch bei statisch reserviertem Speicher gibt es Verschnitt:

- Ein Array wird in C mit statisch fixer Größe angelegt. Oft sind Arrays aber zu groß reserviert und während der gesamten Laufzeit nicht zur Gänze gefüllt.
- Variablen im Datensegment und auf dem Stack werden aligned positioniert. Werden bei einem 32-bittigen Alignment beispielsweise eine `uint32_t`-, dann eine `uint8_t`- und eine `int32_t`-Variable angelegt, werden die 32-bittigen Variablen an Adressen, die durch 4 teilbar sind, gelegt. Dies bedeutet, dass die dazwischenliegende 8-bittige Variable mit drei Byte aufgefüllt wird. Dieses Auffüllen wird »Padding« genannt. Im Grunde ist es dem Compiler aber möglich, die Reihenfolge der Variablen zur Optimierung des Verschnitts zu ändern.
- Ebenso werden Strukturen (`struct`) intern mit entsprechenden Paddings aligned. Hier hat der Compiler die Möglichkeit der optimierten Umordnung nicht:

```
struct StructA {
    uint8_t a;
    uint32_t b;
    uint8_t c;
    uint32_t d;
    uint16_t e;
};
```

  Eine Bestimmung der Größe mit `sizeof(struct StructA)` liefert 20 Byte zurück, da nach den Komponenten `a` und `c` je drei und nach `e` zwei Padding-Bytes angehängt werden. Die manuelle Umordnung der Komponenten

```
struct StructB {
    uint8_t a;
    uint8_t c;
    uint16_t e;
    uint32_t b;
    uint32_t d;
};
```

  liefert den optimalen Speicherbedarf von 12 Byte.

Zusammenfassend ist es ratsam, bei der Notwendigkeit effizienter Speicherausnutzung gerade bei der verstärkten Variante des letzten Falles, nämlich bei Arrays von Strukturen, auf die interne Fragmentierung zu achten.

Von einer generellen Anpassung des Compiler-Alignments über `#pragma pack(1)` ist aber abzuraten, da dies zwar die interne Fragmentierung vermeidet, aber zu Lasten der Performance geht. Eine gewisse Speicherverschwendung sowohl durch externe als auch durch interne Fragmentierung ist also nicht sinnvoll vermeidbar und muss deshalb in das Systemdesign eingerechnet werden.

Besonderheiten des ESP-IDF Im ESP-IDF kann wie gewohnt die Funktion `malloc()` zur Speicherreservierung verwendet werden. Als Voreinstellung für `malloc()` wird ein 8-Bit aligned Speicher zurückgegeben. Im Framework stehen jedoch mehrere Heaps mit unterschiedlichen Speichermöglichkeiten zur Verfügung, aus denen über die Funktion `heap_caps_malloc()` gewählt werden kann.

Diese Funktion bietet die Möglichkeit, Angaben über den zu reservierenden Speicher zu machen. Konstanten wie `MALLOC_CAP_EXEC` für Speicher, der ausführbaren Code beinhalten kann, oder `MALLOC_CAP_DMA` zur Verwendung mit Modulen mit Direct Memory Access (siehe Abschnitt 7.4.2) sind im Modul `esp_heap_caps.h` untergebracht. Da es auch Heap-Speicher im 32-Bit aligned adressierbaren IRAM gibt, dient das Flag `MALLOC_CAP_8BIT` zur Angabe, dass 8-Bit aligned Speicher (z.B. DRAM) angefordert werden soll.

Mit `heap_caps_get_free_size(MALLOC_CAP_DEFAULT)` kann die Größe des freien Heap-Speichers ermittelt werden. Unabhängig von der Art der Reservierung wird der Speicher mittels `free()` freigegeben.

4.2.3 Cache

Im Pipeline-Beispiel in Abschnitt 3.1.9 war Berta für das Bemalen von Vogelhäuschen in einer Farbe zuständig. Bei der Bestellung konnte die gewünschte Farbe aus sehr vielen ausgewählt werden. Zum Bemalen holte Berta die jeweilige Farbe aus dem Lager, bemalte das Häuschen und brachte die Farbe wieder zurück. Der Transport dauerte fast so lange wie das Malen selbst. Wenn Berta ein zweites Häuschen in derselben Farbe bemalen sollte, ließ sie die Farbe am Arbeitsplatz und sparte so viel Aufwand ein. Im Laufe der Zeit stellte sich heraus, dass über 80% der Häuschen in Rot oder Blau angemalt werden sollten, weshalb Berta beschloss, diese beiden am häufigsten verwendeten Farben am Platz zu belassen. Vom Prinzip her nicht weit hergeholt wird solches Caching in der Praxis oft eingesetzt, wenn ein lokaler Zugriff wiederholt stattfindet und der entfernte Zugriff erhöhten Aufwand bedeutet.

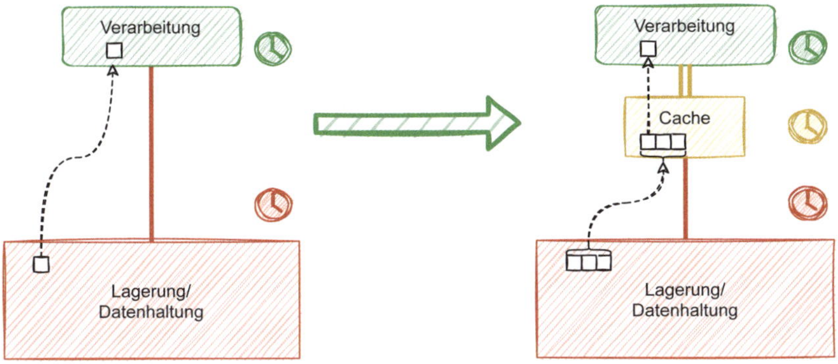

Abb. 4–11
Einführung eines Cache zur Erhöhung der Performanz

Schematisch ist die Einführung eines solchen Zwischenspeichers in Abb. 4–11 dargestellt. Im linken Teil der Abbildung wird die Verarbeitung durch den langsamen Zugriff auf die Lagerung bzw. Datenhaltung gebremst. Durch Einführung eines temporären Zwischenspeichers bzw. Cache in der Abbildung rechts, auf den sehr schnell zugegriffen werden kann, kann die Verarbeitung im Regelfall ungebremst stattfinden. Nur wenn das angeforderte Gut bzw. die angeforderten Daten nicht im Cache gelagert sind, muss dieses langsam aus der großen Lagerung nachgefordert werden, was die Verarbeitung in diesem Fall entsprechend bremst.

Dieses Verfahren funktioniert gut, wenn das Prinzip der zeitlichen Lokalität (»Temporal Locality of Reference«) zutrifft. Dieses Lokalitätsprinzip besagt, dass auf Bereiche, auf die zugegriffen wurde, in zeitlicher Nähe mit hoher Wahrscheinlichkeit wieder zugegriffen wird. Im Beispiel der Bemalung von Vogelhäuschen diente dieses Prinzip der Argumentation des Cache. Es erscheint auch in der Datenverarbeitung plausibel, dass ein bearbeitetes Datum in der Folge weiterverarbeitet wird. Ebenso bewirkt eine Schleife im Code die wiederholte Ausführung derselben Befehle.

Das zweite Lokalitätsprinzip, die räumliche Lokalität (»Spatial Locality of Reference«), besagt, dass auf Daten in unmittelbarer räumlicher Nähe aktuell verarbeiteter Daten wiederum zugegriffen wird. Aus diesem Grund wird bei einem Cache nicht nur das fehlende Datum, sondern ein ganzer Datenbereich (ein »Block« bzw. eine »Line«) nachgeladen. In der Abbildung rechts symbolisieren dies die drei Datenkästchen, die per Mengenklammer zusammengefasst in den Cache geladen werden. Augenscheinlich gilt dieses Prinzip beispielsweise bei der sequenziell indizierten Abarbeitung von Arrays, aber auch bei der sequenziellen Ausführung von Befehlen.

In der technischen Anwendung werden Caches im Speichersystem dann eingesetzt, wenn der lokale Zugriff mit Verarbeitung bedeutend schneller ist als der Zugriff auf den entfernten Speicher. Dies ist beispielsweise bei PC-Systemen zwischen Registerbank und RAM, zwischen RAM und Festplatte, aber auch zwischen Webbrowser und Webserver der Fall.

Wenn verschiedene Speicherkomponenten unterschiedlicher Geschwindigkeiten aufeinander zugreifen, verwendet man auf jeder Ebene einer solchen Speicherhierarchie einen Cache. Abb. 4–12 zeigt die Abhängigkeit grafisch von oben nach unten in einer (Stufen-) Pyramide.

Abb. 4–12
Speicherhierarchie eines PC-Systems

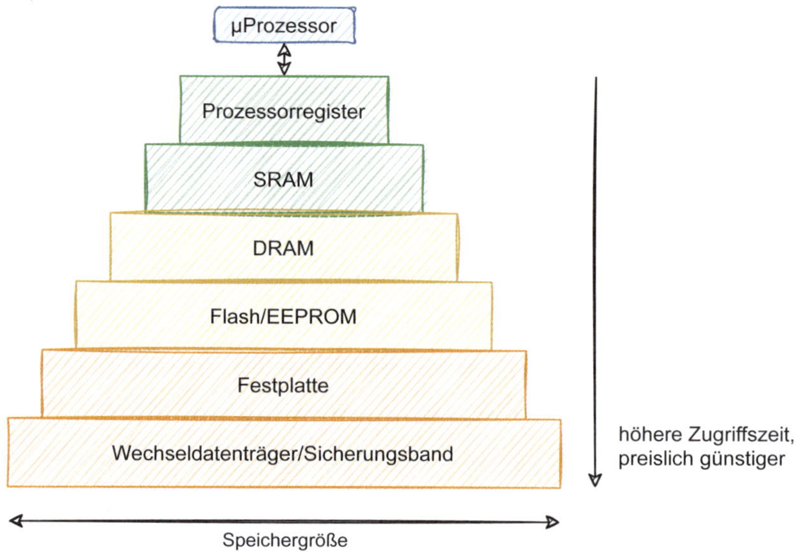

Wenn Caches eingefügt werden, werden diese von oben nach unten als First-/Second-/Third-/... Level Cache bzw. L1, L2, L3, ... bezeichnet. In modernen PCs sind die ersten drei Cache-Level mit den Cores direkt auf dem Silizium untergebracht. Zur Festplatte wird ein Cache im RAM zur Vermeidung von Buszugriffen und ein Cache in der Festplatte zur weiteren Pufferung von Lese-/Schreibzugriffen angebracht.

In Embedded Systemen werden weniger Caches eingesetzt, da der RAM oft zur Gänze als schneller SRAM ausgeführt wird und weniger Ebenen in der Speicherhierarchie vorhanden sind.

Ein Cache arbeitet dann gut, wenn seine Gesamtgröße und Blockgröße gut auf die Lokalität des Codes abgestimmt sind. In diesem Fall ist das Verhältnis der Zugriffe auf vorhandene Daten (Hit) zu Zugriffen auf nachzuladende Daten ($Miss$), die $Hitrate = \frac{Hit}{Hit+Miss}$ hoch. Die $Missrate$ ergibt sich als $1 - Hitrate$. Die Zeit des Zugriffs bei einem Hit ($Hittime$) ergibt sich aus der Dauer des Feststellens, ob die angeforderten Daten im Cache sind, und der Dauer der Rückgabe der Daten. Im Falle eines Miss kommt noch die $MissPenalty$, die Dauer des Nachladens, Ersetzens und Zurücklieferns der Daten hinzu. Damit ergibt sich die durchschnittliche Zeit für einen Speicherzugriff als $Accesstime = Hittime + Missrate \cdot MissPenalty$.

Cache-Organisation

In der Literatur finden sich drei Organisationsarten von Caches, die sich hauptsächlich auf die Hitrate und den Implementierungsaufwand und die Hittime auswirken. Schematisch sind diese Arten für einen Cache mit 16 KiB und einer Blockgröße von 32 Byte in Abb. 4–13 bis 4–15 dargestellt.

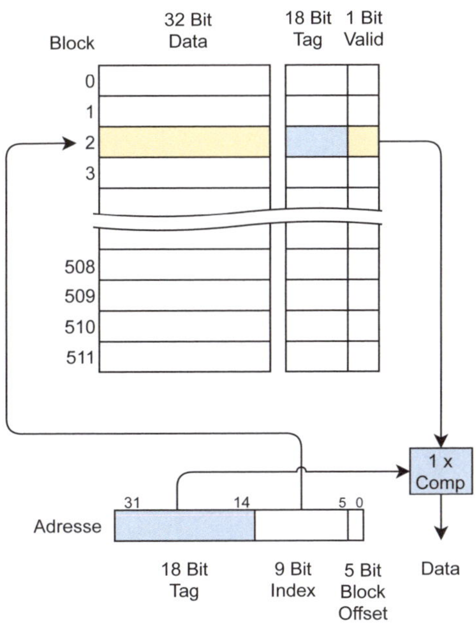

Abb. 4–13
Ein 16-KiB-Cache mit 32-Byte-Blöcken als direct-mapped Cache

Direct-mapped Cache Den einfachsten Aufbau hat der »direkt abgebildete« (»direct-mapped«) Cache. Die Adresse des Zugriffs wird in Tag, Index und Block Offset unterteilt. Im Beispiel benötigt der Block Offset, der ein Byte innerhalb eines Blocks adressiert, 5 Bit, da ein Block $32 = 2^5$ Byte umfasst.

Der Block selbst wird durch den Index adressiert, und zwar $Cacheline(Address) \equiv \frac{Address}{2^{Blocksize}} \bmod \frac{Cachesize}{Blocksize} \equiv \frac{Address}{32} \bmod 512$. Damit werden beispielsweise die Adresse 0x42 auf Zeile 2 abgebildet.

Nach dem Auslesen des Blocks wird dann über den Block Offset, in diesem Beispiel 2 oder 3, auf das betreffende Datenbyte zugegriffen.

Durch die Restklassenbildung werden verschiedene Adressen auf denselben Block abgebildet. Ein Schreibzugriff an 0x4042 wird beispielsweise auch auf Zeile 2 abgebildet. Eine solche Kollision führt zum Überschreiben des gespeicherten Blocks für Adresse 0x42. Wird wechselweise auf diese Adressen zugegriffen, entstehen Kollisionen im Cache, auch wenn noch viele andere Blöcke frei wären. Diesen Hauptnachteil von direkt abgebildeten Caches versuchen die anderen Organsationsformen zu vermeiden.

Damit beim Lesen eindeutig bestimmt werden kann, ob der im Cache gespeicherte Block der Adresse entspricht, wird der obere Bereich der Adresse, das »Tag«, zur Cache-Zeile gespeichert. Beim Auslesen wird das gespeicherte Tag mit dem Tag der zu lesenden Adresse über einen Komparator verglichen. Die Speicherung der Tags bedeutet für den exemplarischen Cache einen Zusatzbedarf von $512 \cdot 18\ \text{Bit} \approx 1,2\ \text{KiB}$.

Abb. 4–14
Ein 16-KiB-Cache mit 32-Byte-Blöcken als fully associative Cache

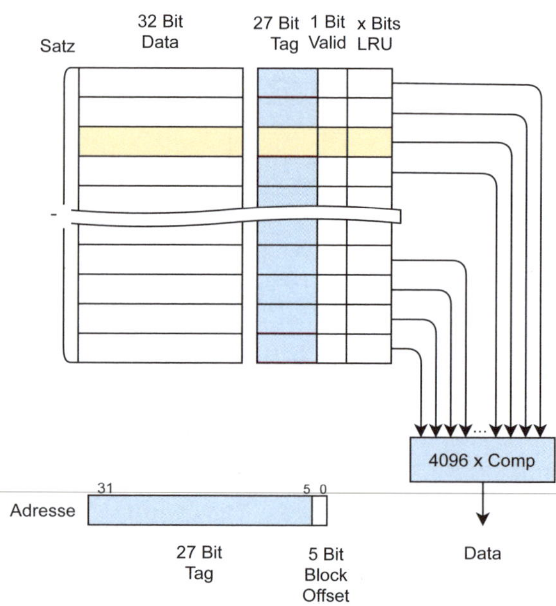

Da der Cache zu Beginn leer ist, wird bei jeder Zeile zusätzlich ein Valid-Bit mitgespeichert, das angibt, ob die entsprechende Zeile einen gültigen Block enthält. Wenn dies nicht der Fall ist, wird auf den Speicher durchgegriffen.

Fully associative Cache Beim vollassoziativen Cache erfolgt der Zugriff auf die einzelnen Zeilen im Gegensatz zum direkt abgebildeten nicht über einen aus der Adresse abgeleiteten Index. Vielmehr werden die Tags aller Einträge mit dem Tag der Adresse verglichen.

Vorteilhaft ist hierbei, dass ein Eintrag in einer beliebigen Zeile gespeichert werden kann und Kollisionen damit mit einer guten Ersetzungsstrategie am besten vermieden werden können. Dieser Vorteil geht aber zu Lasten eines hohen Implementierungsaufwands, da für jede Zeile ein eigener Komparator und ein entsprechend großer Multiplexer notwendig werden.

Zusätzlich zum gestiegenen Speicheraufwand für die Tags muss eine geeignete Ersetzungsstrategie mit entsprechendem Speicher implementiert werden. Abschließend wird auch die Hittime drastisch erhöht.

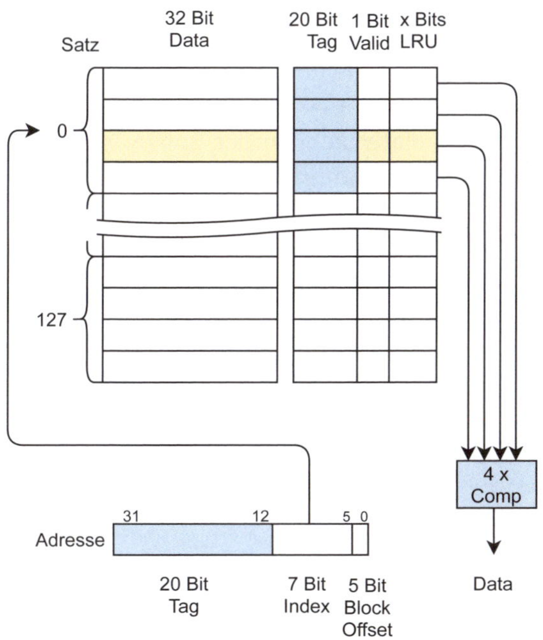

Abb. 4–15
Ein 16-KiB-Cache mit 32-Byte-Blöcken als 4-way set-associative Cache

Set-associative Cache Der n-Weg-satzassoziative Cache fasst jeweils n der insgesamt m Blöcke zu seinem Satz zusammen, resultierend in $\frac{m}{n}$, im Beispiel $\frac{512}{4} = 128$ Sätzen. Die einzelnen Sätze werden über einen aus der Adresse abgeleiteten Index adressiert. Innerhalb eines Satzes wird über n Komparatoren mit dem Tag verglichen. Ein Satz verhält sich also intern vollassoziativ, weshalb Kollisionen innerhalb eines Satzes durch geeignete Ersetzungsstrategien möglichst vermieden werden.

Ein direkt abgebildeter Cache ist damit als Spezialfall 1-Weg-satzassoziativ und ein vollassoziativer Cache m-Weg-satzassoziativ zu sehen. In der Praxis bietet der n-Weg-satzassoziative Cache einen guten Kompromiss aus Kollisionsvermeidung, Speicherbedarf, Implementierungsaufwand und Hittime. Typische Assoziativitäten sind $n = 2$, $n = 4$ und $n = 8$.

Ersetzungsstrategie

Beim Nachladen eines Blocks in assoziativen Caches muss entschieden werden, welcher Block ersetzt werden soll. Naheliegend ist das Ersetzen eines als ungültig markierten Blocks.

Wenn aber das Set voll ist, wäre es am vernünftigsten, den Eintrag zu ersetzen, der am längsten nicht mehr gebraucht wird. Dafür müsste aber ein unmöglicher Blick in die Zukunft stattfinden.

Aufgrund der zeitlichen Lokalität werden üblicherweise »Least Recently Used«(LRU)-Algorithmen eingesetzt. Bei einem 2-Weg-assoziativen Cache kann über ein Bit entschieden werden, welcher der beiden Datensätze relativ zueinander zuletzt verwendet wurde, indem bei diesem Datensatz das LRU-Bit gesetzt und beim anderen gelöscht wird.

Eine Aufzeichnung der Zugriffe bei höherer Assoziativität wird zunehmend speicher-, zeit- und implementierungsaufwendig. Aus diesem Grund wird hier auf die LRU-Exaktheit verzichtet und beispielsweise Tree-based Pseudo LRU, das 1 Bit pro Eintrag benötigt, eingesetzt. Eine weitere Alternative ist das Ersetzen eines zufälligen Eintrags, was den Determinismus des Systems allerdings stört. Die einfacheren Ersetzungsstrategien bewähren sich in der Praxis durch wenig schlechtere Missrates bei deutlich geringerem Ressourcenaufwand.

Konsistenz

Wenn ein System parallel auf den Speicher zugreifende Einheiten wie CPUs, Caches oder DMA-Controller (siehe Abschnitt 7.4.2) beherbergt, können Probleme mit der Datenkonsistenz auftreten. In diesem Fall haben nicht alle Speicherkopien denselben Inhalt.

In Abb. 4–16 ist dieses Problem schematisch dargestellt. Angenommen, ein Block des Hauptspeichers hat den arbiträren Wert AAAA. Cache A lud diesen Datenblock, um die Daten zu bearbeiten, und speicherte somit eine Kopie. Ein im Anschluss ausgeführter Schreib-

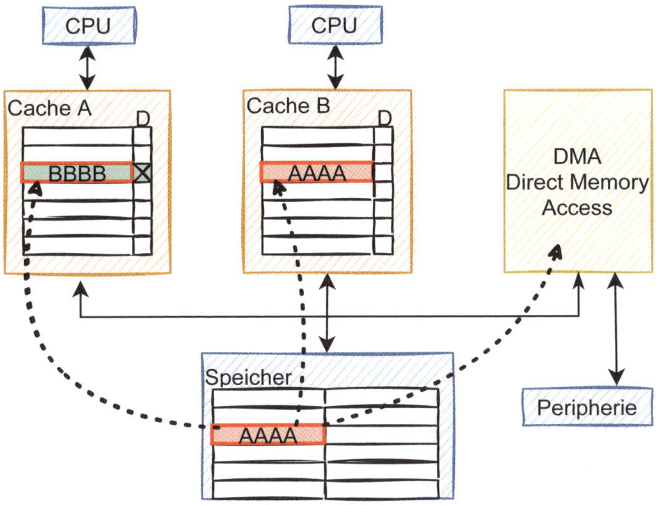

Abb. 4–16 Cache B ist inkonsistent, da ein Datenblock in Cache A geändert wurde. Zugriffe von Cache B und DMA erfolgen inkohärent.

zugriff änderte die Kopie auf den Inhalt BBBB. Um festzuhalten, dass der Block verändert wurde, wird dies in der Cache-Zeile mit einem »Dirty«-Bit markiert. Der Datenblock im Cache ist damit nicht mehr mit dem Original im Speicher konsistent.

Dies stellt kein Problem dar, sofern nicht weitere parallele Kopien existieren oder parallele Zugriffe stattfinden. In der Abbildung führt ein Zugriff des DMA-Controllers nun zu veralteten, im schlimmsten Fall ungültigen Daten. Auch Cache B und die auf diesen zugreifende CPU haben die Aktualisierung aus Cache A nicht.

Um parallele Datenbearbeitung mit solchen inkonsistenten Kopien zu ermöglichen, muss Kohärenz garantiert werden. Kohärenzmechanismen garantieren, dass Zugriffe immer auf die letzte Änderung erfolgen, auch wenn lokal inkonsistente Kopien existieren.

Der Cache des ESP32-C3

Der ESP32-C3 hat für den Zugriff auf den externen Speicher (i.e. Flash) einen 8-Weg-satzassoziativen Cache mit 16 KiB und einer Blockgröße von 32 Byte. Für Zugriffe auf den schnellen RAM wird kein Cache benötigt. Auf die Peripherie wird ebenso ohne Cache zugegriffen. Ein Cache hätte beim Zufallszahlengenerator das Ergebnis, dass immer dieselben lokal im Cache gespeicherten Zufallszahlen zurückgeliefert würden. Als Folge des direkten Zugriffs erfolgt der periphere Datentransfer gegebenenfalls mit Wait States.

Designbedingt gibt es in diesem System kein Cache-Konsistenzproblem, da der Cache generell nur lesende Zugriffe unterstützt. Im Betrieb mit üblicher Speicherkonfiguration, also mit externem Flash-

Speicher, wird nur lesend über den IBUS oder den DBUS zugegriffen. Wenn Anfragen über IBUS und DBUS gleichzeitig gestellt werden, kann der Cache diese allerdings nur sequenziell mit entsprechenden Wait States abarbeiten. Für eine Konfiguration mit externem RAM ist der Cache nicht vorgesehen.

Der Cache ist konfigurierbar und lässt sich abschalten. In diesem Fall stehen 16 KiB mehr RAM, aber eben kein Cache zur Verfügung.

In der Linguistik und Kryptoanalyse sind Histogramme ein wichtiges Indiz für die Sprache bzw. Art der Kodierung.

Um das Verhalten des Cache zu analysieren, kann eine Applikation, wie in Listing 4.4 schematisch wiedergegeben, herangezogen werden. Hier wird ein Histogramm über einen Text, das Nibelungenlied, berechnet. Dieses wird, da `const` deklariert, im Flash abgelegt. Das Array `histogram` hat 256 Einträge, um sämtliche ASCII-Zeichen inklusive den erweiterten 8-Bit-Bereich abzudecken.

Um den Cache an seine Grenzen zu bringen, wird der Text in Sprüngen der Blockgröße von 32 Byte gelesen, in der ersten Runde an Offsets $0 + i \cdot 32$, in der zweiten $1 + i \cdot 32$ usw. (Codezeilen 12–16).

Listing 4.4 *Histogramm über die Buchstaben des Nibelungenlieds*

```
1  #define TESTSIZE              (1 * 1024)
2  #define BLOCKSIZE             32
3  const char gNibelungenlied[]=
4      "Aventivre von den nibelvngen: Vns ist in alten "
5      "maeren wunders vil geseit von heleden lobebaeren "
6      "von grozer arebeit [...]";
7  // [...]
8  uint32_t histogram[256] = { 0 };
9  uint32_t offs = 0;
10 for (uint32_t i = 0; i < TESTSIZE; i += 1) {
11     histogram[(unsigned char)gNibelungenlied[offs]] += 1;
12     offs += BLOCKSIZE;
13     if (offs >= TESTSIZE) {
14         offs -= TESTSIZE;
15         offs += 1;
16     }
17 }
18 // [...]
```

Die Messergebnisse mit Arrays unterschiedlicher `TESTSIZE` sind in der Grafik Abb. 4–17 zusammengefasst. Die ausgeführten Instruktionen steigen mit der `TESTSIZE` weitestgehend linear an. Die Einbrüche an den Größen $n \cdot 4$ lassen sich durch effizienteren Code erklären: Jeder Testlauf wurde separat kompiliert, und die Offsetabfrage wird in diesen Fällen vom Compiler performanter übersetzt.

Wesentlicher ist die Betrachtung der gemessenen Taktzyklen. Der Cache arbeitet bis etwa 15 KiB höchst effizient, um dann bei 16 KiB zu steigen. Ab 17 KiB kann der Cache nicht mehr sinnvoll arbeiten.

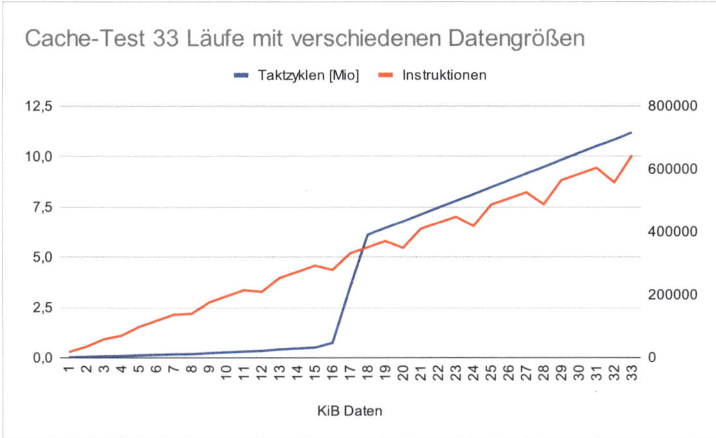

Abb. 4–17 *Messergebnisse der Histogrammapplikation in Listing 4.4*

Wird der Text aber sequenziell durchgearbeitet, tritt das Cache-Problem nicht in dieser Form auf, da dann jeweils 32 Zugriffe auf derselben Page getätigt werden. Noch effizienter ist das Arbeiten auf dem Text im SRAM, da in dem Fall weder nach dem Programmstart auf den langsamen externen Flash zugegriffen noch der Cache verwendet werden muss.

Zusammenfassend arbeitet der Cache für den Flash auf dem ESP32-C3 sehr gut für Instruktionen und Daten. Wenn allerdings auf relativ große Tabellen stark verteilt zugegriffen wird, kann eine Speicherung im SRAM sinnvoll sein. Der SRAM arbeitet ohne Cache und ohne Wait States, ist in seiner Größe gegenüber dem Flash allerdings stark eingeschränkt.

Operationen mit großen Matrizen, wie beispielsweise eine Matrizenmultiplikation, stellen bei der Implementierung für Systeme mit Caches eine Herausforderung dar.

4.2.4 Linker

Die Anordnung von Code und Daten im Speicher übernimmt der Linker anhand von Regeln, die im Linker Script definiert sind. Über dieses Skript wird gesteuert, wie die Segmente bzw. »Sections« den verschiedenen Speicherarten zugeordnet werden.

Wenn eine globale Variable beispielsweise im `.noinit`-Segment untergebracht wird, wird ihr Inhalt beim Reset nicht mit dem Standardwert 0 belegt. Auf diese Weise kann eine Variable über einen Reset hinweg ihren Wert behalten.
Das entsprechende GCC-Statement ist

```
__attribute__((section(".noinit"))) uint32_t gKeepValue;
```

Im ESP-IDF sind die vordefinierten Segmente in der Header-Datei `esp_attr.h` untergebracht. Obiges Statement entspricht

```
__NOINIT_ATTR uint32_t gKeepValue2;
```

Noch nützlicher ist die Deklaration als

```
RTC_NOINIT_ATTR uint32_t gDeepKeepValue;
```

In diesem Fall wird die Variable im RAM der Echtzeituhr (RTC) abgelegt. Dies hat den Vorteil, dass der Inhalt auch in den diversen Stromsparmodi nicht verloren geht. Soll der Inhalt aber über das Entfernen der Energieversorgung hinaus persistent sein, muss er im Flash abgelegt werden.

Um die Platzierungen von Code und Daten überprüfen zu können, legt der Linker eine `<projektname>.map`-Datei im `build`-Verzeichnis an. In dieser Datei ist ersichtlich, dass die Variable `gDeepKeepValue` im `.rtc_noinit`-Bereich abgelegt wurde:

```
 .rtc_noinit    0x50000010    0x4              main.c.obj
                0x50000010    gDeepKeepValue
```

Zur Zuordnung der Segmente zum physischen Speicher sind im Skript `memory.ld` die Speicherregionen namentlich definiert. Der Ausschnitt

```
MEMORY
{
  rtc_iram_seg(RWX) : org = 0x50000000, len = 0x2000 - 0
}
REGION_ALIAS("rtc_data_location", rtc_iram_seg );
```

legt fest, dass der benannte Speicherbereich `rtc_iram_seg` an der physischen Adresse 0x50000000 liegt und 0x2000 B groß ist. Der Speicher darf gelesen(`R`) und beschrieben(`W`) werden. Außerdem darf in diesem Adressbereich auch ausführbarer Code(`X`) platziert werden. Der Speicherbereich kann alternativ über den Namen `rtc_data_location` angesprochen werden.

Das Skript `sections.ld` beinhaltet Regeln zur Zuordnung der Segmente in den benannten physischen Speicher, wie der folgende Ausschnitt mit der Regel für das Segment `rtc_noinit` zeigt.

Zeilen 1 und 8 definieren, dass das Segment `rtc_noinit` im Speicher `rtc_data_location` untergebracht werden soll. Eine spezielle Bedeutung hat der alleinstehende Punkt, der in den Zeilen 3, 4, 6 und 7 Verwendung findet. Er stellt die aktuelle Adresse dar, an der der Linker arbeitet. Startend bei 0 wird er mit jedem platzierten Element um die Größe des Elements hochgezählt. Wird beispielsweise das Element A mit der Größe 128 B zu Beginn platziert, kommt es an der Adresse 0 zu liegen und `.` erhält den Wert 128. Wird Element B mit der Größe 220 B im Anschluss platziert, erhält es die Adresse 128, und der `.` wird auf 348 erhöht.

Mit dem `ALIGN`-Statement wird die Adresse auf die nächste durch den gegebenen Wert teilbare Adresse erhöht. In Zeile 5 werden Segmente wie `.rtc_noinit` und `.rtc_noinit.5` über Wildcards gelinkt.

```
1 .rtc_noinit (NOLOAD):
2 {
3   . = ALIGN(4);
4   _rtc_noinit_start = ABSOLUTE(.);
5   *(.rtc_noinit .rtc_noinit.*)
6   . = ALIGN(4) ;
7   _rtc_noinit_end = ABSOLUTE(.);
8 } > rtc_data_location
```

In den Zeilen 4 und 7 wird auf den `.` lesend zugegriffen. Dadurch stehen dem Linker `rtc_noinit_start` und `rtc_noinit_end` als Symbole zur Verfügung. Es ist möglich, vom C Code aus auf Linkersymbole zuzugreifen, um beispielsweise Daten über die Speicherbelegung zu verwenden. Die beiden Symbole können direkt als Namen für `extern` deklarierte Variable verwendet werden:

```
extern uint32_t _rtc_noinit_start;
extern uint32_t _rtc_noinit_end;
```

Der Zugriff auf die Adresse der Variablen gibt dann deren Platzierung im Speicher zurück. Das Codestück

```
uint32_t* pRTCNoinitStart = &_rtc_noinit_start;
uint32_t* pRTCNoinitEnd = &_rtc_noinit_end;
printf("rtc noinit start 0x%8p, rtc noinit end 0x%8p\n",
    ↪ pRTCNoinitStart, pRTCNoinitEnd);
```

zeigt dieselben Adressen wie das `.map`-File. Die Adresse 0x50000010 liegt im RTC-SRAM, wie dies auch in Abb. 4–6 dargestellt ist. Auf diese Adresse wird über das Peripheriesystem zugegriffen.

4.3 Peripheriemodule

Als Peripherie werden Komponenten bezeichnet, die außerhalb der CPU liegen. Hier sind Komponenten untergebracht, die, hauptsächlich um die CPU zu entlasten, Spezialaufgaben mit den unterschiedlichsten Anforderungen lösen.

Zu den sehr unterschiedlichen Aufgaben gehören die Ein- und Ausgabe von digitalen und analogen Signalen, die Kommunikation über verschiedene Protokolle, das Zählen von Ereignissen und »echter« Zeit, die effiziente Sicherung mit kryptografischen Methoden, das Überwachen des Systems zur frühzeitigen Fehlererkennung und vieles mehr.

Da diese Module über einen standardisierten Bus an die CPU angeschlossen sind, können dieselben Module von den Herstellern in Mikrocontrollern mit verschiedenen Kernen integriert werden. Der ESP32-S3 hat beispielsweise viele Komponenten mit dem ESP32-C3 gemein, auch ein analoges Speichermodell der Peripherie, jedoch zwei Xtensa-LX7-CPUs. Oft kaufen die Hersteller die Module auch von Drittanbietern zu und integrieren diese in ihrem Silizium.

In diesem Abschnitt wird der allgemeine Zugriff auf ein Peripheriemodul anhand des Zufallszahlengenerators betrachtet. Teil II des Buchs beschreibt die Einsatzmöglichkeiten und die Programmierung einer Vielzahl an Modulen, wie sie auch im ESP32-C3 implementiert sind.

4.3.1 Peripheriezugriff

Wie in den Abschnitten 4.1.2 und 4.1.3 besprochen, erfolgt der Zugriff auf die Peripherie über das Bussystem. Das Peripheriemodul hat einen über die Memory Map zugewiesenen Speicherbereich. Busadressen in diesem Bereich werden vom Adressdekoder angenommen und in lokale Offsets übersetzt. Auf diese Weise wird auf spezielle Speicherzellen, die ebenso wie der innere CPU-Speicher »Register« heißen, für den Datenaustausch zugegriffen.

Üblicherweise haben Module mehrere Register zum Setzen und Lesen von Zuständen sowie zur Datenübertragung. Der im Vergleich mit anderen Modulen einfach anzusprechende Zufallszahlengenerator (RNG, Random Number Generator) ist in Abb. 4–18 dargestellt.

Abb. 4–18
Schema des Zufallszahlengenerators mit Adressierung

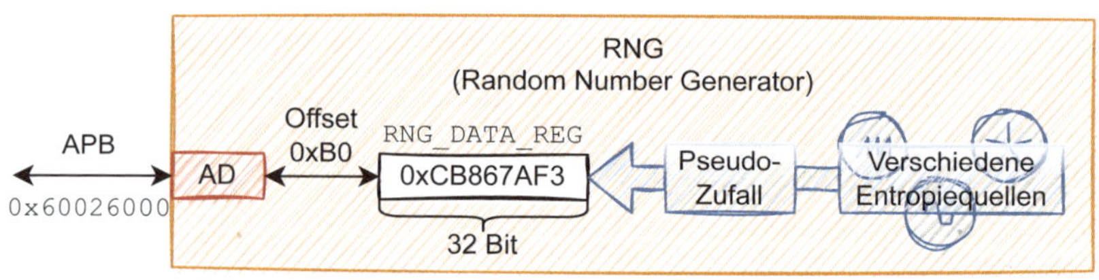

Das thermische Rauschen und die Laufungenauigkeit eines Taktgenerators werden gemessen und als Entropiequelle für einen Pseudo-Zufallszahlengenerator verwendet. Auf diese Weise werden fortwährend nicht deterministische Zufallszahlen im Register RNG_DATA_REG abgelegt.

Lesezugriff

Die Adresse ist im Reference Manual angeführt [26, Kapitel 24].

Die CPU kann eine 32-Bit-Zufallszahl aus diesem Register auslesen. Die Basisadresse des RNG-Moduls ist 0x60026000, der Offset des Registers RNG_DATA_REG ist 0xB0. Dass das Bussystem mit den Adressen der Peripherieregister im Adressraum des Hauptspeichers untergebracht ist und der Zugriff über diese Adressen erfolgt, wird »Memory-Mapped I/O« genannt.

Im Gegensatz dazu wird bei »Port-Mapped I/O« für die Peripheriegeräte ein eigener kleiner Speicherbereich definiert, auf den mit spezialisierten Instruktionen, beispielsweise in und out, zugegriffen wird. Dies hat hauptsächlich den Vorteil, dass kein Hauptspeicherbereich wegfällt.

Der große Vorteil von Memory-Mapped I/O ist hingegen der einfache Zugriff aus einer Hochsprache wie C oder C++, ohne dafür Assembler oder intrinsische Funktionen (siehe Abschnitt 3.3.1) verwenden zu müssen. Über Pointer kann man die Register typsicher ansprechen, wie in Listing 4.5 durchgeführt.

Listing 4.5
Zugriff auf den Zufallszahlengenerator per Pointer

```
1  #define RNG_BASE 0x60026000
2  #define RNG_DATA_REG_OFFS 0xB0
3
4  volatile uint32_t* pRngDataReg =
5      ↪ (volatile uint32_t*)
6      ↪ (RNG_BASE | RNG_DATA_REG_OFFS);
7
8  inline uint32_t nextRand() {
9      return *pRngDataReg;
10 }
```

In Zeile 1 wird die Basisadresse des RNG-Moduls, in Zeile 2 der Offset des Registers RNG_DATA_REG definiert. In Zeile 4 wird ein Pointer auf die Adresse (RNG_BASE | RNG_DATA_REG_OFFS) als uint32_t-Pointer angelegt, da es sich um ein 32-Bit-Register handelt. Der explizite Typecast auf den Pointertyp ist notwendig, da die Zuweisung der Adresse auf pRngDataReg von Integer auf Integer-Pointer nicht zuweisungskompatibel ist.
Der Qualifizierer volatile ist an dieser Stelle notwendig, um dem Compiler mitzuteilen, dass es sich um eine Variable handelt, deren Wert sich ohne einen dem Compiler bekannten Zugriff ändern kann. Dies ist möglich, wenn parallele Ausführungen wie andere Tasks (siehe Abschnitt 9.4.2) oder Interrupt-Service-Routinen (siehe Abschnitt

6.1), aber auch, wie im aktuellen Fall, die Hardware die Variable ändern. Ohne `volatile` würde der optimierende Compiler den zweiten Zugriff der Folge

```
uint32_t rnd1 = *pRngDataReg;
uint32_t rnd2 = *pRngDataReg;
```

nicht zwingend durchführen müssen. Es genügt, ihn nur einmal durchzuführen, da der Wert nach dem ersten Auslesen vermeintlich bekannt ist. Die Optimierung des Compilers endet darin, dass nur ein Zugriff durchgeführt wird und damit `rnd1` denselben Wert wie `rnd2` erhält.
In den Zeilen 8–10 ist der Zugriff als `inline`-Funktion implementiert. Dem Compiler wird also vorgeschlagen, den Inhalt der Funktion an die Stelle des Aufrufs zu kopieren. Der Zugriff selbst ist eine simple Dereferenzierung des Pointers, die in einem Load-Befehl resultiert.

4.3.2 Durchführung des Zufallszahlentests

Wie am Eingang des Kapitels in Abschnitt 4.1.1 erwähnt, soll der Zufallszahlengenerator mittels χ^2-Test auf Gleichverteilung funktional geprüft werden. Hierfür wird die Funktion `testRNG()` verwendet, mit der Erweiterung um den Zugriff auf den Zufallszahlengenerator in Listing 4.6. Wie in C üblich liefert die Funktion als Rückgabe einen Status. Dieser ist über den Enumerationstyp `Status_t` definiert. Da das Histogramm eine beliebige Größe erreichen kann, wird der Speicher dynamisch angelegt.

Listing 4.6
Funktion zum Testen des Zufallszahlengenerators, Erweiterung von Listing 4.3

```
1  Status_t testRNG(uint32_t observations, uint32_t m) {
2      uint32_t* n = calloc(m, sizeof(uint32_t));
3      if (n == NULL) {
4          return Status_OutOfMemory;
5      }
6      for (int i = 0; i < observations; i += 1) {
7          n[nextRand() % m] += 1;
8      }
9      Status_t status =
10      ↪ equalDistChi2(n, m, (observations / m),
11      ↪ chiSquared(m - 1, ChiSquaredAlpha_10_percent));
12     free(n);
13     n = NULL;
14     return status;
15 }
```

In der Schleife Zeile 6–8 werden `observations` Zufallszahlen vom RNG-Modul abgeholt und per Modulo-Operation dem Histogramm zugeteilt. Anschließend wird der χ^2-Test durchgeführt, das dynamische Array gelöscht und der Status an den Aufrufer zurückgegeben. Die Ausführungen mit `observations` = 100 und 10.000.000 zeigen, dass die Verteilung der Gleichverteilung entspricht. Die grafische Auswertung beider Läufe ist in Abb. 4–19 dargestellt.

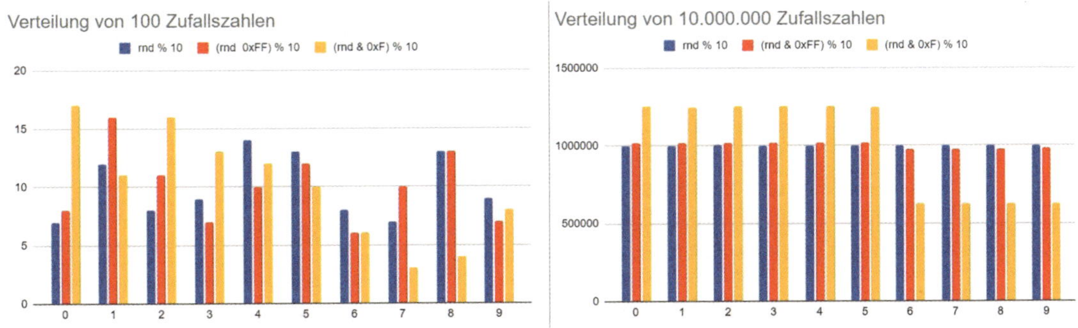

Abb. 4–19
Verteilung von 100 (links) und 10.000.000 Zufallszahlen (rechts) mit unterschiedlicher Histogrammbildung

Richtet man das Augenmerk auf die blauen Säulen, lässt sich erahnen, dass aber eine Schiefe vorliegt: Die Werte für die Intervalle 0 bis 5 liegen leicht über 1.000.000, die für 6 bis 9 leicht darunter. Die roten Säulen zeigen, dass das Problem stärker wird, wenn nur ein Byte der Zufallszahl verwendet wird, also in Codezeile 7 `(nextRand() & 0xFF) % m`. In diesem Fall ist die Schiefe so stark, dass der χ^2-Test für die rechte Verteilung fehlschlägt. Wird statt eines Bytes nur ein Nibble der Zufallszahl und damit (gelbe Balken) `(nextRand() & 0x0F) % m` herangezogen, schlägt der χ^2-Test für beide Verteilungen fehl.

Dies bedeutet aber nicht, dass der Zufallszahlengenerator unbrauchbare Zahlen liefert. Jedoch ist die Restklasseneinteilung ungültig, da die Zahlen den Histogrammsäulen nicht ohne Rest zuordenbar sind. Im extremen dritten Fall werden die Zahlen 0 bis 15 in die Klassen 0 bis 10 eingeteilt. Damit werden die Paare $(0, 10)$ der Klasse 0, $(1, 11)$ der Klasse 1 usw. zugeordnet. Die Klasse 6 erhält aber nur 7, Klasse 7 die 7, ...

In der Praxis führt dieser Fehler zu leichter erratbaren Zufallszahlen, was ein kryptografisches System erheblich schwächt. Es ist ersichtlich, dass für die Implementierung kryptografischer Algorithmen eigenes Expertenwissen notwendig ist.

Auch die reine Anwendung der Algorithmen sollte nicht ohne Bedacht durchgeführt werden. Das diesbezügliche englische Standardwerk »Applied Cryptography« [55] von Bruce Schneier und das deutsche Werk »Kryptografie« [54] sind gute Referenzen für detaillierte Informationen.

Zufall generieren

Zufall bedeutet im Allgemeinen, dass für ein Ereignis keine kausale Erklärung gefunden werden kann. In der informationstechnischen Anwendung ist aber wichtig, dass eine zufällige Zahl nicht vorausgesagt werden kann, sie also von anderen generierten Zahlen unabhängig ist. Weiters sollen die Zahlen einer definierten Verteilung entsprechen.

In der Praxis werden oft Pseudozufallszahlen verwendet. Aus einer »Seed«, einer initialen Zahl, werden fortwährend Zufallszahlen generiert. Diese deterministische Zahlenfolge kann mit gleicher Seed wiederholt werden. In PCs wird als Seed oft die aktuelle Zeit, die nicht zufällig ist, verwendet. Viele Algorithmen in der Kryptografie hängen aber von sicheren, nicht erratbaren Zufallszahlen ab. Ein Angreifer kann sonst versuchen, einen Schlüssel durch mehrfaches Ausprobieren der Möglichkeiten eines Zeitintervalls herauszufinden.

Einen Ausweg in sicheren Systemen liefern nichtdeterministische Zufallszahlengeneratoren. Diese leiten die »Entropie« aus physikalischen Effekten wie thermischem oder atmosphärischem Rauschen, radioaktivem Zerfall, schwankender Diodenspannung, ungenauen (mitunter im Produktionsprozess absichtlich verunreinigten) Taktgebern und Ähnlichem mehr ab.

Um die Güte eines Zufallszahlengenerators zu prüfen, reicht der χ^2-Test nicht aus. Hierfür werden spezielle Applikationen wie die Dieharder random number test suite (https://webhome.phy.duke.edu/~rgb/General/dieharder.php) eingesetzt.

Im laufenden Betrieb eines sicheren Systems sollte aber immer wieder geprüft werden, ob die Hardware noch vernünftige Zufallszahlen liefert oder defekt ist oder manipuliert wurde. Hierfür kommt in der Praxis der χ^2-Test zum Zug.

4.3.3 Informationen der Hersteller

Die Hersteller von Mikrocontrollern stellen eine Fülle an Materialien zur Verfügung. Die Dokumente umfassen oft mehrere tausend Seiten. Verschiedene Versionen umfangreicher APIs werden durch Application Notes und Demos ergänzt.

In der folgenden Auflistung werden die Arten der Informationsquellen beschrieben, sodass sie sinnvoll für den jeweiligen Zweck genutzt werden können.

Data Sheet Das Datenblatt listet die wesentlichen Merkmale eines konkreten Mikrocontrollers auf. Dazu zählen Speichergrößen, Gehäusetypen, Belegungen der Anschlüsse, implementierte Peripheriemodule. Außerdem werden die physikalischen und technischen Details wie minimale und maximale Versorgungsspannung, Fähigkeiten der Treiber für die Anschlüsse, mögliche Taktraten, der mögliche Temperaturbereich, maximale Kommunikationsgeschwindigkeit usw. angeführt. Damit ist dieses Dokument wichtig bei der Auswahl des Bausteins und hauptsächlich für das Schaltungsdesign notwendig.

Reference Manual Dieses, auch »Family Guide« genannte Dokument ist die wichtigste Quelle für die embedded Entwicklung. Hier sind die Funktionalitäten beschrieben, die für eine ganze Familie von Mikrocontrollern gleich sind. Dies sind Informationen zur CPU, dem Speicherlayout, den Debug-Möglichkeiten sowie zur Funktionsweise und zu den bereitgestellten Registern der Peripherie. Das Reference Manual ist aufgrund seines Detaillierungsgrades sehr umfangreich. Es dient als Nachschlagewerk bei der Inbetriebnahme eines Peripheriemoduls.

Errata Im Laufe des Lebenszyklus einer Mikrocontrollerversion werden Implementierungsfehler und Abweichungen von Data Sheet und Reference Manual entdeckt. Diese werden in den Errata dokumentiert und, wenn möglich, wird zu jedem Problem ein Workaround beschrieben. Dieses Dokument ist eine wesentliche Informationsquelle bei Entwicklung, Test und Vertrieb von Embedded Systemen. Es sollte daher immer detailliert durchgearbeitet werden.

Application Notes Um eine Hilfestellung bei der Entwicklung zu leisten, stellen die Hersteller Ausarbeitungen von Miniprojekten zur Verfügung. Diese zeigen beispielsweise die Verwendung der Schnittstellenmodule zur Kommunikation, zur Audioverarbeitung, zum Auslesen von Sensoren und weitere. Die Verwendung der Application Notes sollte mit Bedacht geschehen, da die Qualität hier manchmal nicht auf produktionsbereitem Niveau liegt.

Development Boards und Demos Zur leichteren Einarbeitung in ein Mikrocontrollersystem bieten die Hersteller verschiedene Development Boards mit zugehöriger Demosoftware an. Im Gegensatz zu den Application Notes handelt es sich bei den Demos im Allgemeinen um größere Projekte, die mehrere Komponenten verwenden. Das in diesem Buch verwendete Board ist in Abschnitt 2.2.1 beschrieben.

Ein Application Programming Interface (API) ist eine Sammlung von Routinen, Datentypen und Protokollen zum Erstellen einer Software.

Software Frameworks und APIs Damit die Ansteuerungssoftware für die Peripherie nicht selbst entwickelt werden muss, bieten die Hersteller fertige Software zum Download an. Diese »Software Frameworks«, die meist auch die Integration in ein embedded Betriebssystem beinhalten, und die Peripheral APIs sind aber oft bewusst proprietär gehalten. Aufgrund dieser Herstellerabhängigkeit eignen sie sich wenig zur Entwicklung portabler Software. In diesem Buch wird die Hersteller-API zum ESP32-C3 in Abschnitt 5.4.9 eingeführt und von da an für die Beispiele verwendet.

Material zur CPU Zur eingesetzten CPU gibt es separates Material, das direkt vom CPU-Hersteller bezogen werden kann. Im Normalfall wird dies aber nicht benötigt, da die CPU durch die Hochsprache und den Compiler abstrahiert wird.

Compiler-Handbuch Dieses Dokument enthält Informationen zur Arbeitsweise des C/C++-Compilers, des Assemblers und des Linkers. Neben der Auflistung der Parameter für diese Werkzeuge finden auch Klarstellungen der C-Implementierung Platz. Die Breite von `enum`-Typen, `char`- und `int`-Variablen, die Byte Order, die Platzierung in Strukturen und Bitfeldern, die Parameterübergabe an Funktionen und vieles mehr sind bei der Implementierung von Embedded Systemen von Interesse.

Anhang A.1 fasst das von Espressif speziell zum ESP32-C3 zur Verfügung gestellte Material zusammen.

4.3.4 Speicherlayout der Peripherie

In der Memory Map des ESP32-C3 (siehe Abschnitt 4.1.3) ist der Adressbereich 0x6000000–0x600D0FFF für den Memory-Mapped-I/O-Zugriff auf die Peripherie vorgesehen. In diesen 836 KiB sind die Module, wie in Abb. 4–20 ersichtlich, mit Registern untergebracht.

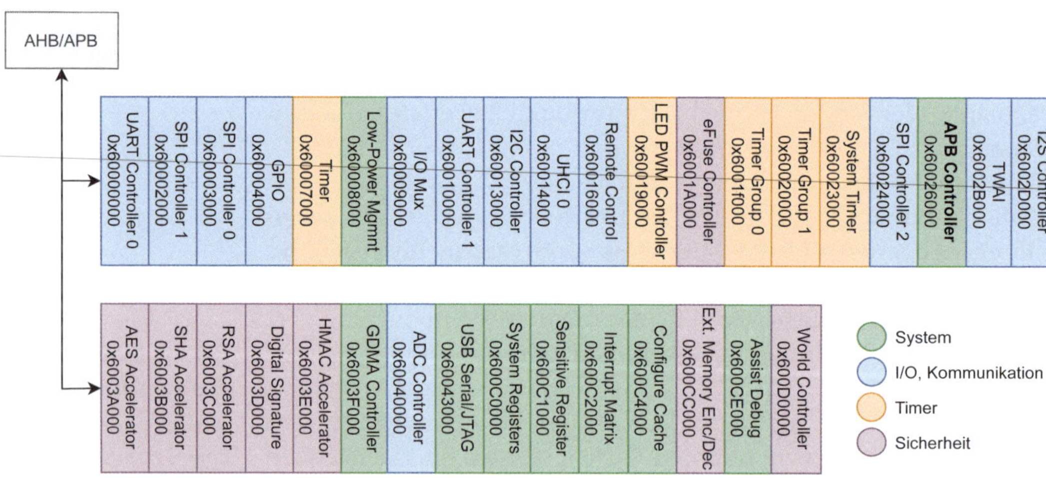

Abb. 4–20
Speicherlayout der Peripherie

Den Modulen sind jeweils 4 KiB Adressraum zugeordnet (mit Ausnahme der 32 KiB umfassenden Cache-Konfiguration), was den

Adressdecoder vereinfacht: Der Register-Offset entspricht den unteren 12 Bit der Adresse.

In der Abbildung wurden die Module nach ihrem Einsatzzweck eingefärbt. Die Systemmodule (grün) dienen der Konfiguration des Systems und interner Module. Blau eingefärbt sind Module für digitale und analoge Ein-/Ausgabe und für Kommunikation über I2C, SPI usw. Die orangen Timer-Module dienen der Messung und Generierung zeit- oder ereignisabhängiger Signale. Die Sicherheitsmodule (lila) schließlich implementieren kryptografische Algorithmen oder sicherheitsrelevante Mechanismen.

Der APB-Controller ist herausgehoben, da in diesem Modul auch das Register `RNG_DATA_REG` des Zufallszahlengenerators untergebracht ist, was in der vorliegenden Version des Reference Manual [26, 23] leider nicht ersichtlich ist.

4.3.5 Bits als Schalter

Im Reference Manual des ESP32-C3, Kapitel 23, ist erwähnt, dass der Zufallszahlengenerator mit Entropie aus verschiedenen Quellen versorgt werden kann und zumindest aus einer versorgt werden sollte. Es wird vorgeschlagen, den asynchronen Takt `RTC20M_CLK` einzuschalten, um dessen Metastabilität als Zufallsquelle zu nutzen. Um solches Schalten zu ermöglichen, werden die Inhalte der Register nicht zwingend als ganze Wörter interpretiert. Es ist auch oft der Fall, dass einzelne Bits als Schalter verwendet oder kleine Bitgruppen inhaltlich zusammengefasst werden.

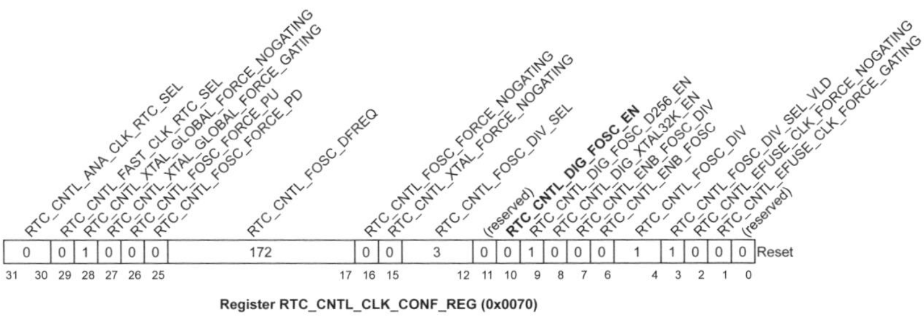

Abb. 4–21
Ein Register mit Schaltern und Bitgruppen, wie es im Reference Manual dargestellt wird [26, Abb. 9.25]

In Abb. 4–21 ist ein Register abgebildet, wie es im Reference Manual dargestellt wird. Die Bits 0–31 sind von rechts nach links angeordnet und einzeln oder in Gruppen benannt. Die Werte, mit denen die Gruppen bei einem System-Reset initialisiert werden, sind in der »Reset«-Zeile angegeben. Die Bedeutung der Gruppen ist im Datenblatt nachfolgend kurz erklärt. Im selben Kapitel vorangehend ist eine detaillierte Beschreibung der Funktionsweise und Verwendung der Register und Registergruppen.

Konkret ist im Beispiel das Register `RTC_CNTL_CLK_CONF_REG` für Einstellungen der Echtzeituhr (RTC, Real-Time Clock) dargestellt [26, Abb. 9.25]. Der Schalter `RTC_CNTL_DIG_FOSC_EN` dient hierbei zum Ein-/Ausschalten des Taktes `RTC20M_CLK`.

Das herausgehobene Bit 10 muss gesetzt werden, um den Takt einzuschalten. Ein Schreiben des Bits über die Anweisung Zeile 9 in Listing 4.7 schaltet zwar den Takt ein, löscht aber alle anderen Werte auf 0, mit entsprechend schaltendem Effekt.

Listing 4.7 *Schreiben eines Registers, analog zu Listing 4.5*

```
1  #define LOWPOWER_MGR_BASE 0x60008000
2  #define RTC_CNTL_CLK_CONF_REG 0x70
3
4  volatile uint32_t* pRtcCntlClkConfReg =
5      ↪ (volatile uint32_t*)
6      ↪ (LOWPOWER_MGR_BASE | RTC_CNTL_CLK_CONF_REG);
7
8  inline void switchOnRtc20MClk() {
9    *pRtcCntlClkConfReg = 0x00000400; // set Bit 10
10 }
```

Dieses Problem tritt durch den wortweisen Zugriff auf: Es muss immer ein ganzes Wort gelesen oder geschrieben werden. Der Zugriff auf einzelne Bits ist nicht ohne Weiteres möglich.

Als Lösung bieten manche Controller, beispielsweise ARM Cortex M3/M4 mit »Bit-Banding«, einen bitweisen Zugriff auf spezielle Bereiche des Peripheriespeichers an. Hierbei wird ein Bereich des Speichers zusätzlich bitweise auf den wortweisen Speicher abgebildet, sodass jedes Bit ein eigenes Adresswort erhält. Für ein 32-Bit-Wort werden also 32 Wörter im Adressbereich benötigt. Dieses Verfahren hat sich in der Breite nicht durchgesetzt und ist auch in RISC-V nicht implementiert.

4.4 Bitmaskierung

In der breiten Praxis wird »Bitmaskierung« zur Manipulation von einzelnen Bits und Bitgruppen eingesetzt. Beim Zugriff wird ein Wort aus einem Peripherieregister in ein CPU-Register gelesen, die notwendige Änderung an den Bits vorgenommen und das geänderte Wort final an das Peripherieregister zurück übertragen.

Die Grundlage dafür stellen die logischen Operatoren bereit, die im Folgenden besprochen werden.

4.4.1 Klassische Aussagenlogik

> *»Wenn alle Stricke reißen – häng' ich mich auf.«*
>
> JOHANN NEPOMUK NESTROY

Die klassische Aussagenlogik beschäftigt sich mit der Verknüpfung von Aussagen, denen ein Wahrheitswert ($wahr/true$ oder $falsch/false$) zugeordnet wird, was wiederum in einem Wahrheitswert resultiert.

Beispiele für elementare, also nicht weiter zerlegbare Aussagen sind:

- A_1: Ein KiB sind 1024 Byte $\Rightarrow true$
- A_2: 5 ist durch 2 teilbar $\Rightarrow false$

Aussagen, die im Kontext nicht zu $wahr$ oder $falsch$ ausgewertet werden können, sind ungültig. »Das Wasser ist angenehm warm« ist ohne weitere Definition eine solche Aussage.

Eine Verneinung (Negation) dreht den Wahrheitswert einer Aussage über das Wort »nicht« in ihr Gegenteil um: Ein KiB sind $nicht$ 1024 Byte $\Rightarrow false$. Man verwendet auch die Schreibweisen $NOT A_1$, $\neg A_1$ oder $\overline{A_1}$.

Die für dieses Buch wesentlichen »Junktoren« sind die Verknüpfungen AND, OR und XOR. Es sind jeweils verschiedene Symbole für diese Junktoren in Gebrauch, von denen hier die üblichen $\wedge$, $\vee$ und $\oplus$ Einsatz finden.

Tab. 4–4 *Wahrheitstabelle für AND ($\wedge$), OR ($\vee$) und XOR ($\oplus$)*

A	B	$A \wedge B$	$A \vee B$	$A \oplus B$
$false$	$false$	$false$	$false$	$false$
$false$	$true$	$false$	$true$	$true$
$true$	$false$	$false$	$true$	$true$
$true$	$true$	$true$	$true$	$false$

Die Wahrheitstabelle 4–4 definiert diese Verknüpfungen. Sie ist dabei beispielsweise so zu lesen: Sind beide Aussagen A und B $true$, so ist auch die AND-verknüpfte Gesamtaussage $A \wedge B$ $true$.

Ist aber (mindestens) eine der beiden Aussagen $false$, so ist auch die verknüpfte Aussage $false$:

$$\underbrace{Ein\ KiB\ sind\ 1024\ Byte}_{true} \wedge \underbrace{Ein\ MiB\ sind\ 1024^2\ Byte}_{true} \Rightarrow true$$

$$\underbrace{Ich\ habe\ Kleingeld\ dabei}_{true} \wedge \underbrace{Ich\ habe\ nur\ Scheine\ dabei}_{false} \Rightarrow false$$

Im Grunde ist dieses Wissen bei grundlegender Programmiererfahrung aus der Formulierung von Bedingungen bekannt und wird daher nur oberflächlich betrachtet. Die Wahrheitswerte werden von den Aussagen losgelöst in booleschen Variablen gespeichert und weiterverarbeitet. In der Programmiersprache C gibt es keinen eigenen Datentyp für Wahrheitswerte, wie beispielsweise `boolean` in Java. Stattdessen wird für die Speicherung der Basistyp `int` verwendet. $false$ ist mit dem Wert 0 belegt und jeder andere Wert (positiv und negativ) kodiert $true$. Damit zwei beliebige wahre Werte miteinander verglichen werden können, wurde in C99 der Datentyp `_Bool` eingeführt, der aber weiterhin eine Integerzahl ist. Mit dem Include `stdbool.h` können die Definitionen `bool` (auf `_Bool`), `true` (auf 1) und `false` (auf 0) portabel verwendet werden. In C++ sind `bool`, `true` und `false` typisiert und Teil der Sprache.

Als logische Operatoren stehen `!` (NOT), `&&` (AND) und `||` (OR) zur Verfügung. Bei der Verarbeitung logischer Ausdrücke wendet der Compiler die Kurzschlussauswertung an:
Der Ausdruck `if (x && isEven(x))` führt den Funktionsaufruf nur aus, wenn `x` wahr ist, also einen Wert $\neq 0$ hat. Ist aber `x` $= 0$, kann der Ausdruck nicht mehr wahr werden, weshalb auch die Funktion `isEven()` nicht aufgerufen wird. Die Kurzschlussauswertung spart zwar Rechenzeit, macht das Programmieren von Seiteneffekten, also der Änderung globaler Variablen in Funktionen, aber noch gefährlicher.

4.4.2 Bitweise Operatoren in C

Das Zweierkomplement wird zur Darstellung negativer Integerzahlen benutzt. Mit ihm sind Subtraktionen durch Additionen rechenbar [68].

Die Programmiersprache C unterstützt neben den logischen auch bitweise Operatoren für Integer-Datentypen. Die Operanden werden bei diesen Operationen nicht als $true$ und $false$ interpretiert, sondern jedes Bit separat. Bei einer Verknüpfung der beiden Variablen `a` und `b` wird Bit $\mathtt{a}_0$ mit Bit $\mathtt{b}_0$, Bit $\mathtt{a}_1$ mit Bit $\mathtt{b}_1$, allgemein Bit $\mathtt{a}_\mathtt{i}$ mit Bit $\mathtt{b}_\mathtt{i}$ verknüpft. Tabelle 4–5 stellt die in C verfügbaren Verknüpfungsoperatoren AND(`&`), OR(`|`), XOR(`^`) und NOT bzw. Komplement(`~`) anhand eines Beispiels mit arbiträren 8-Bit-Zahlen dar.

Zusätzlich sind die Shift-Operatoren << und >> definiert. `x << n` schiebt den Inhalt von `x` um `n` Stellen nach links, 0-Bits nachschiebend. Diese Shift-Operation entspricht damit mathematisch für positive und negative Zahlen in Zweierkomplementdarstellung einer Multiplikation mit 2^n. Ein Nach-Links-Schieben der 16-Bit-Zahl 589_{dez} (0x024D) um 5 ist beispielsweise

$0000001001001101_{bin} \Rightarrow 0100100110100000_{bin}$

und ergibt 188480_{dez} (0x49A0). Bits, die links aus dem Stellenbereich der Variable geschoben werden, gehen verloren. Solche Overflows werden in C generell nicht erkannt oder behandelt.

Statement	Bitmuster							
	b_7	a_6	a_5	a_4	a_3	a_2	a_1	a_0
uint8_t a = 0xCA	1	1	0	0	1	0	1	0
uint8_t b = 0x43	0	1	0	0	0	0	1	1
a & b	0	1	0	0	0	0	1	0
a | b	1	1	0	0	1	0	1	1
a^b	1	0	0	0	1	0	0	1
~a	0	0	1	1	0	1	0	1

Tab. 4–5 *Beispiel der Verknüpfung von 8-Bit-Zahlen für bitweises AND(&), OR(|), XOR(^) und NOT(~)*

Analog entspricht ein Schieben nach rechts `x >> n` einer Division durch 2^n. Das Verhalten für negative Zahlen ist aber compilerabhängig. Üblicherweise wird bei einer vorzeichenbehafteten Zahl ein arithmetisches Shift implementiert. Dabei wird das höchstwertige Bit nachgeshiftet. Bei vorzeichenlosen Datentypen wird ein logisches Shift durchgeführt, also der Wert 0 links eingeschoben.

Handelt es sich bei der Zahl 0x8324 beispielsweise um die vorzeichenbehaftete Zahl -31964_{dez}, die um 5 Bit nach rechts geschoben wird, also

$1000001100100100_{bin} \Rightarrow 1111110000011001_{bin}$

resultiert dies in der Zahl -999_{dez} (0xFC19). Da es sich um eine Ganzzahldivision handelt, wird hinter dem Komma nicht gerundet, sondern abgeschnitten. Wird dieselbe Zahl 0x8324 vorzeichenlos gespeichert, ist der Wert 33572_{dez}, und das Schieben

$1000001100100100_{bin} \Rightarrow 0000010000011001_{bin}$

resultiert in 1049_{dez} (0x0419) und damit wieder in einer korrekten Division.

4.4.3 Bitmaskierung

Bei der näheren Betrachtung der Tabelle 4–5 fällt auf, dass bei der AND-Operation diejenigen Bits im Ergebnis gesetzt sind, die auch in beiden Operanden gesetzt waren. Alle anderen Bits sind gelöscht.

Außerdem ist ersichtlich, dass im Falle der OR-Operation diejenigen Bits gesetzt sind, die in einem der beiden Operanden gesetzt sind. Nur Bits, die in beiden Operanden 0 sind, sind auch im Ergebnis gelöscht.

Bits setzen per OR Bei der Bitmaskierung werden diese Operationen auf eine Maske und die Zieldaten angewendet. Da das 10. Bit im `RtcCntlClkConf Register` gesetzt werden soll, um den besprochenen Takt einzuschalten, ohne die anderen Bits zu verändern, wird die Maske

$0000010000000000_{bin} = 0x0400$

mit dem Ziel ODER-verknüpft:

```
*pRtcCntlClkConfReg |= 0x00000400 // set Bit 10
```

Der Leserlichkeit halber sollte die Maske nicht direkt als Zahl angegeben oder definiert werden, sondern über den Shift-Operator erzeugt werden:

```
#define RTC_CNTL_DIG_FOSC_EN_BIT  10
#define RTC_CNTL_DIG_FOSC_EN
    ↪       (0x1 << RTC_CNTL_DIG_FOSC_EN_BIT)
```

Auf diese Weise ist der Code zum einen leserlicher und zum anderen besser wartbar, da es genügt, die Bitdefinitionen anzupassen, anstatt die Zahlen des gesamten Codes durchzusehen und gegebenenfalls zu ändern. Das Modul `esp_bit_defs.h` definiert das Makro `BIT(nr)`, das den Shift implementiert, sowie `BIT0` (0x00000001), `BIT1` (0x00000002), ... zur einfachen Verwendung.

Gerade für Neulinge ist der Registerzugriff über Pointer ungewohnt, weshalb die Möglichkeit, die Dereferenzierung in der Registerdefinition unterzubringen, in der Praxis oft anzutreffen ist:

```
#define rtcCntlClkConfReg
    ↪ *((volatile uint32_t*)
    ↪ (LOWPOWER_MGR_BASE | RTC_CNTL_CLK_CONF_REG))
```

Mit dieser Definition wird keine globale Variable für den Registerzugriff angelegt, was in diesem Fall auch unnötig ist. Die Variable ist dann vorteilhaft, wenn die Zieladresse des Zugriffs dynamisch geändert werden soll. In Abschnitt 5.4.8 wird gezeigt, wie I/O-Module

über Strukturpointer angesprochen und an Funktionen übergeben werden können. Dann zeigt sich auch die Mächtigkeit von Memory-Mapped I/O.
Mit obigen Definitionen schaltet das folgende Statement den Takt zur Generierung der Entropie für den Zufallszahlengenerator ein.

```
rtcCntlClkConfReg |= RTC_CNTL_DIG_FOSC_EN
```

Bits löschen per AND Analog zum Setzen der Bits können auch Bits gelöscht werden. Da die Bits gelöscht werden, die in der Maske 0 sind, muss die Maske bitweise invertiert werden.
Die Zeile

```
rtcCntlClkConfReg &= ~RTC_CNTL_DIG_FOSC_EN
```

löscht das Bit wiederum, ohne die anderen Bits zu beeinflussen. Der Takt wird somit wieder abgeschaltet.

Bits umschalten per XOR Seltener kommt der XOR-Operator zum Einsatz. Seine Anwendung schaltet die in der Maske gesetzten Bits um. Man spricht hier neudeutsch von »toggeln«, aus 0 wird 1, aus 1 wird 0. Verwendung findet dieses Toggeln beispielsweise bei der Implementierung des Blinkens einer LED.

Read-Modify-Write

Aufgrund der modernen Load-Store-Architektur erfolgt der ändernde Registerzugriff in drei Schritten, die in Abb. 4–22 dargestellt sind. In *1. Read* wird das Peripherieregister mit einem Load-Befehl über das Bussystem in ein Prozessorregister geladen. Im Schritt *2. Modify* wird das Register lokal in der CPU verändert. Schließlich wird in *3. Write* das geänderte Prozessorregister per Store-Befehl auf das Peripherieregister übertragen.

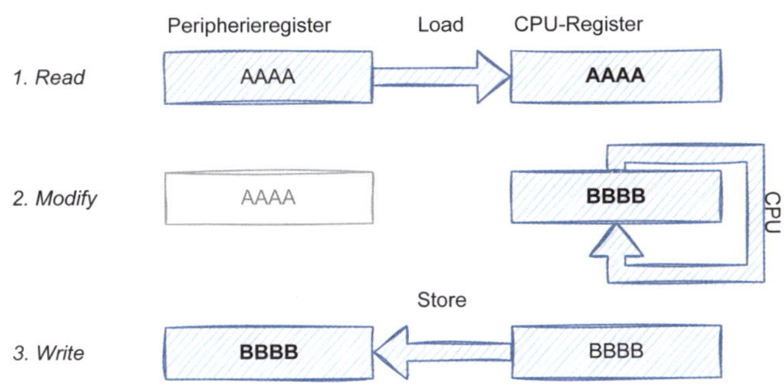

Abb. 4–22 *Das Ändern erfolgt in den drei Schritten Read, Modify, Write.*

Im Normalfall stellt dies kein Problem dar. Wenn es allerdings auf niedrigste Latenz beim Schalten ankommt, kann die Verzögerung problematisch sein. Ebenso kann es problematisch sein, wenn sich der Status eines Registers in der Zeit zwischen Auslesen und Schreiben extern ändert. Die externe Änderung würde durch die Inkonsistenz verloren gehen.

Für diese Fälle stellen manche Peripheriemodule, wie GPIO (General Purpose Input/Output, siehe Abschnitt 5.4.6), spezielle Register zur Verfügung, die die Maskierung selbst übernehmen. In einem Einschaltregister beispielsweise wird beim Setzen eine OR-Verknüpfung durchgeführt. Damit werden dann alle Ausgänge mit gesetzten Bits eingeschaltet, während die anderen unverändert bleiben. Somit ist bei dieser Registerart nur ein Schreiben notwendig.

Atomare Prozessorinstruktionen

In ISAs werden eigene RMV-Befehle definiert, die Read-Modify-Write-Zyklen atomar, also ohne Unterbrechung, durchführen können. Diese Befehle werden in der Systemprogrammierung zur Inter-Prozess-Kommunikation beispielsweise in Semaphoren eingesetzt.

Für die RISC-V ISA existiert die Erweiterung »A« (Atomic Instructions), die atomare Befehle für Swap-, Add-, And-, Or-, Max- und Min-Berechnungen bereitstellt. Diese Erweiterung ist im ESP32-C3 nicht implementiert.

Ändern mehrerer Bits Wenn mehrere Bits gesetzt werden sollen, ist es sinnvoll, die Änderungen gleichzeitig auf das Peripherieregister durchzuführen, anstatt mehrere Read-Modify-Write-Zyklen vorzunehmen.

Das gleichzeitige Setzen oder Löschen mehrerer Bits erfolgt durch OR-Verknüpfung der jeweiligen Bits, beispielsweise:

```
REG |= (BIT5 | BIT9 | BIT28); // Bits 5,9,28 setzen
REG &= (BIT5 | BIT9 | BIT31); // Bits 5,9,28 löschen
REG ^= (BIT5 | BIT9 | BIT31); // Bits 5,9,28 toggeln
```

Die Peripherieregister enthalten nicht nur 1/0-Schalter, sondern auch Werte, die mehrere Bits umfassen können. Das `RtcCntlClkConf`-Register in Abb. 4–21 fasst beispielsweise die 8 Bits 17–24 als `RTC_CNTL_FOSC_DFREQ` zum Einstellen der Taktgeschwindigkeit zusammen.

Möchte man diesen Wert von 172 (10101100_{bin}) auf 177 (10110001_{bin}) ändern, ohne die anderen Bits zu beeinflussen, müssen die 8 Bits erst gelöscht werden, bevor der neue Wert gesetzt wird. Listing 4.8 implementiert diese Vorgehensweise.

Die Definition in Zeile 3 generiert eine Maske, die die Bits 17–24 gesetzt hat. Dazu werden die acht gesetzten Bits in `MASK_8BIT` erzeugt, indem erst das Bitmuster 100000000_{bin} durch `1 << 8` und durch Subtraktion von 1 das Muster 11111111_{bin} erzeugt wird. Dieses Muster wird in Zeile 3 um 17 Bit nach links geschoben, um die Maske $00000001111111100000000000000000_{bin}$ zu erhalten.

In der Funktion `setRtcFOscDFreq()` wird das Peripherieregister in die lokale Variable `reg` gelesen. In Zeile 7 werden die acht Bit des Zielwerts auf 0 gesetzt, ohne die anderen Bits zu beeinflussen. In der folgenden Zeile 8 wird der Zielwert an die richtige Stelle im Bitmuster geschoben und in `reg` per OR-Verknüpfung gesetzt. Abschließend wird das Peripherieregister mit dem geänderten Wert beschrieben.

Listing 4.8
Ändern des Wertes in Bits 17–24 per Maskierungsoperation

```
1  #define RTC_CNTL_FOSC_DFREQ_BIT 17
2  #define MASK_8BIT ((1 << 8) - 1)
3  #define RTC_CNTL_FOSC_DFREQ_MASK
4      ↪ (MASK_8BIT << RTC_CNTL_FOSC_DFREQ_BIT)

5  void setRtcFOscDFreq(uint8_t dfreq) {
6      uint32_t reg = rtcCntlClkConfReg;
7      reg &= ~RTC_CNTL_FOSC_DFREQ_MASK;
8      reg |= (dfreq << RTC_CNTL_FOSC_DFREQ_BIT);
9      rtcCntlClkConfReg = reg;
10 }
```

Bitmaskierung ist in der Programmiersprache C nicht der einzige Weg zur bitweisen Manipulation. Auf die Verwendung von »Bitfeldern« mit den Vor- und Nachteilen wird in Abschnitt 5.4.7 näher eingegangen.

4.5 Zusammenfassung

Im ersten Teil wurden die Grundlagen der Architektur und Verwendung von Mikrocontrollern besprochen. Neben dem Aufbau der CPU, ihrer ISA und der Funktionsweise spielt die Programmierung in C eine tragende Rolle. Die Besprechung des Bussystems mit dem Zugriff auf die Peripherie über Memory-Mapped I/O und Einzelbitzugriff per Bitmaskierung rundet die Grundlagen ab.

Im nächsten Teil wird auf die einzelnen Peripheriemodule, die physikalische Interaktion mit der Umwelt sowie Programmiermodelle, die hier zum Einsatz kommen, näher eingegangen.

II Peripherie-module

5 Digitale Ein-/Ausgabe

> *»Wenn Dein einziges Werkzeug ein Hammer ist, wirst Du jedes Problem als Nagel betrachten.«*
>
> MARK TWAIN

Nachdem die Arbeitsweise der integrierten Entwicklungsumgebung, des Mikroprozessors und des Mikrocontrollers mit dem grundlegenden Zugriff auf die Peripherie aus Teil I bekannt ist, werden in diesem Teil die Funktionsweise und die Ansteuerung verschiedener Peripheriemodule am Beispiel der Implementierung eines Pulsoximeters veranschaulicht. Mit der Integration der Komponenten und mit der Kommunikation zu einem Hintergrundsystem beschäftigt sich Teil III des Buchs.

5.1 Peripherie

Mikrocontroller beherbergen eine große Anzahl verschiedenartiger Peripheriemodule. Um die Größe, den Preis, den Stromverbrauch usw. zu optimieren, wird ein Controller anwendungs- und einsatzspezifisch ausgewählt. Manche Peripherie wird in einem Mikrocontroller nicht nur einfach, sondern vielfach integriert. Der ESP32-C3 hat beispielsweise drei SPI-Module und sechs Timer unterschiedlicher Ausprägung.

Die folgende Liste gibt einen Überblick über gängige Peripheriemodule:

Speicher verschiedene Arten von Speicher (siehe Abschnitt 4.2), Memory Protection Units und Memory Management Units

GPIO Module für die Ein- und Ausgabe von digitalen Signalen (siehe Abschnitte 5.4 und 5.5)

Interrupt-Controller verwaltet und priorisiert Interrupts und ihre Abarbeitung (siehe Kapitel 6).

Analoge Schnittstellenmodule dienen dem Einlesen, Verarbeiten und Ausgeben von analogen Werten (siehe Kapitel 8).

Timer/Counter/Real Time Clock sind Module, die dem Zählen von Ereignissen dienen (siehe Abschnitt 8.5).

Kommunikationsmodule zur Bereitstellung von unteren Protokollschichten für drahtbehaftetes I^2C, SPI, RS-232, RS-485, Ethernet, CAN, ISO7816, ... (siehe Kapitel 7) und drahtloses Bluetooth, Wi-Fi, ZigBee, ... (siehe Kapitel 10)

Security-Module bieten Methoden der Sicherheitstechnik an. Dies sind Checksummen, Verschlüsselungsalgorithmen, kryptografische Hashfunktionen, Zufallszahlengeneratoren.

Power- und Takt-Management Mit diesen Modulen lässt sich der Stromverbrauch über Änderungen des Systemtaktes und der Bustakte sowie über das Ein-/Ausschalten einzelner Peripheriemodule ändern (siehe Abschnitt 10.4).

DMA-Controller, Coprozessoren An die Busmatrix können weitere Prozessoren, die Spezialfunktionen und -berechnungen durchführen können, angeschlossen sein. Ein arithmetischer Coprozessor ist beispielsweise fähig, Fließkommazahlen zu verarbeiten. Ein DMA-Controller kann Daten von Peripheriemodulen zu anderen Peripheriemodulen ohne Mitwirkung des Hauptprozessors transferieren. So können beispielsweise zyklisch analoge Messwerte abgeholt und in den Speicher geschrieben werden, während der Prozessor andere Dinge macht oder sogar schläft (siehe Abschnitt 7.4.2).

Weitere Module für die Ansteuerung von Benutzungsschnittstellen wie Displays, berührungslose Taster, Infrarot-Fernsteuerungen, LEDs mit WS2812-Controller, ...

Wie in der Liste ersichtlich werden in diesem Buch viele, aber nicht alle Arten von Peripheriemodulen besprochen. Unter Zuhilfenahme des entsprechenden Reference-Manuals läuft die Verwendung dieser Module einheitlich über Memory-Mapped I/O (siehe Abschnitt 4.3).

5.2 Projekt Pulsoximeter

Im Rahmen dieses Buchs wird beispielhaft ein Pulsoximeter umgesetzt, was zur Betrachtung typischer Problemstellungen, die bei der Implementierung einer embedded Applikation auftreten, führt. Diese Problemstellungen werden analysiert und mit entsprechenden Peripheriemodulen praktisch gelöst. Es fließt aber weder ein Entwicklungsprozess noch ein marktwirtschaftlicher Prozess in das Beispiel ein, da dies den Rahmen dieses Buchs sprengen würde. Es erfolgt also eine Fokussierung auf die Technologie.

Ein Pulsoximeter ist ein Gerät, das den Puls und die Sauerstoffsättigung des Blutes misst. Bei der reflektiven Pulsoximetrie wird die durchblutete Haut mit Licht unterschiedlicher Wellenlängen (»Farben«), beispielsweise Rot und Infrarot, beleuchtet und die Stärke des reflektierten Lichts wird gemessen. Aufgrund der pulsabhängig schwankenden Füllung der Arterien ändert sich die Messung analog zum Puls. Zusätzlich unterscheidet sich die Stärke der Reflexion von sauerstoffreichem und sauerstoffarmem Blut bei den unterschiedlichen Wellenlängen. Die durchgehende Messung und Analyse der Reflexionen eignet sich zur algorithmischen Bestimmung von Puls und funktioneller bzw. partieller Sauerstoffsättigung S_pO_2.

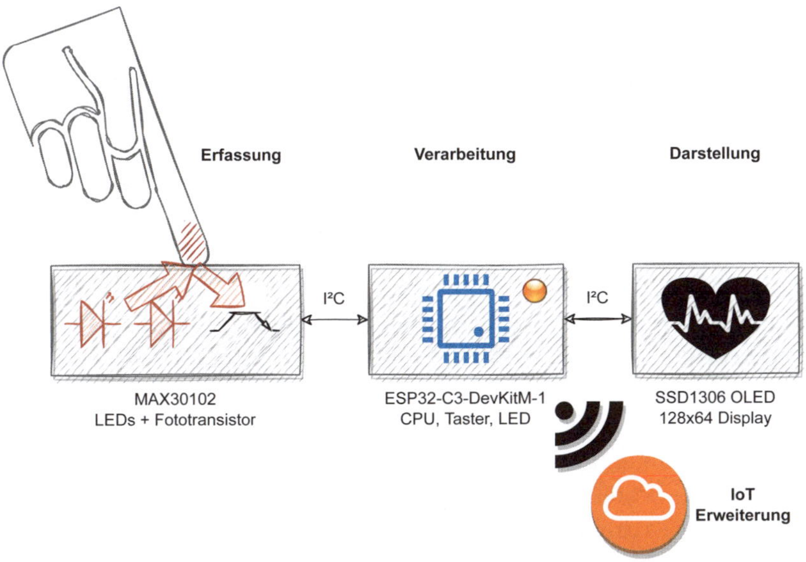

Abb. 5–1 *Schematische Darstellung des Pulsoximeters*

Abb. 5–1 zeigt die Komponenten des Pulsoximeters. In diesem Teil werden die LEDs und Taster des ESP32-C3-DevKitM-1 Development Boards, das OLED-Display zur Darstellung und der integrierte Baustein MAX30102, der LEDs und einen Fototransistor mit A/D-Wandler beinhaltet, zur Erfassung in Betrieb genommen. Die Kommunikation mit Display und MAX-Baustein erfolgt über das verbreitete I²C-Protokoll.

In Teil III werden diese Komponenten schließlich unter dem Betriebssystem FreeRTOS integriert und das Pulsoximeter wird als IoT-Anwendung mit einem Cloud-Service verbunden.

5.3 Elektrotechnische Grundlagen

Da die Informationsverarbeitung in Mikrocontrollern in elektronischen Schaltungen geschieht, ist die Schnittstelle des Systems ebenso an elektrische Signale gebunden. Sensoren erfassen physikalische Ereignisse und wandeln diese in elektrische Signale für den Mikrocontroller um. Im Gegenzug wandeln Aktoren die elektrischen Signale in physikalische Stellgrößen um.

Zwischen Elektrotechnik und Elektronik wird hier nicht unterschieden.

Ein Grundverständnis für Elektrotechnik ist für die Programmierung und Fehlersuche von Embedded Systemen von großem Wert. In diesem Kapitel findet nur eine knappe, oberflächliche und verallgemeinernde Einführung Platz, die aber bereits für einfache digitale Experimente ausreicht. Es ist empfehlenswert, sich mehr Background über entsprechende Literatur, beispielsweise überblickend in [5] oder detailliert in [32], zu verschaffen.

5.3.1 Strom und Spannung

Die positiv geladenen Protonen werden in der kurzen Betrachtung ausgelassen.

Das heutige physikalische Bild geht von elektrisch geladenen Teilchen, den negativ geladenen Elektronen aus, die sich auf einem Leiter bewegen können. Diese Ladungsbewegung heißt Strom, gemessen in der Einheit Ampere [A]. Bei zeitlich konstantem Ladungstransport spricht man von einem Gleichstrom. Das Formelzeichen für einen konstanten Strom ist I (von lat. influare), für einen zeitlich veränderlichen Strom i.

Da Elektronen sich aufgrund gleicher Ladung (bzw. ihres elektrischen Felds) gegenseitig abstoßen, versuchen sie, sich auf dem Leiter gleichmäßig zu verteilen. Ist an den Enden des Leiters ein unterschiedliches Potenzial, also eine unterschiedliche Anzahl freier Elektronen, wie es durch den chemischen Prozess einer Batterie hergestellt werden kann, wird deshalb ein Ausgleichsstrom fließen.

Abb. 5–2
Einfacher Schaltkreis mit Batterie und LED a) und c) offen b) und d) geschlossen

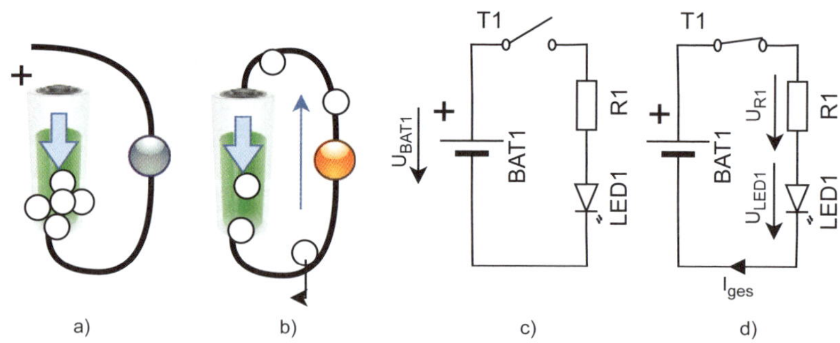

In Abb. 5–2 a) ist eine Batterie, an die ein Lämpchen über Kabel angeschlossen wird, zu sehen. In der Batterie werden Elektronen zum Minuspol transportiert, resultierend in einem unterschiedlichen Potenzial an den beiden Polen. Die Potenzialdifferenz zwischen zwei Punkten heißt Spannung, gemessen in Volt $[V]$. Das Formelzeichen für eine konstante Spannung ist U (von lat. urgere), für eine zeitlich veränderliche Spannung u. In der englischen Literatur findet sich meist das Formelzeichen V (von engl. voltage). In diesem Buch werden Spannungen, die einem englischsprachigen Datenblatt entnommen wurden, in ihrer Originalbezeichnung verwendet. Die Versorgungsspannung wird wie üblich mit V_{DD} bezeichnet. Eine AA-Zelle hat typischerweise etwa 1,5 V.

Wird der Stromkreis in der Abbildung b) geschlossen, fließt ein Strom von Elektronen durch das nun leuchtende Lämpchen zum Pluspol der Batterie. Der chemische Prozess in der Batterie pumpt nun wiederum Elektronen vom Pluspol zum Minuspol und erhält den Strom und damit das Leuchten aufrecht.

Im rechten Teil der Abbildung ist ein Schaltplan dargestellt. Anstatt des Lämpchens wird eine LED (siehe Abschnitt 5.3.3) mit einem vorgeschalteten Widerstand verwendet. Der Stromkreis wird über einen Taster geöffnet und geschlossen. Standardisierte Symbole, die sich im amerikanischen Raum etwas vom europäischen unterscheiden, stellen Komponenten wie die Batterie links (BAT1), einen Taster oben (T1), einen Widerstand rechts oben (R1) und eine LED rechts unten (LED1) dar.

Das 2. Kirchhoff'sche Gesetz heißt auch »Maschenregel«.

In c) ist der Taster offen und damit der Stromkreis nicht geschlossen. Die Spannung U_{BAT1} liegt an der Batterie an, ersichtlich über den eingezeichneten Spannungspfeil, und es fließt kein Strom. Nach dem Schließen des Tasters in d) fließt der Strom I_{ges}, eingezeichnet mit einem Strompfeil auf der Leiterbahn. Die Batteriespannung fällt über den Widerstand und die LED stufenweise ab: Das zweite Kirchhoff'sche Gesetz besagt, dass die Summe aller Spannungen in jeder Masche eines Netzwerkes gleich Null ist. Deshalb gilt: $U_{BAT1} = U_{R1} + U_{LED1}$ in Abb. 5–2. Eine Masche ist ein geschlossener Stromkreis in einem Netzwerk.

Das 1. Kirchhoff'sche Gesetz heißt auch »Knotenregel«.

Das erste Kirchhoff'sche Gesetz besagt, dass die Summe aller Ströme in einem Knoten gleich Null ist: Es muss insgesamt immer gleich viel abfließen wie zufließen. I_{ges} fließt deshalb im dargestellten Stromkreis durch alle Komponenten in gleicher Höhe.

Netzwerke und die Kirchhoff'schen Regeln sind in [5] detaillierter beschrieben. Deren Anwendung auf die Serienschaltung und Parallelschaltung ist in Abb. 5–3 dargestellt. In einer Serienschaltung addieren sich die Spannungen, und derselbe Strom fließt durch die

Abb. 5–3
Serienschaltung und Parallelschaltung

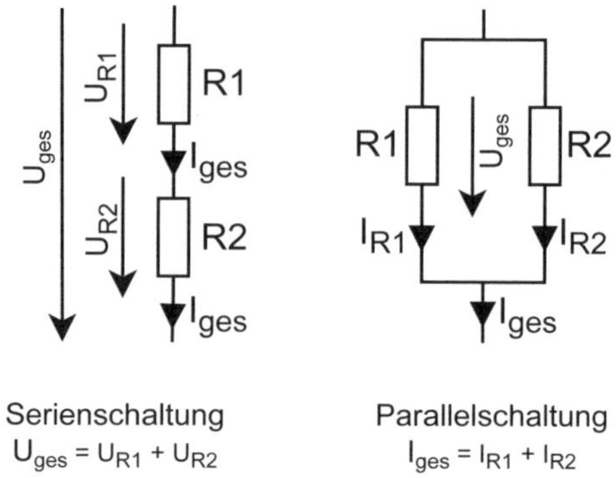

Komponenten. In einer Parallelschaltung addieren sich die Ströme, und dieselbe Spannung fällt an den Komponenten ab.

Um eine höhere Spannung zu erhalten, können zwei Batterien in Serie geschaltet werden. Damit verdoppelt sich die Spannung je nach Zellentyp U_{BAT} auf etwa 3 V.

5.3.2 Widerstand und Ohm'sches Gesetz

Leiter haben materialabhängig einen elektrischen »ohmschen« Widerstand, gemessen in der Einheit [Ω] (Ohm). Bei der Bewegung stoßen Elektronen mit Atomen zusammen, wobei Energie in Wärme umgesetzt wird. Der elektrische Widerstand gibt an, wie schwer sich die Elektronen auf einem Leiter bewegen können. Er bewirkt, dass abhängig von der angelegten Spannung nur ein definierter Strom passieren kann. Den Zusammenhang zwischen Strom, Spannung und Widerstand stellt das Ohm'sche Gesetz dar.

$$I[A] = \frac{U[V]}{R[\Omega]} \Leftrightarrow U = R \cdot I \Leftrightarrow R = \frac{U}{I}$$

Je kleiner der Widerstand, umso größer ist der Strom. Wenn die Pole über Drähte, Metallsplitter, verunreinigtes Wasser usw. über einen gegen Null Ω gehenden Widerstand verbunden werden, entsteht ein Kurzschluss. Der in diesem Fall gegen ∞ gehende Strom kann durch Erhitzung zur Zerstörung von Komponenten und Leiterbahnen führen. Reines Wasser ist an sich ein schlechter Leiter, weshalb Kondenswasser und Regenwasser meist nicht zu einem Kurzschluss führen. Problematischer ist in diesem Fall die Zerstörung durch Korrosion der Leiterbahnen.

Ebenso fällt beim Kurzschluss die Systemspannung stark ab, da mehr Elektronen abfließen, als nachgeliefert werden. Ein Systemreset oder im schlimmeren Fall ein Fehlverhalten sind die Folge. Zum

Schutz vor dem fehlerhaften Betrieb bei zu niedriger Spannung dient eine Brown-out Detection, die als Peripheriemodul in Mikrocontrollern verbaut ist und gegebenenfalls einen Reset durchführt. Der Widerstand selbst ist nicht nur material-, sondern auch temperaturabhängig. Diese Eigenschaft wird bei Heißleitern und Kaltleitern bzw. NTCs und PTCs (Negative/Positive Temperature Coefficent) in der Sensorik ausgenutzt, um die Temperatur zu messen. Ein Thermistor ist ein solches Element, bei dem über die Messung der abfallenden Spannung die Temperatur bestimmt werden kann.

5.3.3 Halbleiter und Diode

Halbleiter sind Materialien, die aufgrund ihrer elektrischen Eigenschaften weder als guter Leiter noch als Isolator eingestuft werden können. Typischerweise sind sie Elemente der 4. Hauptgruppe des Periodensystems und Heißleiter, die am absoluten Temperaturnullpunkt nicht leiten. Ein Halbleiter, der in hochreiner kristalliner Form bei der Fertigung von ICs eingesetzt wird, ist Silizium. Wird dieses Material gezielt mit anderen Materialien (»Störstellen«) verunreinigt (»dotiert«), ändern sich die elektrischen Eigenschaften.

Eine Dotierung mit einem Donator (beispielsweise Phosphor), einer Störstelle, die zusätzliche Elektronen bereitstellt, erzeugt ein n-dotiertes Areal. Hier können die überschüssigen Elektronen wandern. Im Gegensatz dazu bewirkt eine Dotierung mit einem Akzeptor (beispielsweise Aluminium), einem Atom, das weniger Elektronen im Valenzband besitzt, die Entstehung eines »Lochs« bzw. Defektelektrons. In diesem p-dotierten Bereich wandern sozusagen die Löcher.

Die spezifischen Widerstände dotierter Halbleiter liegen bestenfalls im Bereich $4 \cdot 10^{-1} \Omega\text{m}$, deutlich höher als Kupfer mit $18 \cdot 10^{-9} \Omega\text{m}$. Damit müssen die Leitungslängen möglichst kurz gehalten werden.

Interessant für die Halbleitertechnik sind die Grenzflächen, an denen dotierte Areale aneinanderliegen. An der Grenzschicht von p- zu n-dotiertem Material treffen überschüssige Elektronen auf Löcher und werden fest in das Kristallgitter aufgenommen (»rekombiniert«). Die Ladungen heben sich gegenseitig auf, und es entsteht eine Sperrschicht. Zwischen den Arealen baut sich eine Diffusionsspannung von etwa 0,7 V bei Silizium auf, wie dies auch in Abb. 5–4 a) dargestellt ist.

An einem p-n-Übergang wird Strom nur in eine Richtung durchgelassen. Ein solches Stromventil als Bauelement ist die Diode. Dioden haben verschiedene Einsatzzwecke wie die Gleichrichtung einer Wechselspannung in eine Gleichspannung oder als Schutz beim Schalten eines Relais.

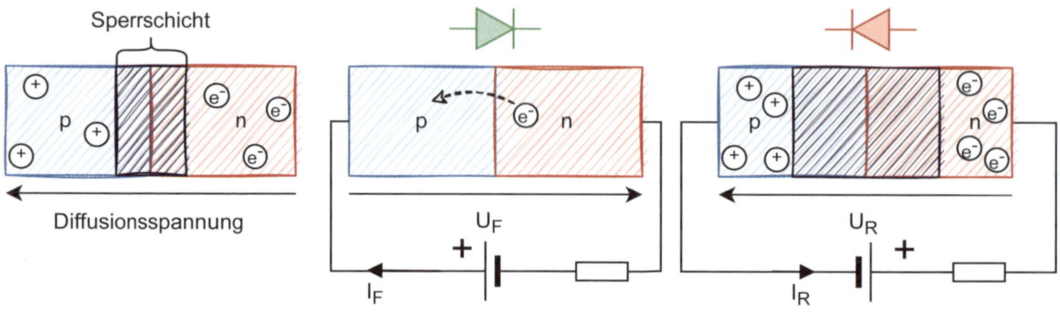

Abb. 5–4
p-n-Übergang als Diode

Abb. 5–4 b) zeigt den Stromfluss durch die Diode. Die Elektronen durchwandern die Sperrschicht vom n- zum p- dotierten Bereich. Es ist auffällig, dass die Elektronen entgegensetzt zur eingezeichneten Stromrichtung I_F wandern. Dies ist dem Umstand geschuldet, dass man in den Anfängen der Elektrotechnik von einer Wanderung positiver Teilchen ausging und diese »technische Stromrichtung« beibehalten wurde. In der Praxis wandern hauptsächlich die negativ geladenen Elektronen in der »physikalischen Stromrichtung« entgegengesetzt. Eine Ausnahme ist beispielsweise die Wanderung positiv geladener Ionen in Flüssigkeiten. An der Diode fällt die vom Strom I_F und der Temperatur abhängige Durchlassspannung (»Forward Voltage«) U_F ab. Um die Schaltung korrekt zu dimensionieren, ist das Datenblatt des eingesetzten Bauteils eine wichtige Quelle. Diagramme stellen die meist nicht linearen Zusammenhänge grafisch dar.

In Sperrrichtung, Abb. 5–4 c), lässt eine Diode nur sehr wenig Strom im µA-Bereich durch. Überschreitet die »Reverse Voltage« U_R allerdings eine bauteilabhängige Spannung, kommt es in der Rückwärtsrichtung zum Lawinendurchbruch. Der dann fließende hohe Strom kann die Diode zerstören, weshalb hier besondere Vorsicht geboten ist. Eine Ausnahme ist die zur Spannungsbegrenzung eingesetzte Zener-Diode (Z-Diode), die explizit in Sperrrichtung betrieben wird.

LED Dioden, die bei der Rekombination am p-n-Übergang leuchten, heißen LED (»Light-emitting Diode«). Das Licht kann in farbig sichtbaren oder für Menschen unsichtbaren Wellenlängen (Infrarot, Ultraviolett) erzeugt werden. Abb. 5–5 gibt die Strom-Spannung-Kennlinie aus dem Datenblatt der auf 20 mA ausgelegten gelben LED LT0334-41 von Ledtech wieder. Es ist zu sehen, dass die LED einen

Spannungsabfall von 2,1 V hat, wenn sie mit 20 mA getrieben wird. Bei den Diagrammen sollte immer auf die Einheiten geachtet werden. Ebenso ist es wichtig, die Achsendarstellung korrekt zu interpretieren. Die Achsen werden oft linear, wie in diesem Fall, oder logarithmisch skaliert.

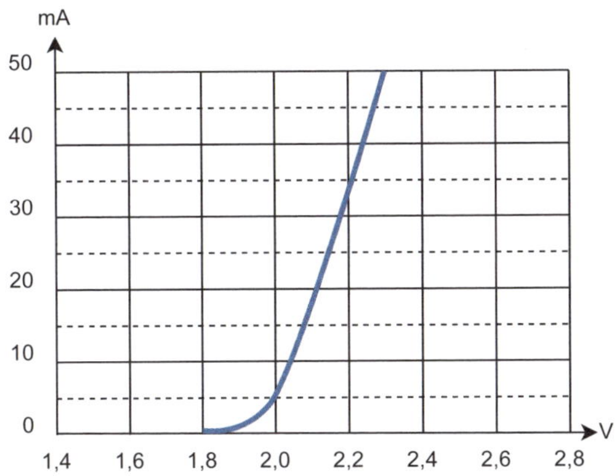

Abb. 5–5
Strom-Spannung-Kennlinie der gelben LED LT0334-41

Um die Verwendung des Bauteils zu erleichtern, ist der Spannungsabfall im Standardbetrieb bei 20 mA bereits in der Übersicht am Beginn des Datenblattes neben weiteren wesentlichen Parametern angegeben.

Vorwiderstand berechnen Für den praktischen Einsatz dieser LED im Schaltplan Abb. 5–2 d) soll ein Strom von I_{ges} = 20 mA fließen. Die Begrenzung des Stroms übernimmt der ohmsche Widerstand R1. Ein solcher, einem Bauteil zur Strombegrenzung vor- oder nachgeschalteter Widerstand heißt Vorwiderstand.

Da $U_{BAT1} = U_{R1} + U_{LED1}$, die Batteriespannung U_{BAT1} = 3 V und der Spannungsabfall an der LED1 bei 20 mA U_{LED1} = 2,1 V, kann der Spannungsabfall am Widerstand R1 berechnet werden:
$U_{R1} = U_{BAT1} - U_{LED1} = 3V - 2,1V = 0,9V$

Mit der Anwendung des ohmschen Gesetzes kann nun der Wert des Widerstands R1 berechnet werden:
$R1 = \frac{U_{R1}}{I_{ges}} = \frac{0,9V}{20mA} = \frac{0,9V}{0,02A} = 45\Omega$

Damit muss bei der LED LT0334-41 bei Anliegen der Batteriespannung 3 V ein Widerstand mit 45 Ω als Strombegrenzung vorgeschaltet werden, um wie geplant zu leuchten. Widerstandssets gibt es mit genormten Widerstandsgrößen, sogenannten Widerstandsreihen. In der Reihe E12 ist der 45-Ω-Widerstand nicht enthalten, weshalb der nächstgrößere (damit der Strom eher kleiner wird als berechnet) Widerstand mit 47 Ω gewählt wird.

Es ist an dieser Stelle noch wesentlich anzumerken, dass die Bauteile und Spannungsquellen Schwankungen unterliegen. Produktionsschwankungen, Temperaturabhängigkeit und Bauteilalterung haben einen Einfluss. Aus diesem Grund darf bei der Dimensionierung von Bauteilen nicht ans rechnerische Limit gegangen werden, sondern die Intervalle müssen ebenso durchgerechnet werden, um bei Massenfertigung und Langzeitbetrieb einer Schaltung ein Fehlverhalten und Folgeschäden zu vermeiden.

5.3.4 Schaltungsaufbau »LED an Batterie«

Mit der Applikation Fritzing [29] können Steckplatinenaufbauten und einfache Schaltpläne am Rechner geplant werden.

Die Funktionstüchtigkeit der Schaltung soll nun mit einem praktischen Aufbau demonstriert werden. Im ersten Schritt bietet sich der Aufbau mittels einer Steckplatine (»Breadboard«), wie in Abb. 5–6 zu sehen, an. Solche Platinen sind in unterschiedlichen Größen nebst Steckkabeln im Elektronikhandel preisgünstig erhältlich. Interne Leitungsverbindungen helfen bei der Verdrahtung. Die Spannungsversorgung (rot/blau) ist längs (in der Abbildung horizontal) durchverbunden, jeweils 5 Kontakte im Raster sind breitseitig (in der Abbildung vertikal) verbunden. Steckplatinen gehören zur Grundausstattung bei der Entwicklung elektronischer Schaltungen, da mit ihnen effizient Versuche und Messungen durchgeführt werden können. Erst im nächsten Schritt erfolgt dann der Schaltungsaufbau mit Platinenfertigung und Einlöten der Bauelemente.

Ein weiteres Gerät der Grundausstattung ist ein Multimeter. Mit ihm können Spannungen, Ströme und, je nach Ausstattung, Widerstände, Kapazitäten usw. gemessen werden. Für den Zweck der einfachen Schaltungsprüfung genügt ein preisgünstiges Multimeter.

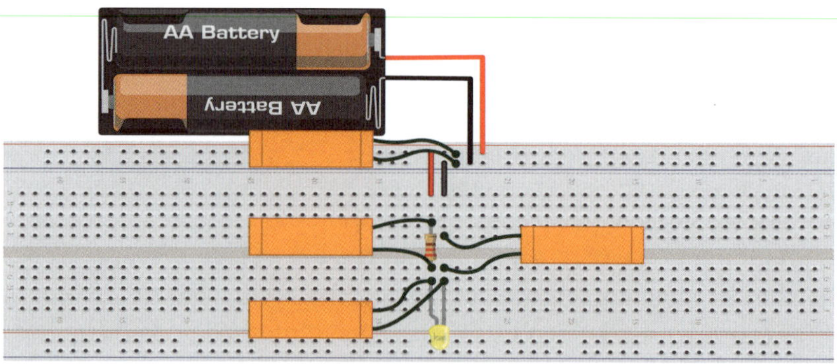

Abb. 5–6 *Aufbau der Schaltung aus 5–2 d) mit einer Steckplatine. Messpunkte und -werte sind eingezeichnet.*

Der Aufbau ist in Abb. 5–6 dargestellt. Die mit einem Multimeter gemessenen Werte sind in der Abbildung mit den Abgreifpunkten eingetragen. Die Spannung wird parallel gemessen, da der Spannungsabfall in einer Parallelschaltung derselbe ist. Die Beeinflussung durch das Multimeter ist dabei minimal, da dieses einen Widerstand im Megaohm-Bereich darstellt. Schwieriger ist die Messung des Stroms. Dafür muss das Multimeter in Serie in den Stromkreis integriert werden. Neben dem Umstand, dass dies praktisch schwieriger ist, wird auch die Schaltung stärker beeinflusst: Die Messung des Stroms erfolgt über eine Spannungsmessung an einem hochgenauen niedrigohmigen »Shunt«-Widerstand im Messgerät.

Durch den Betrieb der Schaltung mit neuen Batterien ist die Batteriespannung mit U_{BAT1} = 3,2 V etwas höher, als sie in die Berechnung eingeflossen ist. Der Spannungsabfall von U_{LED1} = 2,06 V fällt geringer aus als im Datenblatt ersichtlich. Das Durchmessen des verwendeten 47-Ω-Widerstands ergibt R1 = 47,1 Ω. Aufgrund des gemessenen Spannungsabfalls von U_{R1} = 1,14 V fließen rund I_{ges} = 24 mA durch den Stromkreis, was sich in der Messung bestätigt.

5.4 LED schalten

Nachdem der Vorwiderstand dimensioniert und die Schaltung aufgebaut wurde, leuchtet die LED dauerhaft mit konstanter Helligkeit. Im nächsten Schritt soll die LED nun mit dem Mikrocontroller verbunden und von diesem ein- und ausgeschaltet werden.

5.4.1 Transistor

Als Bauelement zum Schalten steht der Transistor in zwei grundsätzlich verschiedenen Ausprägungen zur Verfügung. Der Bipolartransistor verstärkt einen gegebenen Strom, wohingegen der Feldeffekttransistor durch eine angelegte Spannung schaltet. Für das Schalten in der Digitaltechnik kommt aufgrund des niedrigeren Stromverbrauchs hauptsächlich der Feldeffekttransistor zum Einsatz.

Bipolartransistor Ein Bipolartransistor wird durch eine Aneinanderreihung von dotierten Arealen in der Form n-p-n oder p-n-p hergestellt. Die Anschlüsse des im Schaltplan Abb. 5–7 dargestellten Bauteils heißen Basis, Collector und Emitter. Neben dem Transistor sind die bisher nicht bekannten Symbole für Versorgungsspannung und Ground enthalten. Der Pfeil nach oben stellt eine Verbindung zum positiven Pol der Versorgungsspannung, oft auch V_{CC} oder V_{DD}

genannt, dar. Das rechtwinklige Linienende symbolisiert eine Verbindung zum negativen Pol der Versorgungsspannung, auch GND (Ground), 0V-Potenzial oder Masse.

Anhand der Emitterschaltung zeigt sich die Funktionsweise des Bipolartransistors. Am Collector des Transistors befindet sich die zu schaltende Last R_C. Da der Transistor nicht schaltet, ist sein Widerstand sehr groß, und es fließt kein Strom I_C. Wenn durch die Diode von der Basis zum Emitter ein Strom fließt, kann auch ein Strom vom Collector zum Emitter fließen.

Abb. 5–7
NPN-Transistor in Emitterschaltung

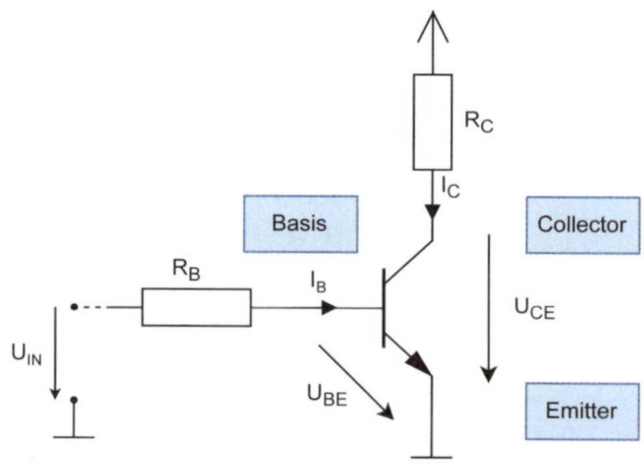

Im Normalbetrieb des Transistors bewirken kleine Schwankungen des Stroms I_B (beziehungsweise Schwankungen der Spannung U_{IN}) eine große Änderung am durchgelassenen Strom I_C. Ein wichtiger Kennwert im Datenblatt des Transistors ist der Verstärkungsfaktor $h_{FE} = \frac{I_C}{I_B}$, der angibt, wie viel stärker der geschaltete Strom ist als der Steuerstrom. Der Einsatz im Normalbetrieb dient in der Anwendung der Signalverstärkung. In diesem Modus werden Transistoren auch in Operationsverstärkern eingesetzt.

Im Sättigungsbereich wird der Maximalstrom durchgeschaltet, der in diesem Fall durch R_C begrenzt wird. In diesem Modus wird der Transistor als Schalter eingesetzt. Da sich der Gesamtstrom aus I_B und I_C zusammensetzt, also ein Schaltstrom fließt und entsprechende Verlustleistung verursacht, werden die stromhungrigen Bipolartransistoren zum Aufbau von logischen Gattern wenig eingesetzt.

Feldeffekttransistor Es gibt mehrere Arten von Feldeffekttransistoren, von denen hier der für logische Schaltungen eingesetzte und aufgrund seines Aufbaus so genannte MOSFET (»Metal Oxid Semiconductor Field Effect Transistor«) exemplarisch besprochen wird. Der schematische Aufbau ist in Abb. 5–8 dargestellt.

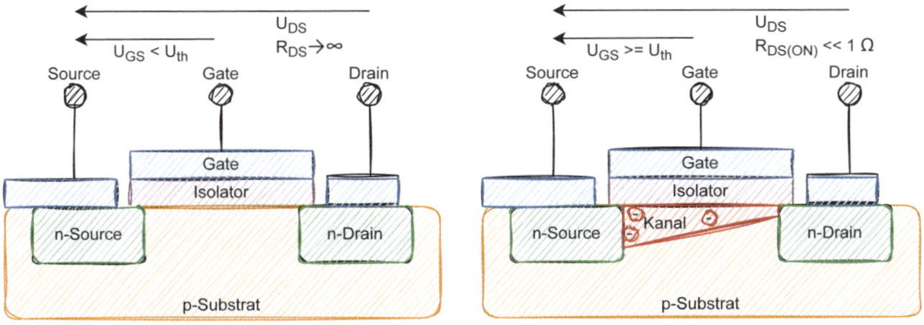

Abb. 5–8
Aufbau eines n-Kanal-MOSFET, sperrend (links) und mit Ausbildung eines Kanals (rechts)

Bei einem n-Kanal-MOSFET sind zwei n-dotierte Inseln in einem p-dotierten Substrat eingebracht. Bei der abgebildeten Variante ist die Source genannte Kontaktfläche mit einer Insel und dem Substrat verbunden. Die Drain-Kontaktfläche wird mit der zweiten Insel kontaktiert. Durch diese Struktur entsteht eine »parasitäre« Diode, die manchmal im Schaltplansymbol eingetragen ist (siehe Abb. 5–9, blau eingefärbt). Dazwischen wird, getrennt durch eine Siliziumdioxidschicht als sehr guter Isolator, ein Gate aus Metall oder Polysilizium aufgebracht.

Legt man eine Spannung V_{DS} an, sperrt die Diode (Abb. 5–8 links). Der Transistor verhält sich nun wie ein sehr großer Widerstand. Um den Transistor zu schalten, wird eine Spannung U_{GS} angelegt. Damit werden Elektronen vom Gate abgesogen und im Substrat zum Gate hin angezogen. Steigt diese Spannung über eine gegebene Schwellenspannung (»threshold voltage«) U_{th}, sind genügend Elektronen zur Ausbildung eines »Kanals« von der Source zur Drain vorhanden. Wegen dieser Anreicherung (Enhancement) von Elektronen heißt diese Transistorart Anreicherungstyp. Sie wird auch als selbstsperrend (»normally off«) bezeichnet.

*Transistor ist ein Kofferwort aus **trans**fer und re**sistor**.*

Im Widerstandsbereich bewirkt eine Erhöhung der Gatespannung U_{GS} eine weitgehend lineare Erhöhung des Drainstroms I_D. Eine weitere Erhöhung der Spannung über den Widerstandsbereich hinaus führt zum Abschnüren des Kanals und Eintritt in den Sättigungsbereich. Nunmehr wird der Strom bei weiterer Steigerung nur noch marginal erhöht.

MOSFETs können auf gleiche Weise mit p-Kanal aufgebaut werden. In diesem Fall ist das Spannungsverhalten gespiegelt. Eine weitere Variante sind FETs, deren Kanal ohne Gatespannung leitet. Bei diesem selbstleitenden Verarmungstyp (»depletion mode«) werden die freien Elektronen unter Anlegen einer Gatespannung aus dem leitenden Kanal gedrängt, womit dieser zunehmend sperrt.

Beispielhafte Schaltplansymbole sind in Abb. 5–9 dargestellt. Links ist der besprochene selbstsperrende (gestrichelte Linie) n-Kanal-

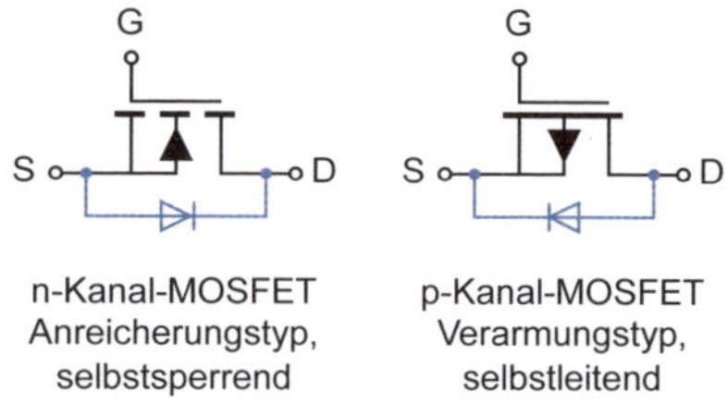

Abb. 5–9 Schaltplansymbole eines n-Kanal- und eines p-Kanal-MOSFETs in den Varianten selbstsperrend und selbstleitend

MOSFET (Diodenpfeil zum Gate) und rechts ein selbstleitender (durchgezogene Linie) p-Kanal-MOSFET (Diodenpfeil vom Gate weg) dargestellt.

5.4.2 Logische Funktionen mit CMOS

Bei der Realisierung logischer Schaltungen in integrierten Schaltkreisen, sogenannten «Gattern«, kommen hauptsächlich MOSFETs in der CMOS-Technologie (»Complementary MOS«) zum Einsatz. Gründe hierfür sind der einfache Aufbau eines Transistors sowie die Möglichkeit der hohen Integration und damit Packungsdichte. Des Weiteren ist das stromlose Halten des Zustands ein wesentlicher Vorteil gegenüber Bipolartransistoren. Für das Schalten selbst müssen Elektronen auf das oder vom Gate, das als Kondensator wirkt, transportiert werden, was einen Schaltstrom verursacht. In der praktischen Betrachtung hoher Integration mit einer großen Transistoranzahl spielen Leckströme, die während des Haltens eines Zustands fließen, eine zunehmende Rolle.

Bei CMOS kommen n-Kanal- und p-Kanal-MOSFETs als komplementäre Elemente zum Einsatz. Werden die Gates der beiden Typen mit einer HI(»High«)- oder LO(»Low«)-Spannung versorgt, schalten sie zueinander invers. HI ist eine Spannung über der Schwellenspannung V_{th} der Transistoren. LO ist eine Spannung nahe bei 0V, jedenfalls weit unter V_{th}. Schematisch werden die MOSFETs als MOST (MOS-Transistor) in den Datenblättern oft stilisiert wie in Abb. 5–10. Die linke Darstellung ist jeweils das Schaltplansymbol, in der rechten Darstellung werden die MOSFETs oft in Blockschaltbildern verwendet.

Der »NMOS Low-Side Switch« in der Abbildung links zieht bei einer HI-Spannung $V_{GS} = V_{DD}$ über den Widerstand $R_{DS(ON)}$ auf LO. Bei der LO-Spannung $V_{GS} = 0$ am Gate sperrt der Transistor, man bezeichnet ihn auch als »hochohmig«. Er beeinflusst in diesem Fall das Ausgangssignal kaum. Aufgrund seines Ziehens auf Ground-Potenzial wird diese Verschaltung auch »Pull-Konfiguration« genannt.

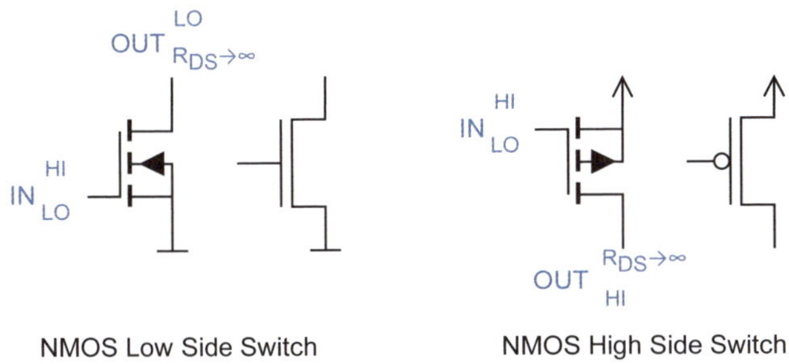

Abb. 5–10 *Schaltplansymbole und Blockschaltbilder für beide Arten von Switches in CMOS-Logik*

Der »PMOS High-Side Switch« in der Abbildung rechts ist bei der HI Spannung $V_{GS} = 0$ hochohmig und leitet bei der negativen LO-Spannung $V_{GS} = -V_{DD}$ mit dem Widerstand $R_{DS(ON)}$ die Versorgungsspannung V_{DD}, resultierend in einem HI Signal, durch. Die Versorgungsspannung V_{DD} muss klarerweise über der Threshold-Spannung V_{th} liegen. V_{GS} ist im HI-Fall bei 0V, da am Gate V_{DD} anliegt und die Differenz zur Source-Spannung V_{DD} zählt: $V_{GS} - V_{DD} = V_{DD} - V_{DD} = 0$V. Gleiches gilt für den LO-Input: $V_{GS} - V_{DD} = 0V - V_{DD} = -V_{DD}$. Analog zur »Pull-Konfiguration« wird der High-Side Switch auch »Push-Konfiguration« genannt.

Das komplementäre Verhalten von CMOS ist beim Schaltplansymbol am Gate des PMOS-Transistors zu erkennen. Der kleine Kreis bedeutet die Negation des CMOS-Pegels. Wenn der NMOS-Transistor leitet, sperrt PMOS und umgekehrt.

Mit diesen Switches können Gatter für logische Funktionen (siehe Abschnitt 4.4.1) aufgebaut werden, wie sie beispielhaft in Abb. 5–11 dargestellt sind. Das einfachste Gatter in CMOS-Logik ist der Inverter zur Negation eines Signals. Seine Funktion geht direkt aus dem invertierenden Verhalten der Switches hervor.

Für ein NAND-Gatter werden vier Transistoren benötigt. In der Wahrheitstabelle ist der Ausgang des zweifachen NAND-Gatters LO, wenn beide Eingänge HI sind. Dieses Verhalten ergibt sich aus der Serienschaltung der beiden NMOS-Switches. Sobald aber ein Eingang LO ist, schaltet der Ausgang über einen der beiden parallel geschalteten PMOS-Switches auf HI. Analog dazu ist das NOR-Gatter implementiert. Es ist der Leserin bzw. dem Leser überlassen, die Funktionsweise durchzudenken.

Die Ausweitung auf mehr Eingänge benötigt zwei weitere Transistoren pro zusätzlichem Eingang. Wegen dieser einfachen Implementierung ohne die Notwendigkeit von Widerständen sowie des stromsparenden Schaltverhaltens hat sich die Implementierung logischer Funktionen in CMOS durchgesetzt. In der Praxis werden auch

Abb. 5–11
Exemplarischer Aufbau von Negation, NAND und NOR in CMOS-Logik

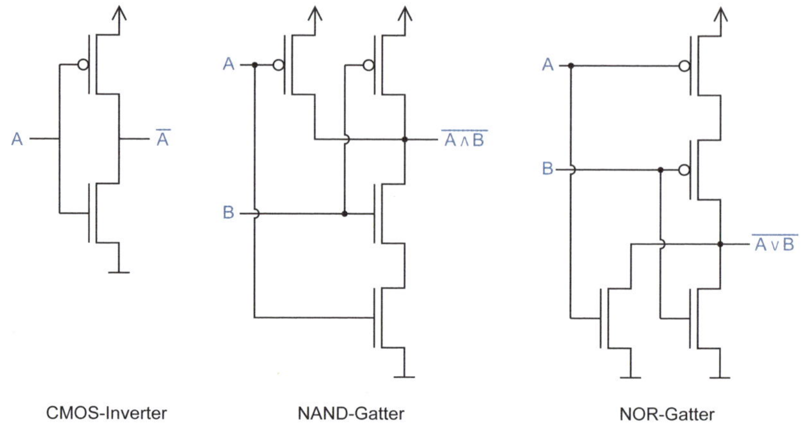

die weiteren logischen Gatter, hauptsächlich AND, OR, XOR, benötigt. Es zeigt sich, dass logische Funktionen beliebiger Komplexität aus NAND- oder NOR-Gattern aufgebaut werden können.

5.4.3 GPIO-Modul

Die Kontrolle über die programmierbaren Anschlüsse des Mikrocontrollers hat das GPIO(»General Purpose Input/Output«)-Peripheriemodul inne. Die Landeflächen der Anschlüsse (»Pads«) auf dem Silizium-Die werden über »Bonddrähte« mit dem Pin des Chipgehäuses direkt verbunden.

Ein GPIO-Modul bedient, wie in Abb. 5–12 ersichtlich, nicht nur einen Pin, sondern viele. Der ESP32-C3 hat 22 GPIO-Pins; andere Mikrocontroller am Markt haben auch über 100 Pins, die dann über mehrere GPIO-Module, oder auch »Ports«, angesprochen werden. Die Abbildung verallgemeinert den technischen Aufbau des Moduls für verschiedene Mikrocontroller.

Über die Register im Modul werden die Ein- und Ausgänge konfiguriert. In den Konfigurationsregistern werden die Einstellungen für die Steuersignale (blau eingezeichnet) generiert. Die Bedeutung der Signale wird in der Folge besprochen.

Der Wert des Registers `OUTPUT_REG` besteht aus n Bits für die n GPIO-Pins. Bit_0 steuert also Pin_0, Bit_1 steuert Pin_1 und so weiter. Das Steuersignal für einen Pin gelangt als Eingang in die Output-Control-Einheit. Ist diese über das Signal »Output Enable« deaktiviert, sperren beide nachgeschalteten Transistoren. Der Ausgang wird in diesem Fall hochohmig (auch »Z« oder »high impedance«) und beeinflusst die äußere Schaltung kaum. Da die Ausgänge die Möglichkeit

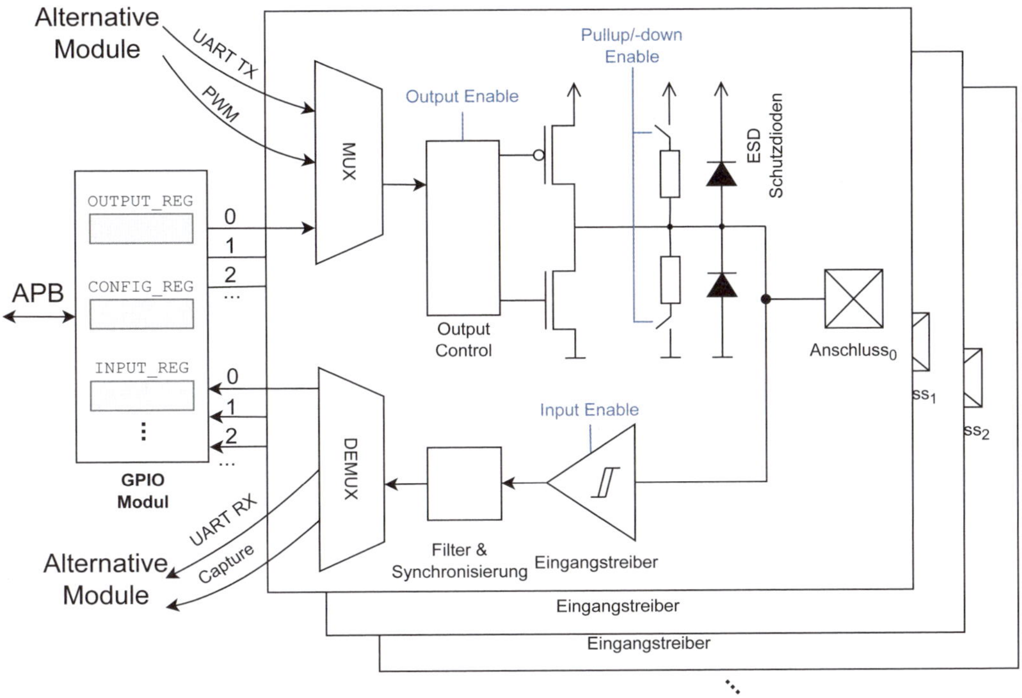

Abb. 5–12
Übliche Verschaltung eines GPIO-Moduls mit einstellbaren Pull-up/-down-Widerständen

haben, neben HI und LO den Zustand Z auszugeben, werden sie als »Tri-State« bezeichnet.

Push-Pull Wenn der Ausgang »normal« beziehungsweise »Push-Pull« schaltet, bewirkt eine »1«(HI) das Schalten des (oberen) PMOS-Transistors und das Treiben des Pins mit der Versorgungsspannung. Eine »0«(LO) schaltet den (unteren) NMOS-Transistor und damit die Ground-Spannungssenke auf den Pin durch. Diese Konfiguration wird zum Treiben externer Hardware verwendet.

Open-Drain Diese weitere Schaltungsvariante (bei Bipolartransistoren analog Open-Collector genannt) schaltet bei »1«(HI) keinen Transistor durch. Damit wird der Ausgang entweder hochohmig(Z) oder GND(LO) angesteuert. Die Open-Drain-Schaltung findet bei der Kommunikation in »wired-AND«- und »wired-OR«-Verknüpfungen Anwendung. Die zugrunde liegende Idee von wired-AND ist, dass eine Kommunikationsleitung über einen relativ großen Widerstand, den »Pull-up« in der Größenordnung von mehreren tausend Ohm, auf die Versorgungsspannung gezogen wird. Wie in Abb. 5–13 dargestellt, gehen mehrere Kommunikationsteilnehmer, die per Open-Drain-Schaltung an die Leitung angebunden sind, in den hochohmigen Zustand und belassen die Leitung HI. Zieht nun ein oder mehrere Kommunikationspartner die Leitung per Kurzschluss auf GND, wird die Leitung auf LO gezogen. Dieser LO-Wert liegt nun bei allen Partnern an. Im Spannungs-Zeit-Diagramm links ist das resultierende Signal zur besseren Ersichtlichkeit als schraffierte Fläche eingetragen.

Abb. 5–13 *Wired-AND-Schaltung im Spannungs-Zeit-Verlauf und als Schaltplan*

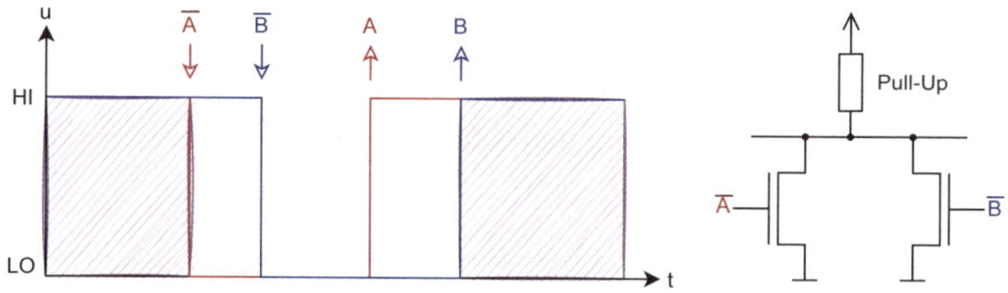

Die Schaltung funktioniert, da die Signale HI und LO unterschiedlich stark sind: Der »dominante« Pegel (hier LO) ist stärker als das »rezessive« Spannungsniveau (hier HI). Ein gleichzeitiges Anliegen beider Pegel resultiert im dominanten Niveau. Als wired-OR-Schaltung funktioniert dieses Verfahren mit einem Pull-down-Widerstand und invertierter Logik.

Eine weitere Verwendung von dominantem und rezessivem Pegel findet beim Anschluss eines Tasters (siehe Abschnitt 5.5) statt. Der offene Taster wird auf das rezessive Spannungsniveau gesetzt. Ein Schließen/Drücken des Tasters zieht das Signal auf den dominanten Pegel, was am GPIO-Eingang erkannt wird.

GPIO-modulinterne Pull-up- und Pull-down-Widerstände können über die Konfiguration des GPIO-Pins an- oder abgeschaltet werden. Im GPIO-Schema Abb. 5–12 sind am Anschluss auch noch zwei Dioden eingezeichnet. Diese dienen als Schutzschaltung gegen elektrostatische Entladung (ESD), durch die CMOS-Gatter besonders gefährdet sind. Darüber hinaus ist der Eingangstreiber, auf den in Abschnitt 5.5 eingegangen wird, dargestellt.

5.4.4 Schaltungsaufbau ESP32-C3 mit LEDs

Um eine LED an einen GPIO-Pin anzuschließen, müssen die elektrischen Parameter passen. Es muss vor allem darauf geachtet werden, dass die Treiberelektronik den notwendigen Strom, ohne Schaden zu nehmen, bewältigen kann.

Die möglichen Ströme können dem Datenblatt entnommen werden, wobei die Richtung des Stromes mitbedacht werden muss. Abb.

5–14 gibt links die Verschaltung als Stromquelle, rechts als Stromsenke wieder. Der maximal erlaubte Strom im Betrieb als Stromquelle (»High-Level Source Current«) ist beim ESP32-C3 40 mA, der maximal erlaubte Strom als Stromsenke (»Low-Level Sink Current«) ist 28 mA.

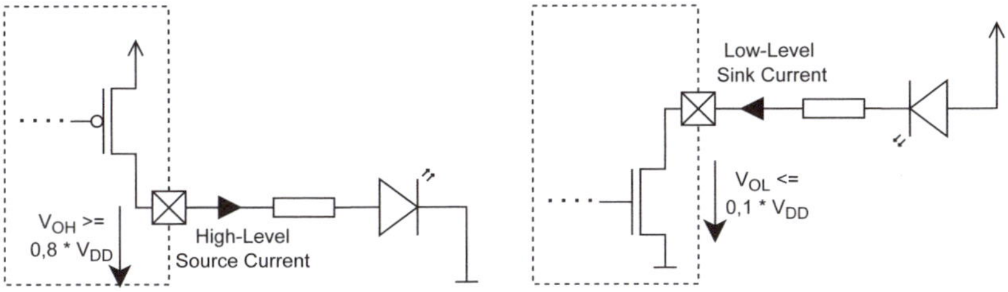

Abb. 5–14
Alternatives Treiben der LED über GPIO als Quelle (links) und als Senke (rechts)

Bei manchen Controllern dürfen bestimmte Summenströme laut Datenblatt nicht überschritten werden. Ebenso ist es bei vielen Mikrocontrollern möglich, die Stärke des Stromtreibers einzustellen. Beim ESP32-C3 hat man die Wahl zwischen 5 mA, 10 mA, 20 mA und 40 mA über das Konfigurationsregister `IO_MUX_GPIOn_REG`.

Abb. 5–15 zeigt den Schaltungsaufbau mit dem ESP32-C3 zum Treiben zweier LEDs. Die LED an GPIO4 wird per Source, die LED an GPIO5 per Sink getrieben. Auf dem Steckbrett ist zusätzlich ein Taster in Active-low-Konfiguration an GPIO6 angeschlossen. Seine Ansteuerung wird in Abschnitt 5.5 beschrieben. Nachdem die Hardware aufgebaut wurde, wird deren Ansteuerung in Software gezeigt.

Abb. 5–15
Die linke LED wird vom ESP32-C3 als Quelle, die rechte als Senke getrieben. Daneben noch ein Taster in Active-low-Konfiguration

Nach dem Reset sind die meisten Pins eines Mikrocontrollers hochohmig geschaltet, um eine externe Schaltung möglichst wenig zu beeinflussen. Es ist daher notwendig, die betreffenden GPIOs auf Ausgang zu schalten. Das Fragment

```
#define GPIO_BASE                     0x60004000
#define GPIO_ENABLE_REG_OFFS          0x0020
#define gpioEnableReg *((volatile uint32_t*)
    ↪ (GPIO_BASE | GPIO_ENABLE_REG_OFFS))
```

stellt die notwendigen Defines gemäß Reference Manual zur Verfügung (siehe Abschnitt 4.3.5). Über das Statement

```
gpioEnableReg |= (1 << GPIO_NUM_4) | (1 << GPIO_NUM_5);
```

werden »Output Enable«-Signale der GPIOs 4 und 5 aktiviert. Damit der Code lesbarer wird, ist es üblich, die GPIOs entsprechend umzubenennen, etwa

```
#define LED1_GPIO         GPIO_NUM_4
#define LED2_GPIO         GPIO_NUM_5
```

Nach der Registerdefinition

```
#define GPIO_OUT_REG_OFFS        0x0004
#define gpioOutReg *((volatile uint32_t*)
    ↪ (GPIO_BASE | GPIO_OUT_REG_OFFS))
```

können die LEDs in einer Endlosschleife geschaltet werden, um im Sekundentakt zu blinken. Für die Verzögerung der Programmausführung um eine Sekunde wird die Betriebssystemfunktion `vTaskDelay()` eingesetzt (siehe Abschnitt 9.3.1). Einfache Embedded Systeme ohne Betriebssystem verwenden für diesen Zweck manchmal »Busy Loops« wie

```
for (volatile uint32_t i = 0; i < 1000000; i += 1);
```

Diese Schleifen haben aber den Hauptnachteil, dass der Prozessor die Schleife aktiv abarbeiten muss und damit keine Zeit für andere Tätigkeiten oder einen stromsparenden Schlaf hat. Die Betriebssystemfunktion ermöglicht das aber.

Ein zweiter Nachteil ist, dass der Zählwert der Schleife durch Versuche bestimmt werden muss. Wenn dann allerdings Interrupts während der Schleifenabarbeitung auftreten, wird die Schleifenzeit sehr ungenau. Für hochgenaues Timing stehen speziell die Timer-Peripheriemodule (siehe Abschnitt 8.5) zur Verfügung.

Der XOR-Operator bewerkstelligt das »Toggeln«, also das inverse Schalten des Ausgangs:

Listing 5.1 *Gleichzeitiges Schalten der LEDs per Bitmaskierung*

```
while (true) {
        gpioOutReg ^= (1 << LED1_GPIO) | (1 << LED2_GPIO);
        vTaskDelay(1000 / portTICK_PERIOD_MS);
}
```

Obiger Code führt noch nicht zum gewünschten Ergebnis, die LEDs bleiben dunkel. Schuld daran hat eine fehlende Konfiguration des »Pin-Multiplexings«.

5.4.5 Pin-Multiplexing

Es wurde bisher besprochen, dass die GPIO-Pins vom GPIO-Modul verwaltet werden. Der Zustand wird über dieses Modul gesetzt und ausgelesen. Wie in Abb. 5–12 dargestellt, erfolgt der Zugriff auf die GPIO-Pins nicht nur über das GPIO-Modul, sondern per Multiplexer/Demultiplexer auch dieses umgehend über alternative Module.

So ist es beispielsweise möglich, dass das serielle Kommunikationsmodul UART (siehe Abschnitt 7.6.1) direkt die TX-Leitung steuert und die RX-Leitung ausliest. In der Abbildung ist auch der schreibende und lesende Zugriff des Timer-Moduls (siehe Abschnitt 8.5) zur direkten Generierung eines PWM-Signals (siehe Abschnitt 8.5.4) oder zum zeitlichen Stempeln eines externen Signals eingezeichnet. Es können noch viele andere Module direkt auf die Pins zugreifen.

Die Verantwortlichkeit des Zugriffs regelt das Pin-Multiplexing. Viele Mikrocontroller listen in den Datenblättern eine Anzahl an Möglichkeiten auf. Oft sind dort mögliche Mehrfachbelegungen für Pins definiert. Mikrocontroller wie der ESP32-C3 besitzen einen eigenen Bus, GPIO Matrix genannt, für Signale der alternativen Module. Über diesen Bus können die Signale an beliebige Pins geroutet werden, was den Schaltungsaufbau für die Elektroingenieurin bzw. den Elektroingenieur vereinfacht.

Das komplexe GPIO Multiplexing des ESP32-C3 besteht aus der erwähnten GPIO Matrix zum Routing von Signalen und einem IO MUX genannten Modul, das ein weiteres, klassischeres Multiplexing zur Umgehung der langsameren GPIO Matrix zur Verfügung stellt. Details dazu sind dem Reference Manual [26, Kapitel 5] zu entnehmen.

Um einen Pin auf das GPIO-Modul zu legen, muss beim IO MUX die »Funktion« 1 eingestellt werden. Für jeden Pin existiert ein separates Register `IO_MUX_GPIOn_REG` zur Pin-Konfiguration. Neben dem Multiplexing können über dieses Register unter anderem der Pull-up- oder Pull-Down-Widerstand geschaltet und die Strombelastbarkeit des Ausgangs eingestellt werden. Mit den entsprechende Definitionen für den Registerzugriff

```
#define IO_MUX_BASE 0x60009000
#define IO_MUX_GPIOn_REG_OFFS(n) (0x0004 + n * 4)
#define iomuxGPIO4Reg *((volatile uint32_t*)
    ↪ (IO_MUX_BASE | IO_MUX_GPIOn_REG_OFFS(4)))
```

```
#define iomuxGPIO5Reg *((volatile uint32_t*)
    ↪ (IO_MUX_BASE | IO_MUX_GPIOn_REG_OFFS(5)))
```

und den Definitionen für die Inhalte

```
#define IO_MUX_GPIOn_FUN_DRV 10
#define IO_MUX_GPIOn_MCU_SEL 12
#define IO_MUX_PIN_FUNC_GPIO 1
#define IO_MUX_PIN_DRV_40mA 3
```

kann die korrekte Initialisierung des IO MUX erfolgen. Es werden jeweils für GPIO4 und GPIO5 das Multiplexing und die Strombelastbarkeit auf das Maximum von 40 mA eingestellt.

```
1 iomuxGPIO4Reg &= ~(0x7 << IO_MUX_GPIOn_MCU_SEL);
2 iomuxGPIO4Reg |= (IO_MUX_PIN_FUNC_GPIO << IO_MUX_GPIOn_MCU_SEL);
3 iomuxGPIO4Reg &= ~(0x3 << IO_MUX_GPIOn_FUN_DRV);
4 iomuxGPIO4Reg |= (IO_MUX_PIN_DRV_40mA << IO_MUX_GPIOn_FUN_DRV);
```

Diese Einstellung, die aus Platzgründen nur für GPIO4 wiedergegeben wurde, wirkt codetechnisch aufwendig. Das allgemeine Setzen von Bits benötigt zuvor ein Löschen. In Zeile 1 werden die 3 Bits (0x07 = 111b) von `IO_MUX_GPIOn_MCU_SEL` exemplarisch auf 0 gesetzt, um in Zeile 2 den Wert `IO_MUX_PIN_FUNC_GPIO` zu erhalten. Angenommen, der Wert wäre zuvor 0x2 und das Setzen in Zeile 2 erfolgte ohne vorhergehendes Löschen, würde dies im falschen Wert 0x3 (0x1 | 0x2) resultieren. Im vorliegenden Fall wäre dieses Problem jedoch nicht entstanden, da der Reset-Wert im Register 0x0 ist. Aus Gründen der Portierbarkeit auf neue Hardware wird aber davon abgeraten, sich auf die Resetwerte zu verlassen.
Die Initialisierung lässt sich auch zusammenfassen, sodass für die Registerkonfiguration nur ein Read-/Modify-/Write-Zyklus pro Register notwendig ist:

```
uint32_t reg = (iomuxGPIO4Reg &
    ↪ ~((0x7 << IO_MUX_GPIOn_MCU_SEL) |
    ↪ (0x3 << IO_MUX_GPIOn_FUN_DRV)));
iomuxGPIO4Reg = (reg |
    ↪ ((IO_MUX_PIN_FUNC_GPIO << IO_MUX_GPIOn_MCU_SEL) |
    ↪ (IO_MUX_PIN_DRV_40mA << IO_MUX_GPIOn_FUN_DRV)));
```

Im Beispiel zuvor wurden vier Read-/Modify-/Write-Zyklen durchgeführt. Die Verbesserung wurde zum einen durch ODER-Verknüpfung der Werte und zum anderen durch die explizite Verwendung der temporären Variablen `reg` ermöglicht. Der Compiler kann diese Optimierung nicht selbstständig durchführen, da die Peripherieregister

`volatile` markiert sind (und das aus gutem Grund, siehe Abschnitt 4.3.1).
Nachdem das Multiplexing für GPIO4 und GPIO5 korrekt eingestellt und die Applikation erfolgreich gestartet ist, blinken die LEDs im Sekundentakt. Dabei fällt auf, dass die beiden LEDs invers zueinander leuchten. Dieses Verhalten resultiert aus der inversen elektrischen Ansteuerung durch die PMOS/NMOS-Transistoren.

Die über Source getriebene LED leuchtet, wenn GPIO4 in `GPIO_OUT_REG` »1« (HI) gesetzt wird. Die über Sink getriebene LED leuchtet hingegen, wenn GPIO5 in `GPIO_OUT_REG` »0« (LO) gesetzt wird. Man spricht bei GPIO4 von »direkter« und beim Verhalten von GPIO5 von »inverser« Ansteuerung. Üblicherweise wird von diesem Schaltverhalten in der Software durch Einführung der Zustände `on` und `off` abstrahiert.

Eine Messung der Spannung liefert auf dem Board sehr exakt die vom Spannungswandler generierten $V_{DD} = 3,3V$. Die Push-Spannung hinter dem PMOS Transistor beträgt 3V, was einen LED-Strom von 19 mA bewirkt. Die Pull-Spannung des NMOS Transistors beträgt 0,3V, was ebenso in einem LED-Strom von 19 mA resultiert. Die Spannungen sind unter V_{DD} bzw. über GND, da die Transistoren mit $R_{DS(ON)}$ durchschalten und damit selbst einen Spannungsabfall haben. Laut Datenblatt ist die minimale »high-level output voltage« $V_{OH} = 0,8 \cdot V_{DD}$ und die maximale »low-level output voltage« $V_{OL} = 0,1 \cdot V_{DD}$. Diese Spannungen sind in Abb. 5–14 eingezeichnet und gelten für eine Last mit hohem Widerstand.

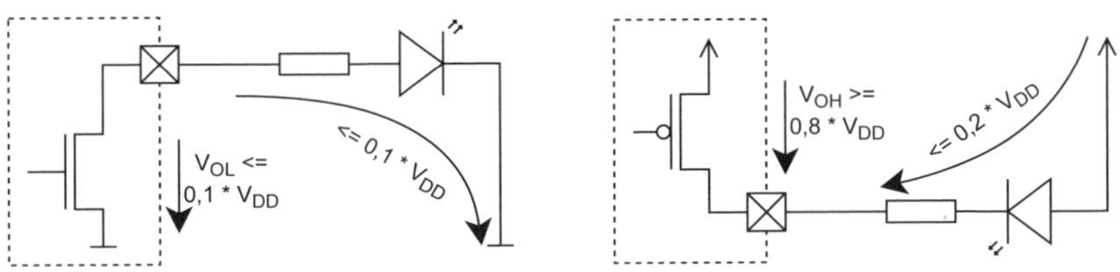

Abb. 5–16
Push-/Pull von LEDs im ausgeschalteten Zustand, als Quelle (links) und Senke (rechts)

Das bedeutet aber auch, dass in Push-/Pull-Konfigurationen immer Spannungen anliegen, die von V_{DD} bzw. GND verschieden sind. In weiterer Folge fließen mitunter unerwartet Ausgleichsströme, die im schlimmsten Fall zu elektrischer Zerstörung führen können. In Abb. 5–16 sind die resultierenden Spannungen beim Treiben der LEDs als Quelle und Senke eingezeichnet. Da die Spannungsunterschiede die Threshold-Spannung der LED nicht erreichen, sperrt die Diode, und der fließende Ausgleichsstrom ist minimal.

5.4.6 Set-/Reset-Register

Zum Ändern eines Wertes über das Register `GPIO_OUT_REG` muss, wie in Abschnitt 4.4.3 beschrieben, der bestehende Wert aus dem Peripheriemodul gelesen, in der CPU geändert und zur Peripherie zurückübertragen werden. Um diese Read-/Modify-/Write-Folge einzusparen, stellen manche Module spezielle Set-und-Reset-(bzw. Clear-)Register zur Verfügung.

Das GPIO-Modul des ESP32-C3 bietet das Register `GPIO_OUT_W1TS_REG` zum Setzen von Bits an. Die Bits, die hier beim Schreibzugriff gesetzt werden, werden am Output gesetzt. Die gelöschten Bits bleiben am Output unverändert. Ein Lesen des Registers ist nicht vorgesehen.

Analog dient das Register `GPIO_OUT_W1TC_REG` zum Löschen von Bits in einem Schritt. Beim Schreibzugriff gesetzte Bits werden am Output gelöscht.

Es gelten damit folgende Entsprechungen, wobei die Befehle der linken Spalte nur einen Schreibzugriff bewirken und die der rechten Spalte jeweils ein Read/Modify/Write.

Tab. 5–1 *Entsprechungen von Set-/Reset- zu Read-/Modify-/Write-Zugriffen*

Direkter Zugriff	Read/Modify/Write
`GPIO_OUT_W1TS_REG = 0x17`	`GPIO_OUT_REG |= 0x17`
`GPIO_OUT_W1TC_REG = 0x17`	`GPIO_OUT_REG &= ~0x17`

5.4.7 Bitfeld und Union in C

Kenner:innen der Programmiersprache C dürften im Abschnitt zur Bitmaskierung (4.4) überlegt haben, dass das »Bitfeld« (»bit-field«) eine gute Alternative darstellt. In der Tat hat dieser strukturierte Datentyp Vorteile, die den Einsatz sinnvoll machen können.

Ein Bitfeld ähnelt stark einer Struktur. Im Unterschied zur `struct` wird für jede Komponente hinter einem Doppelpunkt die Anzahl Bits deklariert, die für diese Komponente reserviert werden sollen. Dabei werden diese Bits im größeren Datentyp der Komponente zusammengefasst. Für das Register `IO_MUX_GPIOn_REG` ist eine Bitfeld-Definition in Listing 5.2 angeführt.

Das »least significant bit« (LSB) ist das Bit mit dem niedrigsten Stellenwert, Bit_0.

Die einzelnen Komponenten werden alle in einem Basistyp `uint32_t` zusammengefasst. Die erste gelistete Komponente `ioMuxGpioMcuOe` wird auf das LSB gelegt. Diese Allokation und weitere technische Eigenschaften des Bitfeldes sind aber nicht im C-Standard definiert und damit compilerabhängig. Eine Portabilität ist damit also beim Bitfeld nur bedingt gewährleistet.

Listing 5.2 *Bitfelddefinition für das Register* IO_MUX_GPIOn_REG

```
1  struct IoMuxGpioReg {
2      uint32_t ioMuxGpioMcuOe : 1; // bit0
3      uint32_t ioMuxGpioSlpSel : 1; // bit1
4      uint32_t ioMuxGpioMcuWpd : 1; // bit2
5      uint32_t ioMuxGpioMcuWpu : 1; // bit3
6      uint32_t ioMuxGpioMcuIe : 1; // bit4
7      uint32_t reserved0 : 2; // bit5..6
8      uint32_t ioMuxGpioFunWpd : 1; // bit7
9      uint32_t ioMuxGpioFunWpu : 1; // bit8
10     uint32_t ioMuxGpioFunIe : 1; // bit9
11     uint32_t ioMuxGpioFunDrv : 2; // bit10..11
12     uint32_t ioMuxGpioMcuSel : 3; // bit12..14
13     uint32_t ioMuxGpioFilterEn : 1; // bit15
14     uint32_t : 16; // bit16..31
15 };
```

Die meisten Komponenten benötigen ein Bit, `ioMuxGpioFunDrv` in Zeile 11 hingegen zwei Bit. Unbelegte Bits werden typischerweise wie in Zeile 7 als reserviert (oder auch »RFU«, »Reserved for Future Use«) angegeben. Gängige C-Compiler erlauben aber auch namenlose Bitfeldkomponenten wie in Zeile 14.
Für den Memory-Mapped-Zugriff kann das Bitfeld über eine Pointer-Variable auf das Peripherieregister gelegt werden:

```
volatile struct IoMuxGpioReg* pIoMuxGpio4Reg =
    ↪ (volatile struct IoMuxGpioReg*)
    ↪ (IO_MUX_BASE | IO_MUX_GPIOn_REG_OFFS(4));
```

Die Initialisierung gewinnt damit an Eleganz:

```
pIoMuxGpio4Reg->ioMuxGpioMcuSel = IO_MUX_PIN_FUNC_GPIO;
pIoMuxGpio4Reg->ioMuxGpioFunDrv = IO_MUX_PIN_DRV_40mA;
```

Alternativ ist auch der direktere, aber schwerer zu debuggende Weg über ein `define` möglich:

```
#define ioMuxGpio5Reg (*(volatile struct IoMuxGpioReg*)
    ↪ (IO_MUX_BASE | IO_MUX_GPIOn_REG_OFFS(5)))
```

Die Initialisierung ist ebenso elegant wie über den Pointer:

```
ioMuxGpio5Reg.ioMuxGpioMcuSel = IO_MUX_PIN_FUNC_GPIO;
ioMuxGpio5Reg.ioMuxGpioFunDrv = IO_MUX_PIN_DRV_40mA;
```

Ein lesender Bitfeld-Komponentenzugriff hat einen lesenden Peripheriezugriff und eine Maskierungsoperation zur Folge. Ein schreibender Zugriff resultiert in einem Read-/Modify-/Write-Zyklus. Das

Bitfeld ist damit eine elegante Variante zur umständlicheren und damit auch fehleranfälligeren Bitmaskierung.
Ein nicht zu unterschätzender Nachteil des Bitfelds ist, dass Zugriffe auf die Komponenten immer nacheinander und damit nie gleichzeitig erfolgen. Die obigen Zugriffe zum Einstellen der Funktion und der Stromstärke sind nicht gleichzeitig möglich.

Abhilfe kann man mit einer `union` schaffen. Bei diesem Datentyp, der große Ähnlichkeit zu einer Struktur aufweist, werden die einzelnen Komponenten nicht hintereinander in den Speicher, sondern auf denselben Speicher gelegt. Es ergibt sich damit eine automatische Reinterpretation des Speicherinhalts beim Komponentenzugriff.

Angewendet auf die Bitfelddefinition aus Listing 5.2 ergibt sich (gekürzt):

```
union IoMuxGpioReg {
    struct {
        uint32_t ioMuxGpioMcuOe : 1;
        // [...]
    };
    uint32_t rawValue;
};
```

Nicht jeder Compiler unterstützt anonyme Komponenten wie das gegebene Bitfeld. Gegebenenfalls muss ein Name vergeben werden.

Durch die `union` liegt das Bitfeld auf demselben Speicher wie die Integer-Komponente `rawValue`. Deshalb kann je nach Anforderung entweder über das Bitfeld wie gehabt

```
pIoMuxGpio4Reg->ioMuxGpioMcuSel = ...
```

oder per Bitmaskierung

```
pIoMuxGpio4Reg->rawValue = (... | ...)
```

zugegriffen werden.

5.4.8 Gesamtes Modul kapseln

Alle Register eines Moduls können auf diese Weise über eine `union` als Bitfeld und »Rohwert« angesprochen werden. Es macht dann auch Sinn, diese Register wiederum in einer Struktur zusammenzufassen, um eine Repräsentation des gesamten Adressraums eines Peripheriemoduls festzulegen. Ein Beispiel für eine solche Zusammenfassung ist der Datentyp `uart_dev_s` in der Datei `uart_struct.h` aus dem ESP-IDF. Ein Ausschnitt ist hier wiedergegeben:

```
typedef volatile struct uart_dev_s {
    // [...]
    union {
```

```
        struct {
            uint32_t rxfifo_full: 1;
            uint32_t txfifo_empty: 1;
            // [...]
        };
        uint32_t val;
    } int_clr;
    union {
        struct {
            uint32_t div_int: 12;
            uint32_t reserved12: 8;
            // [...]
        };
        uint32_t val;
    } clk_div;
    // [...]
} uart_dev_t;
```

Die Typisierung des kompletten Moduls hat den Vorteil, dass sie öfter verwendet werden kann. Wenn ein Modul, wie beim Beispiel des UART (siehe Abschnitt 7.6.1), mehrfach als identische Hardware im System verfügbar ist, kann für jedes physische Modul eine Instanz an der jeweiligen Adresse angelegt werden. Beim ESP32-C3 sind UART0 und UART1 identische Module.
Darüber hinaus können so Pointer auf Module im System gespeichert werden und dynamisch, also zur Laufzeit, umbelegt oder als Funktionsparameter übergeben werden, etwa in der Art:

```
// global pointer to the UART to use
uart_dev_t* gpUART = &UART0; // use UART0 as default

void setUARTtoUse(uart_dev_t* pUART) {
    gpUART = pUART;
}
```

Im Programm wird in der Folge beim Zugriff auf `gpUART` der UART0 verwendet, bis die Variable durch den Aufruf von `setUARTtoUse()` auf einen anderen UART umgelegt wird. Dieses Verfahren, das sich nur mit Memory-Mapped I/O so elegant verwirklichen lässt, hat sich in den Peripheriebibliotheken der Hersteller weitgehend durchgesetzt. Da die damit einhergehende Dynamik bei der Softwareentwicklung sehr praktisch ist, werden Port-Mapped-I/O-Systeme zunehmend verdrängt.

Der CMSIS-Standard

Der »Common (früher Cortex) Microcontroller Software Interface Standard« (CMSIS) wurde von ARM mit Industriepartnern erarbeitet, um eine einheitliche Abstraktion des Controllers und der Peripheriemodule zu erhalten. Diese unterste Ebene der Abstraktion nennt man auch HAL, »Hardware Abstraction Layer« (Hardwareabstraktionsschicht).

In diesem verbreiteten Standard werden die Module als Strukturen definiert. In weiterer Folge erleichtert das die Portierbarkeit zwischen Systemen, die den CMSIS-Standard implementieren. Die APIs von Espressif und anderer Hersteller, die nicht CMSIS-konform implementiert sind, weisen dennoch strukturelle Ähnlichkeiten auf und scheinen essenzielle Grundgedanken übernommen zu haben.

5.4.9 API des Herstellers

Bis zu diesem Punkt wurden die Struktur und Funktionsweise des Mikrocontrollers mit dem Zugriff auf die Peripherie über Memory-Mapped I/O ausführlich besprochen. Dieses Wissen wird gebraucht, wenn eigene Ansteuerungen und Treiber entwickelt werden sollen oder auch wenn es notwendig ist, vorhandenen Code zu ändern bzw. anzupassen.

Wie bereits in Abschnitt 4.3.3 erwähnt, stellen die Hersteller eine Fülle an Material zur Erleichterung der Soft- und Hardwareentwicklung bereit. Üblicherweise wird eine Abstraktion der Peripheriemodule bereitgestellt, wie dies auch von Espressif für die ESP-Controller mit dem ESP-IDF der Fall ist. Dieses Framework stellt ein gemeinsames SDK (»Software Development Kit«) für alle ESP-Mikrocontroller bereit. Damit ist eine Portabilität zu anderen RISC-V-Controllern wie dem ESP32-H2 mit Möglichkeit für ZigBee und Thread, aber auch zu Xtensa-basierten Controllern wie dem ESP32-S3 weitgehend gewährleistet.

Nachteilig bei der Verwendung der APIs von Herstellern ist die (vom Hersteller gewollte) mangelnde Portabilität auf Mikrocontroller anderer Hersteller. Wenn Code entwickelt werden soll, der im Sinne einer »Second Source» für Hardware auf vielen verschiedenen Mikrocontrollern lauffähig sein soll, sollte eine selbst entwickelte portable Peripherieanbindung in Erwägung gezogen werden.

Da der ESP32-C3 verwendet wird, sich die APIs der Hersteller aber ähneln, fiel die Entscheidung darauf, im weiteren Verlauf des Buchs die API von Espressif zu verwenden. Die weiterhin vermittelten Grundlagen gelten gleichermaßen für alle Mikrocontroller. Die Implementierungsdetails sind allerdings von nun an auf die API von

Espressif zugeschnitten. Bei der Verwendung eines anderen Mikrocontrollers hilft ein Blick in die jeweilige API-Dokumentation, um die Implementierung analog durchführen zu können.

Die API-Dokumentation von Espressif zu »GPIO & RTC GPIO« in der Sektion »API Reference – Peripherals API« [16] beschreibt die vorhandenen Funktionen und Beispiele.

Die Initialisierung der GPIOs erfolgt über die Funktion `gpio_config()`:

```
gpio_config_t gpioConfig = {
    .pin_bit_mask = (1 << LED1_GPIO) | (1 << LED2_GPIO),
    .mode = GPIO_MODE_OUTPUT,
    .pull_up_en = false,
    .pull_down_en = false,
    .intr_type = GPIO_INTR_DISABLE
};
gpio_config(&gpioConfig);
```

Die übergebene Struktur wird wie gewünscht initialisiert. Hier wurden die beiden GPIOs auf `GPIO_MODE_OUTPUT` (Push-/Pull-Konfiguration) ohne Pull-up-/down-Widerstände gestellt. Es ist auch möglich, diese Initialisierungen mit den separaten Funktionen `gpio_set_direction()`, `gpio_set_pull_mode()` usw. auszuführen oder nachträglich zu ändern.
Die Schleife zum Schalten der LEDs verwendet die Funktion `gpio_set_level()` zum Setzen des Ausgangs auf den übergebenen Pegel 0 (LO) oder 1 (HI):

```
uint32_t level = 0;
while (true) {
    level = !level;
    gpio_set_level(LED1_GPIO, level);
    gpio_set_level(LED2_GPIO, level);
    vTaskDelay(1000 / portTICK_PERIOD_MS);
}
```

Listing 5.3
Nicht gleichzeitiges Schalten der LEDs per API-Funktion

Die API bietet keine Funktion zum gleichzeitigen Schalten der GPIOs. Aus diesem Grund werden die beiden LEDs durch separate Aufrufe der Funktion `gpio_set_level()` geschaltet. Ist absolut gleichzeitiges Schalten erforderlich, muss auf das direkte Schreiben, wie zuvor in Abschnitt 5.4.4 besprochen, zurückgegriffen werden.

Das ESP-IDF stellt hierfür auch Funktionen unter der Bezeichnung »Dedicated GPIO« zur Verfügung.

5.4.10 Oszilloskop als Hilfsmittel

Mit dem Auge ist nicht feststellbar, ob die LEDs gleichzeitig schalten. Es auch nicht möglich, das Zeitverhalten der Signale mit dem in

Abschnitt 5.3.4 als Grundausstattung eingeführten Multimeter auszumessen. Es gibt zwar Multimeter mit guten Messfähigkeiten, doch hierfür lohnt sich die Anschaffung eines Oszilloskops.

Abb. 5–17 *Spannung-/Zeit-Diagramm des Schaltverhaltens nach Listing 5.3*

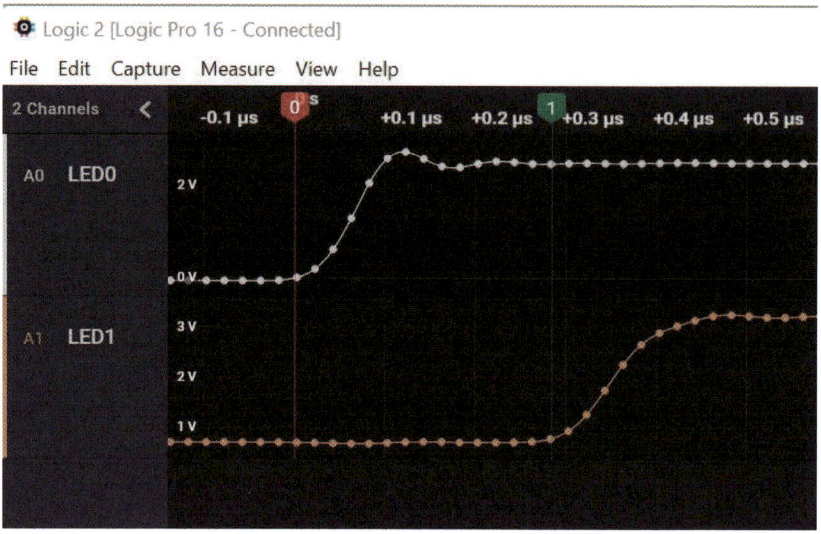

Ein Oszilloskop (eingedeutscht etwa »Schwingungsanzeiger«) nimmt in seiner Grundform ein Signal auf mehreren »Kanälen« auf und stellt dieses in einem Spannung-/Zeit-Diagramm dar. Die Achsenskalierung ist dabei in weiten Bereichen wählbar. Ein klassisches Oszilloskop ist ein Stand-alone-Gerät mit eigenem Display und praktischen Knöpfen für die schnelle Einstellung der Messparameter. Je nach Ausstattung kostet ein Oszilloskop wenige hundert bis viele tausend Euro. Es gibt auch Oszilloskope bzw. Datenlogger, die direkt über USB an den PC angebunden werden und das User Interface des PC verwenden. Diese sind bei gleicher Funktionalität etwas günstiger; ein Oszilloskop als separates Gerät hat aber den nicht zu unterschätzenden Bedienungsvorteil.

Ein solches USB-Oszilloskop (konkret ein saleae Logic Pro 16) wurde an die LED-steuernden Ausgänge angeschlossen, mit dem Messergebnis in Abb. 5–17. Es ist gut sichtbar, dass die obere LED0 zuerst schaltet und um etwa 0,3 µs zeitversetzt die untere LED1. Die Messpunkte 0 (rot) und (1) grün, die den Beginn des Schaltens einzeichnen, ergeben eine gemessene Latenz von 293 ns. Je nach Anwendung kann das eine (unnötig) lange Zeit sein. Bei den 160 MHz Systemtakt entspricht das etwa 50 Takten.

Eine Vergleichsmessung mit dem »manuell« mit Bitmaskierung implementierten Schalten in Listing 5.1 zeigt in Abb. 5–18, dass das Schalten tatsächlich gleichzeitig ist.

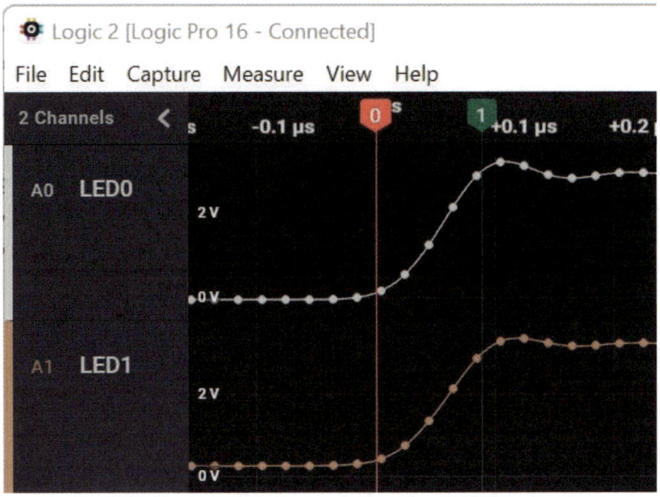

Abb. 5–18 Spannung-/Zeit-Diagramm des Schaltverhaltens nach Listing 5.1

Beim Schalten wird erwartet, dass die »Flanke« (»Edge«) des Signals vertikal, also sprunghaft, steigt oder fällt. Im groben Oszillatorbild sieht es auch danach aus. Wird aber auf der Zeitachse vergrößert, wird der einschwingende Schaltvorgang sichtbar. Man spricht von der »Steilheit der Flanke«, die physikalisch praktisch nicht unendlich steil sein kann. Im konkreten Fall ist die Zeit zwischen den Messpunkten 0 (rot) und 1 (grün) 89 ns.

5.4.11 Kondensator

Mit ein Grund für die Abflachung der Flanke sind die kapazitiven Eigenschaften der Leiterbahnen und der eingesetzten Bauteile. Die elektrische Kapazität ist eine physikalische Größe, die die Fähigkeit zur Ladungsspeicherung angibt. Ein kapazitives elektrisches Bauteil ist der Kondensator.

Wie in Abb. 5–19 dargestellt, werden beim Laden a) auf gegenüberliegenden, durch eine Isolierschicht (das »Dielektrikum«) getrennten Metallplatten Elektronen aufgebracht beziehungsweise abgezogen. Beim Entladen b) wird die Elektronenladung ausgeglichen. Der dabei fließende Ausgleichsstrom kann wie im dargestellten Fall Arbeit in einer LED verrichten.

Ein Kondensator verhält sich durch die Elektronenspeicherung wie ein kleiner, sehr schneller Akkumulator. Damit ist das Haupteinsatzgebiet in der Digitaltechnik gegeben. Sehr nahe an den Versorgungsleitungen von ICs platziert, dienen diese »Stützkondensatoren« der kurzfristigen Bereitstellung elektrischer Energie. Besonders getaktete Schaltkreise in CMOS-Technologie wie Mikroprozessoren be-

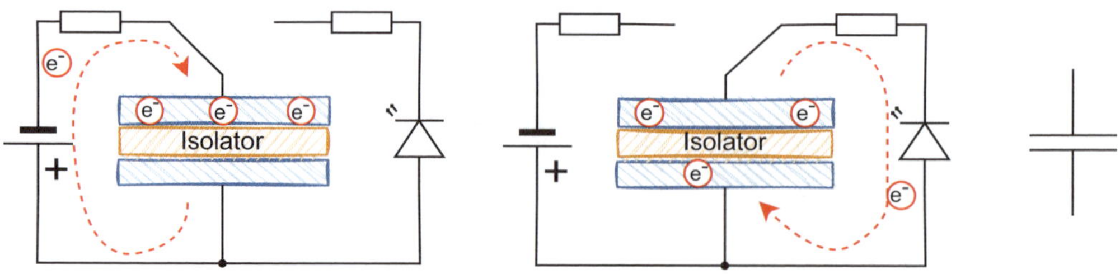

a) Laden des Kondensators

b) Entladen des Kondensators

c) Schaltplansymbol

Abb. 5–19
Laden a) und Entladen b) eines schematischen Kondensators c) zeigt das Schaltplansymbol.

nötigen bei der Ausführung eines Takts viel Energie, die vom Stützkondensator geliefert wird. Zwischen den Takten können die Kondensatoren wieder aufgeladen werden. Ebenso wird die beim Senden von Daten über Funk kurzzeitig benötigte Energie über große Stützkondensatoren bereitgestellt.

Weitere übliche Einsätze sind als »Glättungskondensator« und als »Filterkondensator«: Um aus Spannungen wechselnde Anteile zu entfernen und stabile Gleichspannungen zu erzeugen oder bestimmte Frequenzen herauszufiltern, werden Kondensatoren direkt oder in Filterschaltungen (RC(L)-Schaltungen, siehe Abschnitt 8.2) eingesetzt. Das Gate in CMOS-Transistoren stellt im Prinzip auch einen Kondensator dar.

Die Einheit der elektrischen Kapazität ist das Farad [F]. Eine typische Größe für Stützkondensatoren an ICs ist 100 nF.

5.4.12 Leistung, Arbeit, Batterielebensdauer

Laut Energieerhaltungssatz kann Energie in einem abgeschlossenen System weder erzeugt werden noch verloren gehen, sondern nur von einer Energieform in eine andere umgewandelt werden. Beispielsweise kann elektrische Energie in einem Aktor in kinetische Energie oder chemische Energie in einer Batterie in elektrische umgewandelt werden. Als oft ungewollte Begleiterscheinung wird elektrische Energie in unseren Systemen in thermische Energie umgewandelt.

Für den Ladungstransport der Ladung Q von einem niederen Potenzial zu einem höheren muss entsprechende Arbeit geleistet bzw. Energie aufgebracht werden, ausgedrückt mit

$$W = Q \cdot U$$

oder (bei zeitlich konstanter Spannung und Strom)

$$W = I \cdot U \cdot t$$

Interessant ist auch die Leistung, also momentan geleistete Arbeit pro Zeiteinheit

$$P = U \cdot I$$

Die Einheit der Arbeit ist [J]oule, im elektrischen Konsens wird aber meist die äquivalente Wattsekunde [Ws] benutzt. Noch gebräuchlicher ist die Wattstunde, für die gilt 1 Wh = 3600 Ws. Da die Leistungsaufnahme von Mikrocontrollersystemen zeitlich variant ist, wird die Arbeit als Fläche beziehungsweise Integral der Leistung über die Zeit gesehen:

$$W = \int_{t=t_0}^{t_1} u(t) \cdot i(t) dt$$

Wenn man die Datenblätter zum Vergleich von Komponenten zur Hand nimmt, kann dies zu Täuschungen führen. Der Vergleich des Stromverbrauchs lässt die anliegende Spannung außer Acht. Bei gleicher Versorgungsspannung ist der Vergleich aber diesbezüglich legitim. Grundsätzlich sollte aber nicht die Leistung, sondern die geleistete Arbeit für einen Prozess verglichen werden, wie folgendes Beispiel verdeutlicht.

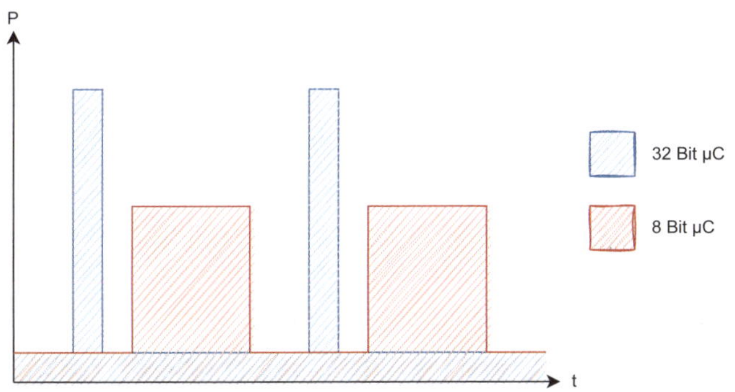

Abb. 5–20
Ein 32-Bit-Mikrocontroller mit höherer Leistungsaufnahme gegen einen langsameren 8-Bitter

In Abb. 5–20 ist die Leistung eines »stromsparenden« 8-Bit-Mikrocontrollers (rot) sowie eines »hungrigeren« 32-Bit-Mikrocontrollers (blau) zur zyklischen Abarbeitung von Aufgaben vergleichsweise eingetragen. Obwohl der 32-Bitter eine deutlich höhere Leistungsaufnahme hat, kann der Vergleich unter bestimmten Voraussetzungen zu seinen Gunsten entschieden werden. Der 8-Bitter benötigt zur Abarbeitung derselben Aufgaben deutlich mehr Zeit, wenn breitere Datentypen eingesetzt werden. Zur Addition einer 32-Bit-Zahl führt er vier Additionen durch und benötigt damit vier Takte. Ein 32-Bitter erledigt dieselbe Aufgabe in einem Takt. Auch bei verbreiterter ALU benötigen die 8- oder 16-Bitter deutlich mehr Takte für die breiten Abarbeitungen als native 32-Bitter.

Mobile Embedded Systeme sind oft batteriebetrieben, und damit stellt sich die Frage nach der Batterielebensdauer. Für eine Antwort wird die Leistung gemessen und der Stromverbrauch durch Integration berechnet. Als Messgerät gibt es dafür eigene Leistungsmessgeräte bzw. Power Analyzer, die allerdings recht teuer sind. Mithilfe einer Stromzange, die den Strom durch einen durchflossenen Leiter aufgrund des resultierenden Magnetfelds misst, oder eines Shunt-Widerstands (siehe auch Abschnitt 5.3.4) lässt sich der Strom am Oszilloskop messen. Moderne Oszilloskope haben eine Mathematikfunktion, die aus dem Strom die Leistung berechnen und die Arbeit aufintegrieren kann.

Die an der Batterieleitung gemessenen Werte werden in weiterer Folge herangezogen, um die durchschnittliche Leistung abzuschätzen. Je nach Tätigkeit schwankt der Stromverbrauch eines Systems. Angenommen, ein System wird mit 3 V betrieben und benötigt im Ruhezustand 100 µA. Es liest alle 10 s einen Sensorwert aus, wofür es 80 ms lang 10 mA benötigt. Alle 10 Minuten werden gefilterte Werte über ein Funkprotokoll an das Hintergrundsystem übertragen, was 150 ms lang 300 mA benötigt. Die elektrische Arbeit in einer Stunde ist damit
W$=3$ V$\cdot(0,0001$ A$\cdot 60 \cdot 60$ s$+0,01$ A$\cdot 0,08$ s$\cdot 6 \cdot 60 + 0,3$ A$\cdot 0,15$ s$\cdot 6) =$
3 V$\cdot(0,36 + 0,288 + 0,27)$ Ws$= 2,754$ Ws
und die durchschnittliche Leistung
P$= 2,754$ Ws$\div 3600s = 0,765$ mW

Um die Batterielebensdauer zu berechnen, werden die Daten einer Zelle des Herstellers herangezogen. Varta gibt auf der Webseite für eine Longlife-AA-Zelle [61] eine Spannung von 1,5 V und eine Kapazität von 2930 mAh an. Da in Batterien chemische Prozesse, die nie gestoppt werden, ablaufen, haben sie eine maximale Lebensdauer durch Selbstentladung. Bei dieser Zelle gibt der Hersteller eine Haltbarkeit von zehn Jahren an. Dies ist auch die maximal kalkulierbare Betriebsdauer des Systems bis zum Batteriewechsel.

Aus der Kapazität kann auf die gespeicherte Energie geschlossen werden, indem die Kapazität mit der Nennspannung multipliziert wird. Tatsächlich ist aber die Spannung der Batterie nicht über die Lebensdauer konstant. Zu Beginn ist diese höher und fällt im Laufe der Entladung. Die 1,5V sind ein Durchschnittswert über die Lebensdauer.

Die abrufbare Energie von zwei AA-Batterien ist damit W$= 2 \cdot 2,93$ Ah $\cdot 1,5$ V$= 8,79$ Wh$= 31644$ Ws. Teilt man diesen Wert durch die durchschnittlich benötigten 0,765 mW, erhält man 31644 Ws$\div 0,000765$ W≈ 41364705 s≈ 11490 h≈ 478 Tage.

Würden statt der Batterien Akkus eingesetzt, müsste die Rechnung angepasst werden. Ein vergleichbarer NiMH-Akkumulator des Herstellers hat eine Kapazität von 2400 mAh bei niedrigeren 1,2 V. Zusätzlich kommt eine erhebliche Selbstentladung abschlägig hinzu. Die Restkapazität nach einem Jahr liegt bei 75%. Durch die etwa einjährige Lebensdauer kann mit diesem Wert gerechnet werden, weshalb die Energie für zwei Zellen mit $W = 2 \cdot 2,4$ Ah$\cdot 0,75 \cdot 1,2$ V$= 4,32$ Wh beträgt, also etwa die Hälfte der Batterien. Es ist wichtig zu erwähnen, dass es sich trotz genauer Rechnung um eine grobe Abschätzung handelt.

Für den industriellen Einsatz sind Zellen verfügbar, die in den Datenblättern neben weiteren Parametern auch die Temperaturabhängigkeit listen. Die den Batterien zugrunde liegenden chemischen Prozesse sind temperaturabhängig und geraten gerade bei Kälte leicht ins Stocken. Neben der Erhöhung der Batteriekapazität dienen Maßnahmen zur Verringerung der Leistungsaufnahme, wie sie in Abschnitt 10.4 beschrieben sind, der Verlängerung der Batterielebensdauer.

5.5 Taster anschließen

Nachdem die Ausgabe eines digitalen Signals mittels GPIO anhand zweier blinkender LEDs demonstriert wurde, wird nun die Möglichkeit der digitalen Signaleingabe mittels Taster gezeigt. Ein Taster, oft auch »Schalter« oder umgangssprachlich »Knopf«, ist ein Bauelement, das durch Drücken und Loslassen Kontakt zwischen Polen herstellt und trennt. Im Schaltplan 5–2 am Kapiteleingang wurde bereits ein Taster verwendet.

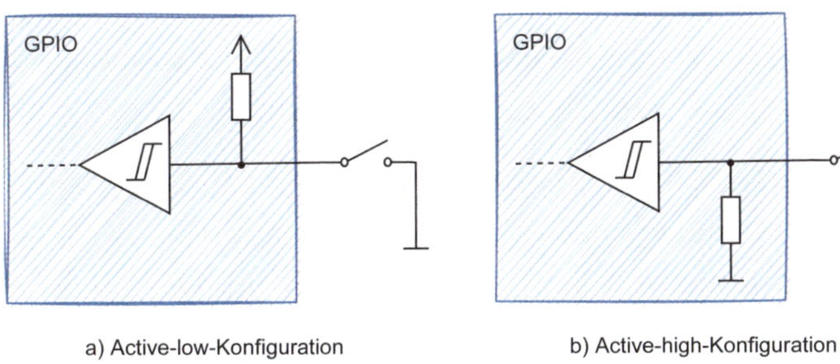

Abb. 5–21 *Taster in Active-low(a)- und Active-high(b)-Konfiguration am GPIO-Eingang*

Taster werden üblicherweise mit einem Pull-up- oder einem Pull-down-Widerstand an einen GPIO-Eingang angeschlossen, wie dies in Abb. 5–21 dargestellt ist. Links a) wird das Signal per Pull-up-Widerstand rezessiv HI (V_{DD}) gezogen. Ein Drücken des Tasters setzt das dominante LO-(GND-)Signal. Diese invertierende Arbeitsweise wird »active-low« genannt. Taster werden meist in dieser Konfiguration verwendet, so auch die beiden Taster des esp32-c3-devkitm-1-Entwicklungsboards.

In der Abbildung rechts b) wird gegenteilig mit einem Pull-down-Widerstand gearbeitet. Das resultierende Signal ist damit HI (V_{DD}), wenn der Taster gedrückt wird. Diese Konfiguration wird »active-high« genannt.

Die Pull-up-/Pull-down-Widerstände können in einer Schaltung extern angebracht werden. Üblicherweise verwendet man Größen um die 10 kΩ. Die Wahl des Widerstands ist ein Trade-off aus Flankensteilheit (je größer der Widerstand, desto flacher die Flanke) und Stromverbrauch (je kleiner der Widerstand desto höher der Stromverbrauch). Die intern schaltbaren Widerstände im GPIO des ESP32-C3 haben laut Datenblatt typischerweise 45 kΩ.

Im Schaltungsaufbau mit Steckplatine Abb. 5–15 ist ein Taster in Active-low-Konfiguration angebracht. Zum Auslesen muss der zugehörige GPIO6 auf Eingang geschaltet werden.

5.5.1 GPIO Eingangssignalpfad

Bei der Besprechung des Blockschaltbilds des GPIO-Moduls in Abb. 5–12 wurde bisher die Ausgangsschaltung (der obere Bereich der Abbildung) besprochen. Im unteren Bereich wird das elektrische Signal vom Anschluss auf einen Eingangsverstärker mit Schmitt-Trigger geleitet.

Ein Schmitt-Trigger dient der Digitalisierung analoger Signale. Da Eingangssignale nicht diskret zwischen zwei bekannten Werten LO und HI springen, stellt sich die Frage, wann ein Signal den HI-Pegel und wann den LO-Pegel hat. Im Datenblatt des ESP32-C3 sind diese Pegel als »high-level input voltage« als $0,75 \cdot V_{DD}$ bzw. »low-level input voltage« als $0,25 \cdot V_{DD}$ angegeben. Ein Schmitt-Trigger wendet auf diese Werte eine Hysterese an, was bedeutet, dass ab der Überschreitung des oberen Wertes der HI-Pegel und ab der Unterschreitung des unteren Wertes der LO-Pegel ausgegeben wird.

Abb. 5–22 zeigt dieses Verhalten für ein Eingangssignal. Oben eingezeichnet ist die Ausgabe des Schmitt-Triggers. Im Abschnitt HI_1 ist gut ersichtlich, dass das Signal unter die Spannung für den HI-Pegel fällt, der Ausgang aber HI bleibt, bis die Spannung schließlich den LO-Pegel unterschreitet. Ebenso sieht man im Abschnitt LO_2, dass ein Wechsel bei der halben Versorgungsspannung ($\frac{V_{DD}}{2}$) keinen LO-HI-Wechsel verursacht.

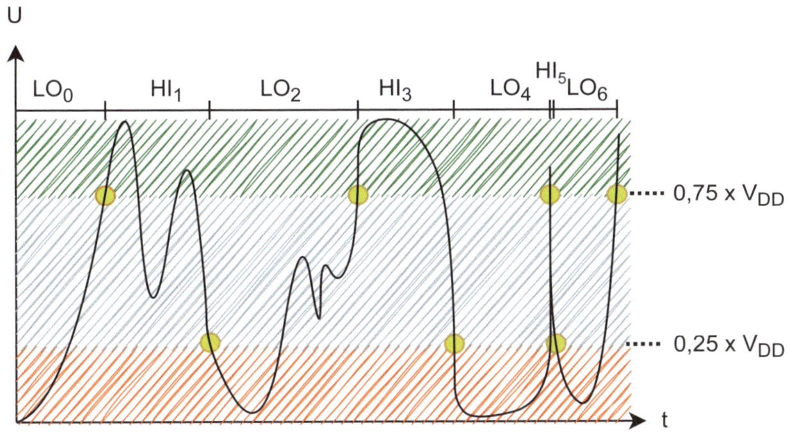

Abb. 5–22
Verhalten des Schmitt-Triggers: Bei Überschreiten der oberen Schranke wird der HI-Pegel, bei Unterschreiten der unteren der LO-Pegel ausgegeben.

Das wäre aber der Fall, wenn nur eine Schwellenspannung definiert wäre, bei deren Unterschreitung der LO-Pegel und Überschreitung der HI-Pegel ausgegeben würde. Eine solche Arbeitsweise wäre störanfällig, da kleine Signalstörungen sowie Rauschen oft vorliegen.

Dem Schmitt-Trigger sind einstellbare Einheiten für Filterung und Synchronisierung vorgeschaltet. Filter dienen der weiteren Entfernung von Signalstörungen wie »Glitches« bzw. »Spikes«. Das sind kurzzeitige Signalstörungen, die Logikfehler auslösen würden. Ein solcher Glitch ist als HI_5 eingezeichnet. Die Arbeitsweisen der Filter sind dem jeweiligen Reference Manual zu entnehmen.

Dort ist auch die Funktionsweise der Synchronisierungseinheit beschrieben. Diese ist notwendig, da die Signaländerung »asynchron« zum Systemtakt, also zeitlich vom GPIO-Modul nicht vorhersehbar, auftritt. Da das GPIO-Modul aber mit einem Takt arbeitet, muss das Modul das Signal zu einem bestimmten Zeitpunkt übernehmen. Diese Übernahme wird »Abtastung« (»Sampling«) genannt. Wenn ein Signal aber zu einem bestimmten Zeitpunkt abgetastet wird, könnte durch Zufall genau ein Glitch abgetastet und übernommen werden.

Aus diesem Grund macht es Sinn, ein Signal innerhalb des Synchronisierungsintervalls mehrfach abzutasten (»Oversampling«) und eine Mehrheitsentscheidung zu wählen. Abb. 5–23 zeigt das Sampling in drei Synchronisierungszyklen. Es ist ersichtlich, dass beim einfachen Sampling a) das Signal in Zyklus $Sync_2$ wegen eines LO-Glitches falsch interpretiert wird. Bei dreifachem Oversampling wird der Glitch erkannt und das Signal aufgrund einer 2:1 Mehrheitsentscheidung korrekt interpretiert.

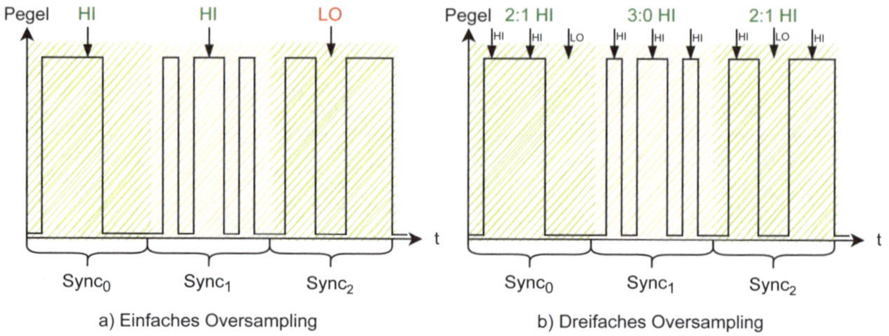

Abb. 5–23 *Datenübernahme bei einfachem Oversampling a) und dreifachem Oversampling b)*

Das synchronisierte, gefilterte, digitalisierte Signal wird über den Eingangsdemultiplexer an ein Peripheriemodul zugestellt. Dies kann das Eingangsregister des GPIO-Moduls sein, aber auch beispielsweise die RX-Leitung eines UART-Moduls oder die Capture-Leitung eines Timers. Grundlagen des Pin-Multiplexings wurden bereits in Abschnitt 5.4.5 besprochen.

Der Ausgangstreiber und der Eingangstreiber eines GPIOs können gleichzeitig aktiv sein. Ein Schreiben eines Ausgangsregisters (`GPIO_OUT_REG`) bewirkt das elektrische Schalten des Ausgangs, wie im Modus angegeben. Ein Lesen dieses Registers liefert diesen Schaltstatus zurück. Da das Signal sich aber unter Umständen, beispielsweise bei einem Kurzschluss oder wenn eine externe Komponente ein rezessives Signal dominant überschreibt, unterscheiden kann, macht es applikationsabhängig Sinn, das anliegende Signal einzulesen und zu prüfen. Der ESP32-C3 stellt die GPIO-Eingangssignale im Register `GPIO_IN_REG` zur Verfügung.

Tastendruck erkennen

Analog zu Abschnitt 5.4.9, in dem die API verwendet wurde, um die GPIOs als LED-Ausgänge zu konfigurieren, wird der GPIO6 als Eingang mit Pull-up-Widerstand eingestellt, da an `GPIO_NUM_6` (der Lesbarkeit halber definiert als `BTN_GPIO`) ein Taster in Active-low-Konfiguration angeschlossen ist.

```
gpio_config_t gpioConfigIn = {
    .pin_bit_mask = (1 << BTN_GPIO),
    .mode = GPIO_MODE_INPUT,
    .pull_up_en = true,
    .pull_down_en = false,
    .intr_type = GPIO_INTR_DISABLE
};
gpio_config(&gpioConfigIn);
```

Der Eingang kann nach der Konfiguration mit Hilfe der Funktion gpio_get_level() ausgelesen werden. Um das Ereignis des Tastendrucks nicht zu verpassen, muss der GPIO-Eingang zyklisch ausgelesen werden. Das Codestück

```
uint32_t ledLevel = 0;
uint32_t btnLevel = 1; // released@active-low
while (true) {
    if (gpio_get_level(BTN_GPIO) != btnLevel) {
        btnLevel = gpio_get_level(BTN_GPIO);
        if (btnLevel == 0) { // pressed
            ledLevel = !ledLevel;
            gpio_set_level(LED1_GPIO, ledLevel);
            gpio_set_level(LED2_GPIO, ledLevel);
        }
    }
}
```

mit der angepassten Hauptschleife des LED-Beispiels wechselt die LEDs, wenn der Taster gedrückt wird. Um keinen Tastendruck zu verpassen, wird die Schleife als »Busy Loop« ausgeführt. Sie verbraucht damit sämtliche zur Verfügung stehenden CPU-Ressourcen. Um mehrfaches Schalten während eines Tastendrucks zu vermeiden, wird der Zustand des Tasters in btnLevel zwischengespeichert. Eine Änderung durch Drücken oder Loslassen wird so registriert. Beim Drücken, erkennbar am LO-Signal, werden die LEDs umgeschaltet.

Prellen des Tasters

Beim Test verhält sich die Applikation normalerweise, wie sie soll. Ein Drücken des Tasters schaltet die LEDs um; ab und an scheint ein Drücken aber keine Reaktion auszulösen, manchmal flackern die LEDs. Dieses Verhalten rührt daher, dass die federnde Mechanik des Tasters zurückprallt. Korrosion, Schmutz, hohe Ströme und anderes verstärken den oszillierenden Effekt.

Abb. 5–24 zeigt die Oszilloskopaufnahme des Prellens beim Drücken (links) und Loslassen (rechts) eines Tasters. Die horizontalen Abschnitte sind 100 µs lang. Beim Drücken liegt nach 200 µs ein Glitch vor, beim Loslassen tritt der Glitch direkt auf, nach etwa 50 µs liegt das Signal stabil an. Typischerweise prellen Taster beim Drücken stärker als beim Loslassen.

Das bis zu 30 ms dauernde Prellen lässt sich elektrisch durch einen Tiefpassfilter mittels Kondensator beheben. Oft wird aber auf den zusätzlichen Hardwareaufwand verzichtet und das Entprellen in Software implementiert. Die wesentliche Idee dabei ist, den GPIO des

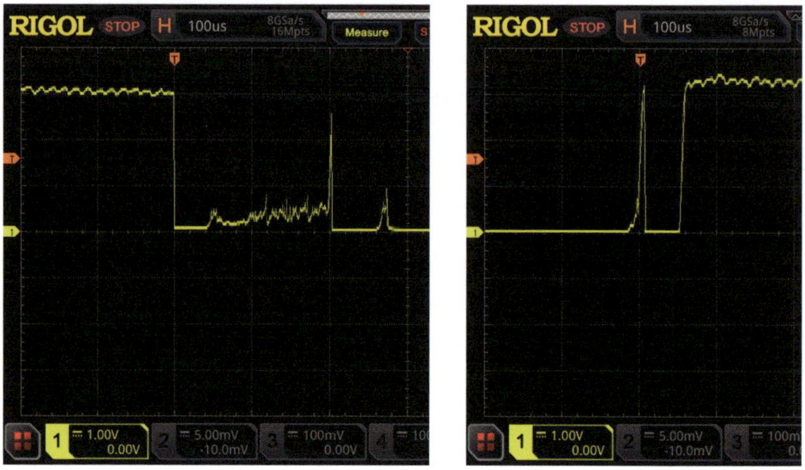

Abb. 5–24 *Oszilloskopaufnahmen des Prellens eines Active-low-Tasters beim Drücken (links) und Loslassen (rechts)*

Tasters mit niedrigerer Frequenz auszulesen und die Betätigung nur weiterzuleiten, wenn derselbe Status stabil anliegt, also unverändert gelesen wird.

Beim Verarbeiten eines Eingangssignals sollte es vermieden werden, den Zustand wie in Zeile 4 auszulesen und anschließend durch nochmaliges Lesen in Zeile 5 zu speichern. Es ist möglich, dass sich der externe Zustand zwischen den beiden Auslesungen geändert hat. Auch aus diesem Grund werden die Peripherieregister `volatile` markiert, wie in Abschnitt 4.3.1 nachzulesen ist.

Das folgende Codestück enthält eine Änderung mit einem Poll-Intervall von 50 ms, der sogenannten »Entprellzeit«.

```
1  uint32_t ledLevel = 0;
2  uint32_t btnActive = 0;
3  while (true) {
4          if (gpio_get_level(BTN_GPIO) == 0) { // pressed
5              if (++btnActive == 2) { // pressed long enough
6                  ledLevel = !ledLevel;
7                  gpio_set_level(LED1_GPIO, ledLevel);
8                  gpio_set_level(LED2_GPIO, ledLevel);
9              }
10         } else {
11             btnActive = 0;
12         }
13         vTaskDelay(50 / portTICK_PERIOD_MS);
14 }
```

Wenn der Taster gedrückt wird, wird die Zählvariable `btnActive` inkrementiert. Ist er zwei Runden lang gedrückt, werden die LEDs umgeschaltet. Nachteilig bei diesem Verfahren ist, dass ein zu kurzes Drücken des Tasters nicht oder nicht zuverlässig erkannt wird. Es kann zwar höherfrequent mit einem digitalen Tiefpassfilter (siehe Abschnitt 8.2) gearbeitet werden, doch dieses grundsätzliche Problem von »Polling«, also dem zyklischen Abfragen von Ereignissen, bleibt bestehen. Es kann durch die Verwendung von Interrupts, die im nächsten Kapitel 6 beschrieben sind, zuverlässig eliminiert werden.

Dieses Verhalten kann durch Erhöhen der Entprellzeit leicht selbst ausprobiert werden.

Eine Unschönheit im bestehenden Code soll nicht verschwiegen werden. Die Reaktion auf das externe Ereignis ist direkt in der Hauptschleife untergebracht. Die Möglichkeit des Aufrufs von Code höherer Schichten über Callbacks wird in Abschnitt 6.2.2 behandelt. Bei Vorhandensein eines Betriebssystems bieten sich die Möglichkeiten der Benachrichtigung von anderen Tasks an. Abschnitt 9.4.4 zeigt die Zustellung einer Tastendruck-Nachricht.

6 Interrupts und Exceptions

> Am Petersturm in München sind auf jeder Seite zwei Uhren übereinander angebracht, »*damit jeweils zwei Leute gleichzeitig feststellen können, wie spät es ist*«.
>
> KARL VALENTIN

In einem eingebetteten System passieren viele Dinge gleichzeitig. Peripheriemodule arbeiten selbstständig im Auftrag, aber dann ohne Zutun der CPU. Ein Kommunikationsmodul (siehe I^2C und weitere ab Abschnitt 7.3) kann selbsttätig Daten senden und empfangen, ein Timer (siehe Abschnitt 8.5) selbst Ereignisse zählen, ein GPIO-Modul (siehe Abschnitt 5.4.3) analysiert, filtert und synchronisiert das Eingangssignal und so weiter. Währenddessen kann die CPU ihren algorithmischen Aufgaben nachgehen und Berechnungen durchführen oder auch einfach im Stromsparmodus nichts tun.

Von Zeit zu Zeit ist es dann erforderlich, dass die CPU den Peripheriemodulen neue Aufgaben übermittelt. Hierbei kommuniziert sie, wie bereits besprochen, per Memory-Mapped I/O über das Bussystem mit den Modulen. Aus Sicht der CPU ist diese Kommunikation in einer algorithmischen Abfolge geplant. Generell bestimmt der algorithmisch geplante Kontrollfluss die (bedingte) Abfolge an CPU-Instruktionen.

Beim Einsatz parallel zur CPU arbeitender Module kommt es aber auch immer mal wieder vor, dass ein Modul mit der CPU kommunizieren möchte. Dies ist beispielsweise der Fall, wenn ein Kommunikationsmodul Daten empfangen hat oder die programmierte Zeit eines Timers abgelaufen ist oder ein externes GPIO-Signal wechselt. Diese aus CPU-Sicht externen Ereignisse kommen für die CPU zeitlich nicht vorhersehbar und treten damit »asynchron« auf.

Dieses Kapitel beschäftigt sich mit der Abarbeitung solcher asynchroner Ereignisse, die, wie später beschrieben wird, ihren Ursprung auch intern haben können. Dabei stehen die Effizienz und eine möglichst exakt definierte Antwortzeit im Vordergrund. Die Arbeitsweise des Mikrocontrollers im Falle eines (externen) »Interrupt« oder (internen) »Exception« genannten Ereignisses und die Implementierung der Abarbeitung in einem Interrupt bzw. Exception Handler sowie das Weiterreichen an die Applikation werden detailliert erläutert.

6.1 Exceptions und Interrupts

Um das Ereignis in der CPU wahrzunehmen, kann die CPU den Status der jeweiligen Module zyklisch abfragen. Dieses, »Polling« genannte Verfahren ist aufwendig. Je nach gewünschter durchschnittlicher Reaktionszeit muss das System die Pollingrate mitunter sehr hoch ansetzen, was eine hohe Auslastung des Bussystems und der CPU bedeutet. Die Reaktionszeit schwankt im Bereich der Periodendauer des Pollings: Es kann zufällig sein, dass unmittelbar nach Auftreten des Ereignisses gepollt wird, aber auch, dass das Ereignis unmittelbar nach dem Poll auftritt.

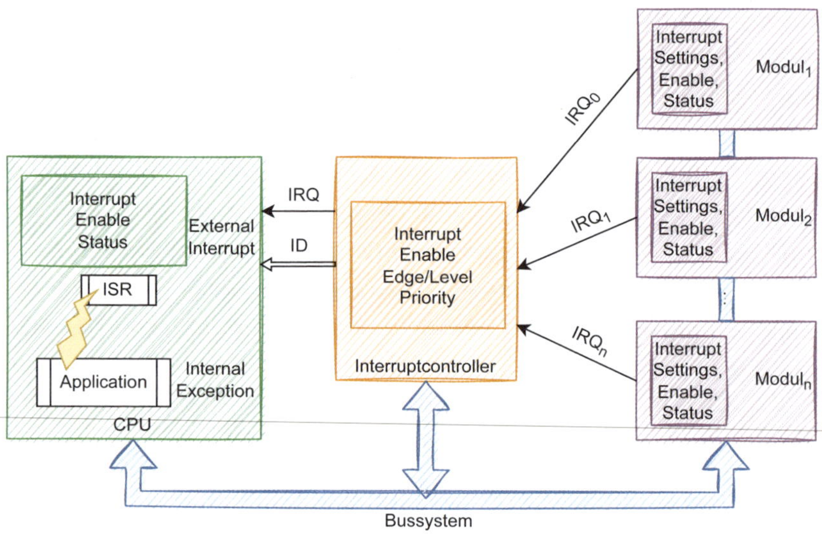

Abb. 6–1 *Peripheriemodule sind über einen Interrupt-Controller an eine CPU angebunden.*

Eine Alternative zum Polling, die in modernen Mikrocontrollern implementiert ist, ist das Exception Handling. Wie in Abb. 6–1 dargestellt, signalisieren externe Module über spezielle Interrupt-Leitungen an einen Interrupt-Controller, wenn ein Ereignis (»Interrupt Request, IRQ«) vorliegt. Die Module haben für die Konfiguration der Interrupt-Quelle eigene Register, die über das Bussystem angesprochen werden. Beispielsweise kann bei einem GPIO-Eingang festgelegt werden, dass er bei Erkennen einer fallenden Flanke, also dem Drücken eines Tasters, einen Interrupt auslöst.

Die IRQs der verschiedenen Module werden an einen Interrupt-Controller geleitet. Dieser kann wiederum über das Bussystem so konfiguriert werden, dass er die einzelnen Signale mit Prioritäten versieht. Ist die Priorität eines Signals über einer festgelegten Schranke, wird der Interrupt als externes Ereignis mit einer zugeordneten ID an die CPU weitergeleitet.

Sind in der CPU Interrupts grundsätzlich aktiviert, unterbricht sie ihren momentanen Kontrollfluss und springt an die von der ID abhängige Adresse einer Interrupt Service Routine (ISR). Nach der Sicherung des aktuellen Prozessorstatus handelt diese Funktion den Interrupt ab, was zur Löschung des entsprechenden IRQ-Signals führt. Beim Rücksprung an den Ort der Unterbrechung wird der gesicherte Prozessorstatus wiederhergestellt und der ursprüngliche Code fortgesetzt. Diese Vorgehensweise wird im nächsten Abschnitt 6.1.1 für die RISC-V-Architektur detailliert ausgeführt.

Das allgemeinere Konzept der ISR heißt »Event Handler« oder »Exception Handler«. Hier wird ISR im gängigen verallgemeinerten Gebrauch für diese Handler verwendet.

Bei diesem Modell der Ereignisverarbeitung ist es nicht nur möglich, externe Signale zur Unterbrechung zu nutzen. In gleicher Weise kann auch auf interne Ereignisse wie Speicherzugriffsfehler, ungültige oder nicht implementierte Instruktionen oder vom Debugger gesetzte Breakpoints reagiert werden. Auch spezielle Befehle zum absichtlichen Auslösen von »Software Interrupts« unterbrechen als »Internal Exceptions« den Programmfluss.

Nach Qing [49] gibt es vier Klassen von Exceptions:

asynchronous – non-maskable sind Interrupts, die im Interrupt-Controller nicht maskiert werden können. Das bedeutet, dass die »NMIs« nicht deaktivierbar sind und deshalb beim Auftreten immer behandelt werden.

asynchronous – maskable sind Interrupts, deren Behandlung nach Bedarf an- und abgeschaltet werden kann. Moderne Interrupt-Controller bieten die Möglichkeit, Interrupts einzeln zu schalten oder auch Interrupts unter einer gegebenen Priorität zu blockieren.

synchronous – precise sind interne Exceptions, bei denen zusätzliche Informationen verfügbar sind. Das sind bei einem illegalen Speicherzugriff beispielsweise die Adresse und die Art (LOAD/STORE) des Zugriffs. Bei einer ungültigen Instruktion sind hingegen die Adresse und der fehlerhafte Opcode von Interesse.

synchronous – imprecise sind interne Exceptions, bei denen nähere Informationen nicht (mehr) verfügbar sind. In superskalaren Out-of-Order-Architekturen werden Instruktionen zur Optimierung nicht immer gemäß der Reihenfolge im Code ausgeführt, weshalb die auslösende Instruktion mit zugehörigen Daten und Adressen nicht exakt bekannt sind.

Interrupts, die den Interrupt-Controller passiert haben, können üblicherweise durch ein Prozessorstatusbit (bei RISC-V das Bit `MIE` im CSR `mstatus`, siehe Abb. 6–2) global an- oder abgeschaltet werden. Dies wird in zeitkritischen Bereichen verwendet, um störende Unterbrechungen zu verhindern, wie dies auch in Abschnitt 3.3.1 gemacht wurde. Ebenso wird dieses Flag in ISRs gelöscht, um zu verhindern, dass die ISR ihrerseits wiederum von einer ISR unterbrochen wird. Solche verschachtelten (»nested«) Interrupts sind logisch schwer beherrschbar und verlangen ein durchdachtes Stack-Management (siehe Abschnitt 9.3.1).

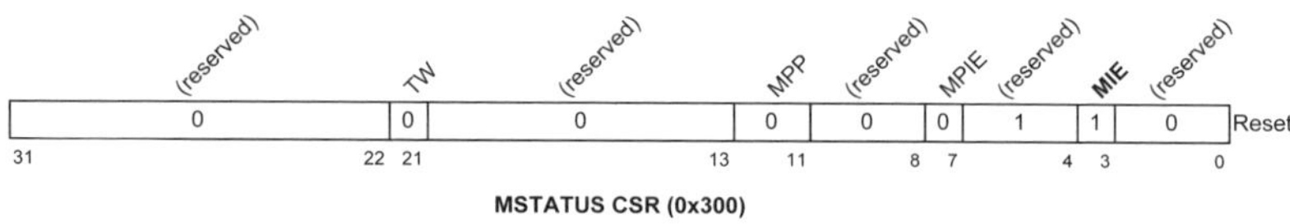

Abb. 6–2
Das `mstatus` *CSR enthält den aktuellen globalen Interrupt Enable Status.*

Der NVIC (»Nested Vectored Interrupt Controller«) der ARM-Cortex-Architektur bietet speziellen Support für die Verschachtelung. Er lässt Interrupts in der Standardeinstellung nur durch Interrupts mit höherer Priorität unterbrechen. Zur Steigerung der Performanz bietet er dabei ein eigenes »Interrupt Chaining«, bei dem die Sicherung/Rücksicherung von Rücksprungadresse usw. nur beim Eintritt in die/Austritt aus der äußersten Aufruftiefe erfolgen muss.

6.1.1 RISC-V-Ausnahmebehandlung

Die RISC-V-Architektur definiert die Ausnahmebehandlung in der Erweiterung »RV32/64 Privileged Architecture«, die im ESP32-C3 nicht vollständig, sondern über einen alternativen Interrupt-Controller implementiert ist. Die vorhandenen Instruktionen und »Machine«-CSRs werden anhand ihrer Funktion im praktischen Einsatz beschrieben.

Aufruf der ISR

Abb. 6–3 zeigt die Schritte, die die CPU bei der Abhandlung eines Interrupts tätigt. Im blauen Bereich sind die involvierten Register der CPU, im orangen Bereich der Systemspeicher dargestellt. Das CSR `mtvec` ist so initialisiert, dass es auf die Tabelle mit den Interrupt-Vektoren zeigt. Das sind Zeiger auf die Adressen der ISRs. Die Tabelle ermöglicht die schnelle Abarbeitung von Interrupts, da die Adresse der ISR direkt per ID aus der Tabelle geladen werden kann. Die Alternative, anhand der ID mittels `switch`-Anweisung zu verzweigen, hätte einen höheren Laufzeitaufwand. Dieses »vectored interrupt handling« wird von modernen CPUs typischerweise unterstützt.

Während Mikrocontroller wie die MSP430-Familie die Interrupt-Vektoren an fixen Adressen platzieren, bietet hier ein eigener Zeiger auf die Tabelle die Möglichkeit, die gesamte Interrupt-Vektortabelle dynamisch umzubelegen. Ein Bootloader kann so bei seiner Aktivierung sehr einfach die gesamte Tabelle auswechseln.

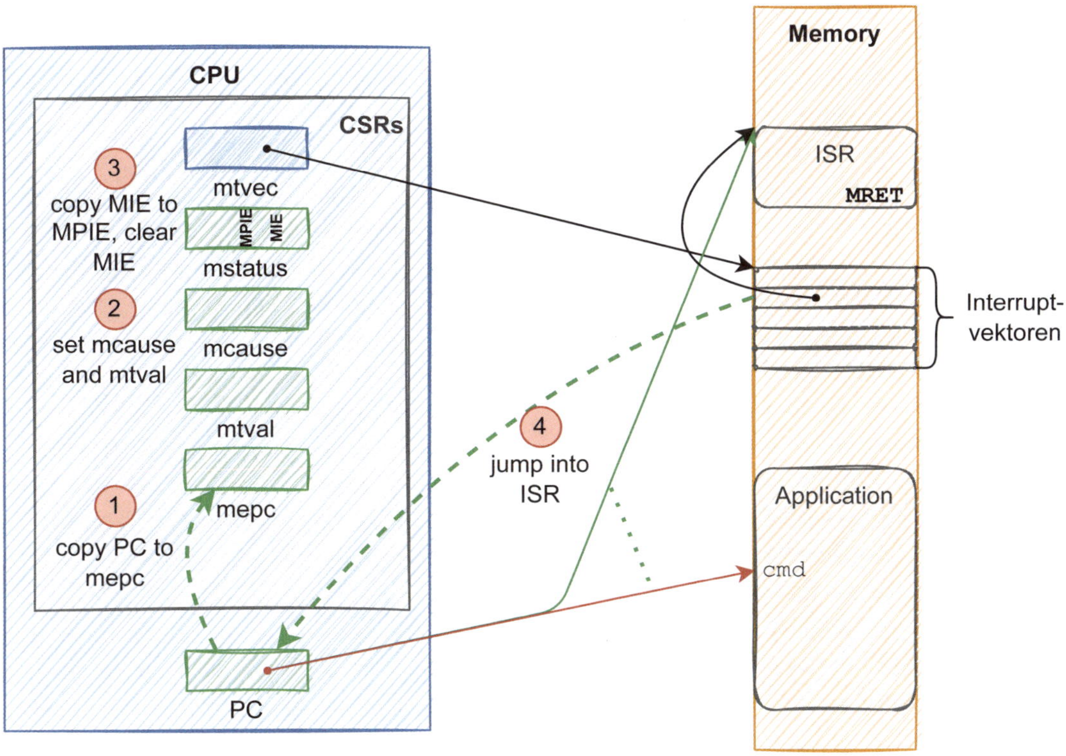

Abb. 6–3
Vier Schritte der CPU zum Eintritt in eine ISR

Bei Eintreffen eines Interrupt-Signals wird die Ausführung der aktuellen Integer-Instruktion beendet, und der `PC` wird für die spätere Wiederherstellung in das CSR `mepc` zwischengespeichert (Schritt (1)).

Um der ISR Informationen über die anliegende Exception zukommen zu lassen, werden die CSRs `mcause` und `mtval` in Schritt (2) entsprechend beschrieben. `mcause` erhält in Bit 31 die Information, ob es sich um eine interne Exception oder einen externen Interrupt handelt.

Da Fließkomma-instruktionen im Allgemeinen sehr viele Takte benötigen, werden diese architekturabhängig nicht zwingend beendet, sondern ab und zu unterbrochen und nach dem Interrupt fortgesetzt. In diesem Fall ist es schwierig, in ISRs selbst Fließkomma-operationen durchzuführen.

Im Falle einer internen Exception wird in den unteren Bits mitgeteilt, ob es sich um eine ungültige Instruktion, einen Zugriffsfehler oder einen Software-Interrupt für einen Systemcall (siehe Abschnitt 9.5) handelt. Für einen externen Interrupt wird in diesen Bits die ID des Interrupts abgelegt. In `mtval` wird für spezielle Exceptions Zusatzinformation wie eine Zugriffsadresse oder der Opcode einer ungültigen Instruktion gespeichert.

Im nächsten Schritt (3) wird das Bit `MIE` des CSR `mstatus` in das Bit `MPIE` kopiert. Anschließend wird `MIE` auf 0 gelöscht. Das Schalterbit `MIE` hält den »global machine mode interrupt enable«. Ist dieses Bit 0, sind alle Interrupts maskiert (deaktiviert). Diese Vorgehensweise stellt sicher, dass eine ISR nicht von einer weiteren unterbrochen werden kann. Wenn verschachtelte Interrupts gewünscht sind, muss dieses Bit in einer ISR programmtechnisch gesetzt werden (siehe Abschnitt 9.3.1).

Abschließend wird in Schritt (4) die Adresse der ISR aus der Interrupt-Vektortabelle geladen und in den `PC` kopiert. Damit wird in die ISR verzweigt. Wenn die ISR CPU-Register verwendet, muss sie die betreffenden Register erst sichern. Bei der RISC-V-Entwicklung wurde das CSR `mscratch` für das Halten des Pointers auf einen Datenblock für die Sicherung vorgesehen. Der Prolog zur Sicherung der Register `a1` und `a2` beim Eintritt in eine ISR ist laut [47]:

```
# save registers
csrrw a0, mscratch, a0 # exchange a0 and memory pointer
sw a1, 0(a0) # save a1
sw a2, 4(a0) # save a2
```

`mscratch` muss zuvor mit der Adresse des Speicherblocks belegt sein. Der `csrrw`-Befehl vertauscht den Inhalt von Register `a0` und `mscratch`, wodurch `a0` in der Folge gesichert ist und für die beiden `sw`-Instruktionen benutzt werden kann.

ARM-Cortex-M-Prozessoren haben einen programmierfreundlicheren Ansatz gewählt. Sie sichern bestimmte Register vor dem Eintritt in die ISR automatisch auf dem Stack. Dieses Verhalten wurde in RISC-V aufgrund der zusätzliche Komplexität nicht übernommen. Da aber ISRs gewöhnlich von einem Compiler erzeugt werden, stellt dieser Zusatzaufwand für die Entwicklerin bzw. den Entwickler kein Problem dar.

Rücksprung aus der ISR

Der Epilog zu obigem Prolog lässt sich mit folgendem Assemblercode realisieren:

```
# restore registers and return
lw a2, 4(a0) # restore a2
lw a1, 0(a0) # restore a1
csrrw a0, mscratch, a0 # exchange memory pointer and a0
mret # return from handler
```

Nach der Rücksicherung der gespeicherten Inhalte von a1 und a2 wird a0 mit mscratch ausgetauscht. Somit steht in mscratch wiederum die Adresse des Datenblocks für die Sicherung.

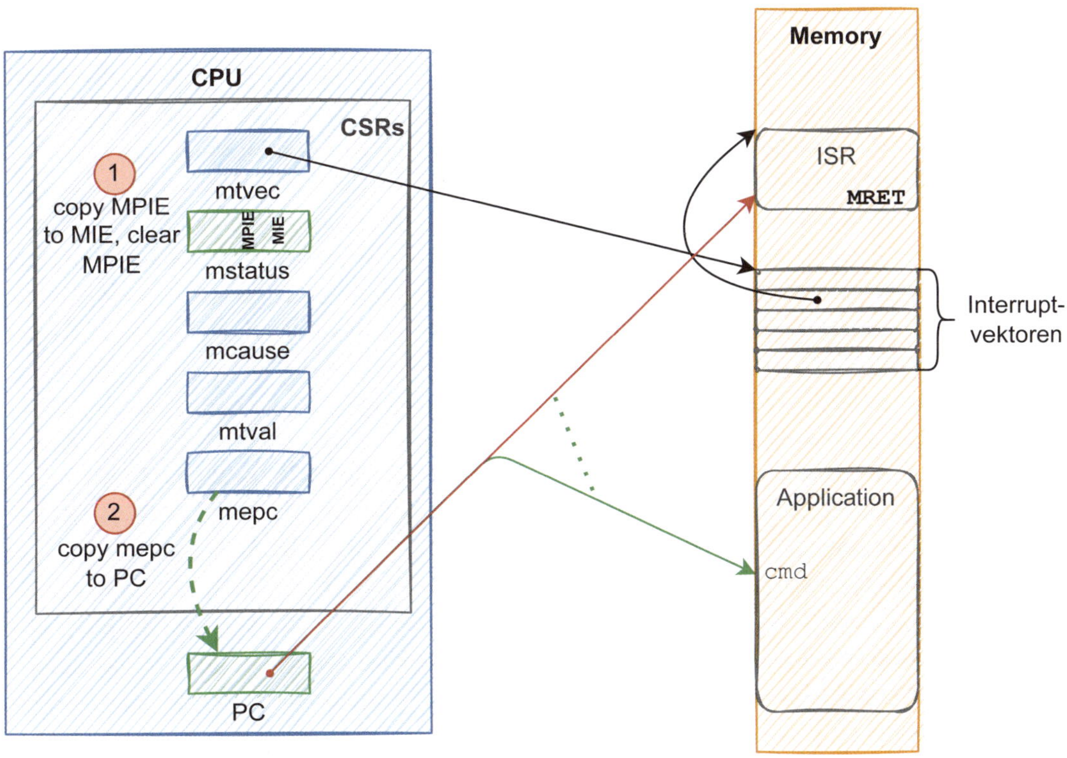

Abb. 6–4
Zwei Schritte der CPU zum Rücksprung aus einer ISR

Der Rücksprung aus der ISR erfolgt mit der Instruktion MRET. Vor der Instruktion muss die ISR auf dem Stack bzw. in mscratch gesicherte Register rücksichern. Abb. 6–4 zeigt die Schritte, die die CPU dann ausführt.

In Schritt (1) wird das Flag MPIE in MIE im CSR mstatus kopiert. Damit werden die Interrupts global aktiviert, falls sie dies vor dem Sprung in die ISR waren. Das Bit MPIE wird anschließend gelöscht.

Schritt (2) führt dann den Sprung an die Stelle, an der der Interrupt auftrat, durch. Der Rücksprung erfolgt durch Kopieren des Inhalts von `mepc` in den `PC`. Der Rücksprung ist damit abgeschlossen.

6.1.2 Aktivierung des Interrupts

Wie bereits beschrieben werden Interrupts mit dem Schalterbit `MIE` im CSR `mstatus` global an- und abgeschaltet. Nach der Initialisierung des Interrupt-Controllers wird das Interrupt-System durch Einschalten dieses Bits gestartet.

Zwischendurch kann es sinnvoll sein, das Interrupt-System global auszuschalten. Dies ist hauptsächlich der Fall, wenn Daten gelesen werden, die in einer ISR verändert werden. Als Beispiel sei ein Timer so eingestellt, dass er jede Millisekunde einen Interrupt auslöst (siehe Abschnitt 8.5). Wird die Zeit in Millisekunden seit dem Systemstart in der globalen Variablen `static uint64_t gSysticks` gespeichert, kann sie über eine Funktion `getSysticks()` ausgelesen werden:

```
uint64_t getSysticks(void) {
    return gSysticks;
}
```

In der ISR des Timers wird dieser Systick mit

```
// each ms in timer ISR
gSysticks += 1;
```

inkrementiert. Diese Vorgehensweise beherbergt einen nicht intuitiven semantischen Fehler, der anhand des Disassemblys der Funktion `getSysticks()` in Listing 6.1 erklärt werden kann.

Listing 6.1 *Disassembly der Funktion* `getSysticks()`

```
getSysticks:
    lui a5,0x3fc8c
    lw a0,784(a5) # 0x3fc8c310 <gSysticks>
    lw a1,788(a5)
    ret
```

Da es sich um einen 64-bittigen Datentyp auf der 32-bittigen RISC-V-Architektur handelt, wird `gSysticks` in zwei Datenwörtern gespeichert. Wenn der Zähler vor dem Überlauf steht, also beispielsweise den Wert 0x00000000FFFFFFFF hat, wird das niederwertige Wort 0xFFFFFFFF in Register `a0` geladen. Wenn der Timer-Interrupt an dieser Stelle auftritt und damit zwischen das Laden der beiden Wörter fällt, wird der Timer auf den Wert 0x0000000100000000 inkrementiert. Nach dem Rücksprung aus der Interrupt-Routine wird das höherwertige Wort 0x00000001 in `a1` geladen und die Zeit 0x00000001FFFFFFFF zurückgegeben. Damit ist die Zeit ungültig vorgerückt. Beim nächsten Aufruf von `getSysticks()` wird wieder die korrekte Zeit ermittelt und damit zeitlich zurückgesprungen.

Carry und Overflow

In vielen Mikroprozessoren werden Informationsbits (Flags) aus dem Ergebnis der letzten ALU-Operation abgeleitet und im »Status Register« bzw. »Program Status Word« gespeichert. Nachfolgende Befehle können diesen Status dann verwenden, um arithmetische Operationen zu ergänzen oder Fehler zu erkennen.

Typische Flags sind

C (Carry) und O (Overflow), wenn eine Operation einen Übertrag bzw. Überlauf hat, also der Wertebereich überschritten oder unterschritten wird

N (Negative), wenn das letzte Ergebnis negativ war

Z (Zero), wenn das letzte Ergebnis $= 0$ war

In der MSP430-Architektur addiert man dann beispielsweise die niederwertigen Wörter mit der `add`-Instruktion, die ggf. das Carry-Bit setzt. Die anschließende Addition der höherwertigen Wörter mittels `addc` zählt auch noch das Carry-Bit hinzu.

In der RISC-V-Architektur wurde auf diese Statusbits zur Reduktion der ISA verzichtet. Stattdessen wird der Status nach einer entsprechenden Operation abgefragt, wie dies auch im folgenden Disassembly des 64-bittigen Inkrement `gSysticks += 1` ersichtlich ist:

```
lw a4,0(a5)        ;load lower word of gSysticks to a4
lw a2,4(a5)        ;load upper word of gSysticks to a2
addi a3,a4,1       ;add 1 to lower word into a3
sltu a4,a3,a4      ;determine carry into a4 (if a3 < a4 now)
add a4,a4,a2       ;add carry to upper word into a4
```

Da der Fehler nur auftritt, wenn die Berechnung vom niederwertigen zum höherwertigen Wort überläuft und gleichzeitig der Interrupt an dieser Stelle passiert, handelt es sich um ein extrem unwahrscheinliches Ereignis (bei einem 1-ms-Systick alle $2^{32}/864 \cdot 10^5 \approx 49,7$ Tage). Man sollte sich aber nicht täuschen lassen, denn auch unwahrscheinliche Ereignisse können eintreten und möglicherweise katastrophale Auswirkungen haben. Viele Systeme sind nicht tolerant gegenüber solchen (Rück-)Sprüngen in der Zeit.

Atomizität ist die Eigenschaft, dass eine Reihe von Operationen entweder ganz oder gar nicht durchgeführt wird. Die Reihe verhält sich damit wie eine einzige Operation.

Probleme wie dieses treten durch die »Nebenläufigkeit« (»Concurrency«) auf. In Betriebssystemen wird dieses Problem durch spezielle Mechanismen wie Semaphore, Gates, ... adressiert (siehe Abschnitt 9.2).

Auf Systemen ohne Betriebssystem empfiehlt sich als Maßnahme gegen dieses Problem die durchgängige Verwendung atomarer, also nicht unterbrechbarer Zugriffe. Einzelne Buszugriffe, wie sie bei einer aligned Speicherung der Zeit als `uint32_t` durchgeführt werden, sind atomar. Wenn allerdings wie im obigen Fall mehrere Zugriffe erfolgen sollen, kann die Atomizität durch globales Aus- und Einschalten von Interrupts realisiert werden, wie in Listing 6.2 für RISC-V-Prozessoren dargestellt.

Listing 6.2 *Ausschalten globaler Interrupts für eine kritische Region*

```
1  uint64_t getSysticks(void) {
2      uint32_t intstate;
3      // save mstatus register in intstate and clear MIE
4      asm volatile (" csrrci %0, mstatus, 0x8" : "=r"(intstate));
5      // critical section
6      uint64_t systicks = gSysticks;
7      // restore mstatus from intstate
8      asm volatile (" csrw mstatus, %0" : : "r"(intstate));
9      return systicks;
10 }
```

In der RISC-V-Architektur gibt es verschiedene »privilege levels«, die den Zugriff auf das System und damit CSRs wie `mstatus` *einschränken können (siehe Abschnitt 9.5).*

In den Zeilen 1–3 wird der aktuelle Interrupt-Status in der lokalen Variable `intstate` gesichert und gleichzeitig werden die Interrupts durch Löschen des Flags `MIE` global deaktiviert. Der folgende Code, bezeichnet als kritische Region (»critical section«), wird nicht unterbrochen und damit atomar ausgeführt. Zum Abschluss wird der in `intstatus` gesicherte Status restauriert. Globale Interrupts werden nur dann wieder eingeschaltet, wenn sie vor Eintritt in die kritische Region eingeschaltet waren. Durch die Verwendung lokaler Variablen zum Sichern des Interrupt-Status lassen sich kritische Regionen auch in verschachtelten Aufrufen verwirklichen.

Das Auslesen mit Zwischenspeicherung in Zeile 6 ist notwendig, da eine direkte Rückgabe mit `return` die Reaktivierung des Interrupt-Status überspringen würde. Generell ist bei dem Betreten einer kritischen Region immer darauf zu achten, dass die Region auch wieder geordnet verlassen wird. Diese Funktionen bekommen dann oft Namen wie `enterCriticalSection()` und `exitCriticalSection()`.

6.1.3 Exception Handler

Der Exception Handler (auch Event Handler), in einer gängigen, aber nicht ganz korrekten Verallgemeinerung in diesem Buch ISR (Interrupt Service Routine) genannt, ist die Prozedur, die zur Abarbeitung der Exception aufgerufen wird. An dieser Stelle wird explizit auf die Verarbeitung von Interrupts, also externen asynchronen Exceptions, eingegangen. Die Behandlung von internen synchronen Ereignissen erfolgt analog ohne IRQ-Signal eines Interrupt-Controllers.

Wie im vorigen Abschnitt 6.1.1 angeführt, muss diese Funktion die verwendeten Register beim Eintritt sichern und beim Austritt wiederherstellen. Der Prozessorstatus muss zwingend nach Verlassen derselbe sein wie vor Betreten der ISR. Andernfalls arbeitet das unterbrochene Programm mit falschem Status und damit semantisch fehlerhaft weiter.

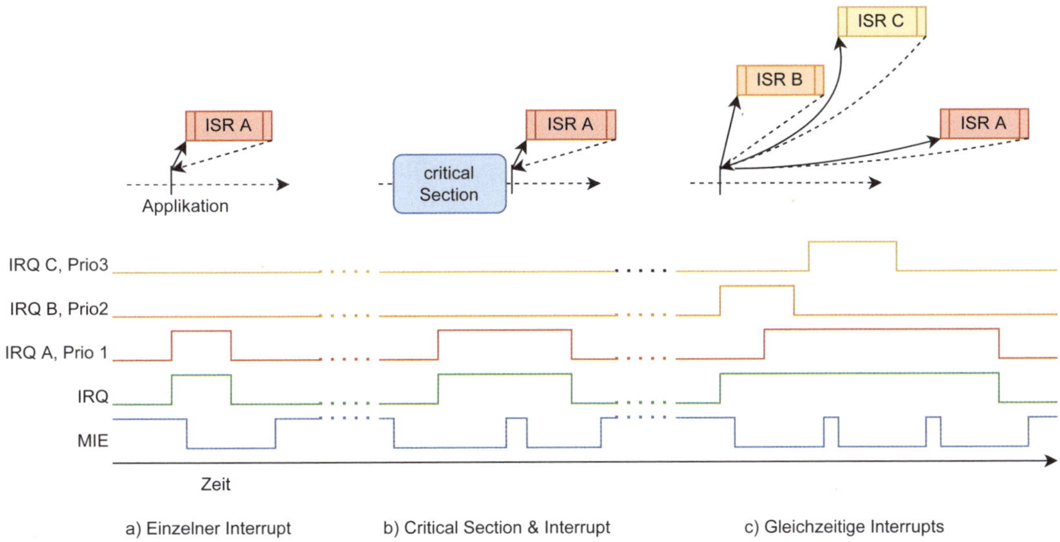

Abb. 6–5 *Interrupt-Abarbeitung mit Aufrufdarstellung (oben) und Signal-/Zeitverlauf (unten)*

Das Reference Manual des ESP32-C3 gibt eine Latenz für den Einstieg in die ISR von nur 4 Taktzyklen an. Das liegt hauptsächlich an der Neubefüllung (Flush) der Pipeline (siehe Abschnitt 3.1.9). Hinzu kommt die Zeit, die zur Sicherung des Systemzustands benötigt wird. Abb. 6–5 a) zeigt oben den Aufrufablauf eines einzelnen Interrupts. Die Applikation wird unterbrochen, die ISR wird abgehandelt, und es wird an die Stelle des Unterbruchs zurückgesprungen. Im Signal-/Zeitdiagramm unten ist dargestellt, dass die Interrupts global aktiviert sind (`MIE` ist HI). Wenn dann das IRQ-A-Signal am Interrupt-Controller anliegt und damit das IRQ-Signal generiert wird, wird mit der besprochenen Latenz in die ISR verzweigt, wo unmittelbar `MIE` abgeschaltet wird, um verschachtelte Interrupts zu vermeiden. In der ISR wird die Interrupt-Ursache beseitigt, weshalb die entsprechenden Signale »gelöscht« (auf LO gesetzt) werden. Beim Rücksprung aus der ISR wird das originale `MIE`-Signal wiederhergestellt.

UML definiert einen solchen Diagrammtyp als »timing diagram«.

Die Zeit für die Abhandlung eines Interrupts ist typischerweise nicht deterministisch. In Abb. 6–5 b) sind Interrupts global für Abarbeitung einer kritischen Region abgeschaltet. Im Signal-/Zeitdiagramm ist ersichtlich, dass die Interrupt-Signale während der kritischen Region aktiv werden, der Interrupt aber nicht abgearbeitet wird. Nach dem Verlassen der kritischen Region durch Aktivierung der Interrupts per MIE wird der Interrupt wie gehabt behandelt.

Weitere Verzögerungen treten ein, wenn ein Interrupt auftritt, während ein anderer Interrupt behandelt wird, wie dies in Abb. 6–5 c) dargestellt ist. In diesem Beispiel werden den IRQs unterschiedliche Prioritäten 1–3, bei denen gilt, dass eine höhere Priorität einen höheren Wert hat, zugeordnet. Während ISR B abgearbeitet wird, treten in dem Beispiel IRQ A und anschließend IRQ C auf. Nach Beendigung von ISR B wird das höherpriore Signal IRQ C trotz früheren Auftretens von IRQ A abgearbeitet. Nach Beendigung von ISR C erfolgt die abschließende Behandlung von IRQ A.

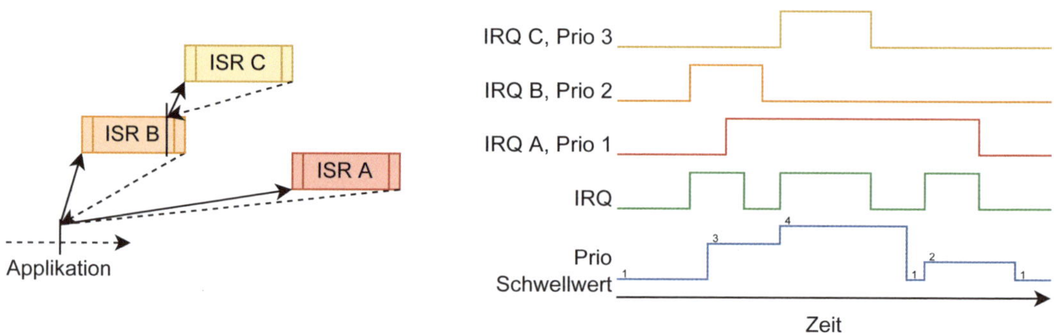

Abb. 6–6 *Verschachtelte Interrupt-Abarbeitung mit Aufrufdarstellung (oben) und Signal-/Zeitverlauf (unten)*

Der Interrupt-Controller des ESP32-C3 verwendet den Schwellwert im Register INTERRUPT_CORE0_CPU_INT_THRESH.

Abb. 6–6 stellt die Abarbeitung derselben Interrupt-Sequenz wie in Abb. 6–5 c) dar. Im Unterschied wird eine priorisierte verschachtelte (»priority based nested«) Verarbeitung gewählt. Hierbei kann ein höherpriorer Interrupt einen niederprioren unterbrechen. Der Schwellwert für die Priorität, der im Interrupt-Controller festgelegt wird, ist im Diagramm eingezeichnet. Zu Beginn wird ein Interrupt mit Priorität 1 oder höher erwartet. Bei der Abhandlung des IRQ B wird der Schwellwert auf 3 angepasst. Technisch wird MIE beim Eintritt in die ISR wieder aktiviert, was in diesem Diagramm nicht eingezeichnet ist. Trotz Aktivierung des IRQ A wird vom Interrupt-Controller das IRQ-Signal nach Behandlung des Interrupts IRQ B gelöscht, da die Priorität unterhalb des Schwellwerts liegt. Die Aktivierung des höherprioren Signals IRQ C veranlasst aber einen Sprung in die entsprechende IRQ, wobei der gesamte Prozessorstatus wiederum gesichert, der Interrupt-Schwellwert angepasst und MIE aktiviert wird. Nach dem Rücksprung aus ISR C wird ISR B fertig abgearbeitet und der Schwellwert erniedrigt, was eine IRQ-Signalisierung für IRQ A im Interrupt-Controller und eine entsprechende Abarbeitung in ISR A anstößt.

Gefahren mit Interrupts

Mit der Verwendung von Interrupts in einem System gehen eine Reihe von Gefahren einher, die es zu adressieren gilt, um ein zuverlässiges System zu schaffen.

Das Problem der Nebenläufigkeit wurde bereits adressiert. Variablen, auf die aus dem Programm und der ISR zugegriffen werden, müssen geschützt werden. Dieser »gleichzeitige« (nebenläufige) Zugriff kann durch Indirektionen wie Funktionsaufrufe verschleiert werden, was die Erkennung weiters erschwert. In der Praxis hat es sich bewährt, auf globale Variablen und Seiteneffekte in Funktionen möglichst zu verzichten. Zugriffe in ISRs auf globale Variablen bedeuten, dass alle Zugriffe auf diese Variablen im Code über kritische Regionen abgesichert werden müssen.

Ein weiteres Problem stellt die Sicherung des Prozessorzustands in der ISR dar. Manche Systeme sichern dies auf dem Stack der unterbrochenen Funktion. Es ist dann darauf zu achten, dass jederzeit genügend Stack zur Verfügung steht. In der RISC-V-Architektur ist es möglich, einen eigenen Puffer bzw. Stack für das Sichern zur Verfügung zu stellen. Bei Verwendung verschachtelter Interrupts ist es wichtig, diesen Stack groß genug für alle Verschachtelungstiefen zu machen. Ohne verschachtelte Interrupts ist dieser Ansatz sehr sicher.

Grundsätzlich ist darauf zu achten, dass eine ISR so kurz läuft wie möglich. Dies bedeutet, dass keine Warteschleifen eingebaut werden sollten. Zu lange ISRs bedeuten, dass die Antwortzeiten für Interrupts steigen und die Applikation weniger Zeit zugeordnet bekommt. Im Extremfall ist das System damit beschäftigt, Interrupts abzuhandeln, während die Hauptapplikation nicht mehr ausgeführt wird. Bei prioritätsbasierten Interrupts ist es auch möglich, dass niederpriore Interrupts verhungern oder sehr hohe und indeterministische Latenzen haben.

Dieses fehlerhafte Verhalten heißt »Verhungern« bzw. »Starvation«.

In vielen Systemen sind in den Errata fälschlich ausgelöste (»spurious«) Interrupts angegeben. Diese werden wie echte Interrupts abgehandelt und können so zu fehlerhaftem Applikationsverhalten führen. Als Gegenmaßnahme wird empfohlen, bei der Abhandlung eines Interrupts beim auslösenden Peripheriemodul abzuklären, ob der Interruptgrund tatsächlich vorliegt bzw. vorgelegen hat. Grundsätzlich ist es wichtig, die Errata eines Mikrocontrollers regelmäßig durchzusehen und empfohlene Patches zu übernehmen.

Edge- und Level-Triggering

Bisher wurden Interrupts besprochen, die ein kurzes Ereignis als Auslöser hatten. Ein solches Ereignis kann beispielsweise eine fallende Flanke bei einem Tastendruck oder die Signalisierung eines empfangenen Kommunikationspakets sein. Bei diesen »edge-triggered interrupts« setzt ein Peripheriemodul das IRQ-Signal im Interrupt-Controller. Dieses Signal ist so lange aktiv, bis es im Interrupt-Controller gelöscht wird (beim ESP32-C3 über das Register `INTERRUPT_CORE0_CPU_INT_CLEAR_REG`).

Tritt der Interrupt abermals auf, bevor das Signal gelöscht wird, ändert sich der Signalstatus nicht. Mehrfach auftretende Interrupts können deshalb nicht anhand des IRQ-Signals erkannt werden. Wenn dieser Fall aber für die Anwendung wichtig ist, muss die Abhandlung des Interrupts so stark beschleunigt werden, dass die unbehandelte Mehrfachauslösung nicht auftritt. Ein alternativer Ansatz ist die Behandlung des Ereignisses über den DMA-Controller statt dem Mikroprozessor (siehe Abschnitt 7.4.2).

»Level-triggered interrupts« liegen hingegen so lange an, wie die Auslösung vorliegt, beispielsweise solange ein externes Signal anliegt. Eine Abarbeitung des Interrupts löscht damit nicht unmittelbar die Quelle und damit das IRQ-Signal. Diese, seltener verwendete Interrupt-Art sollte so eingesetzt werden, dass die externe Auslösung durch die Interrupt-Behandlung zurückgesetzt wird.

6.2 Schichtenarchitektur und Callback

Interrupts können meist nicht zur Gänze direkt in der ISR abgehandelt werden. Oft gibt es weitere Abhängigkeiten in anderen Programmteilen, die adressiert werden sollen. Ein Tastendruck zum Beispiel ist typischerweise eine Eingabe, die den Kontrollfluss einer Anwendung beeinflusst.

In diesem Kapitel werden der vorteilhafte Aufbau von Software in einer Schichtenarchitektur und die Interrupt-Zustellung über einen Callback besprochen. Im Anschluss wird das ESP-IDF verwendet, um einen Tastendruck per Interrupt an die Applikation zu leiten.

6.2.1 Schichtenarchitektur

Um Software zu strukturieren, werden funktional zusammengehörende Einheiten in Modulen organisiert. Die Programmiersprache C bietet für diesen Zweck die Modularisierung mit Aufteilung in Quellcodedateien (`.c`) und zugehörigen Headerdateien (`.h`). Diese Module haben Abhängigkeiten, die idealerweise auch strukturiert werden.

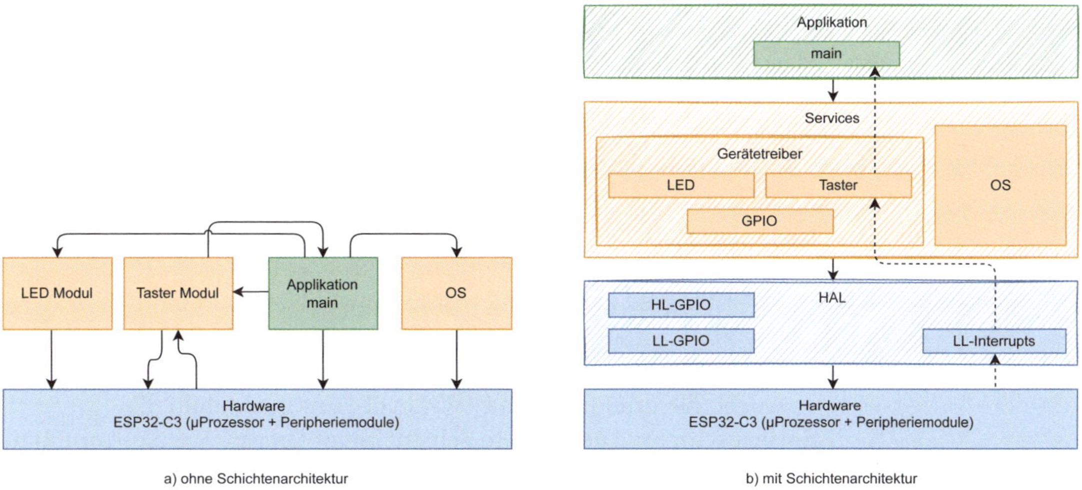

Abb. 6–7 *Abhängigkeiten zwischen Modulen ohne a) und mit b) Schichtentrennung*

In Abb. 6–7 a) ist eine einfache Applikation mit einem LED-Modul, einem Tastermodul und einem main-Modul dargestellt. Bereits dieser simple Fall wirkt unübersichtlich und deshalb fehleranfällig. Zugriffe (i.e. Funktionsaufrufe) sind zwischen den Modulen beliebig möglich und in der Skizze als durchgezogener Pfeil dargestellt.

Zyklische Abhängigkeiten werden durch die in C üblichen »Include Guards« während der Entwicklung adressiert. Die moderne Alternative zu `#ifndef A_H`, `#pragma once`, wird auch von der GCC Toolchain unterstützt.

Eine Aufteilung der Module in Schichten ist im rechten Teil b) der Abbildung ersichtlich. Die klare Struktur sticht dabei sofort ins Auge. Thematisch in Blöcke geordnet dürfen bei der Schichtentrennung nur Zugriffe von oberen Schichten auf untere erfolgen. So wird die Komplexität der Abhängigkeiten der Module untereinander reduziert. Eine zusätzliche Hilfe bei dieser Reduktion stellen modulinterne Funktionen und Variablen (`static` deklariert) dar.

Wenn eine Schicht nur auf die jeweils direkt benachbarte untere Schicht zugreifen darf, ist eine sehr geringe Kopplung die Folge. In diesem Fall ist es besonders einfach, ein Modul auszutauschen. Auch wenn Schichten beim Zugriff übersprungen werden dürfen, ist der Modulaustausch möglich, aber erschwert. Eine exakte Definition der Modulschnittstelle ist dann umso wichtiger, grundsätzlich aber sowieso Bestandteil einer professionellen Entwicklung.

Die grob umrissenen Schichten einer embedded Applikation, wie sie in Abb. 6–7 wiedergegeben sind, werden in großen Systemen thematisch in feinere Unterschichten zerteilt. Die Aufgaben der Schichten sind, bei der untersten Schicht beginnend:

HAL, Hardware Abstraction Layer: Zugriffe auf die Hardware werden durch die Hardwareabstraktionsschicht geleitet. Beim ESP-IDF ist diese Schicht in eine Low- und eine High-Level-Schicht aufgeteilt. Auf dem unteren Level finden die Memory-Mapped-I/O-Zugriffe auf Peripherieregister wie im Reference Manual definiert statt. Die Funktion `gpio_ll_set_level()` schreibt beispielsweise direkt in das Register `GPIO_OUT_W1TS`.
Der höhere Level definiert funktionale Hardwaremodule. Einzelne Funktionen können aus mehreren Low-Level-Aufrufen bestehen. Beispielsweise ist die Funktion `gpio_hal_set_level()` definiert, die direkt auf die Low-Level-Funktion abbildet.

Serviceschicht: Die mittlere Schicht bietet Dienste für die Applikationsschicht an. Hier befindet sich, wenn vorhanden, das Betriebssystem mit den Gerätetreibern. Geräte, die die HAL oder andere Module der Serviceschicht (z.B. Semaphore, Queues, Timer, ...) verwenden, werden abstrahiert. So ist es einem LED-Modul möglich, selbsttätig zu blinken oder einem Tastermodul, einen anderen Task über den Tastendruck zu benachrichtigen. Eine beispielhafte Treiberfunktion ist `gpio_set_level()`. Teil III des Buchs widmet sich diesem Themengebiet.

Applikationsschicht: In dieser Schicht werden die Module der Applikation untergebracht. Diese Module greifen aufeinander und auf die Dienste der Serviceschicht zu.

Mit den wachsenden Möglichkeiten von System- und Speicherleistung in modernen Embedded Systemen steigen die Codegröße und dessen Komplexität. Es wird also zunehmend wichtiger, eine durchdachte Softwarearchitektur zu planen und umzusetzen.

6.2.2 Callbacks

In einer Schichtenarchitektur sind Zugriffe nur in untere Schichten möglich. Dies bedeutet, dass eine Weitergabe von Informationen an höhere Schichten nur synchron durch Rückgabe aus einem Funktionsaufruf möglich ist. In weiterer Folge muss die höhere Schicht zum

Abholen asynchroner Daten die untere Schicht pollen, was wiederum, wie beim Interrupt besprochen, hohe Latenzen und Systemlast mit sich bringt.

Abhilfe schafft wiederum eine asynchrone Benachrichtigung der höheren Schichten. Diese wird mit einem Callback realisiert. Je nach Festlegung der Callbackfunktion zur Compile-Zeit oder zur Laufzeit handelt es sich um einen statischen oder dynamischen Callback.

Statischer Callback

Eine statische Callbackfunktion ist C-Programmierer:innen, wenn auch nicht mit dieser Bezeichnung, bestens bekannt: die `main()`-Funktion (siehe Abschnitt 2.3). Dem Compiler wird die Existenz einer statischen Callbackfunktion bekanntgegeben, und beim Linken muss diese Funktion auffindbar sein.

Es ist unnötig, einen Funktionsprototyp `extern` *zu deklarieren, da dies implizit ist. Im Sinne der Kapselung sollten aber interne Prototypen* `static` *deklariert werden.*

Als Beispiel dient die Funktion `void keyCallback(uint8_t key)`, deren Prototyp in einem Modul deklariert wird. Der Aufruf erfolgt bei Erkennen eines Tastendrucks in der unteren Schicht. Wenn die Funktion in einem Modul implementiert wird, lässt sich das Programm linken und ausführen. Wenn nicht, erhält man einen Linker Fehler (»undefined reference to 'keyCallback'«).

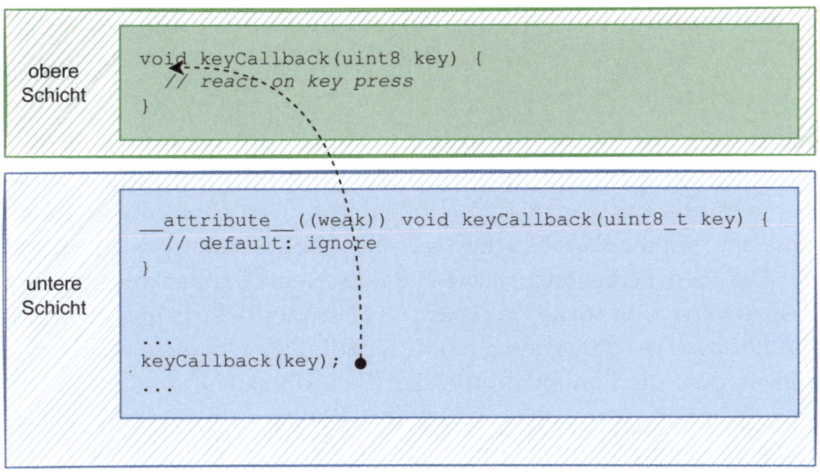

Abb. 6–8
Statischer Callback

Im Codemuster Abb. 6–8 ist die Callbackfunktion `weak` definiert. Dies hat gegenüber der Deklaration den Vorteil, dass eine Default-Implementierung angegeben werden kann. Wenn der Linker keine andere (überschreibende) Funktion findet, wird diese verwendet. Somit kann ein Modul zur Verfügung gestellt werden, das linkbar und funktional ist, dessen Funktionalität aber statisch geändert werden kann.

Dynamischer Callback

Mit einem dynamischen Callback bietet sich die Möglichkeit, die rückgerufene Funktion zur Laufzeit festzulegen und zu ändern. In Abb. 6–9 ist das entsprechende Codemuster den Schichten zugeordnet.

Abb. 6–9
Dynamischer Callback

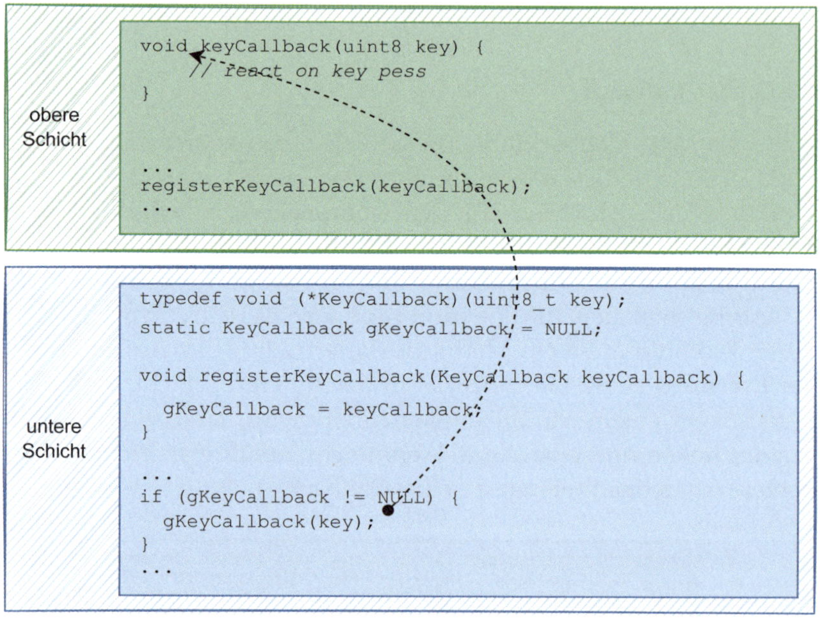

Der Callback wird in einem Function Pointer, also einem Zeiger auf eine Funktion, hinterlegt. Im Beispiel wird der Datentyp `KeyCallback` mit `uint8_t` Parameter und `void` Rückgabe definiert und eine globale Variable `gKeyCallback` dieses Datentyps angelegt.

Die obere Schicht registriert dynamisch eine Callbackfunktion per Aufruf von `registerKeyCallback()`. Dabei wird die Schnittstelle der Funktion bei der Zuweisung auf Kompatibilität geprüft, um sicherzustellen, dass die Parameter und der Rückgabedatentyp übereinstimmen. Wenn in der unteren Schicht ein Ereignis eintritt, wird die registrierte Funktion aufgerufen. Sicherheitshalber erfolgt eine Prüfung des Pointers `gKeyCallback` auf `NULL`.

Je nach gewünschter Funktionalität kann auch ein Array bzw. eine Liste von Funktionszeigern gespeichert werden, um mehrere Callbacks gleichzeitig zu registrieren. Beim Rückruf wird dann durch das Array iteriert, um alle registrierten Empfänger sequenziell zu benachrichtigen. Für diesen dynamischen Mechanismus ist es sinnvoll, auch eine Funktion zum Auflösen der Abhängigkeit, in diesem Fall `unregisterKeyCallback()`, zu implementieren.

Bei einem Rückruf aus einer ISR muss die Problematik der Nebenläufigkeit bedacht werden. Das Durchlaufen der Callbackliste darf nicht von `registerKeyCallback()` bzw. `unregisterKeyCallback()` unterbrochen werden. Es ist daher wichtig, diese Funktionalitäten als kritische Regionen abzusichern.

Durch die Dynamik des Aufrufs kann der Mechanismus als Vorstufe zur Polymorphie gesehen werden. Der Callbackmechanismus ist dann mit dem Beobachter-Entwurfsmuster (Observer Pattern) verwandt. In Abschnitt 8.2.1 wird der Einsatz von Polymorphie anhand eines Filter-»Objekts« in der Programmiersprache C gezeigt.

Lose Kopplung

Die Schichten können mit den bereitgestellten Mitteln des Betriebssystems noch loser gekoppelt werden. Typischerweise erfolgt die Zustellung von Informationen in diesem Fall über Queues und Pipes.

In Abschnitt 9.4.5 wird der Tastendruck als Beispiel für die Kopplung der Beispielapplikationskomponenten lose über eine Message-Queue gekoppelt. Im Unterschied zur bisher besprochenen Schichtentrennung kann der Zugriff von der höheren zur niederen Schicht ebenso über Betriebssystemmechanismen anstatt Funktionsaufrufe erfolgen.

Die drei Arten der Kopplung (statischer und dynamischer Callback, lose Kopplung) schließen sich nicht gegenseitig aus. Je dynamischer und loser die Kopplung, desto offener und erweiterungsfähiger ist das System. Im Gegensatz dazu steigt aber auch der Kommunikationsaufwand und die damit einhergehende Latenz.

Insgesamt empfehlen sich eine saubere Modularisierung und Schichtentrennung mit einer begründeten Auswahl des jeweiligen Kommunikationsmechanismus.

6.3 Interrupt bei Tastendruck

Die bisher besprochenen Konzepte von Interrupt-Behandlung und Schichtentrennung wurden im API des ESP-IDF umgesetzt. In diesem Abschnitt wird die Implementierung der Interrupt-Behandlung bei einem Tastendruck mit dem Framework gezeigt.

In Abschnitt 5.5.1 wurde die Struktur `gpio_config_t` zur Definition eines GPIO-Eingangs eingeführt. Über die Komponente `intr_type` kann die Art der Interrupt-Auslösung (keine/fallende/-steigende/beide Flanken, Level Type) eingestellt werden.

Die Änderung

```
.intr_type = GPIO_INTR_NEGEDGE
```

bewirkt einen IRQ bei Auftreten einer negativen Flanke (Tastendruck) im Eingangssignal. Um das IRQ-Signal zur CPU weiterzuleiten, muss das GPIO-Modul den Interrupt-Controller mit

```
gpio_install_isr_service(0);
```

konfigurieren. Eine ISR zur Behandlung des Interrupts wird beim GPIO-Modul durch die Angabe des Function-Pointers `btn_isr_handler` als dynamischer Callback registriert:

```
gpio_isr_handler_add(BTN_GPIO, btn_isr_handler, NULL);
```

Die Parameter sind der betreffende GPIO, ein Zeiger auf die ISR und ein Zeiger auf Daten, die der ISR mitgegeben werden sollen. Die ISR `btn_isr_handler()` setzt in diesem einfachen Beispiel das globale Flag `gKeypressed`, das anzeigt, dass ein Tastendruck vorliegt.

```
static void IRAM_ATTR btn_isr_handler(void* arg) {
    (void) arg;
    gKeypressed = true;
}
```

Unter bestimmten Umständen, wie beispielsweise bei deaktiviertem Cache, ist es notwendig, die Funktion mit dem Attribut `IRAM_ATTR` *im RAM abzulegen.*

Das Statement `(void) arg` in Zeile 2 dient dazu, dem Compiler mitzuteilen, dass der Parameter absichtlich nicht verwendet wird. Die »unused parameter«-Warnung des Compilers wird damit unterdrückt.

In der Hauptschleife kann das Flag `gKeypressed` abgefragt werden, um auf den Tastendruck zu reagieren:

```
while (true) {
    if (gKeypressed) {
        ledLevel = !ledLevel;
        gpio_set_level(LED1_GPIO, ledLevel);
        gKeypressed = false;
    }
    vTaskDelay(50 / portTICK_PERIOD_MS);
}
```

Diese unelegante, aber sehr gebräuchliche Form der Benachrichtigung aus der ISR in die Applikation über globale Variablen wird durch eine lose Kopplung auf Betriebssystemebene in Teil III ersetzt.

Wie gezeigt, geht die Verwendung von Interrupts per ESP-IDF zügig vonstatten. Ein Wissen über die Arbeitsweise von Interrupts ist aber auch bei der Verwendung eines solchen Frameworks für die Entwicklung einer funktionsfähigen und effizienten Applikation notwendig.

6.4 Sourcecodeverwaltung

Modularisierung und Schichtentrennung sind Mittel zur Gliederung einer Applikation. Dies erhöht unter anderem die Fehlerfreiheit, Lesbarkeit und Wartbarkeit des Codes. Zusätzlich ist es sinnvoll, die Projektdateien im Filesystem nach einem Schema anzuordnen.

6.4.1 Module in Unterverzeichnissen

Es ist üblich, thematisch zusammengehörende Codedateien auch gemeinsam in Unterverzeichnissen zu speichern. Im Beispiel der Schichtenarchitektur Abb. 6–7 sind folgende Verzeichnisse sinnvoll:

`/hal/inc` – Includes der HAL-Schicht
`/hal/src` – c-Dateien der HAL-Schicht
`/services/os/inc` – Includes des Betriebssystems
`/services/os/src` – c-Dateien des Betriebssystems
`/services/os/drivers/inc` – Includes der Betriebssystemtreiber
`/services/os/drivers/src` – c-Dateien der Betriebssystemtreiber
`/app/inc` – Includes der Applikation
`/app/src` – c-Dateien der Applikation

Die Aufteilung in `inc`- und `src`-Verzeichnisse ist in C praktisch, da so zum Kompilieren eines Moduls nur die Include-Dateien anderer Module notwendig sind. Der zugehörige Code wird beim Linken aus den Objektdateien eingebunden. Diese Vorgehensweise erleichtert die Kapselung von Code in Bibliotheken (»Libraries«).

Im angeführten Beispiel sind für die Schichten einzelne Verzeichnisse und Unterverzeichnisse für thematische Gruppen wie `drivers` (es wurde hier angenommen, dass die Treiber ein Teil des Betriebssystems sind) angelegt.

6.4.2 Komponentenmodell des ESP-IDF

Das Build-System des ESP-IDF baut auf einem Komponentenmodell auf. Die Komponenten, aus denen eine Applikation aufgebaut wird, werden in den Verzeichnissen des Frameworks und der Applikation gesucht. In den Applikationsunterverzeichnissen `components` und `managed_components` werden die zusätzlichen Komponenten einer Applikation untergebracht. Die Hauptapplikation im Verzeichnis `main` ist ebenso eine Komponente.

Während des Build-Prozesses werden die Komponenten in diesem Verzeichnis gesucht und eingebunden. Nähere Informationen zum Build-Prozess sind der Webseite des Herstellers [11] zu entnehmen.

Eine große Anzahl an vorgefertigten Komponenten steht in der IDF Component Registry zum Download [18] bereit. Auf dieser Webseite kann man die Komponenten anhand des Namens suchen und herunterladen. Es ist aber wichtig anzumerken, dass die Komponenten keinen speziellen Tests unterzogen werden. Vom direkten Einsatz ohne Codeinspektion und ausführlichen Tests in einem Produkt ist deshalb zwingend abzuraten.

Sucht man beispielsweise die Komponente SSD1306 zur Ansteuerung eines OLED-Displays (siehe Abschnitt 7.1), kann die Komponente heruntergeladen werden. Ein alternativer Weg ist die automatische Einbindung über den »IDF Component Manager«. Ein Hinzufügen der Datei `idf_component.yml` mit dem Inhalt

```
dependencies:
  espressif/ssd1306: "==1.0.4"
```

führt während des Build-Prozesses zum Herunterladen der Komponente in der angegebenen Version in das Verzeichnis `managed_components`. Der Verwendung steht im Anschluss nichts im Wege. Ein Update auf eine neue Version ist so auch problemlos möglich.

6.4.3 Versionsverwaltung

Softwareentwicklung erfolgt nicht immer geradlinig. Es werden Alternativen implementiert, zusätzliche Features implementiert und mitunter wieder zurückgenommen. Fehlerbehebungen können erhebliche Sourcecodeänderungen bewirken. In diesem Prozess ist es von Vorteil, wenn die Änderungshistorie des Projekts zum Vergleich oder Rücksprung auf eine Vorversion zur Verfügung steht.

Eclipse speichert eine »local history« mit den letzten Änderungen an den Dateien. Über die Funktion »Compare with« und »Replace with« lässt sich eine Datei mit einer der Änderungen vergleichen oder ersetzen.

Mehr Funktionalität zur Nutzung im Team und zur Verwaltung verschiedener benannter Versionen und paralleler Entwicklungsstränge (»Branches«) stellt eine Versionsverwaltungssoftware bereit. Eine zentrale Verwaltung über einen eigenen Server wie CVS und SVN wird zunehmend durch das dezentrale Versionierungssystem Git [30] ersetzt. Die Beispiele in diesem Buch werden ebenso über Git verwaltet und über die Hosting-Plattform GitHub bereitgestellt wie das gesamte ESP-IDF. So wird sichergestellt, dass Entwickler das Framework auch noch in Zukunft in einer beliebigen Version herunterladen und installieren können.

Git speichert die Dateiversionen differenziell und komprimiert, also platzsparend, ab. Die Integration von Git in Eclipse ist praktisch und komfortabel. Eine kurze Übersicht über den grundlegenden Einsatz liefert Anhang A.1.

7 Externe Komponenten digital anschließen

> Charlie tippte L und sagte: »L gekriegt?« Bill sagte: »L gekriegt!« – »O gekriegt?« – »O da!« – »G?« – Dann ist es abgestürzt.
>
> L. Kleinrock über die erste Übertragung im ARPANET 1969

Das Pulsoximeter (siehe Abschnitt 5.2) verfügt über zwei Komponenten, die extern über eine digitale Schnittstelle am Entwicklerboard angeschlossen werden. Abb. 7–1 zeigt den Aufbau mit ESP32-C3, einem OLED-Display und dem MAX30102-Baustein, der die Sensorik des Pulsoximeters bereitstellt.

Abb. 7–1
Aufbau der Pulsoximeterschaltung mit einer Steckplatine

Beide Komponenten sind über ein I²C-Interface mit dem Mikrocontroller verbunden. Dies ist im Schaltplan (Abb. 7–2) besser ersichtlich als in der Steckbrettansicht. An die Leitungen `SDA` und `SCL` des I²C-Busses sind das ESP32-C3-Entwicklerboard (`U1`), das Display (`U2`) und der Sensor (`U3`) angeschlossen.

In diesem Kapitel werden die Grundlagen der Kommunikation mit externen Komponenten unter Verwendung von I²C, SPI und RS-

232 beschrieben. Der praktische Datenaustausch mit den Komponenten des Pulsoximeters findet über I²C unter Verwendung des ESP-IDF statt.

Abb. 7–2 Schaltplan des Pulsoximeters

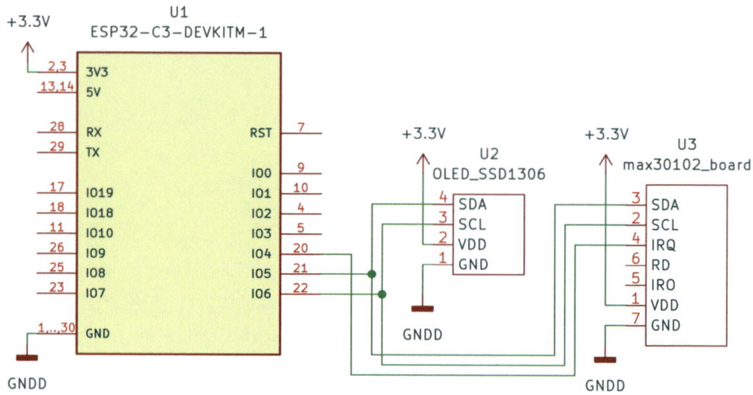

7.1 Display ansteuern

In Embedded Systemen kommen hauptsächlich Displays mit schaltbaren Segmenten, wie sie von alten Taschenrechnern bekannt sind (siehe Abb. 7–3 a), oder mit Pixeln, die beliebige Grafiken darstellen können (siehe Abb. 7–3 b), zum Einsatz. Segmente dienen dazu, vorgefertigte Formen darzustellen. In der Abbildung ist eine 7-Segment-Anzeige mit Punkt und ein Funkempfangssymbol dargestellt. Für die Ansteuerung dieser Segmente sind $7 + 1 + 4 = 12$ GPIOs notwendig. Zahlen sind gut leserlich, Buchstaben nur eingeschränkt darstellbar.

Abb. 7–3 Segmentanzeigen a) sind einfacher, aber weniger flexibel als Matrixanzeigen b).

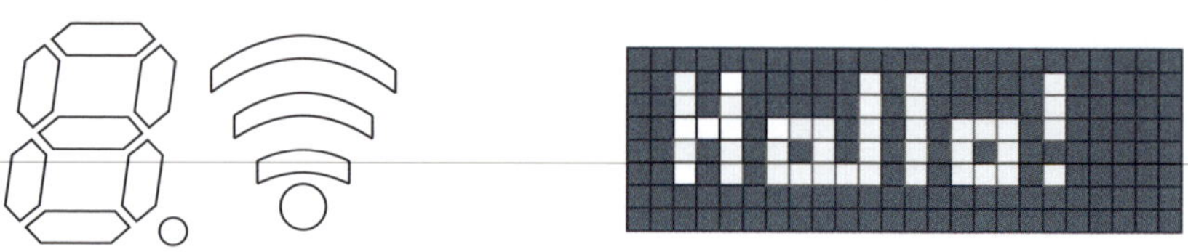

a) Segmentanzeige b) Matrixanzeige

(Punkt-)Matrixdisplays besitzen hingegen eine große Anzahl an Bildpunkten (Pixel), um eine leserliche Anzeige zu realisieren. Eine WUXGA-Auflösung, wie sie im PC-Bereich verbreitet ist, nutzt 1920 x 1200 Pixel, von denen jeder 4 Byte an Farbinformation trägt. Somit benötigen die über zwei Millionen Bildpunkte fast neun MiB an Speicherplatz. Dieses Beispiel macht deutlich, dass Matrixdisplays beson-

Pixel ist ein Kofferwort aus Picture und Element.

dere Anforderungen an die Hardware stellen. Im Bereich der eingebetteten Kleingeräte kommen daher Segmentdisplays oder kleinere Matrixdisplays mit einem eigenen Displaycontroller zum Einsatz.

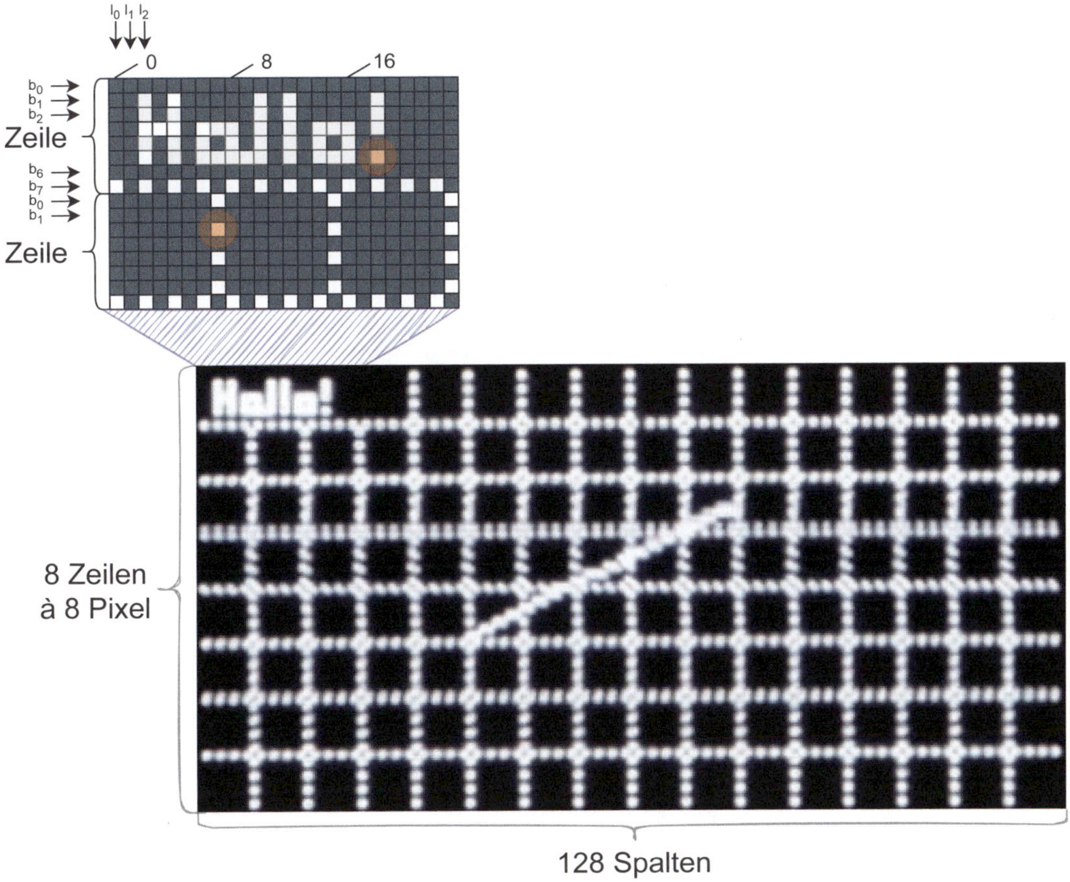

Abb. 7–4 Aufbau des OLED-Displays mit 128 x 64 Bildpunkten

Bei LCD (»Liquid Crystal Display«) wird Licht durch zwei polarisierende Glasscheiben mit einer speziellen Flüssigkeit im Zwischenraum geleitet. Das durchscheinende Licht wird gefiltert (polarisiert), kann aber wegen gleicher Polarisierung durch beide Scheiben gelangen. Wird an die Flüssigkeit eine Spannung angelegt, richten sich Kristalle so aus, dass die Polarisierung des Lichtes um 90° gedreht wird. Somit wird das Licht von den Scheiben ausgefiltert. LCDs benötigen zugeführtes Licht, oft mit einer Lichtquelle hinter dem Display.

Die Grundfarben der additiven Farbmischung sind Rot, Grün und Blau, woraus das RGB-Modell resultiert.

Günstige selbstleuchtende Displays, die als OLED (»Organic LED«)-Matrizen aufgebaut sind, gewinnen zunehmend an Bedeutung. OLEDs sind günstiger als anorganische LEDs (siehe Abschnitt 5.3.3), haben weniger Lichtausbeute und eine deutlich niedrigere Lebensdauer. Für mehrfarbige Displays können rote, blaue und grüne LEDs in der Matrix abwechselnd angeordnet werden.

Beim Pulsoximeter kommt ein monochromes 0,96-Zoll-OLED-Display mit 128 x 64 Pixeln (siehe Anhang A.2) zum Einsatz. Es ist mit einem SSD-1306-Displaycontroller, der Kommandos entgegennehmen kann, ausgestattet. Bei diesem einfarbigen Display ist jedem Pixel ein Bit (1 für weiß leuchtend, 0 für dunkel) zugeordnet. Abb. 7–4 zeigt, dass jeweils acht Pixel/Bits (b_0-b_7) senkrecht zu einem Byte gruppiert und diese Bytes horizontal in Zeilen (l_0-l_{127}) angeordnet sind. Für die vertikalen 64 Bildpunkte stehen acht solcher Reihen übereinander.

Informationen zur Beschaffung der Hardware und einsetzbarer Alternativen sind in Anhang A.2 zusammengefasst.

Speichertechnisch werden pro Zeile 128 Byte benötigt, für den gesamten Bildschirmspeicher $128 * 8\text{B} = 1024\ \text{B} = 1\ \text{KiB}$. Dieser Speicher wird im Mikrocontroller in entsprechender Größe angelegt. Zu diesem Zweck speichert die Komponente `graphics` (siehe Anhang A.2) bei der Initialisierung die Breite und Höhe des Displays in den Variablen `gDisplayWidth` und `gDisplayHeight`, um beliebige Displays zu unterstützen.

```
gBufferLength = gDisplayWidth * (gDisplayHeight / 8);
gDisplayBuffer = malloc(gBufferLength);
assert(gDisplayBuffer != NULL);
```

Die beiden in Abb. 7–4 orange markierten Pixel entsprechen Bit_5 in Byte_{18} und Bit_2 in $\text{Byte}_{135\,(=\,128\,+\,7)}$. Per Bitmaskierung werden die Pixel gesetzt und gelöscht, gezeigt am Beispiel `graphics_setPixel()`:

```
void graphics_setPixel(int x, int y) {
    if ((x < gDisplayWidth) && (y < gDisplayHeight)) {
        gDisplayBuffer[x + (y/8) * gDisplayWidth] |= 1 << (y%8);
        setDirty(x, y, x + 1, y + 1);
    }
}
```

Nach der Überprüfung der Parameter wird das betreffende Bit mit der Modulo-Operation berechnet und an die entsprechende Stelle geschoben. Das richtige Byte im Puffer wird durch eine Ganzzahlendivision berechnet. Da diese Operationen einen Divisor in Zweierpotenz (8) haben, kann der Compiler effiziente bitweise Operationen zur Berechnung verwenden.

Da es sich beim Bildschirmpuffer um ein lokales Abbild handelt, muss er zur Darstellung an den Displaycontroller übertragen werden. Um nicht immer den gesamten Inhalt zeitaufwendig übertragen zu müssen, werden die zu übertragenden Bereiche durch einen Aufruf der Funktion `setDirty()` als verändert markiert. Zeilenweise Aufrufe der Funktion `esp_lcd_panel_draw_bitmap()` übertragen diesen Bereich zyklisch per I²C-Bus.

Der ESP32-C3 verfügt über ein eigenes Peripheriemodul für I²C. Die Initialisierung dieses Interface zum Betrieb mit 400 kb/s über die GPIOs 5 und 6 ist in Listing 7.1 wiedergegeben.

```
void initI2C(i2c_port_t i2c_num) {
    i2c_config_t conf = {
        .mode = I2C_MODE_MASTER,
        .sda_io_num = GPIO_NUM_5,
        .scl_io_num = GPIO_NUM_6,
        .sda_pullup_en = GPIO_PULLUP_ENABLE,
        .scl_pullup_en = GPIO_PULLUP_ENABLE,
        .master.clk_speed = 400000
    };
    i2c_param_config(i2c_num, &conf);
    ESP_ERROR_CHECK(i2c_driver_install(i2c_num, conf.mode,
    ↪ 0, 0, 0));
}
```

Listing 7.1 *Initialisierung des I²C-Moduls*

Das Makro `ESP_ERROR_CHECK()` *prüft den Erfolg der Ausführung und führt im Fehlerfall zur Fehlerausgabe per* `abort()`.

Die Initialisierung des Moduls `graphics` erfolgt unter Angabe des zugrunde liegenden initialisierten I²C-Interface (der ESP32-C3 besitzt nur ein I²C-Modul, `I2C_NUM_0`), der I²C Geräteadresse und der Displayauflösung:

```
graphics_init(I2C_NUM_0, DISPLAY_I2C_ADDR, 128, 64, false);
```

Im Anschluss kann mit den verschiedenen `graphics_XXX`-Funktionen auf das Display gezeichnet und geschrieben werden. Mehr Informationen zur Verwendung des Moduls sind in Anhang A.2 zu finden.

Die I²C-Kommunikation wird über das Modul `esp_lcd` abstrahiert. Es genügt die angeführte Initialisierung und Übergabe der Peripherie, um die Displayansteuerung zu bewerkstelligen. Verwendung und Details dieses Protokolls werden aus diesem Grund an der Sensorkomponente des Pulsoximeterprojekts gezeigt.

7.2 Konfiguration im ESP-IDF

Eine Applikation wird über die Datei `sdkconfig` im Hauptverzeichnis konfiguriert. In Eclipse wird bei einem Doppelklick auf diese Datei ein visueller Editor gestartet.

Komponenten definieren in der Datei `Kconfig.projbuild` mögliche Projekteinstellungen wie die Parameter für die Kommunikation über I²C:

```
menu "main Configuration"

   menu "I2C Configuration"
      config I2C_MASTER_SCL_IO
         int "I2C master SCL I/O"
         default 6
         help
            I/O (pin) of used I2C SCL line.

      config I2C_MASTER_SDA_IO
         int "I2C master SDA I/O"
         default 5
         help
            I/O (pin) of used I2C SDA line.

      config I2C_MASTER_BITRATE
         int "I2C master bit rate"
         default 400000
         help
            bit rate (i.e. clock in Hz) of the I2C module.
   endmenu

endmenu
```

Ein Build des Projekts erzeugt die Datei `sdkconfig`. Im visuellen Editor wird diese Konfiguration wie in Abb. 7–5 angezeigt und kann komfortabel geändert werden.

Abb. 7–5
Anzeige der Datei `sdkconfig` *im visuellen Editor*

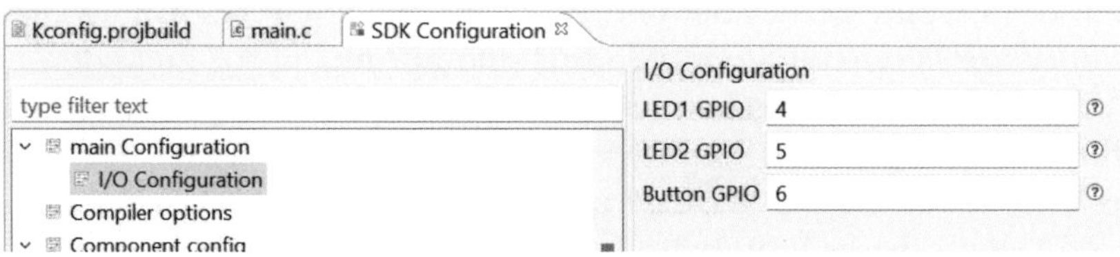

Die Konstanten `CONFIG_LED1_GPIO`, `CONFIG_LED2_GPIO` und `CONFIG_BTN_GPIO` können dann direkt im C-Code verwendet werden. Wenn diese nicht indirekt über andere Includes eingebunden werden, muss das `#include "sdkconfig.h"` explizit angeführt werden.

7.3 I²C-Protokoll

Das Inter-Integrated Circuit Protokoll, im Deutschen auch »I-Quadrat-C«, wurde ursprünglich von Philips zur Kommunikation zwischen ICs in Fernsehgeräten entwickelt. In der Folge haben viele Hersteller den Bus lizenziert und in ihren Komponenten eingesetzt. Manche

Bausteine enthalten funktional identische, aber unlizenzierte Klone unter dem Namen TWI (»Two-Wire Interface«).

Mittlerweile ist für I²C keine Lizenzgebühr mehr fällig. Dennoch wird der Name TWI teils beibehalten.

Bei der seriellen Übertragung von Wörtern, wie sie bei I²C Verwendung findet, erfolgt das Senden Bit für Bit nacheinander auf der Datenleitung. Interne Systembusse, wie in Abschnitt 4.1.2 besprochen, arbeiten hingegen parallel und übertragen die Bits eines Wortes gleichzeitig, jedes auf einer separaten Leitung.

I²C verwendet physikalisch die zwei Leitungen SCL (»Serial Clock«) und SDA (»Serial Data«), an die ein «Master« als steuernde Instanz und mehrere »Slaves« als gesteuerte Instanzen in Wired-AND-Konfiguration angebunden sind (siehe Schaltplanbeispiel Abb. 7–2). Beide Leitungen werden deshalb über Pull-up-Widerstände rezessiv auf V_{DD} (HI) gesetzt und können von den Teilnehmern über Open-Drain-Ausgänge dominant auf GND (LO) gezogen werden (siehe den entsprechenden Abschnitt in 5.4.3). Im Schaltplan Abb. 7–2 sind die Pull-up-Widerstände nicht extra eingezeichnet, da die internen Pull-ups der GPIOs verwendet werden, wie in Listing 7.1 ersichtlich.

Im »Multimaster«-Betrieb können auch mehrere Master angebunden werden.

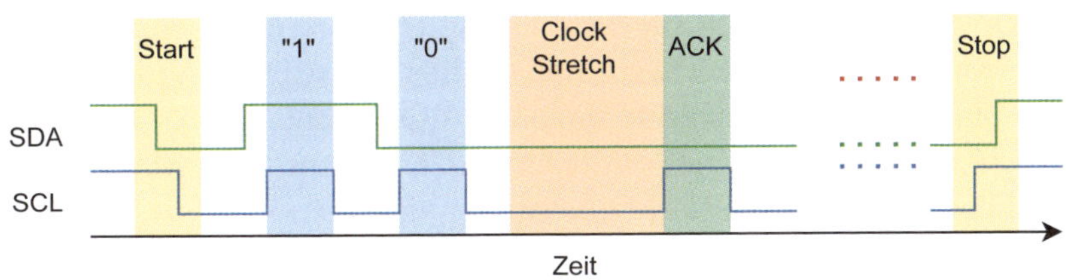

Abb. 7–6
I²C: Bitübertragung (Physical Layer)

Wie bei synchronen Protokollen üblich, erfolgt die Steuerung der Informationsübertragung über ein Taktsignal, bei I²C über die SCL-Leitung. Abb. 7–6 zeigt die Signalisierung auf der Bitübertragungsschicht. Der Master oder der Slave signalisieren ein Bit durch einen gehaltenen Pegel der SDA-Leitung während des aktiven Taktes (blau hinterlegt).

Die Standardisierung stellt die Bezeichnung Master/Slave auf das politisch korrekte Wording »Controller/Peripheral« um.

Um dem Master anzuzeigen, dass er Zeit zur Verarbeitung benötigt und nicht bereit zur Datenübertragung ist, kann der Slave das Taktsignal auf LO ziehen. Die Dauer dieses »Clock Stretchings« (orange hinterlegt) ist nicht festgelegt und kann so den Bus blockieren. Bei der Erweiterung SMBus wurde das Timing zur Erhöhung der Robustheit exakt spezifiziert (siehe Abschnitt 7.3.1).

Ein Transfer startet mit einem »Start«-Signal und endet mit einem »Stop«-Signal (beide gelb hinterlegt). Jeweils nach acht übertragenen Bits wird ein $\overline{\text{ACK}}$-Bit (Acknowledge, grün hinterlegt) gesendet. Auf diese Weise wird dem Kommunikationspartner durch ein LO-Bit mitgeteilt, dass mit dem Transfer fortgefahren werden kann.

Tab. 7–1 *I²C-Parameter der Plusoximeterkomponenten*

Komponente	Adresse	max. Bitrate
SSD 1306 Displaytreiber	0x3C	Fast Mode
MAX30102 Sensor	0x57	Fast Mode

Die Geschwindigkeit des Transfers liegt beim häufig verwendeten »Fast Mode«, den alle modernen Komponenten unterstützen sollten, bei 400 kb/s.

Jeder Slave hat eine eigene, auf dem Bus eindeutige, sieben Bit lange Adresse, über die er angesprochen werden kann. Die jeweilige Adresse kann dem Datenblatt der Slave-Komponente entnommen und oft in einem eingegrenzten Bereich eingestellt werden. Von den potenziell 128 Adressen können 112 aufgrund von Reservierungen verwendet werden. Zur Erweiterung des Adressraums wurde später die Möglichkeit der Verwendung 10-bittiger Adressen mit maximal 1136 Komponenten am Bus eingeführt.

Abb. 7–7 zeigt den typischen Aufbau eines übertragenen Pakets. Der Master legt nach dem Start-Signal die sieben Bit der Adresse des gewünschten Slaves auf die Leitung. Im Anschluss sendet er ein »Direction«-Bit $R/\overline{W}$, das bestimmt, ob die weitere Datenübertragung vom Slave (R, HI) oder zum Slave ($\overline{W}$, LO) erfolgen soll. Der angesprochene Slave antwortet mit einem $\overline{ACK}$-Bit, um dem Master mitzuteilen, dass der adressierte Empfänger aktiv ist.

In Tabelle 7.3 sind die Adressen der im Pulsoximeter eingesetzten Peripheriebausteine angegeben. Es ist allerdings zu beachten, dass manche Datenblätter die Adressen in 8-bittiger Schreibweise mit $R/\overline{W}$ angeben. Auch das Datenblatt des MAX30102-Sensors gibt statt der Adresse 0x57 (01010111_{bin}) die »I²C Write/Read Address« mit 0xAE (10101110_{bin})/0xAF (10101111_{bin}) an.

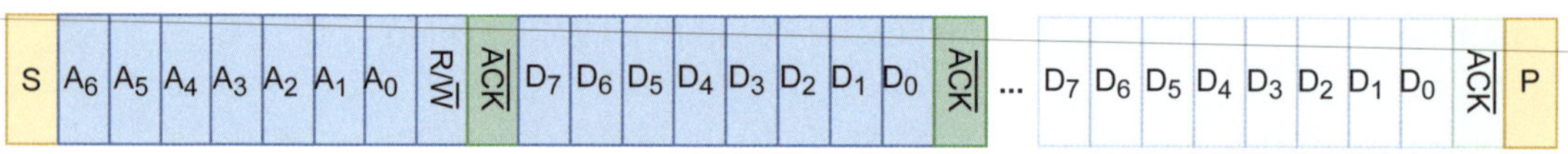

Abb. 7–7 *I²C: Aufbau der Paketübertragung*

Im Schreibmodus (Direction = $\overline{W}$) legt der Master im Anschluss die Daten byteweise auf den Bus, jeweils mit einem $\overline{ACK}$-Bit des Empfängers bestätigt. Die Daten werden vom höchsten zum niedrigsten Bit gesendet, »MSB (most significant bit) first«.

Im Lesemodus (Direction = R) legt der Client die Daten byteweise auf den Bus. Der Master zeigt durch das $\overline{ACK}$-Bit an, ob ein weiteres Byte gelesen werden soll. Das Ende des Auslesens vom Slave zum Master zeigt der Master durch ein NACK-Bit (»No Acknowledge«) an.

Nach der Übertragung beendet ein Stop-Signal auf dem Bus die Kommunikation. Statt eines Stop-Signals ist es auch möglich, durch ein »Repeated Start«, also ein unmittelbares Start-Signal, ein weiteres Paket zu senden.

Zur Verdeutlichung der Kommunikation wird der Baustein MAX30102 von Maxim Integrated [39], wie er im Pulsoximeter verwendet wird, herangezogen. Abb. 7–8 zeigt die Oszilloskop-Aufzeichnung (siehe Abschnitt 5.4.10) eines Pakets vom Master (ESP32-C3) an den MAX30102-Baustein (Slave).

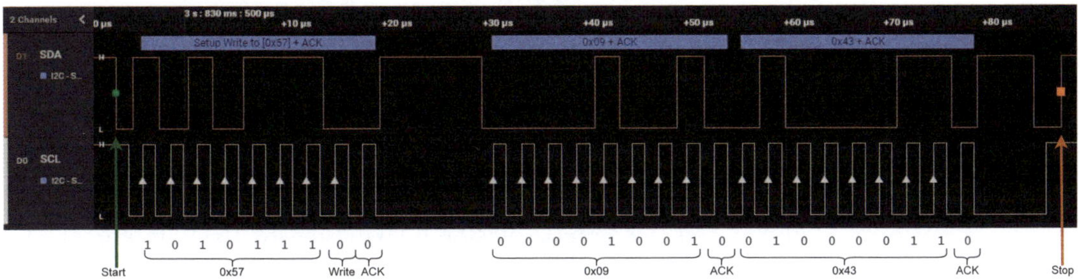

Abb. 7–8
I²C: Reset des MAX30102 durch Schreiben des Registers 0x09

Nach dem Start-Signal (grüne Markierung) wird die Adresse 0x57 (binär 1010111_{bin}) mit anschließendem $\overline{\text{W}}$-Bit (0_{bin}) und $\overline{\text{ACK}}$ (0_{bin}) durch den Client übertragen. Im Anschluss werden die beiden Bytes 0x09 (00001001_{bin}) und 0x43 (01000011_{bin}), jeweils durch ein $\overline{\text{ACK}}$ bestätigt, gesendet. Das abschließende Stop-Signal (orange Markierung) beendet das übertragene Paket.

Die Bedeutung der übertragenen Daten erschließt sich unter Zuhilfenahme des Datenblatts des MAX30102-Bausteins [40, Abschnitt »I²C Interface«]. Beim Schreibzugriff wird nach der Adressierung ein Zielregister im Baustein mit anschließendem Wert geschrieben. Wird im verwendeten »Mode Configuration«-Register 0x09 Bit 6 gesetzt, wird im Baustein ein Reset durchgeführt. Die unteren drei Bits dienen dem Einstellen eines Modus (»Mode Control«). Im Beispiel wird mit dem Wert 0x43 der Reset ausgelöst und der »SpO_2 mode« eingestellt.

```
void max3010x_writeRegister(uint8_t reg, uint8_t value) {
    uint8_t buf[2] = { reg, value };
    ESP_ERROR_CHECK(i2c_master_write_to_device(i2c_num, 0x57,
     ↪ buf, 2, pdMS_TO_TICKS(50)));
}
```

Listing 7.2
Schreiben eines Registers im MAX30102 über das I²C-Modul

Die Übertragung des Pakets kann mit den Funktionen des ESP-IDF bewerkstelligt werden. Nach der bereits beschriebenen Initialisierung

des I^2C-Interfaces (siehe Listing 7.1) kann der Modus per `max_writeRegister(0x09, 0x43)` gesendet werden.
Parameter der Funktion `i2c_master_write_to_device()` in Listing 7.2 sind die zu verwendende I^2C-Schnittstelle, die Adresse des Slaves, ein Feld mit den zu übertragenden Daten und deren Größe sowie ein Timeout für den Fall, dass der Bus belegt ist. Die Rückgabe der Funktion wird auf den Erfolg (`ESP_OK`) mit `ESP_ERROR_CHECK()` überprüft. Je nach Applikation kann eine andere Fehlerbehandlung beispielsweise mit Reset der Schnittstelle und Wiederholen des Transfers eine bessere Alternative darstellen.

Digitale Peripheriegeräte bieten meist die Möglichkeit des Auslesens von Bauteiltyp und -version. Dies dient der automatisierten Erkennung und Verwendung durch den Master. Sind in bestimmten Versionen Fehler bekannt, kann die Software so darauf Bedacht nehmen. Beim MAX30102-Baustein sind laut Datenblatt, Tabelle »Register Maps and Descriptions«, die Teilenummer (»Part ID«) in Register 0xFF und die Version (»Revision ID«) in Register 0xFE untergebracht.

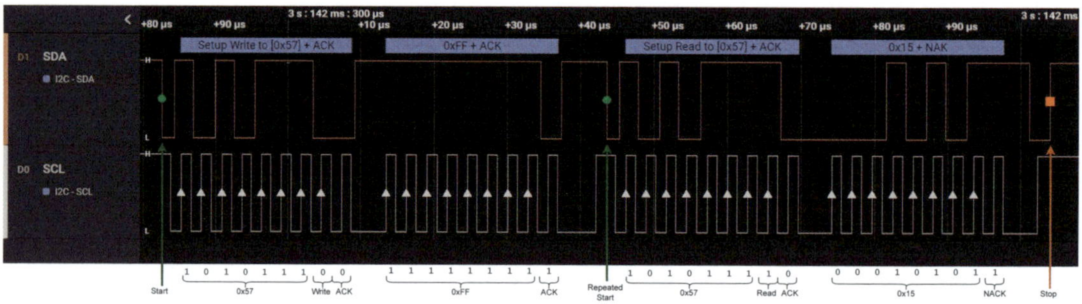

Abb. 7–9
I^2C: Auslesen der Teilenummer beim MAX30102 (Register 0xFF)

Abb. 7–9 stellt eine Oszilloskopmessung des Auslesens der Part ID dar. Die Leseoperation besteht aus einer Schreiboperation des betreffenden Registers mit anschließendem Lesen. Im Detail folgt auf das Start-Signal (erste grüne Markierung) die Adresse mit $\overline{W}$- und $\overline{ACK}$-Flags, dann die Registeradresse 0xFF und ein Acknowledgement durch den Client. Im Anschluss folgen ein Repeated-Start-Signal (zweite grüne Markierung) mit erneuter Adressierung, dieses Mal ein R-Flag wegen des Lesezugriffs und ein Acknowledgement durch den Slave, der dann das angefragte Datum, nämlich den Wert 0x15 (00010101_{bin}) als datenblattkonforme Kodierung des Bausteins MAX30102, auf den Bus legt. Der Master sendet ein NACK- und Stop-Signal (rote Markierung) zur Beendigung des Transfers.

Zum Auslesen des Registers kann die Funktion `max3010x_readRegister(0xFF)` in Listing 7.3 aufgerufen werden. Die verwendete ESP-IDF-Funktion `i2c_master_write_read_device()`

sendet das Zielregister, einen repeated Start und liest per Call-by-Reference in die Variable `data`.

```
uint8_t max3010x_readRegister(uint8_t reg) {
    uint8_t data;
    ESP_ERROR_CHECK(i2c_master_write_read_device(i2c_num, 0x57,
    ↪ &reg, 1, &data, 1, pdMS_TO_TICKS(50)));
    return data;
}
```

Listing 7.3
Lesen eines Registers im MAX30102 über I^2C-Moduls

Analog zu diesen Lese- und Schreibbeispielen können weitere Peripheriebausteine unter Zuhilfenahme des jeweiligen Datenblatts in Betrieb genommen werden. Mehr Informationen zu Funktionsweise, Implementierung und Fehlersuche von I^2C sind in [48] zusammengefasst.

7.3.1 SMBus

Der System Management Bus (SMBus) ist eine Erweiterung von I^2C zum Auslesen von Geräteinformationen und zum Verändern von Einstellungen. Der von Intel spezifizierte Bus benötigt wenig Platz und hat eine reduzierte Geschwindigkeit von max. 100 kb/s.

Vorteilhaft ist ein Timeout von 35 ms beim Clock Stretching. Zieht ein Teilnehmer die CLK-Leitung für diese Zeit auf LO, führen die Slaves einen Kommunikations-Reset durch. Des Weiteren führt der Bus die zusätzliche Leitung $\overline{\text{ALERT}}$ (analog zu einem Interrupt Request), wiederum als Wired-AND ausgeführt. Über dieses Signal kann ein Slave eine Anforderung an den Master senden. Der Master muss dann mit dem Slave Kontakt aufnehmen, um die Anforderung zu bearbeiten.

Für den Fall, dass mehrere Slaves gleichzeitig das $\overline{\text{ALERT}}$-Signal aktivieren, ist das »Alert Response Protocol« (ARP) spezifiziert. Im Wesentlichen fragt der Master die Slaves so lange ab, bis alle Alerts abgehandelt sind.

Eine weitere sinnvolle Erweiterung im SMBus ist eine Checksumme bei der Datenübertragung. So kann die Korrektheit empfangener Daten mit hoher Wahrscheinlichkeit geprüft werden.

Ein Beispiel für einen Baustein mit SMBus-Protokoll ist der Ladecontroller LTC4015 [1], der das Laden verschiedener Akkutypen beherrscht und bei auftretenden Fehlern wie einem Kurzschluss oder bei speziellen Füllständen einen $\overline{\text{ALERT}}$ auslösen kann. Für Geräte zur Energieversorgung gibt es die SMBus-Erweiterung PMBus, die der LTC4015 aber nicht implementiert.

7.4 SPI-Schnittstelle

Das Serial Peripheral Interface (SPI) ist wie I²C ein Bus zur Kopplung von digitalen Bausteinen im Master-Slave-Prinzip. Die Entwicklerfirma Motorola hat das Verfahren sehr locker spezifiziert, weshalb die Leitungen in den einzelnen Implementierungen auch recht unterschiedlich benannt werden und das Kommunikationsverhalten über verschiedene Parameter wie CPOL und CPHA eingestellt werden kann.

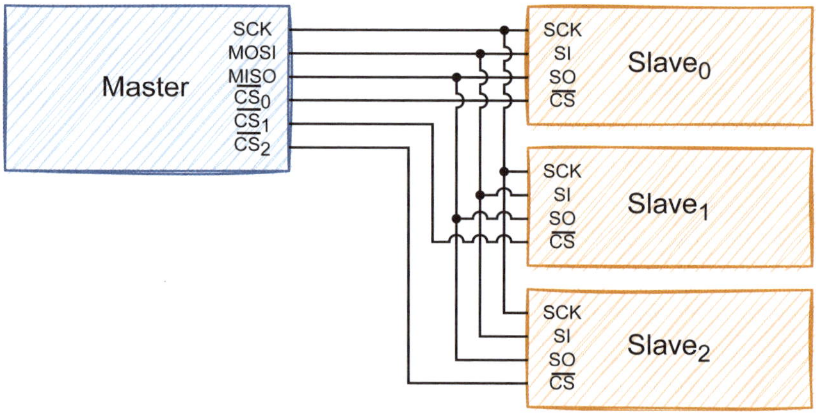

Abb. 7–10
SPI: In der Sterntopologie wird jeder Slave über eine eigene $\overline{CS}$-Leitung angesprochen.

Grundsätzlich erfolgt die Arbitrierung mit Ansteuerung eines Slaves über eine separate »Chip Select«($\overline{CS}$)-Leitung. Diese Leitung wird in der üblichen Sterntopologie für jeden Slave separat ausgeführt, wie in Abb. 7–10 ersichtlich.

Zur besseren Verständlichkeit wurde die Selektion hier in Analogie zu I²C Start/Stop genannt.

In Abb. 7–11 ist die Bitübertragung dargestellt. Zu Beginn der Übertragung wird ein Slave über die entsprechende $\overline{CS}_n$-Leitung selektiert (als gelb hinterlegtes Start-Signal eingezeichnet). Die einzelnen Bits werden dann synchron zum Takt, der je nach eingestellter »Clock Polarity« (CPOL) active HI oder LO sein kann, übertragen. Über die »Clock Phase« (CPHA) wird festgelegt, ob die Daten zur ersten (CPHA=0) oder zweiten Flanke (CPHA=1) des Takts von der DATA-Leitung übernommen werden. Für beide Varianten ist die Übertragung eines »0«- und »1«-Bits im Kommunikationsdiagramm eingezeichnet.

Diese Parameter müssen mit den Parametern des Slaves, wie sie im entsprechenden Datenblatt angegeben sind, übereinstimmen. Die Übertragung wird dann mit Hochziehen der $\overline{CS}_n$-Leitung beendet (wiederum gelb hinterlegtes Stop-Signal).

SPI verwendet zwei DATA-Leitungen, MISO und MOSI. Zum einen werden Daten vom Master zu den Slaves über die MOSI-

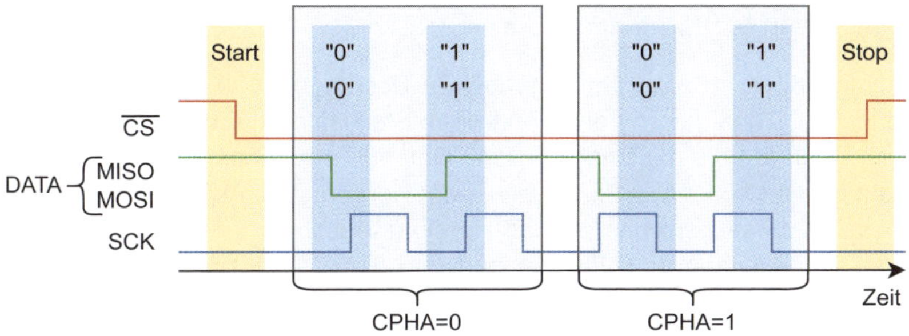

Abb. 7–11
SPI: Übertragung auf Bitebene

Leitung, zum anderen von den Slaves zum Master über die MISO-Leitung übertragen.

Je nach Richtungscharakteristik eines Kommunikationskanals unterscheiden sich die Kommunikationsverfahren:

- Da bei SPI für jede Richtung eine eigene Leitung existiert, ist die Übertragung in beide Richtungen gleichzeitig möglich, was »vollduplex« genannt wird.
- Bei I²C wird im Vergleich eine Leitung für beide Richtungen genutzt. Diese Übertragung, bei der die richtungsweise Kommunikation nacheinander erfolgt, heißt »halbduplex«.
- Beherrscht ein Verfahren nur eine Kommunikationsrichtung, wie dies beispielsweise bei einem Radiosender der Fall ist, spricht man von »simplex«.

Über die SPI-Schnittstelle sind auf einer Platine pro Datenleitung Datenraten von über 5 Mb/s problemlos möglich. Es können auch über 20 Mb/s erreicht werden, bei sehr hohen Datenraten ist allerdings auf die elektromagnetischen Eigenschaften der Leiterbahnen zu achten, um nicht versehentlich einen Funksender zu betreiben. Zur weiteren Erhöhung der Transferrate ist es möglich, die Leitungen doppelt (Dual-SPI) oder vierfach (Quad-SPI) auszuführen.

Der ESP32-C3 hat drei SPI-Peripheriemodule, von denen SPI0 und SPI1 intern für den Zugriff auf das Flash verwendet werden. Das SPI-Peripheriemodul `SPI2_HOST`, das allgemein verwendet werden kann, beherrscht alle SPI-Spielarten und Modi. Aufgrund der hohen Schnittstellengeschwindigkeit werden bei der Programmierung im ESP-IDF Transaktionen definiert, die in eine Liste eingereiht werden können und vom ESP32-C3, entweder vom Prozessor oder vom DMA-Controller (siehe Abschnitt 7.4.2), abgearbeitet werden. Der ESP32-C3 kann sowohl als Master als auch als Slave betrieben werden.

Im Reference Manual heißt das Modul `SPI2_HOST` *»General Purpose« GP-SPI2.*

Maximale Bitübertragungsrate

In Abb. 5–18 und der zugehörigen Besprechung wurde ersichtlich, dass ein Signal nur mit einer endlichen Steilheit technisch vorliegt. Dies wirkt sich auf die maximal mögliche Datenübertragungsrate digitaler Signale, wie sie in I^2C, SPI, ... verwendet werden, aus. Aus der Hysterese beim Wechsel zwischen LO und HI (siehe Abschnitt 5.5) ergibt sich die Zeit Δt zwischen dem Flankenstart und dem LO-HI-Übergang. Im folgenden Diagramm ist ein binäres Signal mit einer gestrichelten, das zugehörige physische Signal mit einer durchgängigen Linie eingezeichnet.

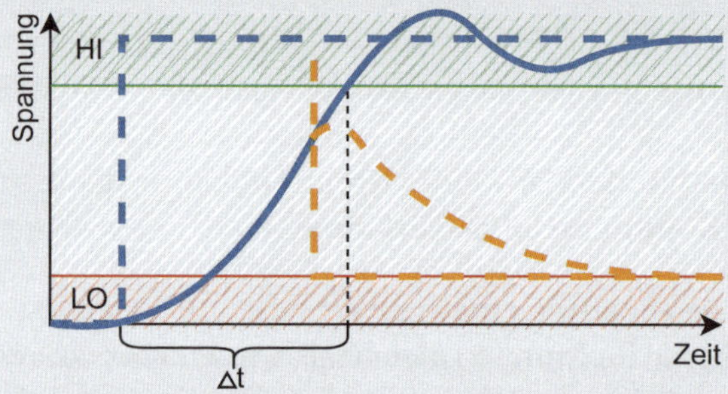

Liegt das Signal länger an als Δt, kann das Bit zuverlässig erkannt werden, wie am blauen Signal ersichtlich. Wechselt das Signal schneller den Zustand, ist der LO-HI-Übergang noch nicht erfolgt, und das Bit wird nicht erkannt (oranges Signal). Da Δt mit der Kabellänge steigt, sind für RS-232 die in Tabelle 7.6.1 angegebenen Maximalgeschwindigkeiten spezifiziert.

7.4.1 Bit-Banging

In Embedded Systemen werden oft viele verschiedene Schnittstellen gleichzeitig eingesetzt. Manche Komponenten werden über I^2C, weitere über SPI oder andere Schnittstellen angeschlossen. Zudem können nicht beliebig viele Geräte an einen Bus gekoppelt werden, da sich alle Geräte die Busbandbreite teilen und hier das Übertragungslimit mitunter erreicht wird.

So kann es vorkommen, dass nicht genügend Schnittstellen zur Verfügung stehen oder die gewünschte Schnittstelle von der Hardware nicht angeboten wird. In diesem Fall kann das Protokoll mitsamt dem Timing auf Bit-Ebene in Software unter Verwendung des GPIO-Moduls und meist einem Timer (siehe Abschnitt 8.5) implementiert werden. Diese, »Bit-Banging« genannte Vorgehensweise hat aber Nachteile wie eine höhere Prozessorlast, ungenaueres Timing und erhöhten Implementierungsaufwand und sollte deshalb möglichst vermieden werden.

7.4.2 DMA: Direct Memory Access

Im Gegensatz zu Bit-Banging bringen die Peripheriemodule eine Entlastung der CPU, da diese sich nicht um die Bitübertragung kümmern muss. Stattdessen schickt sie die zu übertragenden Daten in die Sendepuffer und holt empfangene Daten aus den Empfangspuffern ab. Ein DMA(»Direct Memory Access«)-Controller bewirkt eine weitere Reduktion der CPU-Last.

Abb. 4–1 zeigt einen an die Busmatrix angeschlossenen DMA-Controller, der auf die Komponenten des Systems zugreifen kann. Beim ESP32-C3 greift der DMA-Controller weniger allgemein direkt auf den Peripheriebus und das SRAM zu, was die Interaktion mit der CPU vereinfacht. Er kann so programmiert werden, dass er ohne Zutun der CPU Daten von einem Peripheriemodul in den RAM, vom RAM in ein Peripheriemodul oder von RAM zu RAM kopiert.

Die Aufgabe der CPU ist dabei, die Transfers des DMA-Controllers aufzusetzen und dessen Benachrichtigungen über den Transferfortschritt zu bearbeiten.

7.4.3 Dateispeicherung auf SD-Karten

Im SPI-Treiber des ESP-IDF ist die Verwendung von DMA einstellbar, wie am Beispiel der Datenspeicherung auf einer SD-Karte gezeigt wird. Eine »Secure Digital Memory Card« ist ein standardisiertes Medium zum persistenten Speichern großer Datenmengen auf Basis der Flash-Technologie (siehe Abschnitt 4.2).

SD-Karten bieten neben dem proprietären SD-Bus-Protokoll ein SPI-Interface als Schnittstelle für den einfachen Zugriff. Auf diese Weise ist es ein Leichtes, einen günstigen, großen, auswechselbaren Speicher an einen embedded Controller anzuschließen. Die Daten werden blockweise (sektorenweise) gelesen und geschrieben. Um diese mit einem PC auszutauschen, müssen diese in Dateien eines definierten Filesystems abgelegt werden. Üblicherweise wird das FAT32 (»File Allocation Table«)-Filesystem von Microsoft aufgrund seiner Einfachheit und breiten Unterstützung durch alle gängigen Betriebssysteme eingesetzt. Die Einschränkung, dass eine Datei maximal 4 GiB groß werden kann, kommt in embedded Kleinsystemen eher nicht zum Tragen.

Eine verbreitete Implementierung von FAT32 und exFAT, die auch Bestandteil des ESP-IDF ist, ist FatFs [10]. Diese Implementierung wird im folgenden Beispiel genutzt, um auf eine SD-Karte zuzugreifen. Die benötigte Hardware und der Anschlussplan sind in Anhang A.2 beschrieben.

Zur Initialisierung des SPI-Interface wird die Funktion `spi_bus_initialize()` aufgerufen (Listing 7.4). Parameter sind die Nummer des Interface (beim ESP32-C3 steht SPI2 zur freien Verfügung), die Konfiguration und der zu verwendende DMA-Kanal. Mit `SPI_DMA_CH_AUTO` wählt der Treiber den DMA-Kanal selbst, mit `SPI_DMA_DISABLED` arbeitet der Treiber ohne DMA.

Listing 7.4 *Initialisierung der Schnittstelle SPI2 mit DMA*

```
spi_bus_config_t bus_cfg = {
    .mosi_io_num = 5,
    .miso_io_num = 6,
    .sclk_io_num = 4,
    .quadwp_io_num = -1,
    .quadhd_io_num = -1,
    .max_transfer_sz = 0 // DMA default
};
ESP_ERROR_CHECK(spi_bus_initialize(SPI2_HOST, &bus_cfg,
    ↪ SPI_DMA_CH_AUTO));
```

Nach der Initialisierung des SPI-Busses muss die SD-Karte als Gerät mit eigener $\overline{CS}$-Leitung definiert werden. Im nächsten Schritt wird mit der Karte kommuniziert, um diese zu initialisieren und auf das Dateisystem der Karte zuzugreifen. Dieses Dateisystem wird dann in das Gesamtdateisystem des Betriebssystems unter einem eigenen Namen eingehängt (»gemountet«).

Diese Schritte werden der Einfachheit halber mit der Funktion `esp_vfs_fat_sdspi_mount()` durchgeführt (siehe Listing 7.5). In »echten« Projekten wird aber angeraten, die Schritte selbst durchzuführen, um jeweilig auftretende Fehler separat abzufangen und entsprechend zu reagieren. Diese Funktion erwartet Informationen zur Datenrate usw. im Parameter `host` und Informationen zum SD-Kartenadapter im Parameter `slotCfg`.

Listing 7.5 *Initialisierung und Mounten der SD-Karte*

```
sdmmc_host_t host = SDSPI_HOST_DEFAULT();
host.slot = SPI2_HOST;
sdspi_device_config_t slotCfg = SDSPI_DEVICE_CONFIG_DEFAULT();
slotCfg.gpio_cs = 7;
slotCfg.host_id = host.slot;
esp_vfs_fat_sdmmc_mount_config_t mountCfg = {
    .format_if_mount_failed = false,
    .max_files = 5,
    .allocation_unit_size = 16 * 1024
};

sdmmc_card_t* pSDCard; // the pointer will be set by-ref
ESP_ERROR_CHECK(esp_vfs_fat_sdspi_mount("/sdcard", &host,
    ↪ &slotCfg, &mountCfg, &pSDCard));
```

Manche SD-Kartenadapter bieten die Leitungen CD (»Card Detect«) und WP (»Write Protect«), die über Kontakte feststellen, ob sich eine Karte im Adapter befindet oder ob der Schreibschutz-Schieber auf der Karte aktiviert wurde. In diesem Fall kann dies in der `slot_config` angegeben werden.
Es ist jedenfalls wichtig zu wissen, dass der Schreibschutz-Schieber nicht durch die Karte selbst verwaltet wird. Das heißt, dass auch eine Karte mit aktiviertem Schreibschutz beschrieben/gelöscht werden kann, wenn der Treiber das WP-Signal nicht in Software behandelt.

In der `mountCfg` wird angegeben, ob die SD-Karte formatiert werden soll, wenn kein Filesystem gefunden wird. In diesem Fall spielt die `allocation_unit_size` eine Rolle. `max_files` gibt an, wie viele Dateien in diesem Filesystem gleichzeitig geöffnet sein können. Da jede geöffnete Datei Speicher benötigt, sollte dieser Wert nicht unrealistisch groß gewählt werden.

Die Karte wird dann im Einhängepunkt `/sdcard` verfügbar gemacht. `pSDCard` kann später verwendet werden, um Informationen über die SD Karte abzuholen oder die Karte wieder aus dem Filesystem zu entfernen (»unmounten«). Listing 7.6 zeigt das Lesen einer Zeile aus einer Textdatei auf der SD-Karte.

```
FILE* file = fopen("/sdcard/foo.txt", "r");
if (file != NULL) {
    char line[64];
    fgets(line, sizeof(line), file);
    fclose(file);
}
```

Listing 7.6
Lesen einer Zeile aus einer Textdatei

Das abschließende Unmounten und Freigeben des SPI-Interface ist in Listing 7.7 implementiert. Viele Anwendungen geben diese Ressourcen nicht frei, da sie den Kartenzugriff während der gesamten Laufzeit benötigen. Für einen Wechsel der Karte muss aber ein Unmount mit neuerlicher Karteninitialisierung und Mount durchgeführt werden.

```
esp_vfs_fat_sdcard_unmount("/sdcard", pSDCard);
spi_bus_free(SPI2_HOST);
```

Listing 7.7
Unmount und Freigabe des SPI-Interface

7.5 WS2812B

Auf dem Entwicklerboard ESP32-C3-DevKitM-1 (siehe Abschnitt 2.2.1) ist eine mehrfarbige LED angebracht, die nicht wie in Abschnitt 5.4.4 beschrieben per GPIO angesteuert wird. Stattdessen sind in dem

LED-Gehäuse drei verschiedenfarbige LEDs und ein WS2812B-Controller untergebracht.

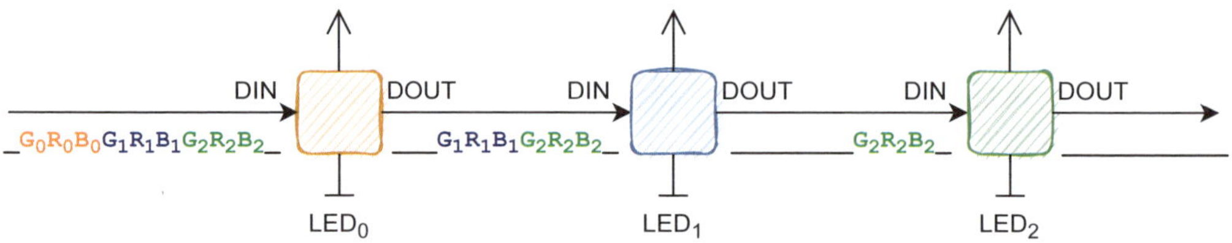

Abb. 7–12
WS2812B: serielle Übertragung von LED-Daten

Abb. 7–12 zeigt das Schema der seriellen LED-Ansteuerung mit WS2812B-Controllern. Jede LED ist an V_{DD} und GND angeschlossen. Außerdem wird sie über den Eingang DIN mit Daten versorgt. Der Ausgang DOUT einer LED wird in Serie mit dem Eingang der nächsten LED verbunden. Jede LED wird mit eigenen Farbdaten versorgt, jeweils 24 Bit pro LED, aufgeteilt in acht Bit Grünanteil, acht Bit Rotanteil und acht Bit Blauanteil (das RGB-Farbmodell wurde bereits in Abschnitt 7.1 erwähnt).

Nach einer Pause werden zyklisch die RGB-Werte für alle LEDs am Eingang der ersten LED bereitgestellt. Die erste LED entnimmt den ersten RGB-Wert und leitet an seiner Stelle eine Pause weiter. Alle weiteren RGB-Werte werden dann an die zweite LED, die ihrerseits ihre Daten entnimmt, weitergeleitet. Auf diese Weise entnimmt jede LED die für sie bestimmten Daten dem Signal.

Um eine niedrige Zykluszeit bei einer großen Anzahl von LEDs zu gewährleisten, muss die Zeit für ein Bit niedrig gewählt werden. Die Dauer für ein Bit wurde gemäß Datenblatt der LED mit 1,2 µs festgelegt. Ein »0«-Bit ist dabei 0,32 µs HI und die restliche Zeit LO, ein »1«-Bit 0,64 µs HI den Rest LO. Die Pause zwischen den Zyklen ist mindestens 80 µs lang. Somit benötigt eine LED $24 * 1,2 = 28,8$ µs, und bei 60 Hz Wiederholrate können über 400 LEDs zyklisch angesteuert werden. So schnelles Schalten ist für Anwendungen, die die LED-Farben dynamisch ändern, wichtig. Dies ist beispielsweise bei einer Laufschrift auf einer LED-Matrix der Fall. WS2812B-Controller behalten ihre aktuellen Einstellungen, bis sie neue Daten erhalten oder bis zu einem Reset.

Das exakte Timing stellt die Software für Mikrocontroller vor Herausforderungen. Es gibt üblicherweise kein spezialisiertes WS2812B-Peripheriemodul, weshalb andere Module dafür »zweckentfremdet« werden. Üblicherweise werden Timer oder UARTs verwendet. Beim ESP-IDF wird in der Komponente `led_strip` das Peripheriemodul

RMT (»Remote Control Peripheral«, das eigentlich für das Senden und Empfangen von Infrarotsignalen ausgelegt ist, verwendet.

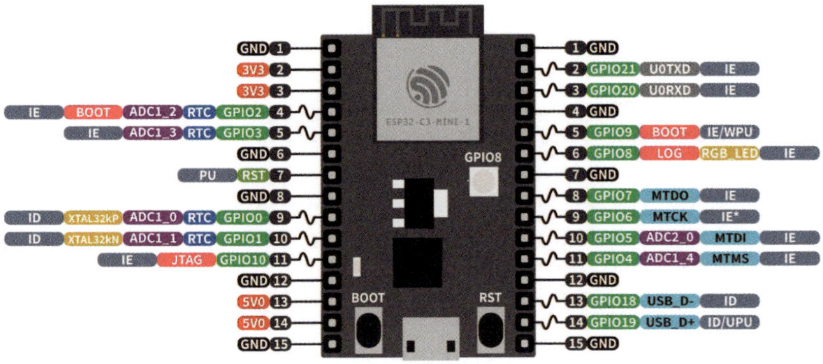

Abb. 7–13
Anschlussbelegung des ESP32-C3-devkitm-1-Entwicklerboards

Zur Nutzung der Bibliothek wird eine Variable vom Typ `led_strip_handle_t` per `led_strip_new_rmt_device()` initialisiert (Zeilen 1 bis 9 von Listing 7.8). Der erste Parameter definiert die Konfiguration des LED-Streifens, hier GPIO8 und eine LED. Der zweite Parameter dient der Konfiguration des RMT-Moduls mit 10 MHz Takt.

Die Anschlussbelegung der LED an GPIO8 kann der Abb. 7–13 von der Espressif-Webseite [14] entnommen werden. Eine Alternative dazu ist ein Blick in den Schaltplan (»Schematic«) auf derselben Webseite. Abb. 7–14 zeigt einen Ausschnitt, der die Verschaltung der LED wiedergibt. 0-Ω-Widerstände wie R17 können einfach aus- und wieder eingelötet werden, um den GPIO optional für einen anderen Zweck als das Betreiben der LED zu verwenden.

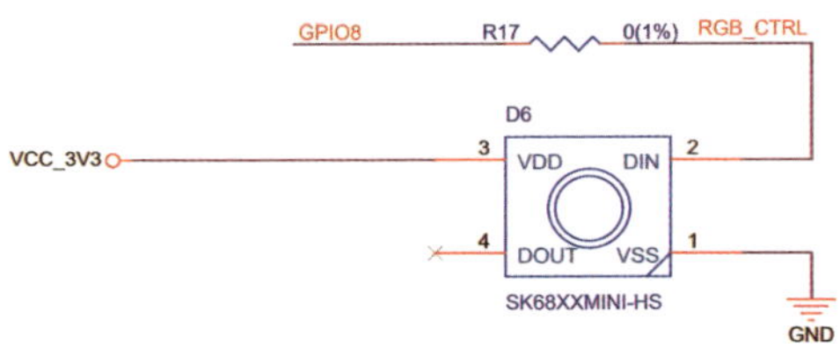

Abb. 7–14
Schaltplanausschnitt für die LED auf dem Entwicklerboard

Der Aufruf in Zeile 10 setzt die Farbe der ersten (0.) LED auf ein nicht zu helles aus Rot und Blau gemischtes Violett (16 rot, 0 grün, 16 blau). Es ist wichtig zu wissen, dass nicht alle Farben mit demselben Helligkeitswert gleich hell leuchten. Einerseits ist das technisch bedingt, andererseits ist das Helligkeitsempfinden des Menschen für die Farben unterschiedlich. Es erscheint auch dieselbe Helligkeitszunahme bei dunkler LED stärker als bei heller, da das Empfinden etwa logarithmisch zum tatsächlichen Reiz ist.

Listing 7.8 *Nutzung der Komponente* `led_strip`

```
static led_strip_handle_t gLedStrip;
led_strip_config_t stripConfig = {
    .strip_gpio_num = 8,
    .max_leds = 1
};
led_strip_rmt_config_t rmtConfig = {
    .resolution_hz = 10 * 1000 * 1000 // 10MHz
};
led_strip_new_rmt_device(&stripConfig, &rmtConfig, &gLedStrip);
led_strip_set_pixel(gLedStrip, 0, 16, 0, 16);
led_strip_refresh(gLedStrip);
```

Da `led_strip_set_pixel()` die Farbe einer LED nur in einem Pufferspeicher setzt, muss die Änderung in der Folge an die LEDs übertragen werden. Die Funktion `led_strip_refresh()` führt dies für alle LEDs in der Kette durch.

7.6 Weitere Kommunikationsschnittstellen

Der ESP32-C3 bietet neben den besprochenen noch etliche weitere Kommunikationsmodule, die im Pulsoximeterprojekt allerdings keine Anwendung finden. Dennoch sollen die Protokolle der zur Verfügung stehenden Schnittstellen an dieser Stelle kurz besprochen werden. Mit diesem Basiswissen fällt der Leserin bzw. dem Leser die Nutzung in entsprechenden Projekten nicht allzu schwer.

Eine Besprechung der ESP-IDF-Framework-Funktionen findet aus Platzgründen nur marginal statt. Diese sind in der API-Referenz des Herstellers ausführlich beschrieben, und die mit dem Framework bereitgestellten Beispiele (»Project Templates«) zeigen exemplarisch deren Verwendung.

7.6.1 Serielle Schnittstelle, RS-232

Der Standard RS-232, umgangssprachlich als »serielle Schnittstelle« bezeichnet, wurde für den Anschluss eines Modems an einen Rechner oder ein Terminal entwickelt. So konnte ein Rechner mittels Terminal über eine Telefonleitung bedient werden. Für diesen Zweck bietet die Schnittstelle nicht nur Datenleitungen, sondern auch diverse Steuerleitungen an. Historisch bedingt ist die Geräte- und Leitungsbenennung für die moderne Verwendung nicht intuitiv und führt deshalb oft zu Verdrahtungsfehlern. Auch finden die meisten Steuerleitungen keine Verwendung mehr.

Der Rechner hat die Rolle »DTE« (Data Terminal Equipment), das Modem »DCE« (Data Communication Equipment). Die Perspektive der Leitungsbenennung ist die des DTE: Die Leitung TxD (transmit data) ist beim DTE beispielsweise ein Ausgang, beim DCE ein Eingang (siehe Abb. 7–15).

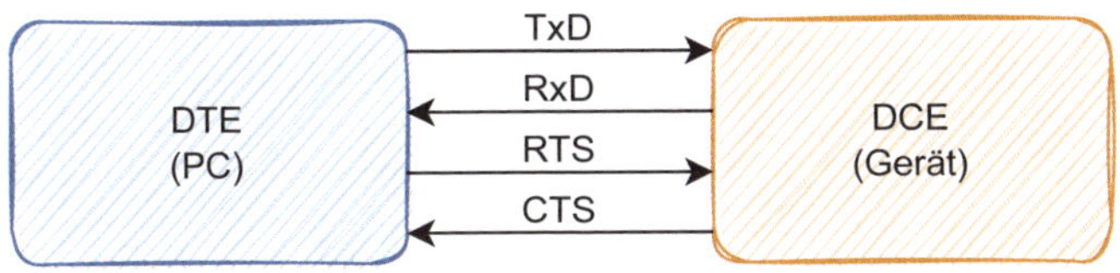

Abb. 7–15
RS-232 DTE und DCE mit den gebräuchlichen Leitungen

In modernen Systemen wird RS-232 zunehmend durch USB oder Bluetooth verdrängt, was sich auch dadurch zeigt, dass PCs kaum mehr diesen Schnittstellentyp aufweisen. In eingebetteten Systemen dient die Schnittstelle aufgrund ihrer Einfachheit und Robustheit aber noch immer häufig als Kommunikationsschnittstelle für Wartungsaufgaben und für Fehlerausgaben. In diesem Fall wird meist über einen USB-to-Serial-Converter, wie er auch im ESP32-C3-DevKitM-1 (siehe Abschnitt 2.2.1) verbaut ist, mit dem PC kommuniziert. Übliche seriell angebundene Komponenten im Embedded System sind Mobilfunkmodems und Module für Navigationsdienste. Die allgemeine Bezeichnung für Navigationssysteme ist GNSS, »Global Navigation Satellite System«. Hierzu zählen GPS, Galileo, GLONASS und Beidou.

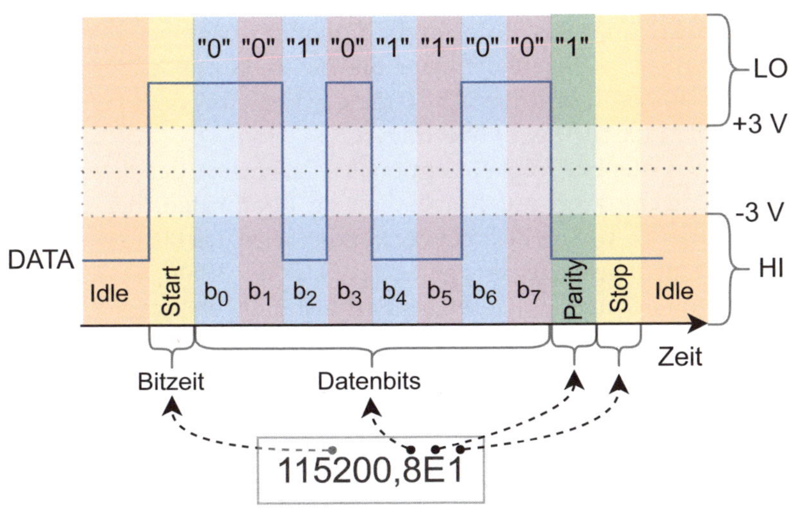

Abb. 7–16
RS-232: Datenübertragung auf Bitebene

Anders als die synchronen seriellen Schnittstellen I²C und SPI ist RS-232 eine asynchrone serielle Schnittstelle. Wie Abb. 7–16 zeigt,

Tab. 7–2
RS-232: gebräuchliche Datenraten mit Bitzeiten und maximalen Kabellängen

Bitrate [b/s]	Bitzeit [ms]	max. Kabellänge [m]
2400	$416,\dot{6}$	900
4800	$208,\dot{3}$	300
9600	$104,1\dot{6}$	152
19200	$52,08\dot{3}$	15
57600	$17,36\dot{1}$	5
115200	$8,680\dot{5}$	< 2

wird zur bitweisen Übertragung keine separate Taktleitung benötigt. Die Synchronisierung erfolgt durch ein gemeinsames Wissen der Bitzeit, die sich aus der Bitrate ergibt. Typische Bitraten und sich daraus ergebende Bitzeiten ($\frac{1}{\text{Bitrate}}$) und maximale Kabellängen sind in Tabelle 7.6.1 zusammengefasst.

Als Bitrate zwischen einem PC und einem externen Gerät ist 115200 b/s verbreitet. Eine lokale Verbindung mit kurzen Leitungen kann auch mit 921600 b/s erfolgreich betrieben werden. Für die Angabe der Übertragungsparameter hält man sich an eine Konvention: [Bitrate],[Bitzahl][Parität][Stoppbits]. Beispielsweise bedeutet 115200,8E1 eine Übertragung mit einer Bitrate von 115200 b/s mit acht Bits pro Wort, gerader Parität und einem Stoppbit.

Im inaktiven (»idle«) Zustand wird die Leitung auf HI gezogen. Zur Signalisierung des Übertragungsbeginns wird ein »Startbit« (LO) gesendet. Hierfür wird die Leitung für die Dauer eines Bits auf LO geschaltet. Im Anschluss werden die Datenbits, beginnend mit dem LSB, gesendet. Die Anzahl der Datenbits für ein Wort wird vorab festgelegt. Im Beispiel wird das ASCII-Zeichen »4« mit dem Hexadezimalwert 0x34 (00110100_{bin}) übertragen.

Auf die Datenbits folgt ein optionales Paritätsbit, das dazu dient, das empfangene Wort auf Korrektheit zu überprüfen. Bei gerader (»E«ven) Parität, wie im Beispiel verwendet, wird das Bit so gesendet, dass die Anzahl gesetzter Bits gerade ist. Da 00110100_{bin} drei gesetzte Bits hat, wird auch ein gesetztes Paritätsbit angehängt. Alternativ kann eine ungerade (»O«dd) Parität oder kein (»N«one) Paritätsbit übertragen werden. Abschließend folgt eine Anzahl an »Stoppbits« (HI), hier eines. Bis zur nächsten Übertragung bleibt das Medium idle (HI). Es ist auch möglich, nach den Stoppbits direkt mit dem Startbit fortzusetzen.

Elektrisch wird der HI-Pegel im Bereich [-15V, -3V], der LO-Pegel im Bereich [+3V, +15V] verwendet. Zur elektrischen Anbindung werden RS-232-Transceiver-Bausteine wie der MAX3232 verwendet. Die Kommunikation mit diesen Bausteinen erfolgt über die GPIOs, mit den »gewohnten« Signalpegeln LO (GND) und HI(V_{DD}). Zur Vollduplex-Kommunikation werden bei RS-232 nur zwei Leitungen (RxD, TxD) und ein gemeinsames Ground-Signal benötigt.

Bei der lokalen Anbindung eines seriellen Moduls, beispielsweise eines Mobilfunkmodems, wird oft auf die Pegelwandlung verzichtet. LO wird dann mit GND und HI mit V_{DD} signalisiert. Es ist darauf zu achten, dass die angegebenen Spannungen von embedded Controller und Modul passen, um ein Fehlverhalten oder eine Beschädigung zu vermeiden (siehe auch Abschnitt 8.1.3).

UART

Für die serielle Kommunikation bietet ein Mikrocontroller das Peripheriemodul UART (»Universal Asynchronous Receiver/Transmitter«). Dieses kann mit Baudrate, Wortlänge, Parität und Anzahl Stoppbits initialisiert werden. Die Übertragung erfolgt dann durch Schreiben in den Sendepuffer oder Lesen aus dem Empfangspuffer.

Problematisch kann aber sein, dass ein Empfangsgerät durch die schnelle Kommunikation überlastet wird und keine weiteren Daten mehr empfangen kann. Ohne weitere Signalisierung läuft der Empfangspuffer mit der Folge eines Datenverlustes über. Für diesen Fall sieht der RS-232-Standard zwei Arten der Flusskontrolle (»Handshake«) vor. Bei der Software-Flusskontrolle kann ein Empfänger das Zeichen `XOFF` (0x13) senden, um den Sender zu stoppen. Wenn der Empfänger wieder bereit ist, sendet er das Zeichen `XON`, um die Kommunikation wieder fortzusetzen.

Da zwei Zeichen reserviert werden müssen und vor allem aus Geschwindigkeitsgründen, bietet sich alternativ die Hardware-Flusskontrolle über RTS/CTS an. Über die zusätzliche Leitung CTS (»Clear to Send«) zeigt das DCE die Bereitschaft zum Empfang an. Umgekehrt nutzt das DTE die Leitung RTS (»Request to Send«) in Rückrichtung. Auf diese Weise kann die Flusskontrolle sehr effizient auf Einzelzeichenebene durchgeführt werden. Nachteilig ist, dass zwei zusätzliche Leitungen benötigt werden.

RTS und CTS wurden ursprünglich für Halbduplex-Modems verwendet und dienen heutzutage fast ausschließlich der Flusskontrolle.

Da der Takt ganzzahlig ist und üblicherweise teilerfremd zur Bitrate, kann das exakte Timing nicht immer gewährleistet werden. Abweichungen im Bereich mehrerer Prozent stellen aber kein Problem dar.

Der ESP32-C3 hat zwei UARTs, die vom ESP-IDF auch unterstützt werden. Die Funktion `printf()` nutzt zur Ausgabe in der Voreinstellung den UART0. Dies kann in der Konfiguration in `sdkconfig` im Untermenü »Component config – ESP System Settings« im Punkt

»Channel for console output« angepasst werden (siehe Abschnitt 6.4.2).

RS-485

RS-485 überträgt die Daten wie RS-232 asynchron, aber im Unterschied symmetrisch (bzw. differenziell). Das bedeutet, dass für eine Datenleitung zwei Leitungen verwendet werden, auf denen das Signal nichtinvertiert (A, +) und invertiert (B, -) übertragen wird. Damit hat man einen höheren Schutz gegen Gleichtaktstörungen, also vor allem elektromagnetische Störungen, die sich auf beide Leitungen gleichermaßen auswirken.

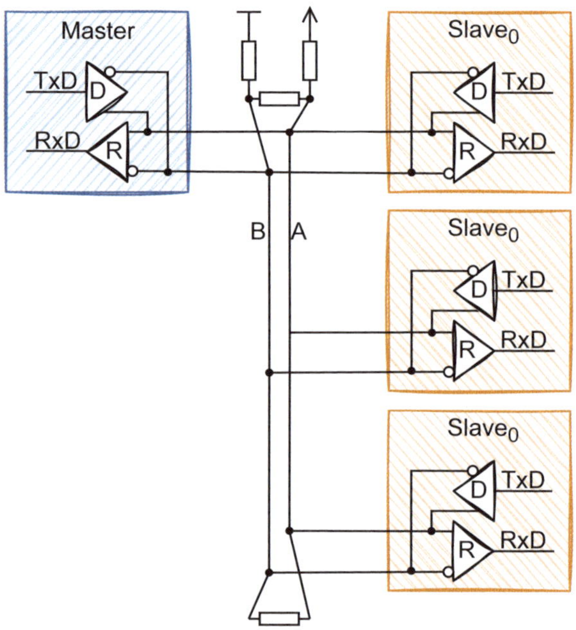

Abb. 7–17
RS-485 Master-Slave Verschaltung mit Terminierungswiderständen

Eine gute Quelle zu Modbus und anderen Feldbussystemen ist das rund 1800 Seiten starke »Industrial Communication Technology Handbook« [71].

In Abb. 7–17 ist die Verschaltung mit Master und Slaves dargestellt, wie sie beispielsweise bei Modbus angewendet wird. Die Geräte kommunizieren Halb-Duplex über die Leitungen A und B, die über Pull-Widerstände gestützt werden. Die einzelnen Geräte haben Ausgangs- und Eingangstreiber, die von einem Transceiver-Baustein wie dem ADM483 bereitgestellt werden. Zusätzlich hat dieser Baustein zwei Eingänge DE und $\overline{\text{RE}}$ zum Aktivieren des Aus- bzw. Eingangstreibers. Am ESP32-C3 wird der Baustein an die RxD- und TxD-Leitung des UART sowie für die Halb-Duplex-Umschaltung an RTS angeschlossen.

An den Leitungsenden sollten vor allem bei großen Leitungslängen Terminierungswiderstände (bei RS-485 120 Ω) angebracht werden. Diese dämpfen Signale, die andernfalls von den Leitungsenden reflektiert werden und die echten Nutzdaten überlagern würden.

Der erwähnte industrielle Feldbus Modbus verwendet RS-485 in der gebräuchlichen »RTU«-Variante zur Übertragung. Gerade im industriellen Umfeld, in dem elektromagnetische Störquellen wie starke Motoren und Schweißgeräte eingesetzt werden, ist die robuste symmetrische Übertragung von Vorteil. Ein weiteres Beispiel für die Verwendung von RS-485 ist das DMX(»Digital Multiplex«)-Protokoll, das in der Bühnen- und Veranstaltungstechnik zur Steuerung von Scheinwerfern, Nebelmaschinen usw. verwendet wird.

Über einen Feldbus werden in einer Anlage Feldgeräte (Sensoren und Aktoren) mit einer Steuerung verbunden.

7.6.2 I²S

Diese, wie I²C von Philips definierte Schnittstelle dient der Übertragung von digitalen Audiodaten zwischen ICs. Eine typische Anwendung ist, die Audiodaten von einem Mikrocontroller zur Ausgabe an einen Digital-Analog-Converter zu senden. Oder von einem digitalen Mikrofon an den Mikrocontroller.

Im Fall von PCM-kodierten (siehe Abschnitt 8.1.2) Stereodaten werden die Datenwörter des linken und des rechten Kanals stets abwechselnd übertragen.

7.6.3 CAN

CAN (»Controller Area Network«) ist ein Feldbussystem, das speziell für die Kommunikation von Komponenten in der Automobilindustrie entwickelt wurde. Da nicht zu jeder Komponente eigene Kabel gelegt werden müssen, sondern nur die Buskabel benötigt werden, können Kabelbäume in Komplexität und Gewicht reduziert werden.

Espressif nennt seine CAN-kompatible Schnittstelle TWAI (Two-Wire Automotive Interface). Zum Anschluss ist ein Transceiver-Baustein wie der SN65HVD23x notwendig. Die differenzielle Auslegung macht das System, wie RS-485, robust gegenüber elektromagnetischen Einflüssen. Die Daten werden objektweise anhand ihrer ID übertragen. Über eine ID-basierte Priorisierung der Daten wird der Buszugriff geregelt. Hochpriore Daten haben so Vorrang bei der Zustellung, und Kollisionen werden vermieden.

7.6.4 Funkschnittstellen

Der ESP32-C3 bietet neben den drahtgebundenen Kommunikationsschnittstellen auch die drahtlosen Technologien Wi-Fi und Bluetooth. Eine nähere Betrachtung dieser Technologien ist in Kapitel 10 zu finden.

8 Analoge Werte verarbeiten

> Die Zahl ist das Wesen aller Dinge.
>
> PYTHAGORAS

Beim Pulsoximeter wird die Haut, wie in Abschnitt 5.2 beschrieben, mit Licht verschiedener Wellenlängen beleuchtet und die Stärke des reflektierten Lichts, die vom Puls und der Sauerstoffsättigung des Bluts abhängt, gemessen. Hierbei handelt es sich um einen zeitlich kontinuierlichen Vorgang. Die Lichtreflexion unterliegt ebenso keinen Abstufungen und ist damit kontinuierlich.

Dieses Kapitel beschäftigt sich mit der Verarbeitung solch kontinuierlicher Signale in einem digitalen (diskretisierten) System. Nach der A/D-Wandlung und dem Sampling wird die Zeit als Basis von Aktionen mithilfe der Timer-Peripherie besprochen.

8.1 Die Welt ist analog

Viele Vorgänge in der »echten Welt« sind analog. In der Physik beschreiben Formeln diese Zusammenhänge. Die Parameter und Ergebnisse dieser Formeln sind meist beliebig wählbare, beliebig präzise Zahlen. Zeitabhängige Funktionen betrachten die Zeit als linear und lückenlos.

Mikrocontroller arbeiten aber digital. Dies bedeutet einerseits, dass die verarbeiteten Daten quantisiert (wertediskret) vorliegen. Für ganze Zahlen (Integer) stellt dies im Darstellungsbereich kein Problem dar. (Fließ-)Kommazahlen sind hingegen im Regelfall mit einem Rundungsfehler behaftet und haben damit einen falschen Wert.

Andererseits können Signale nicht kontinuierlich gespeichert und verarbeitet werden. Sie werden in festen Abständen diskretisiert (zeitdiskret) gespeichert, wobei Verluste in Kauf genommen werden müssen.

8.1.1 Abtastung (Sampling)

Um aus einem zeitkontinuierlichen Signal ein zeitdiskretes zu formen, wird dieses beim Sampling zu diskreten Zeitpunkten, meist mit definiertem konstantem Abstand (äquidistant), abgetastet. In Abb. 8–1 a) ist das Sampling eines Cosinus-Signals (blau) mit 8-fachem Oversampling dargestellt. Das bedeutet, dass die Abtastfrequenz (bzw. die »Samplingrate« oder »Abtastrate«) f_S achtfach höher als die Grundfrequenz des abzutastenden Signals. Das Grundsignal lässt sich aus den Samplingwerten eindeutig wiederherstellen.

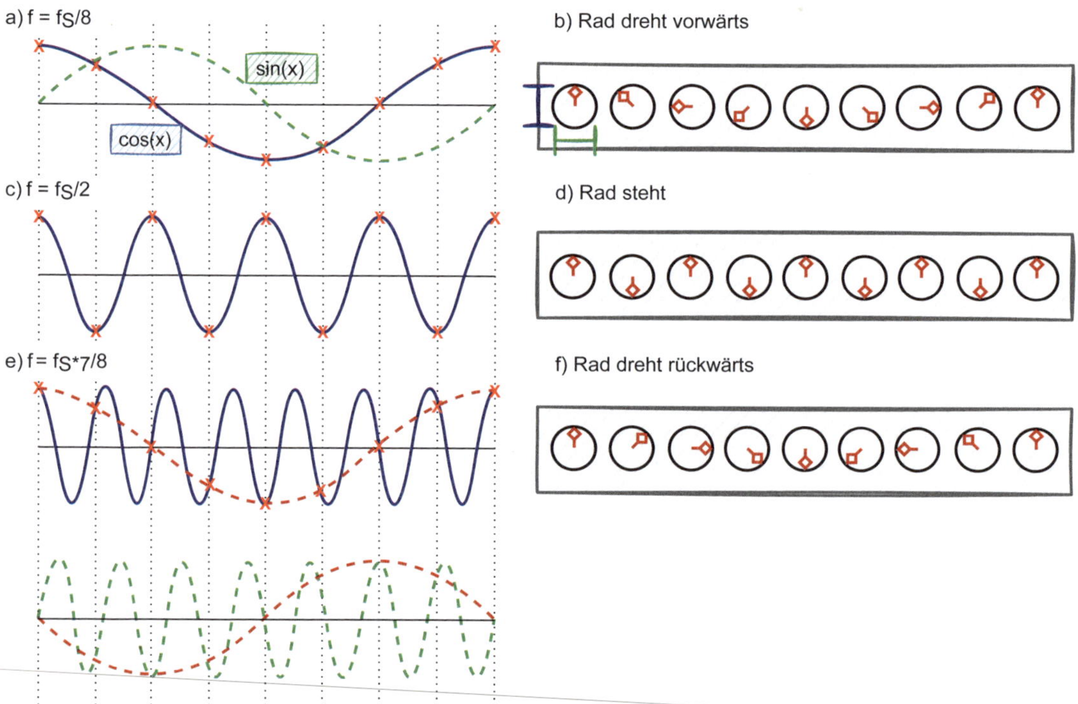

Abb. 8–1 *Sampling eines Signals (links) und Visualisierung eines Rades*

Diese Eindeutigkeit hat allerdings ihre Grenzen, wie sich an einem Beispiel zeigen lässt. Angenommen, Lady de Winter steigt in einem Film in eine Kutsche, um zur Durchführung von Richelieus Plänen nach London zu reisen. (Es handelt sich um eine Verfilmung A. Dumas' »Die drei Musketiere«.) Die Kutsche setzt sich in Bewegung, ihre Räder drehen sich vorwärts. Der einfacheren Darstellung halber wird angenommen, dass die Filmkamera mit acht Bildern pro Sekunde arbeitet und deshalb das Bild mit acht Hz abtastet. In Abb. b) sind die einzelnen Bilder dieses Drehens dargestellt. Die Drehrichtung ergibt sich aus der Drehrichtung im Einheitskreis, der Start des Signals ist um 90° gedreht (bzw. um $\frac{\pi}{2}$ phasenverschoben).

In Abb. a) ist die zugehörige Sinusfunktion für die Kreisbewegung ($y = cos(x); x = sin(x)$) der Räder grün gestrichelt eingezeichnet.

Da Lady de Winter es eilig hat, gibt der Kutscher den Pferden die Peitsche, und die Pferde traben los. Die Kutsche wird schneller, die Räder drehen sich schneller, und dann scheinen sie zu stehen. Dieser Effekt ist in der Abbildung in c) und d) dargestellt. Wenn die Frequenz des Signals gleich $\frac{f_S}{2}$ ist, werden die Werte 1 und 0 abwechselnd oder bei entsprechender Phasenverschiebung konstant der Wert 0 gemessen. In diesem Fall lässt sich das Original nicht mehr herstellen. Das Rad scheint zu stehen, die Markierung am Rad scheint doppelt zu existieren.

Doch D'Artagnan ist Lady de Winter auf den Fersen, der Kutscher lässt die Pferde galoppieren, und da wird das Unmögliche sichtbar: Die Räder drehen sich langsam rückwärts. In Abbildung e) ist blau die Cosinusfunktion mit einer Frequenz $f = \frac{7}{8} \cdot f_S$ dargestellt. Aufgrund des Samplings ergibt sich aber in der Rekonstruktion das rot eingezeichnete Signal mit $f = \frac{f_S}{8}$. Der Sinus unten ist zusätzlich um π phasenverschoben, wodurch sich die Rückwärtsdrehung in Abbildung f) ergibt. Diese Einstreuung hoher als niedere Frequenzen heißt »Aliasing«.

Bei dieser Beobachtung handelt es sich um die Aussage des Nyquist-Shannon-Abtasttheorems, das besagt, dass zur Abtastung eines Signals mit der höchsten Frequenz f_{max} gilt:

$$f_S > 2 \cdot f_{max}$$

In der Praxis gilt es Aliasing unbedingt zu vermeiden, da diese falschen Signale von echten nicht zu unterscheiden sind. Es ist deshalb üblich, vor dem Sampling Frequenzen oberhalb der Grenzfrequenz mit einem Tiefpassfilter (siehe Abschnitt 8.2) zu entfernen.

Die Samplingrate einer Audio-CD beträgt 44,1 kHz, da ein Mensch bis etwa 22 kHz hört. Ein einfach aufzubauender elektronischer Tiefpassfilter ist aber nicht so einstellbar, dass er Frequenzen bis 22,05 kHz durchlässt und alle darüber komplett ausfiltert. In der Realität steigt die Dämpfung mit der Zunahme der Frequenz. Markant ist dabei die »Cutoff-Frequency«, bei der die Dämpfung 3 dB beträgt. Bei Tiefpassfiltern für Audio legt man die Cutoff-Frequency auf etwa 18 kHz, eine Frequenz, die für ältere Menschen schwer hörbar ist und eine hohe Dämpfung am oberen Bereich des zu verarbeitenden Frequenzspektrums bietet [38, 1.13]. Wie in den hervorragenden »Musimathics«-Büchern von Gareth Loy, die eine Grundlage dieses Kapitels bilden, dient das menschliche Hören dem erlebbaren Verständnis der Signaltheorie. Auch praktisch gehaltene Bücher wie [9] verwenden akustische Signale für die praktischen Beispiele.

8.1.2 Analog-Digital-Wandlung

Analoge Signale werden dem Embedded System in Form von Spannungen präsentiert. Sensoren wandeln physikalische Größen wie Druck, Gewicht, Luftfeuchtigkeit, Stellweg usw. in analoge Spannungen um. Diese analogen Spannungen werden dann vom ADC (»Analog-to-Digital Converter«) in digitale Werte umgewandelt.

Für die Umwandlung werden in der Praxis verschiedene Verfahren angewendet, die sich in Bezug auf verschiedene Parameter wie beispielsweise die Geschwindigkeit (Samplingrate [SPS], Samples per Second) und die Genauigkeit unterscheiden. Da ein A/D-Wandler Zeit für die Umwandlung benötigt, muss die Spannung eine bestimmte Zeit lang stabil gehalten werden. Die dafür benötigte Sample-and-Hold-Schaltung ist üblicherweise in einen ADC integriert. Die Auflösung eines ADC legt den Wertebereich fest. Ein b-Bit-ADC hat einen Wertebereich von $[0, 2^b\text{-}1]$.

Abb. 8–2
Quantisierung eines Signals mittels ADC

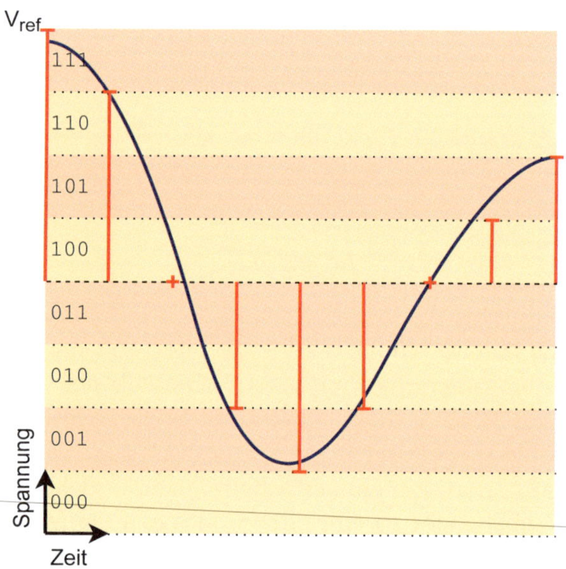

Abb. 8–2 zeigt die Quantisierung eines Signals beim Sampling mittels 3-Bit-ADC. Die beim ADC angelegte Referenzspannung V_{ref} legt den Spannungsbereich der Wandlung fest. Der Spannungsbereich des ADC im Intervall $[GND, V_{ref}]$ wird in $n = 2^b$ Teilintervalle zerlegt. Damit entspricht der Messwert

$$V_{value} = \frac{V_{ref}}{2^b} \cdot value$$

In der Abbildung entspricht der gemessene Wert 100_{bin} bei einer Referenzspannung V_{ref}=2,5 V der Spannung $V_{100} = \frac{2{,}5V}{8} \cdot 4 = 1,25V$. Der Quantisierungsfehler, also der Abstand des quantisierten Wertes zum echten Messwert, der praktisch immer auftritt, ist gut zu erkennen. Eine Erhöhung der Auflösung erniedrigt den Quantisierungsfehler.

Weitere wichtige Fehler sind Nichtlinearitätsfehler und Nullpunktfehler, denen durch eine Kalibrierung entgegengewirkt werden kann. Bei diesem Vorgang werden mehrere Messungen durchgeführt und gespeichert. Anhand dieser Messdaten können diese Fehler dann aus weiteren Messungen entfernt oder zumindest verringert werden.

Digital-Analog-Wandlung

Viele Embedded Systeme bieten eine Peripherie, die invers zum ADC arbeitet und digitale in analoge Werte umsetzt. Ein solcher Digital-to-Analog Converter (DAC) wird allerdings weniger allgemein eingesetzt als ein ADC, da die Ansteuerung analoger Komponenten oft über ein PWM-Signal erfolgen kann (siehe Abschnitt 8.5.4). Da auf dem ESP32-C3 kein DAC integriert ist, muss gegebenenfalls auf einen externen DAC zurückgegriffen oder ein DAC mit dem eingebauten Sigma-Delta-Modulator und Tiefpassfilter, wie auf der Espressif-Webseite [21] beschrieben, aufgebaut werden.

PCM

Sampling mit ADC findet bei der Puls-Code-Modulation (PCM) für Audio- und Videosignale Anwendung. Hierbei wird das Signal mit einer konstanten Abtastrate digitalisiert. Anschließend kann das Signal beispielsweise per I^2S (siehe Abschnitt 7.6.2) übertragen und empfängerseitig mit einem DAC wieder analog ausgegeben werden.

8.1.3 Messen am Spannungsteiler

Wie beschrieben, kann am ADC eine Spannung zwischen GND und V_{ref} gemessen werden. Höhere Spannungen haben den Maximalwert als Ergebnis, negative den Minimalwert. Der Spannungsbereich darf aber nicht beliebig über-/unterschritten werden, da dies den ADC beschädigen kann.

Deshalb kann es notwendig sein, die Spannung auf den richtigen Pegel zu bringen. Zum Herunterskalieren der Spannung kann ein leicht zu berechnender Spannungsteiler eingesetzt werden. Da der Eingang eines ADC hochohmig ist, gilt der Spannungsteiler als unbelastet. Die Beschaltung ist in Abb. 8–3 a) dargestellt. Die Formel zu Berechnung der Spannung U_2 und eine praktische Ableitung sind

$$U_2 = \frac{U_{ges}}{R_1 + R_2} \cdot R_2 \quad \text{bzw.} \quad \frac{R_1}{U_1} = \frac{R_2}{U_2}$$

Als ADC-Einführungsbeispiel auf einem ESP32-C3 bietet sich die Messung eines verstellbaren Widerstands, eines Potenziometers, an. Ein Potenziometer verhält sich im Mittelabgriff wie ein Spannungsteiler. Zwischen den beiden Vollausschlägen mit 0 Ω und Maximalwiderstand verhält sich der Widerstand linear.

Abb. 8–3 *a) zeigt einen Spannungsteiler, b) den Einsatz mit Potenziometer.*

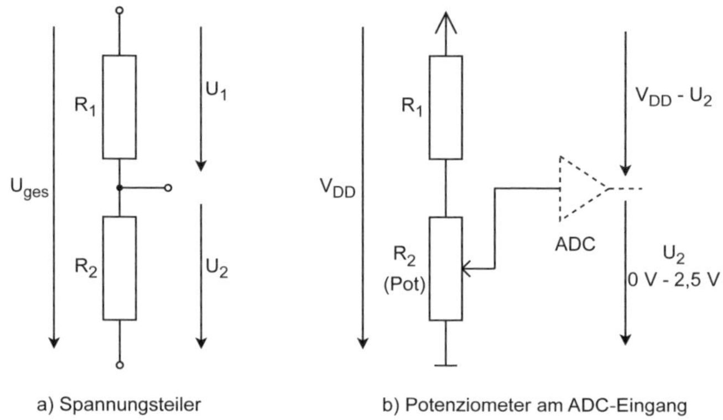

In Abb. 8–3 b) wird ein 10-kΩ-Potenziometer am ADC1-Kanal 2 (entspricht GPIO2 [26, Table 32-1]) des ESP32-C3 eingesetzt. Bei einer eingestellten V_{ref} von 2,5 V und V_{DD} von 3,3 V beträgt $R_1 = 3,2\text{k}\Omega$, da $\frac{R_1}{3{,}3\text{V}-2{,}5\text{V}} = \frac{10\text{k}\Omega}{2{,}5\text{V}} \Rightarrow R_1 = \frac{10\text{k}\Omega \cdot 0{,}8\text{V}}{2{,}5\text{V}}$. Zum Aufbau der Schaltung wird der nächsthöhere Widerstand der Widerstandsreihe mit 3,3 kΩ verwendet.

Listing 8.1 *Initialisierung des ADC1 per ESP-IDF im »Oneshot«-Modus*

```
adc_oneshot_unit_handle_t adcHandle;
adc_oneshot_unit_init_cfg_t adcConfig = {
    .unit_id = ADC_UNIT_1,
    .ulp_mode = ADC_ULP_MODE_DISABLE
};
ESP_ERROR_CHECK(adc_oneshot_new_unit(&adcConfig, &adcHandle));

adc_oneshot_chan_cfg_t channelConfig = {
    .bitwidth = ADC_BITWIDTH_12,
    .atten = ADC_ATTEN_DB_11
};
ESP_ERROR_CHECK(adc_oneshot_config_channel(adcHandle,
    ↪ ADC_CHANNEL_2, &channelConfig));
```

Im ESP-IDF dient das in Listing 8.1 verwendete Modul `adc_oneshot` dem Auslesen einzelner Samplingwerte per Software.

Im Gegensatz dazu wird das Modul `adc_continuous` zum kontinuierlichen Sampling verwendet. Im Listing wird die ADC1-Peripherie mit einer Sample-Breite von 12 Bit und einer Dämpfung von 11 dB initialisiert. Die Dämpfung dient der Erweiterung des Spannungsbereichs von 0,75 V auf 2,5 V.

Während der Produktion eines Mikrocontrollerchips werden üblicherweise Kalibrierungswerte bestimmt und in einen persistenten Speicher geschrieben. Im ESP-IDF werden außerdem statistische Daten zur Erhöhung der Genauigkeit von Messungen verwendet. In Listing 8.2 wird die Kalibrierung für den genutzten ADC1 aufgesetzt.

```
adc_cali_curve_fitting_config_t calConfig = {
    .unit_id = ADC_UNIT_1,
    .atten = ADC_ATTEN_DB_11,
    .bitwidth = ADC_BITWIDTH_12,
};
adc_cali_handle_t calHandle;
adc_cali_create_scheme_curve_fitting(&calConfig, &calHandle);
```

Listing 8.2 *Aufsetzen der Kalibrierung für ADC1*

Im Anschluss können neue Werte per Analog-Digital-Umsetzung gewandelt werden. In Listing 8.3 wird der ADC-Wert in Zeile 2 in die Variable `rawValue` gesamplet und in Zeile 3 in die Spannung `voltage_mV` umgerechnet. Die zur Umrechnung eingesetzte Funktion `adc_cali_raw_to_voltage()` verwendet dafür die eingestellte Kalibrierung.

Es ist oft effizienter und praktischer, eine Spannung nicht als Fließkommazahl, sondern mit festem Komma zu speichern. Ein Einheitenpräfix wie in diesem Fall »milli« vermeidet Fließkommazahlen automatisch. Eine solche Variable kann als Festkommazahl gesehen werden. Eine Rundung in diese Zahlenmenge erfolgt typischerweise definiert und damit deterministisch.

```
1 int rawValue, voltage_mV;
2 adc_oneshot_read(adcHandle, ADC_CHANNEL_2, &rawValue);
3 adc_cali_raw_to_voltage(calHandle, rawValue, &voltage_mV);
4 uint32_t resist_ohm = (voltage_mV * 10000) / 2500;
5 uint8_t brightness = (resist_ohm * 100) / 10000;
```

Listing 8.3 *Durchführen der Analog-Digital-Umsetzung und Bestimmen von Spannung, Widerstand und Helligkeit*

Eine Umrechnung in einen Widerstandswert kann direkt aus der Spannung erfolgen. Da sich der Widerstandswert wie die Spannung linear verhält, genügt die Skalierung von 2500 mV zu 10000 Ω in Zeile 4.

In gleicher Weise wird in Zeile 5 ein prozentualer Helligkeitswert berechnet. Wenn die Wandlung in einer Schleife alle 50 ms ausgeführt wird und eine LED mit der berechneten Helligkeit betrieben wird, kann die LED über das Potenziometer gedimmt werden.

8.2 Werte filtern

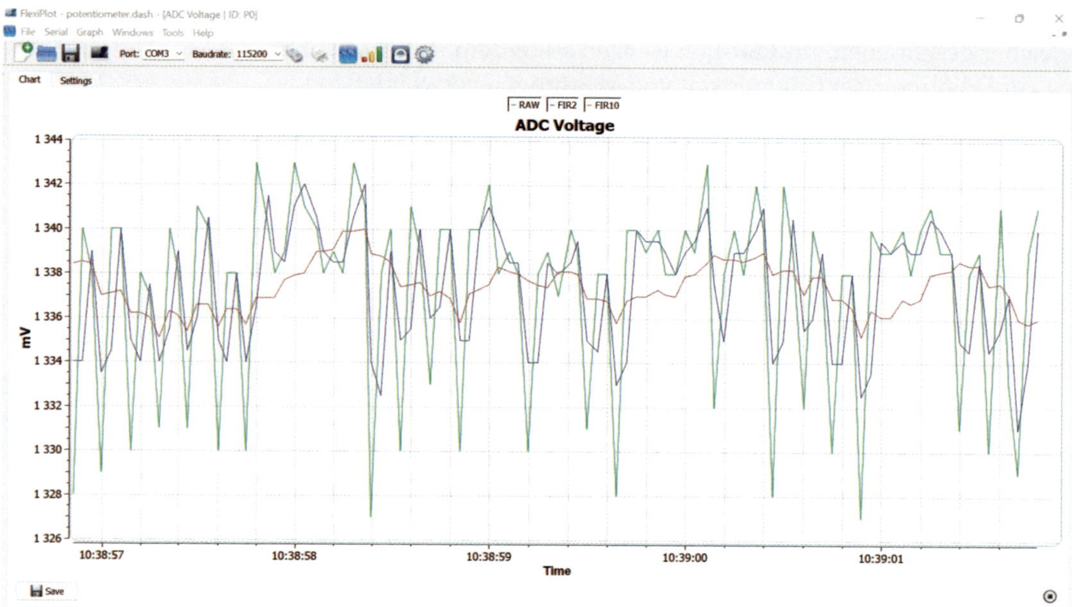

Abb. 8–4 *FlexiPlot-Diagramm mit ADC-Spannung ungefiltert(grün), gleitender Mittelwert 2. Ordnung (blau) und 10. Ordnung (rot)*

Beim Dimmen der LED fällt unmittelbar auf, dass die LED flackert. Um dem Problem auf den Grund zu gehen, ist es sinnvoll, sich ein Bild von den gewandelten Daten zu machen. Ein einfaches Tool für diesen Zweck ist FlexiPlot [70], dessen Verwendung in Anhang A.2 näher beschrieben ist. Zusammengefasst werden serielle Daten mit bestimmtem Format in Diagrammen dargestellt. Beim ESP32-C3 kann die zyklische Ausgabe per `printf()` auf die serielle Schnittstelle genutzt werden, beispielsweise

```
printf(
 "{P0|RAW|0,255,0|%d|FIR2|0,0,255|%0.1f|IIR|130,130,0|%0.1f}\n",
 voltage_mV, firValue_2, iirValue
);
```

um die Werte `rawValue`, `firValue` und `iirValue` wie in Abb. 8–4 darzustellen. `P0` ist die ID des Diagramms, gefolgt von `Name|Farbe|Wert`-Tripeln.

Im Diagramm zeigt die grüne Linie die Spannung an, die direkt aus den ADC-Daten berechnet wird. Die Schwankungen, die bei der

LED optisch wahrgenommen wurden, sind in den Daten ersichtlich. Sie entstehen aus verschiedenen Fehlern bei der Umwandlung sowie einem Rauschen der Referenzspannung und können bei der Messung nicht gänzlich eliminiert werden.

Signale sind grundsätzlich Überlagerungen von Wellen unterschiedlicher Frequenzen und Phasenlage (also »Verschiebungen auf der Zeitachse«, wie etwa der Sinus einem um $\frac{\Pi}{2}$ verschobenen Cosinus entspricht).

Beim Sampling (siehe Abschnitt 8.1.1) wurde bereits das Tiefpassfilter erwähnt, das Signale mit niedrigen Frequenzen verstärkt und die hohen Frequenzen blockiert. Ein Hochpassfilter lässt umgekehrt die hohen Frequenzen durch. Ein Bandpassfilter wiederum lässt als Gegensatz zum Bandstoppfilter ein ausgewähltes Frequenzband durch, während Letzteres dieses blockiert. Verschiedene Filter können elektrisch mit passiven oder aktiven Komponenten aufgebaut werden. Digitale Filter hingegen werden in Software typischerweise als FIR (»Finite Impulse Response)- oder IIR (»Infinite Impulse Response«)-Filter implementiert.

Digitale Signalprozessoren (DSPs)

DSPs (»Digital Signal Processor«) sind Prozessoren, deren ISA spezielle oft benötigte Operationen wie MAC (»Multiply-Accumulate«), also Multiplikation und Addition, oder Befehle für Saturationsarithmetik enthalten.

Bei der Saturationsarithmetik findet kein Über- oder Unterlauf statt. Stattdessen wird ein Wert auf dem Maximal-/Minimalwert belassen, wenn der Wertebereich verlassen würde. Beispielsweise ist das Ergebnis der Addition 200 + 80 bei einem `uint8_t`-Datentyp = 255 statt 24. Dies bedeutet, dass ein Signal beim Übersteuern per Clipping abgeschnitten statt falsch berechnet wird.

Als »DSP-Erweiterungen« gelten Befehlssatzerweiterungen mit SIMD(»Single Instruction Multiple Data«)-Befehlen. Diese arbeiten in einer Schleife einen ganzen Speicherbereich ab, um so beispielsweise die MAC-Operation eines Filters durchzuführen. Die leichte Performancesteigerung wird allerdings durch eine zusätzliche Komplexität und Latenz bei der Interrupt-Behandlung erkauft. Ebenso passt eine Einführung vieler SIMD-Befehle eigentlich nicht zum RISC-Paradigma.

Die RISC-V-Architektur bietet mit der »V«ector-Erweiterung Befehle, die auf einem gesamten Vektor arbeiten. Um eine Reduktion der Befehlszahl zu erwirken, wird zu den Daten eines Vektors dessen Länge und Datentyp gespeichert.

Ein Beispiel für ein einfaches FIR-Filter ist das Mittelwertfilter, bei dem für einen neuen Wert die n letzten Werte aufsummiert und durch

n dividiert werden. Das allgemeine FIR-Filter $y_n = \sum_{i=0}^{n} b_i \cdot x_{n-i}$ verwendet für die Mittelwertbildung die Filterkoeffizienten $b_i = \frac{1}{n}$. Das Verhalten dieses »gleitenden Mittelwerts« ist in Abb. 8–4 für $n = 2$ (blau) und für $n = 10$ (rot) dargestellt. Das Signal wird durch die Abschwächung schneller Wechsel und die Erhaltung langfristiger Trends sichtlich geglättet. Da ein Filter höherer Ordnung (mit größerem n) mehr Daten in Betracht zieht, glättet er stärker. Ebenso ersichtlich ist das »Nachhinken« der gefilterten Werte mit der praktischen Relevanz einer Verzögerung (und einer frequenzabhängigen Phasenverschiebung) durch die Filterung.

Im Gegensatz zum FIR-Filter berücksichtigen IIR-Filter nicht die letzten n Elemente, sondern durch ihre rekursive Struktur die gesamte Datengeschichte. Ein Beispiel für die Berechnung eines einfachen IIR-Filters 2. Ordnung ist gegeben als

$$\begin{cases} w_n = x_n + a_1 w_{n-1} + a_2 w_{n-2} \\ y_n = b_0 w_n + b_1 w_{n-1} + b_2 w_{n-2} \end{cases}$$

Die Koeffizienten $a_1 = 0,4142; a_2 = 0,0; b_0 = 0,2929; b_1 = 0,2929; b_2 = 0,0$ definieren ein Tiefpassfilter.

Digitale Filter haben gegenüber analog aus Bauteilen aufgebauten Filtern die Vorteile, dass sie von Bauteilvarianzen unabhängig exakt arbeiten und neue Möglichkeiten bieten. Allerdings muss bei der Realisierung beachtet werden, dass die Computerarithmetik durch Rundungen usw. besonders bei rekursiven Filtern Rauschen und Stabilitätsprobleme verursachen kann.

8.2.1 Filterimplementierung

Die Implementierung eines FIR-Filters ist unter Zuhilfenahme von Fließkommazahlen im Grunde trivial. Neben einem Array zur Speicherung der n Koeffizienten wird eine Queue zur Speicherung der letzten n Werte benötigt.

Im Gegensatz zur »Bounded Queue« arbeitet die »Unbounded Queue« typischerweise mit dynamischem Speicher.

Eine Queue ist ein Behälter-Datenobjekt, das die Elemente nach dem FIFO-Prinzip (»First In – First Out«) speichert. Mit der Operation `enqueue()` wird ein Element hinzugefügt, mit `dequeue()` das älteste entfernt und zurückgegeben (siehe auch [53]). Eine »Bounded Queue« hat eine maximale Anzahl an Elementen, für die üblicherweise ein Array fester Länge verwendet wird.

Abb. 8–5 a) zeigt eine einfache Variante einer Implementierung mit der Sicht, dass ein Array mit n Elementen über die Werte geschoben wird. Beim enqueue des Werts 699 müssen alle Einträge des Arrays umkopiert werden, was bei entsprechender Queuegröße und -füllgrad einen Laufzeitaufwand mit sich bringt.

Ringpuffer Eine effizientere Implementierung ist mit einem Ringpuffer, wie in Abb. 8–5 b) skizziert, möglich. Hierbei wird das Array als Ring von Elementen, der über die Werte »rollt«, gesehen. Dieser Ring wird planar auf ein Array abgebildet, indem der Index nach dem Inkrementieren $\mod n$ gerechnet wird. Ein Index, `writeOffset`, adressiert das Element, das beim nächsten `enqueue()` geschrieben wird. Der `readOffset` gibt an, welches Element beim Aufruf von `dequeue()` entnommen wird. Im Beispiel wird der `writeOffset` von Index 7 auf $(7 + 1) \mod 8 = 0$ gesetzt.

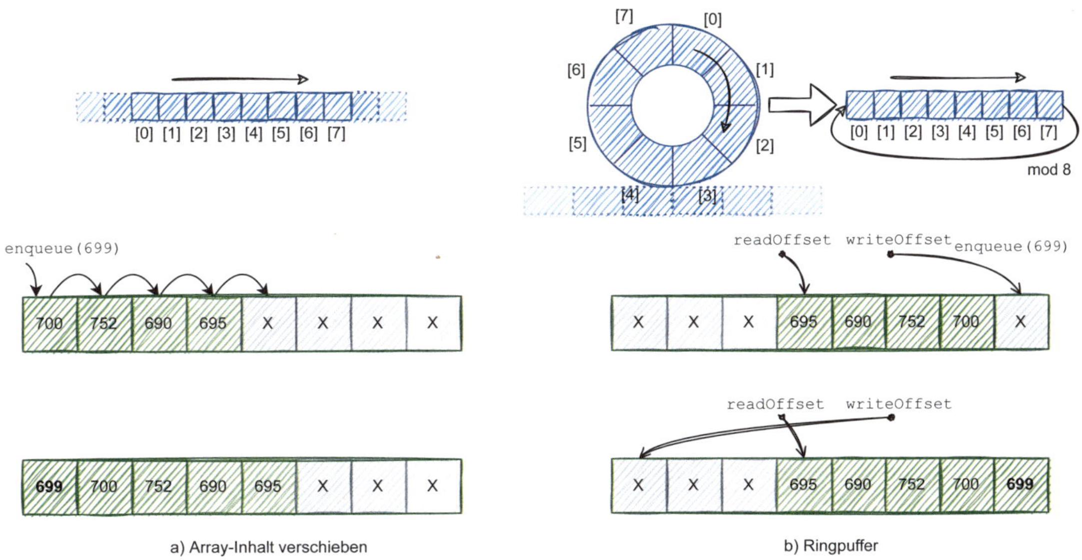

Abb. 8–5 *Queue-Implementierung a) mit einem Array und Verschieben des Inhalts; b) mit einem Ringpuffer*

Für die Implementierung eines FIR-Filters ist nur eine reduzierte Queue, die kein `dequeue()` beherrschen muss, notwendig, weshalb der `readOffset` entfallen kann. Ebenso ist das Einfügen in eine volle Queue kein Fehler; es wird einfach das älteste Element überschrieben.

Abstrakter Datentyp Die einfache beispielhafte Implementierung dieser spezialisierten Variante beinhaltet im Modul `ringbuffer` öffentliche Funktionen für den abstrahierten Zugriff. Die Funktion `void ringbuffer_addFloat(float value)` fügt ein Element in die Queue. Die Datenhaltung des Ringpuffers erfolgt in den modulglobalen Variablen

```
static uint32_t gWriteOffset; // current write position
static uint32_t gCount; // number of elements
static size_t gSize; // maximum element count
static float* gValues; // dynamic array holding the values
```

Dieser Ansatz hat den Nachteil, dass applikationsweit nur ein Ringpuffer existiert.

Wünschenswert ist aber ein Ringpuffer, der mehrfach im Programm verwendet werden kann. Hierfür kapselt man die Daten und die Operationen in einem abstrakten Datentyp (ADT). Diese Kapselung ist Bestandteil des objektorientierten Programmierparadigmas. In der Programmiersprache C kann ein ADT auf folgende Weise explizit implementiert werden.

Die Daten des Algorithmus werden in einer Struktur deklariert

```
typedef struct _Ringbuffer_ {
    uint32_t writeOffset;
    uint32_t count;
    size_t size;
    float* values;
} Ringbuffer;
```

und bei jedem Aufruf an die Funktionen übergeben.

```
void ringbuffer_addFloat(Ringbuffer* pRingbuffer, float value);
```

Nun können beliebig viele Ringpuffer durch Verwendung jeweils unabhängiger Daten angelegt werden. Wenn zusätzlich von den Interna des Moduls abstrahiert werden soll, kann ein `Handle` definiert werden.

```
typedef int32_t RingbufferHandle;
```

Die datenhaltende Struktur wird dann nicht im Header-File preisgegeben. In der aufgerufenen Funktion wird das Handle mit einem expliziten Cast auf eine interne Darstellung konvertiert.

```
void ringbuffer_addFloat(RingbufferHandle ringbufferHandle,
    ↪ float value) {
    Ringbuffer* pRingbuffer = (Ringbuffer*) ringbufferHandle;
    [...]
```

Möchte man keine statische Größe für den Ringpuffer, sondern jeden Ringpuffer dynamisch anlegen, bieten sich `create`- und `destroy`-Funktionen an.

```
RingbufferHandle ringbuffer_create(uint32_t size);
void ringbuffer_destroy(RingbufferHandle* pRingbufferHandle);
```

Polymorphie in C FIR-Filter und IIR-Filter können als ADT implementiert und beliebig verwendet werden. Es ist aber nicht einfach, einen Filtertyp durch einen anderen zu ersetzen. Alle Vorkommen von Funktionen wie `fir_filterValue()` müssen im Sourcecode durch Äquivalente wie `iir_filterValue()` ersetzt werden. Beim ADT ist dies umso fehleranfälliger, wenn viele Instanzen eines Typs verwendet werden, aber nur ein Teil ausgetauscht werden soll.

Bei näherer Betrachtung fällt auf, dass sich die Schnittstellen von Funktionen wie `float fir_filterValue(float value)` und `float iir_filterValue(float value)` gleichen.

Diese Funktionen werden als Function Pointer (siehe auch die Verwendung im dynamischen Callback in Abschnitt 6.2.2) in die Definition der Daten des allgemeinen Filter-ADT aufgenommen.

```
typedef struct _Filter_ {
    void (*destroy)(struct _Filter_* pFilter);
    void (*reset)(struct _Filter_* pFilter);
    float (*filterValue)(struct _Filter_* pFilter, float value);
} Filter;
```

Die konkrete Implementierung des FIR-Filters verwendet als erste Komponente das abstrakte Filter. Im Anschluss werden die filterabhängigen Komponenten (hier das Koeffizienten-Array `b` und der Ringpuffer für die Wertspeicherung) deklariert.

```
typedef struct _FIRFilter_ {
    Filter filter;
    float* b;
    size_t blen;
    RingbufferHandle ringbufferHandle;
} FIRFilter;
```

Die Initialisierung des ADT wird in der Funktion

Der Übersichtlichkeit halber wurde die Fehlerbehandlung, beispielsweise die Prüfung der Pointer auf `NULL` in diesem Code-Beispiel entfernt.

```
Filter* firfilter_create(float* b, size_t blen) {
    FIRFilter* pFIRFilter = malloc(sizeof(FIRFilter));
    pFIRFilter->b = malloc(sizeof(float) * blen);
    pFIRFilter->blen = blen;
    memcpy(pFIRFilter->b, b, blen * sizeof(float));
    pFIRFilter->ringbufferHandle = ringbuffer_create(blen);
    pFIRFilter->filter.destroy = firfilter_destroy;
    pFIRFilter->filter.reset = firfilter_reset;
    pFIRFilter->filter.filterValue = firfilter_filterValue;
    return (Filter*)pFIRFilter;
}
```

vorgenommen. Nach dynamischer Allokation des Datenspeichers werden die Function Pointer auf konkrete modulinterne (`static`) Funktionsimplementierungen gesetzt, die die übergebenen Daten des ADT verwenden. Die Zerstörung des Filters erfolgt durch Zerstörung der einzelnen Komponenten.

```
void firfilter_destroy(Filter* pFilter) {
    FIRFilter* pFIRFilter = (FIRFilter*)pFilter;
    ringbuffer_destroy(&pFIRFilter->ringbufferHandle);
    free(pFIRFilter->b);
    free(pFIRFilter);
}
```

Die Verwendung der Filter ist komfortabel; ein Filter kann erzeugt und verwendet, neu definiert und wieder verwendet werden, wie das folgende Beispiel zeigt.

```
float b2[2] = { 0.5, 0.5 };
Filter* pFilter = firfilter_create(b2, 2);
float filtered = filter_filterValue(pFilter, value);
filter_destroy(pFilter);
pFilter = iirfilter_create(0.4142, 0.0, 0.2929, 0.2929, 0.0);
filtered = filter_filterValue(pFilter, value);
filter_destroy(pFilter);
```

Abb. 8–6 stellt dies grafisch dar. In Schritt I. wird ein FIR-Filter er-

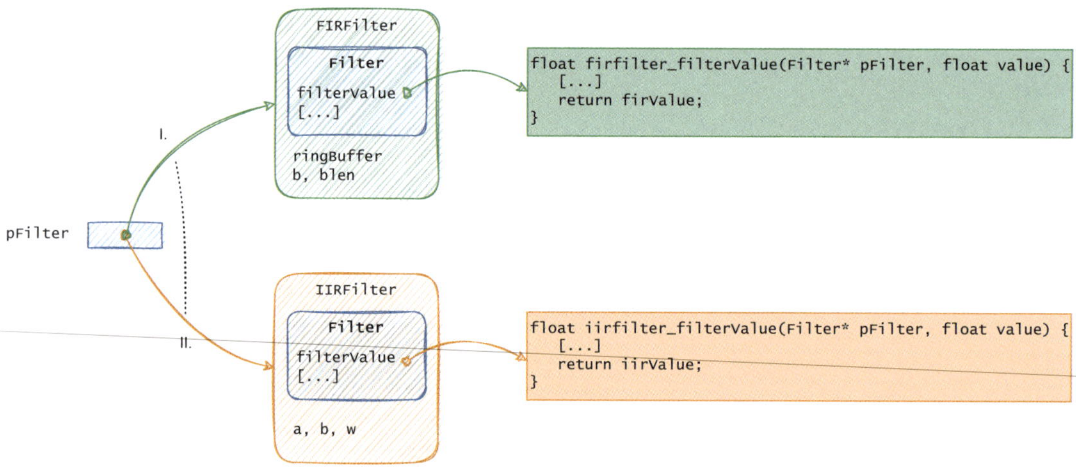

Abb. 8–6
Polymorphe Verwendung des Filters

zeugt. Die Funktion `filter_filterValue()`, die ein abstraktes Filter als Parameter und den neuen Wert erhält, ruft über den Function Pointer die Filterfunktion des FIR-Filters auf. Anschließend wird das Filter zerstört. Im folgenden Schritt II. wird `pFilter` neu mit einem IIR-Filter belegt. Derselbe Funktionsaufruf von `filter_filterValue()` leitet nun an die Filterfunktion des IIR-Filters weiter. Auch dieses Filter wird zerstört.

Diese dynamische Änderung des Verhaltens (bzw. der »Gestalt«) wird als »Polymorphie« (»Vielgestaltigkeit«) bezeichnet. Auf die beschriebene Weise kann dieses wichtige Prinzip der Objektorientierung in C umgesetzt werden. Es gibt Ansätze, auch Klassen und Objekte unter Verwendung von Makros in C einzubringen, doch scheint es da sinnvoller, eine OO-Sprache wie C++ einzusetzen.

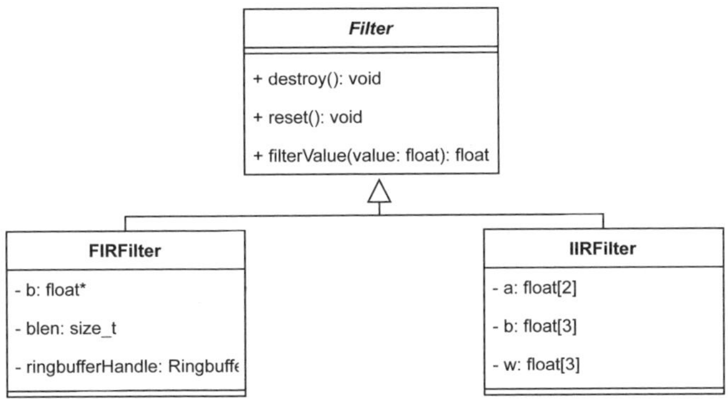

Abb. 8–7 Darstellung der Beziehung der Filtermodule in einem UML-Diagramm

Dennoch ist es hilfreich, den Filterpolymorphismus wie in Abb. 8–7 in einem UML-Klassendiagramm darzustellen. Das Modul Filter definiert eine abstrakte Überklasse mit den Zugriffsfunktionen. Konkrete Implementierungen sind in den Unterklassen FIR-Filter und IIR-Filter untergebracht.

Polymorphie ist praktisch, wenn Komponenten ihr Verhalten situationsbedingt dynamisch ändern sollen. Ein typisches Einsatzgebiet ist damit die Abstraktion von Geräten durch Treiber. Im Betriebssystem Linux haben Treiber eine einheitliche Schnittstelle, über die sie ins Dateisystem eingebunden und polymorph verwendet werden können.

8.3 Den Herzschlag erkennen

Bei der Besprechung des I^2C-Protokolls (siehe Abschnitt 7.3) wurde bereits mit dem MAX30102-Sensorbaustein kommuniziert. Im Beispiel `pulsedetect` (siehe Anhang A.2) sind die weitere Initialisierung des Bausteins und das Abholen der Samplingdaten implementiert. Die zwei integrierten LEDs des Sensors pulsieren abwechselnd im infraroten und roten Lichtbereich. Der Sensor wandelt das vom Finger reflektierte Licht über eine Fotodiode per ADC um, filtert, mittelt, puffert und sendet die Daten über eine I^2C-Schnittstelle an den Mikrocontroller. Im Beispiel ist eine Samplingrate von 100 Hz eingestellt.

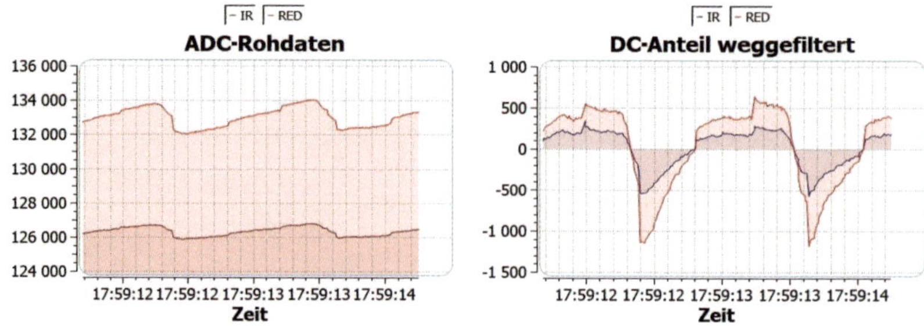

Abb. 8–8
Rohdaten (links) und DC-gefiltere Daten (rechts) für IR- und Rotlicht

Abb. 8–8 zeigt links die empfangenen und in FlexiPlot dargestellten Daten. Da die Diagramme automatisch auf den dargestellten Bereich skalieren, ist gut ersichtlich, dass die beiden Farben unterschiedlich stark reflektiert werden. Dieser Unterschied kann zur Bestimmung der Sauerstoffsättigung herangezogen werden.

Um den Puls zu bestimmen, müssen die Daten weiter aufbereitet werden. Der Signal-Offset, der in der Grafik für IR (Infrarot) etwa 132.000 und rot etwa 126.000 beträgt, ist die Lichtstärke, die pulsunabhängig gemessen wird. Sie hängt unter anderem von der Stärke des Fingerdrucks auf den Sensor ab. Er wird als »Gleichanteil« (DC-Offset) bezeichnet und mit Hilfe eines IIR-Hochpassfilters abgezogen (Abb. 8–9 rechts). Der Puls ist nun optisch in beiden Signalen zu erkennen. In der weiteren Betrachtung wird nur mehr das Infrarotsignal zur Pulserkennung herangezogen.

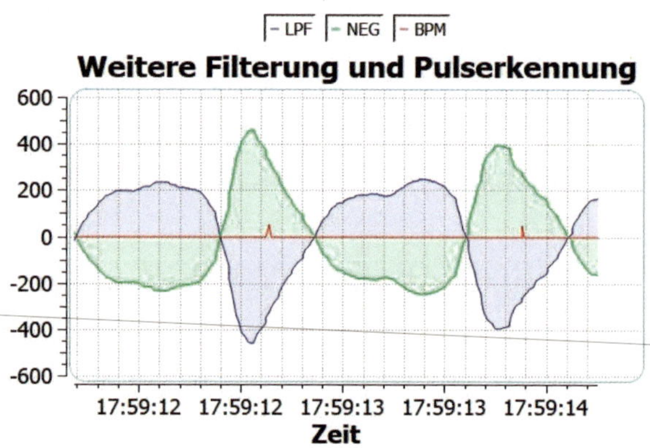

Abb. 8–9
Anwendung eines Tiefpassfilters (blau), Signalinvertierung (grün) und Pulserkennungsalgorithmus (rot)

Auf dieses Signal wird nach Entfernung des Gleichanteils ein Tiefpassfilter angewendet, um das Signal zu glätten. (Abb. 8–9, blaues Signal). Für eine schönere Optik kann das Signal invertiert werden (Multiplikation mit -1, grünes Signal). Auf die aufbereiteten Daten wird ein einfacher Hillclimbing-Algorithmus angewendet, um den Puls zu erkennen (rot). Die grundlegende Arbeitsweise ist das Erkennen lokaler Maxima. Diese werden daran erkannt, dass Werte erst steigen und dann wieder sinken. Aus diesem Grund hinkt die Pulserkennung leicht hinterher. Der tatsächliche Zeitpunkt des Pulses wird zwar vom Algorithmus bestimmt, allerdings ist in der Grafik der Zeitpunkt der Erkennung eingezeichnet.

Vorteilhaft bei einem Algorithmus dieser Art ist die hohe Geschwindigkeit der Erkennung und die damit einhergehende niedrige Prozessorlast. Nachteilig hingegen ist die Verwendung von Schwellwerten, die über eine Datenanalyse bestimmt werden und die Robustheit der Erkennung beeinträchtigen. Analytische Verfahren wie die im Folgenden besprochene Fourier-Transformation arbeiten exakter, stellen jedoch höhere Ansprüche an die Recheneinheit.

8.3.1 Diskrete Fourier-Transformation

Ein zeitdiskretes endliches Signal, das periodisch fortgesetzt wird, kann mittels der diskreten Fourier-Transformation (DFT) auf ein diskretes periodisches Frequenzspektrum, in den sogenannten »Frequenzbereich«, abgebildet werden. Ein Block mit abgetasteten Daten kann in periodischer Fortsetzung als solches Signal im sogenannten »Zeitbereich« gesehen werden.

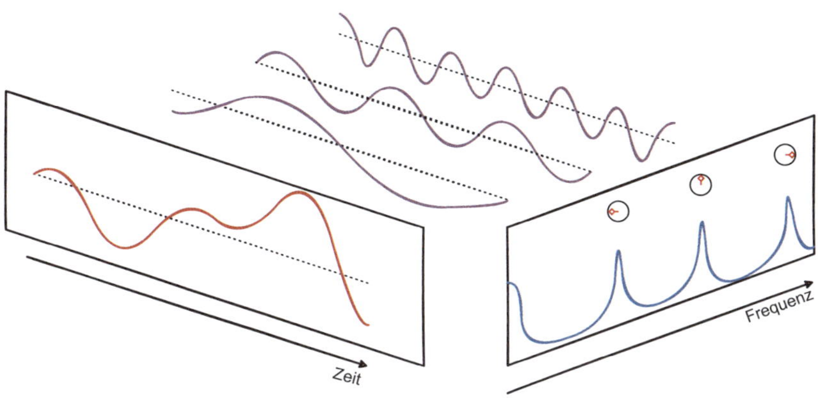

Abb. 8–10
Sicht auf ein Signal im Zeit- und Frequenzbereich, frei nach: NTi Audio [44]

Abb. 8–10 zeigt Wellen, die in verschiedenen Frequenzen und Phasenlagen vorliegen (lila). Es sind dies $sin(\omega - \frac{\pi}{2})$, $sin(2 \cdot \omega)$ und $sin(4 \cdot \omega + \frac{\pi}{2})$. Die Überlagerung dieser Wellen (Interferenz) ist die Summe der Wellenfunktionen und im Zeitbereich im linken Diagramm rot eingetragen. Dieses Signal wird beim Sampling abgetastet. Im Frequenzbereich sind die Wellen mit ihrer Frequenz und Phasenlage blau eingezeichnet.

Die DFT erhält als Eingangsdaten ein Feld der Länge N mit den Samplingdaten. Da diese Daten nicht phasenverschoben sind, enthält der Realteil die Samplingdaten und der Imaginärteil ist 0. Ergebnis der Transformation ist ein Feld komplexer Zahlen derselben Größe N. Die komplexen Zahlen dienen der Darstellung der jeweiligen Welle mit ihrer zugehörigen Phasenlage in Polarform $e^{i\phi} = \cos(\phi) + i \cdot \sin(\phi)$

Jeder Eintrag im Feld repräsentiert einen Frequenzbereich (»Bin«). In unserem Fall reeller Eingangsdaten liegt das Ergebnis in $N/2$ Bins vor, da die Frequenzen gespiegelt werden. Der Bin_0 liefert den Gleichanteil zurück und kann in der Anwendung meist ignoriert werden.

Bei einer Abtastrate $f_S = 100$ Hz und einer Feldgröße (Blocklänge) $N = 512$ gilt: Bandbreite $f_n = f_S/2 = 50$ Hz, Messdauer $D = N/f_S = 5{,}12$ s, Frequenzauflösung $d_f = f_S/N \approx 0{,}195\frac{\text{Hz}}{\text{Bin}}$, in bpm (beats per minute) $bpm_{Bin} = d_f * 60 \approx 11{,}72\frac{\text{bpm}}{\text{Bin}}$. Diese Genauigkeit ist für ein Messen des Pulses unzureichend. Eine Erhöhung der Genauigkeit lässt sich durch eine Erniedrigung der Samplingrate oder Erhöhung der Blocklänge sowie durch eine Interpolation benachbarter Bins erreichen.

In der Eingangsbetrachtung wurde ein periodisch fortgesetzter Block mit Samplingdaten als periodisches Signal für die DFT vorausgesetzt. Dies gilt aber nur für Wellen, die exakt in den Block passen, deren Periodendauer also ein Teiler der Blockzeit ist. Da dies kaum der Fall sein wird, entsteht in der Praxis der »Leck (Leakage)-Effekt«, der zu breitbandigem Verschmieren des Frequenzspektrums führt.

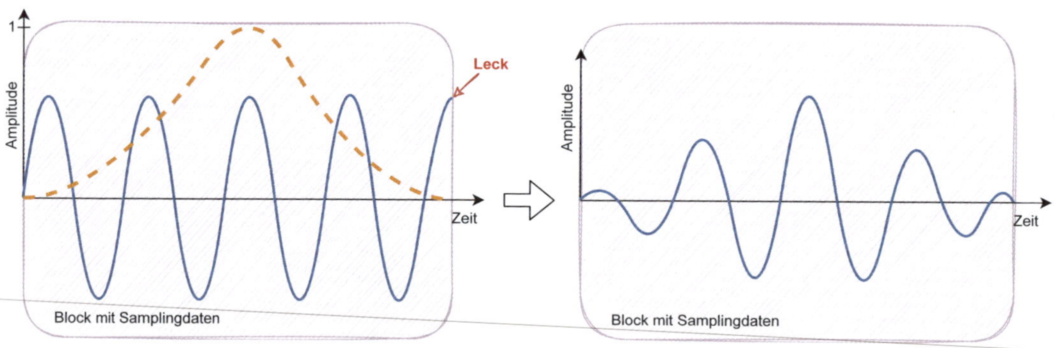

Abb. 8–11 *Fensterfunktion auf eine Welle im Zeitbereich angewendet*

Als Gegenmaßnahme wird eine Fensterfunktion auf die Eingangsdaten im Zeitbereich angewendet. Abb. 8–11 zeigt, dass die Welle in der linken Grafik in ihrer Periodendauer nicht zur Länge des Blocks mit Samplingdaten passt und damit leckt. Die Multiplikation mit der orangen »Fensterfunktion« mit Wertebereich [0,1] resultiert in den vorteilhafteren Samplingdaten der rechten Grafik.

Obwohl der RISC-V-Prozessor des ESP32-C3 kein Signalprozessor ist, wird die Bibliothek `esp-dsp` [15] von Espressif bereitgestellt. Sie enthält neben diversen Funktionen zur Signalverarbeitung auch

Funktionen für Fast-Fourier-Transformation (FFT) und Fensterung. FFT ist eine schnelle Implementierung einer DFT, die mit Blockgrößen von 2^n arbeitet. Nach der Initialisierung der FFT und Erzeugung des Fensters, hier eines Hann-Window

```
#define FFTBLOCKSIZE     512
static float gFFTBlock[FFTBLOCKSIZE * 2];
static float gWindow[FFTBLOCKSIZE];

ESP_ERROR_CHECK(dsps_fft2r_init_fc32(NULL, FFTBLOCKSIZE));
dsps_wind_hann_f32(gWindow, FFTBLOCKSIZE);
```

kann der Block mit den Samples befüllt werden. Dabei wird der Realteil mit der Fensterfunktion multipliziert, der Imaginärteil ist 0.

```
gFFTBlock[offset * 2] = irValue * gWindow[offset]; // real part
gFFTBlock[offset * 2 + 1] = 0; // imaginary part
```

Wenn ein Block vollständig vorliegt, wird die FFT mit Aufruf der drei Funktionen durchgeführt. Nicht alle Bibliotheken verlangen den Aufruf der drei FFT-Schritte explizit. Die ARM `dsplib` beispielsweise verlangt nur einen Aufruf.

```
dsps_fft2r_fc32(gFFTBlock, FFTBLOCKSIZE);
dsps_bit_rev_fc32(gFFTBlock, FFTBLOCKSIZE);
dsps_cplx2reC_fc32(gFFTBlock, FFTBLOCKSIZE);
```

Das Ergebnis steht in `gFFTBlock` bereit. Zur Bestimmung der dominanten Frequenz wird die Leistung der Bins über die Beträge der Vektoren berechnet und verglichen. Abb. 8–12 zeigt die Leistung der unteren 32 Bins für dieses Beispiel. Die untersten zwei Bins werden wegen des Gleichanteils ignoriert. Der stärkste Bin B82 gibt einen Hinweis auf den Puls mit 82 Schlägen pro Minute. Die harmonischen Vielfachen der Grundschwingung sind ebenso ersichtlich. Da diese ihr Maximum kleiner als Vielfache von 82 haben, ist anzunehmen, dass die Grundschwingung unterhalb 82 liegt.

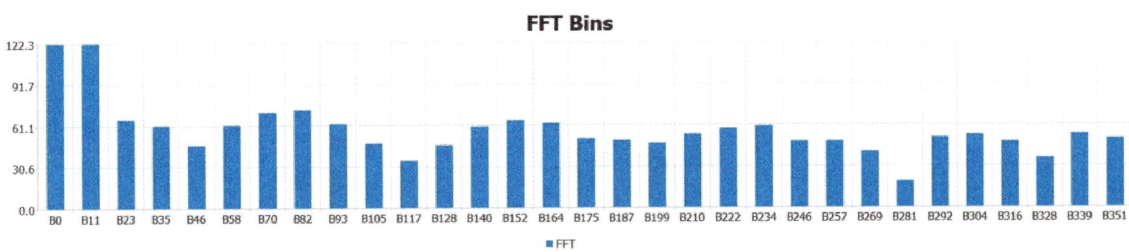

Abb. 8–12
Die untersten 32 Bins der FFT von Pulsdaten

Wenn die DFT in der Pulserkennung eingesetzt werden soll, muss die Erkennung über eine lange Zeit erfolgen, um die Frequenz genau bestimmen zu können. Im Gegenzug arbeitet dieses Verfahren sehr exakt und zuverlässig. Die Einsatzgebiete der DFT sind vielfältig und reichen vom Gitarrenstimmgerät über die Sprachanalyse bis zur Bildverarbeitung. Über die DFT können auch sehr gute und scharfe Filter im Frequenzbereich implementiert werden. Nach der Bearbeitung im Frequenzbereich wird in diesem Fall eine Rücktransformation in den Zeitbereich per inverse DFT (iDFT) vorgenommen.

8.4 Die Zeit messen

In diesem Kapitel wurde bei der bisherigen Betrachtung analoger Werte eine essenzielle analoge Größe undefiniert verwendet, die Zeit. Machen Sie, werte Leserin, werter Leser, den Versuch, die Zeit in einem Satz exakt zu definieren, so werden Sie merken, dass dieser alltägliche Begriff sehr schwer zu (be-)greifen ist. In der Thermodynamik wird die Zeit als Zunahme der Entropie, also der Unordnung, in einem abgeschlossenen System beschrieben. Gewöhnlichere Erklärungsversuche definieren Zeit als Dauer zwischen zwei Ereignissen, die demnach zu Zeitpunkten eintreten.

Softwaretechnisch interessiert meist die Abfolge (Sequenz) von Befehlen mehr als der exakte Zeitpunkt der Ausführung. Aus der Sicht eines Mikroprozessors ist die Zeit ebenso eine Abfolge von Schritten (i.e. Takten) mit zugehörigen internen und externen Ereignissen und ausgeführten Instruktionen.

Die Zeit ist demnach aus der Sicht der CPU diskret (schrittweise von Zeitpunkt zu Zeitpunkt), und die Abfolge der Ereignisse wird den diskreten Zeitpunkten zugeordnet (synchronisiert).

8.4.1 Taktgeber

Als Taktgeber dienen in einem Mikrocontroller direkt auf dem Chip integrierte RC-Oszillatoren oder externe Quarze. Die Ungenauigkeit und starke Temperaturabhängigkeit macht RC-Oszillatoren für viele Einsatzgebiete unbrauchbar.

Parts per Million (ppm) steht für den Faktor 10^{-6}, vergleichbar mit dem Prozent (%), Faktor 10^{-2}.

Ein Quarz (engl. Crystal, XTAL) wird in seiner Eigenfrequenz sehr genau (Abweichung liegt bei etwa 10–50 ppm) angeregt. Quarze können aber aufgrund ihrer erforderlichen Masse nicht mit beliebig hoher Eigenfrequenz hergestellt werden. Zur Bereitstellung höherer Takte, die die Langzeitgenauigkeit eines Quarzes haben, werden integrierte Schaltungen wie PLLs (Phase-Locked Loop) und FLLs (Frequency-Locked Loop) verwendet. Diese takten höher, regeln ihre

Frequenz aber immer wieder durch einen Abgleich mit dem langsameren Quarz.

Der ESP32-C3 hat verschiedene Taktgeber zur Auswahl. Es können Quarze mit hoher Geschwindigkeit (40 MHz) zum Treiben des Systems und der PLL (160 MHz Systemtakt) sowie mit niedriger Geschwindigkeit (32 kHz) zum Treiben der Echtzeituhr angeschlossen werden. Das ESP32-C3-Mini-1U-Modul, das auf dem Entwicklungsboard ESP32-C3-DevKit-M-1 zum Einsatz kommt (siehe Abschnitt 2.2.1), hat einen externen 40-MHz-Quarz verbaut. Zusätzlich existieren interne RC-Oszillatoren mit 17,5 MHz und 136 kHz für diese Zwecke. Diese Takte können zum Treiben der Komponenten wie CPU, Wi-Fi, Peripherie und Echtzeituhr verwendet und auf niedrigere Frequenzen heruntergeteilt werden.

Hast du etwas Zeit für mich ...

Stellen Sie sich vor, Sie haben einen schnellen RISC-Rechner mit einem Takt von 4 GHz. Der Rechner kann also etwa $4 \cdot 10^9 \frac{\text{Instruktionen}}{s}$ ausführen. Setzen wir diese Maschine ins Verhältnis zur höchsten praktikablen Geschwindigkeit, der Lichtgeschwindigkeit $c \approx 3 \cdot 10^8 \frac{\text{m}}{\text{s}}$, erhalten wir

$$\frac{3 \cdot 10^8 \frac{\text{m}}{\text{s}}}{4 \cdot 10^9 \frac{\text{I}}{\text{s}}} = \frac{3\text{m}}{40\text{I}} = 7,5\frac{\text{cm}}{\text{I}}$$

Mit anderen Worten: Der Rechner führt in der Zeit, in der Licht 7,5 cm zurücklegt, eine Addition aus. Diese Aussage erfährt noch eine Steigerung, wenn man bedenkt, dass ein Signal auf einer Kupferleitung »nur« etwa mit $\frac{2}{3}c$ unterwegs ist und im Rechner 6 Kerne gleichzeitig rechnen. Caches sind für solche Systeme unverzichtbar.

Ebenso interessant ist ein Vergleich des ESP32-C3 mit dem ersten Personal Computer IBM PC und dem ersten »Volks-« und Spielecomputer Commodore 64.

	IBM PC	**C64**	**ESP32-C3**
Architekturbreite	16/8 Bit	8 Bit	32 Bit
µP	Intel 8088	MOS 6510	RV32IMC
RAM	$<$ 640 KiB	64KiB	400KiB
MIPS	0,71	0,43	$\approx$200
Preis (€)	9000,–	1500,–	2,–

Die Preise sind in Kaufkraft des Jahres 2022 umgerechnet. Zu bedenken ist, dass der ESP32-C3 kein Gehäuse mit Steckern usw. aufweist, dafür aber fortschrittliche Schnittstellen wie WLAN und Bluetooth, die zu Zeiten von IBM PC und C64 noch nicht erfunden waren.

Die Anpassung der Frequenz dient zum einen dem zeitgenauen Treiben von Schnittstellen, zum anderen der Reduktion der Leistungsaufnahme (siehe Abschnitt 10.4).

8.5 Das Timer-Modul

Um die aktuelle Zeit in einem System zu bestimmen, eignet sich ein Timer/Counter-Modul. Dieses Peripheriemodul, das in einer allgemeinen Sicht in Abb. 8–13 dargestellt ist, zählt im Register `CNT` die Takte eines Eingangssignals. Je nach Timer bewegt sich die übliche Breite des Registers zwischen 16 Bit und 64 Bit.

Abb. 8–13 Blockschaltbild eines Timer/Counter-Peripheriemoduls

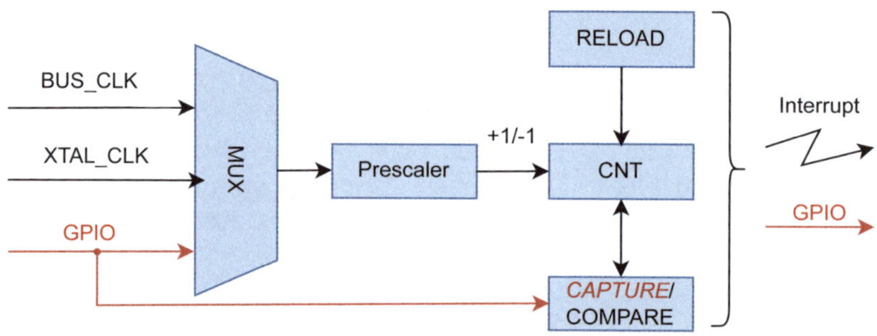

Um einen zu raschen Überlauf des Zählregisters zu vermeiden, wird ein programmierbarer Prescaler (bzw. Divider) vorgeschaltet. Diese Einheit ist wiederum ein minimaler Timer, der die Takte des Eingangssignals zählt, jeden n-ten Takt durchlässt und die anderen Takte blockiert. Wiederum vorgeschaltet ist ein Multiplexer zur Auswahl des zu zählenden Impulses.

Ein Timer kann zwei grundlegende Betriebsmodi unterstützen:

Compare Mode Der Timer zählt je nach Konfiguration aufwärts oder abwärts, bis ein im `COMPARE`-Register eingestellter Wert erreicht wird. In diesem Fall kann ein Interrupt ausgelöst oder ein GPIO automatisch zur Generierung eines PWM-Signals (siehe Abschnitt 8.5.4) geschaltet werden. Entweder kann der Timer nun anhalten (»One-Shot Timer«), oder er kann so programmiert werden, dass er einen Wert aus einem `RELOAD`-Register nachlädt bzw. neu bei 0 zu zählen beginnt (»Auto-Reload Timer«).

Capture Mode Der Timer/Counter zählt in seiner Funktion als Counter die Zeit in Taktzyklen. Bei Anliegen einer Signalflanke an einem spezifizierten GPIO-Eingang kann der Counter den aktuellen Wert des `CNT`-Registers in das `CAPTURE`-Register kopieren und ggf. einen Interrupt auslösen. Der Mikrocontroller kann dann exakt bestimmen, wann das Signal aufgetreten ist. Schwankende und damit indeterministische Interrupt-Latenzen, die aufgrund von parallelen Ereignissen auftreten können, spielen in diesem Betriebsmodus keine Rolle mehr.

8.5.1 Timer des ESP32-C3

Im ESP32-C3 sind verschiedene Timer verbaut, jedoch mit Ausnahme des LEDC-Moduls (siehe Abschnitt 8.5.4) ohne Counter-Funktionalität. Somit können keine externen Signale über GPIO als Eingangs- oder Ausgangssignale verwendet werden.

In Abb. 8–13 ist die Counter-Funktionalität, die der ESP32-C3 nicht enthält, rot eingezeichnet.

Die Timer des Mikrocontrollers sind mit 2 x 54 Bit und 1 x 52 Bit recht breit. Die notwendigen Schritte, um einen Timer aufzusetzen, der periodisch alle 20 ms die Funktion `displayGameState()` aufruft, sind in Listing 8.4 zusammengefasst.

```
gptimer_handle_t timer = NULL;
static gptimer_event_callbacks_t timerCallbacks = {
    .on_alarm = displayGameState // register user callback
};

gptimer_config_t timerConfig = {
    .clk_src = GPTIMER_CLK_SRC_DEFAULT,
    .direction = GPTIMER_COUNT_UP,
    .resolution_hz = 1 * 1000 * 1000, // 1 MHz, 1 tick = 1 us
};
gptimer_new_timer(&timerConfig, &timer);
gptimer_register_event_callbacks(timer, &timerCallbacks, NULL);
gptimer_alarm_config_t alarmConfig = {
    .reload_count = 0, // reload with 0 on alarm event
    .alarm_count = 20000, // every 20 ms
    .flags.auto_reload_on_alarm = true, // enable auto-reload
};
gptimer_set_alarm_action(timer, &alarmConfig);
gptimer_enable(timer);
gptimer_start(timer);
```

Listing 8.4 *Aufsetzen eines Timers, um die Funktion* `displayGameState()` *periodisch aufzurufen. Der Code entstammt dem Beispiel* `gameoflife` *(siehe Anhang A.2).*

Der Aufruf von `gptimer_new_timer()` reserviert einen Timer mit der angegebenen Konfiguration `timerConfig`. Im Beispiel wird dem Handle `timer` ein Timer, der den Standardtakt als Quelle nimmt, einen Teiler für 1 MHz vorschaltet und aufwärts zählt, zugewiesen.Um sicherzustellen, dass die Ressource vergeben werden konnte, sollte das Handle geprüft werden.

Die Prüfung auf Erfolg der Systemfunktionen kann wiederum per `ESP_ERROR_CHECK()` *erfolgen.*

Mit der Funktion `gptimer_register_event_callbacks()` wird der Timer-Callback registriert, der vom Timer aufgerufen werden soll. In der Alarm-Konfiguration `alarmConfig` wird eingestellt, wann die Funktion aufgerufen werden soll. Im Beispiel wird sie zyklisch alle 20 ms aufgerufen.

Der Timer fängt erst an zu zählen, wenn er mit `gptimer_start()` aktiviert wird. Es ist wichtig zu wissen, dass der Timer-Callback im Interrupt-Kontext aufgerufen wird. Es gelten also dieselben Limitierungen wie für alle Interrupt-Funktionen, beispielsweise eine möglichst kurze Laufzeit.

8.5.2 Systemzeit und Kalenderzeit

Beim Start des Systems wird ein Timer gestartet, mit dem eine Systemzeit hochgezählt wird. Es ist in vielen Anwendungen nicht notwendig, die reale Zeit mit Kalenderdatum zu kennen. Meist genügt indes eine relative Zeitmessung. Die Funktion `esp_timer_get_time()` gibt diese Zeit in Mikrosekunden als `int64_t`-Variable zurück.

Zur Speicherung von Kalenderzeit und -datum stehen die bekannten POSIX-Funktionen `time()`, `gettimeofday()`, `settimeofday()` usw. zur Verfügung (siehe Abschnitt 9.6.1). Auch die Zeitzone steht mit `setenv()` und `tzset()` zur Verfügung. Österreich, Deutschland und die Schweiz liegen in der Zeitzone CET-1, zu setzen mit `setenv("TZ", "CET-1", 1)`.

Das Jahr-2038-Problem ist auch als Y2K38-Problem bekannt [66].

Die Unixzeit, die die Sekunden seit 1.1.1970, 0:00 Uhr zählt, endet mit ihrer »Epoch« am 19.1.2038. Zu diesem Zeitpunkt läuft die 32-Bit-Variable über und springt damit zurück auf den Anfang. Da dieses Problem nicht mehr in allzu weiter Ferne liegt, wird der Datentyp `time_t` seit Version 5 des ESP-IDF als 64-Bit Datentyp definiert. Nähere Informationen dazu sind auf der Espressif-Webseite [23] zusammengefasst, Abschnitt »Year 2036 and 2038 Overflow Issues«.

Microsoft verwendet im .net-Framework als Zeit eine 64-Bit-Zahl, die 100 ns-Ticks seit dem 1.1.0001 zählt. Bei dieser Darstellung ist in der Systemlaufzeit kein Überlauf zu erwarten. Microsoft datiert das Ende der Epoche mit dem 31.12.10000. Viele Systeme, auch nicht Windows-basierte, arbeiten mit dieser Zeitdarstellung.

8.5.3 Zeitsynchronisierung

Beim Austausch von Daten sowie für Steuerungsaufgaben ist eine synchrone Zeit auf verschiedenen Geräten unerlässlich. Deshalb ist es notwendig, diese Geräte beim Start sowie aufgrund der Taktabweichungen periodisch zur Laufzeit zu synchronisieren. Je nach gewünschter maximaler Abweichung kann dies eine Herausforderung darstellen.

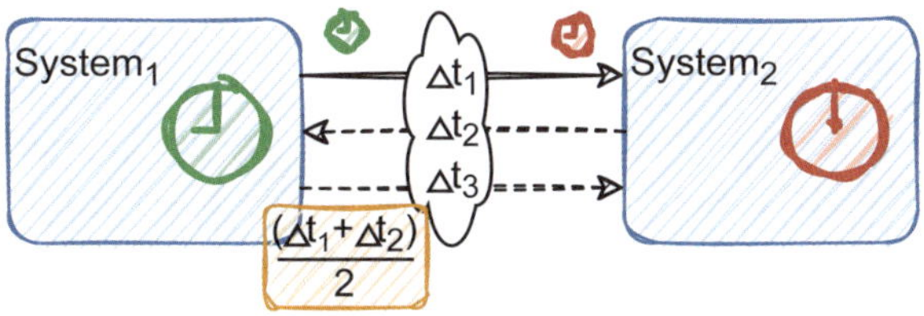

Abb. 8–14
Problem der Zeitsynchronisierung

Das Grundproblem sind die variablen Latenzen Δt_1 und Δt_2, die in Abb. 8–14 bei der Kommunikation zwischen $System_1$ und $System_2$ eingezeichnet sind. Diese entstehen beispielsweise durch indeterministische Zugriffsverfahren wie CSMA/CA bei Wi-Fi oder indeterministische Routingzeiten beim Weiterleiten von Paketen. Schickt $System_1$ eine Uhrzeit an $System_2$, kann dieses die Uhrzeit nur fehlerhaft übernehmen, da die Zeit um die unbekannte Latenz nicht stimmt. Die Genauigkeit der Uhrzeit genügt für manche Einsatzzwecke, ist für präzise Steuerung aber ungeeignet. Als Lösung bieten sich Zeitstempelverfahren an. Beim Standard 802.15.4, der Grundlage für Funkprotokollstacks wie Thread oder ZigBee ist, enthält ein Funkpaket einen SFD (»Start of Frame Delimiter«). Anhand dieses Signals, das Sender und Empfänger nur um die reine Signallaufzeit versetzt erhalten, ist es möglich, die Uhren hochgenau zu synchronisieren. Der Fehler der Signallaufzeit ist aber immer noch vorhanden.

Um auch diesen Fehler zu kompensieren, kann $System_3$ eine Nachricht zurückschicken, sodass $System_1$ die Signallaufzeit ermitteln und wiederum an $System_2$ zur Berechnung der Zeit senden kann. Die Latenz zwischen Empfang und Rücksenden in $System_2$ sollte zur Erhöhung der Genauigkeit in die Berechnung mit einfließen. Der Standard IEEE 1588 PTP (»Precision Time Protocol«, siehe [71, Kapitel 21]) dient der hochgenauen Synchronisierung von Uhren.

Ohne Zeitstempelung mit variablen Übertragungszeiten, beispielsweise bei der Internetkommunikation, sind die Kanäle nicht symmetrisch, d.h. $\Delta t_1 \neq \Delta t_2$. Für diesen Fall führt das NTP (»Network Time Protocol«) viele Messungen durch und erreicht damit eine »statistisch gute«, allerdings indeterministische und damit für exakte Steuerungsaufgaben unzureichende, Synchronisierung. Bei mehreren Rechnern muss auch klargestellt werden, welcher die korrekteste Uhrzeit hat und als Synchronisierungsquelle herangezogen werden soll. Das Gebiet »Time-Sensitive Networking« (TSN) beschäftigt sich mit der Thematik.

8.5.4 Pulsweitenmodulation (PWM)

Die Pulsweitenmodulation (PWM) ist ein Modulationsverfahren, das oft zur Ansteuerung träger (integrierender) Komponenten wie Elektromotoren und Glühbirnen verwendet wird, da es einfacher ist, als eine analoge Spannung zu regeln. Es handelt sich dabei um ein Rechtecksignal mit fixer Periodendauer, dessen »Duty Cycle« (Tastgrad, Verhältnis hoch zu tief) einen Wert vorgibt.

Abb. 8–15 PWM-Signal mit 25% und 75% Duty Cycle

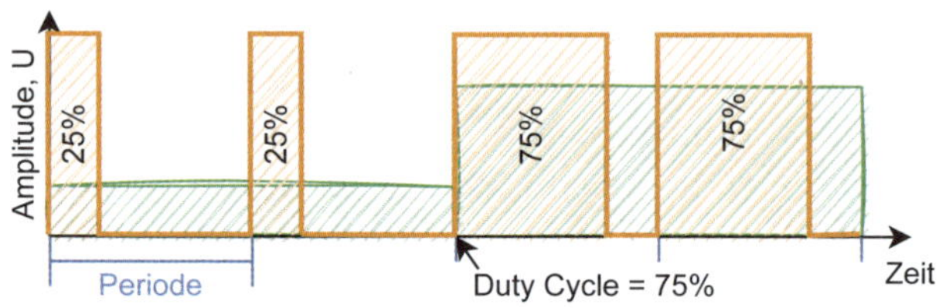

Das PWM-Signal in Abb. 8–15 weist zwei Perioden lang einen Duty Cycle von 25% auf. Dann wird auf einen Duty Cycle von 75% gewechselt. Das resultierende integrierte Signal ist mit grüner Fläche eingezeichnet. Ein Duty Cycle von 100% bewirkt ein durchgehendes HI-, 0% ein durchgehendes LO-Signal.

Listing 8.5 Konfiguration des LED-PWM-Controllers

```
ledc_timer_config_t ledc_timer = {
    .speed_mode = LEDC_LOW_SPEED_MODE,
    .timer_num = LEDC_TIMER_0,
    .duty_resolution = LEDC_TIMER_10_BIT,
    .freq_hz = 1000, // Set output frequency at 1 kHz
    .clk_cfg = LEDC_AUTO_CLK
};
ESP_ERROR_CHECK(ledc_timer_config(&ledc_timer));
ledc_channel_config_t ledc_channel = {
    .speed_mode = LEDC_LOW_SPEED_MODE,
    .channel = LEDC_CHANNEL_0,
    .timer_sel = LEDC_TIMER_0,
    .intr_type = LEDC_INTR_DISABLE,
    .gpio_num = GPIO_NUM_2,
    .duty = 256, // Set duty to 25%
    .hpoint = 0,
    .flags.output_invert = 0
};
ESP_ERROR_CHECK(ledc_channel_config(&ledc_channel));
```

Ein weiteres Anwendungsgebiet der PWM ist das Dimmen einer LED. Die träge Komponente ist nicht die LED, sondern das menschliche Auge, das Licht bis etwa 60 Hz flackernd, darüber hinaus stetig

wahrnimmt. Der ESP32-C3 besitzt ein eigenes Timer-Modul, LEDC (LED-PWM-Controller), das PWM-Signale generieren kann. Zusätzlich ist es fähig, den Duty Cycle des Signals automatisch zu verändern (fading). Dem Namen des Moduls widersprechend kann das PWM-Signal nicht nur für LEDs, sondern beliebig verwendet werden.
Die Konfiguration in Listing 8.5 besteht aus der Konfiguration des Timers, die hier 10-bittig ein 1-kHz-Signal generiert, und der Konfiguration des Kanals, dessen Duty Cycle initial auf 25% zur Ausgabe auf GPIO2 gesetzt wird. Der LEDC des ESP32-C3 hat 6 Kanäle verfügbar. Mit diesen Einstellungen wird das spezifizierte Signal ohne Zutun der CPU generiert. Eine Änderung des Duty Cycle kann programmatisch jederzeit erfolgen, sollte zur Erhaltung der Signalintegrität aber zu Beginn einer Periode stattfinden.

```
float fduty = MIN(powf(duty / 3.125, 2), 1023);
ESP_ERROR_CHECK(ledc_set_duty(LEDC_LOW_SPEED_MODE,
    LEDC_CHANNEL_0, fduty));
ESP_ERROR_CHECK(ledc_update_duty(LEDC_LOW_SPEED_MODE,
    LEDC_CHANNEL_0));
```

Da der Timer 10-bittig eingestellt wurde, ist sein Wertebereich [0, $2^10 - 1 = 1023$], womit $1\% \frac{1024}{100}$ entspricht. In der Software wird nicht immer mit % gearbeitet. Stattdessen werden direkte Werte oder feinere Granularität wie ‰verwendet. Beim Dimmen fällt auf, dass die sichtbare Änderung bei niedrigem Duty Cycle bedeutend stärker ist als bei höherem. Dies liegt daran, dass das Auge kein lineares Helligkeitsempfinden hat. Dem kann entgegengewirkt werden, indem der Duty Cycle beispielsweise wie im vorigen Codesegment quadratisch berechnet wird. Der Divisor 3,125 ergibt sich aus $\frac{100}{\sqrt{1024}}$.

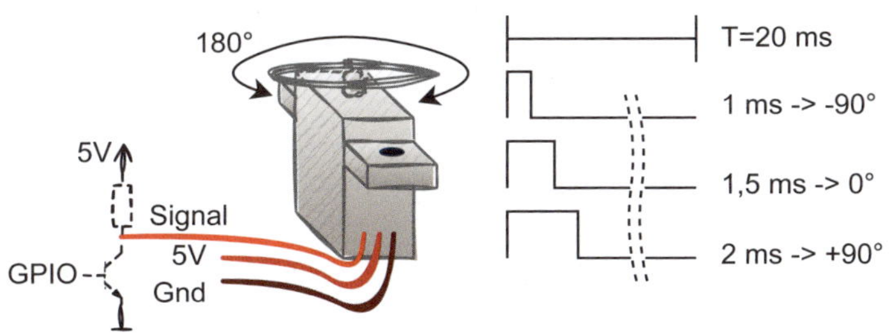

Abb. 8–16 Ansteuerung eines (Modellbau-) Servomotors

Ein weiteres beliebtes Einsatzgebiet der PWM ist die Steuerung von (Modellbau-)Servomotoren, wie in Abb. 8–16 dargestellt. Diese erwarten ein PWM-Signal mit 50 Hz und eine On-Zeit von 1–2 ms. Dieses Intervall dient der Definition des Stellwinkels. 1 ms hat einen Maximalausschlag; 1,5 ms Mittelstellung und 2 ms entgegengesetzten Maximalausschlag zur Folge. Mögliche Stellwinkel, PWM Duty

Cycles, Spannungen, Farben der Anschlusslitzen usw. sollten im konkreten Fall dem jeweiligen Datenblatt des Servos entnommen werden. Da der Servo mit 5V arbeitet, die GPIOs aber nicht tolerant gegen diese Spannung sind, muss eine »Level Conversion« vorgenommen werden. Im skizzierten Fall wurde ein Pull-up-Widerstand mit Bipolartransistor in Open-Collector-Schaltung eingesetzt, was den Signalpegel invertiert. Der Kanal kann ebenso über die Konfiguration `.flags.output_invert = 1` invertiert werden, um ein gültiges PWM-Signal zu erzeugen. Es gibt auch Level-Shifter als eigene Bauteile für diesen Zweck. Bei deren Einsatz ist eine Kanalinvertierung nicht notwendig.

8.5.5 Weitere Komponenten

Der ESP32-C3 bietet noch weitere Peripheriemodule und zusätzliche Funktionalitäten von Modulen, die in diesem Buch nicht erfüllend besprochen werden können. Watchdog-Timer (siehe Abschnitt 9.4.7), Module für Kryptografie und Debugging, Funktionalitäten wie Sigma-Delta-Modulation für die Digital-Analog-Wandlung wurden nicht behandelt. Teilweise finden sie im dritten Teil noch Verwendung, werden aber nicht in der Tiefe besprochen.

Die Informationen in diesem Teil genügen aber, das Reference Manual so weit zu verstehen, dass weitere Komponenten in Betrieb genommen werden können.

Bei der Ansteuerung der Peripherie ist es unerheblich, welche CPU im Embedded System verbaut ist. Die Ansteuerung der Komponenten ist aufgrund der Ansteuerung über den Bus vom Prozessor unabhängig, weshalb die besprochenen Konzepte nicht nur für RISC-V-Systeme, sondern für weitere Mikrocontrollerfamilien wie beispielsweise ARM Cortex-M und MSP-430 Gültigkeit besitzen und dort angewendet werden können.

8.6 Zusammenfassung

Im zweiten Teil wurden die üblichen Peripheriemodule moderner Mikrocontroller besprochen. Am Beispiel eines Pulsoximeters wurden grundlegende Konzepte wie Sampling und Filterung eingeführt. Ein durch Hillclimbing inspirierter Algorithmus und eine Variante mit Fourier-Transformation erkannten den Pulsschlag.

Die Bestimmung der Sauerstoffsättigung ist auf dieser Basis der Leserin bzw. dem Leser überlassen. Maxim stellt auch einen Algorithmus zur Verfügung, der aber nicht für eine medizinische Zulassung vorbereitet ist. Der einfachste Weg zu einer solchen Zulassung ist die Verwendung des MAX32664-»biometric hub«-Bausteins. Das Poxi2-Beispiel geht exemplarisch diesen Weg (siehe Anhang A.2).

Die entwickelten Softwaremodule des Kapitels sind funktionsfähig, allerdings erfolgt deren Kopplung softwaretechnisch nicht elegant. Damit ist die Applikation fehleranfällig und schwer wartbar. Der dritte Teil des Buchs befasst sich mit einer besseren Kopplung und Integration im Sinne eines Embedded Systems.

III Embedded System

9 Embedded Betriebssystem

> *»Nichts ist stärker als eine Idee, deren Zeit gekommen ist!«*
>
> VICTOR HUGO

Aufbauend auf den Mikroprozessorgrundlagen in Teil I und dem Wissen über Einsatz, Arbeitsweise und Programmierung der Peripheriemodule in Teil II wird in diesem Teil die Integration als Anwendung in einem Embedded System betrachtet.

Eine moderne Applikation verwendet meist ein Echtzeitbetriebssystem zur Aufteilung in interagierende Tasks (siehe Abschnitt 9.3). Oft sind diese Anwendungen in ein großes System eingebunden und mit der »Cloud« im Sinne des »Internet of Things« (IoT) vernetzt (siehe Kapitel 10).

9.1 Embedded Applikationsmodell

In herkömmlichen Embedded Systemen ohne Betriebssystem wird nach dem Reset und einer Basisinitialisierung direkt die `main()`-Funktion angesprungen. In einer »Endlos«-Schleife werden die Abarbeitungsfunktionen der einzelnen Applikationsmodule nacheinander wiederholt aufgerufen (»gepollt«). Dadurch bekommt jedes Modul Rechenzeit und kann mit den jeweiligen externen Komponenten kommunizieren. Der Programmfluss ist linear, allerdings ist die Dauer eines Schleifendurchlaufs von den jeweiligen Modulen abhängig und variiert ständig. Die Applikation ist monolithisch und schwer strukturierbar.

In Abb. 9–1 ist die Pulsoximeterapplikation in dieser Architektur dargestellt. In jedem Schleifendurchgang werden die Sensordaten eingelesen, der Zustand des Tasters bestimmt, die Daten verarbeitet und der Puls berechnet und anschließend auf dem Display angezeigt. Ein kurzes Schlafen des Systems schließt den Durchgang ab.

Die einzelnen Module werden auch dann gepolt, wenn sie keine Tätigkeit zu verrichten haben, beispielsweise wenn keine Daten vorliegen. Ist das Schleifenintervall zu lange, werden die Eingabedaten, die für die Applikation zugänglich gespeichert werden, hingegen nicht rechtzeitig ausgelesen und gehen im schlimmsten Fall verloren. Dies macht sich besonders bei Codeänderungen negativ bemerkbar: jede Änderung in einem Modul ändert die Schleifendauer und damit die Pollrate jedes einzelnen Moduls.

Abb. 9–1
Herkömmliche Hauptschleife ohne Betriebssystem

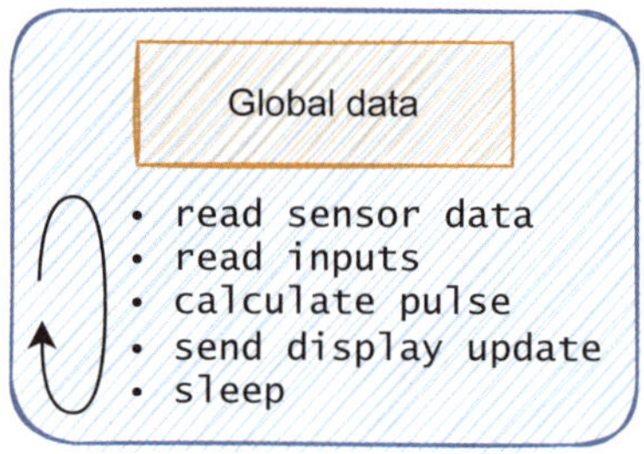

Bereits in Abschnitt 6.1 wurde der Latenz-Nachteil des Pollings erläutert. Eine Erhöhung der Poll-Rate bewirkt ein Steigen der CPU-Last. Interrupt-Systeme reduzieren Latenzzeit und CPU-Last. Abb. 9–2 zeigt die Abhandlung von Sensordaten und Eingaben per Interrupt. Da ISRs möglichst kurze Laufzeit haben sollen, ist es schwer möglich, das gesamte Applikationsverhalten inklusive Kommunikation wie beispielsweise das Senden von Updates an das Display über I^2C direkt in der ISR zu implementieren.

Abb. 9–2
Ereignisgesteuerte Applikation

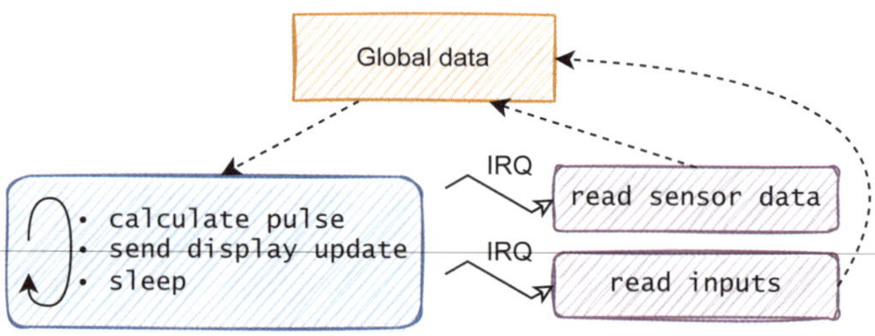

Deshalb befinden sich die Kontrolle der Applikation, die Berechnung des Pulses und die Kommunikation weiterhin in der Hauptschleife. Um die Hauptschleife vom Interrupt-Kontext auf einfache Weise zu entkoppeln, werden die entsprechenden Daten global gespeichert. Der gemeinsame, mitunter »gleichzeitige« (nebenläufige) Zugriff aus ISRs und Hauptschleife kann schwere Probleme hervorrufen. Wird die Hauptschleife beispielsweise während der Abarbeitung der Daten durch einen Interrupt, der eben diese Daten verändert, unterbrochen, wird die unterbrochene Abarbeitung mit den neuen Daten, die zu den alten nicht mehr konsistent sind, fortgesetzt.

9.2 Multitasking

Ein »Multitasking«-Betriebssystem erlaubt eine strukturierte Herangehensweise, die auch Mechanismen zur Vermeidung von Problemen der Nebenläufigkeit bereitstellt. Abb. 9–3 zeigt einen geregelten Programmablauf, bei dem die Applikation in separate Tasks (bzw. Threads) unterteilt wird, die jeweils eigene Aufgaben abarbeiten. Jeder Task läuft eigenständig parallel zu den anderen Tasks, mit jeweils eigener Hauptschleife und eigenem Timing.

Für den Datenaustausch zwischen den Tasks stellt das Betriebssystem eigene Kommunikationsmittel zur Verfügung. Im Beispiel liefern zwei Tasks Daten vom Pulssensor und vom Taster an den Haupttask, der diese Daten sammelt, verarbeitet und das Ergebnis an den Display-Task zur Anzeige sendet. Das Beispiel macht deutlich, dass der Aufwand für die Kommunikation bei Einsatz eines Betriebssystems steigt. Wegen der klaren Strukturierung mit den Effekten der Fehlervermeidung und verbesserten Wartbarkeit werden auch moderne Kleinstsysteme, die über die notwendigen Ressourcen verfügen, zunehmend mit einem Betriebssystem aufgesetzt.

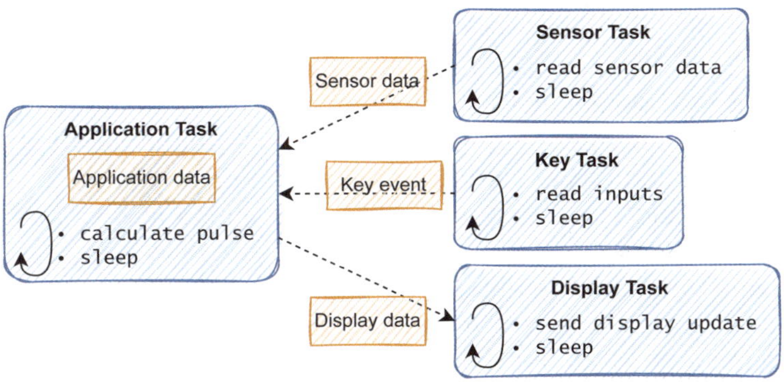

Abb. 9–3
Programmaufbau mit kommunizierenden Tasks

Da auf einer CPU mit nur einem Kern die parallelen Tasks nicht tatsächlich gleichzeitig ablaufen können, wechselt der »Scheduler« im Kern (»Kernel«) des Betriebssystems die einzelnen Tasks beständig ab. Beim kooperativen Multitasking arbeitet ein Task eine Teilaufgabe ab und teilt dann dem Scheduler per »Yield« mit, dass dieser zum nächsten Task wechseln kann. Beim präemptiven Multitasking unterbricht der Scheduler, typischerweise auf einer Zeitbasis, den gerade arbeitenden Task, um dann zum nächsten Task zu wechseln.

Der Scheduler bestimmt den nächsten Task mithilfe einer definierten Scheduling-Strategie. Eine einfache und häufige Strategie ist der zyklische Wechsel zum nächsten bereiten Task (»Round Robin«), oft unter Berücksichtigung einer Task-Priorität.

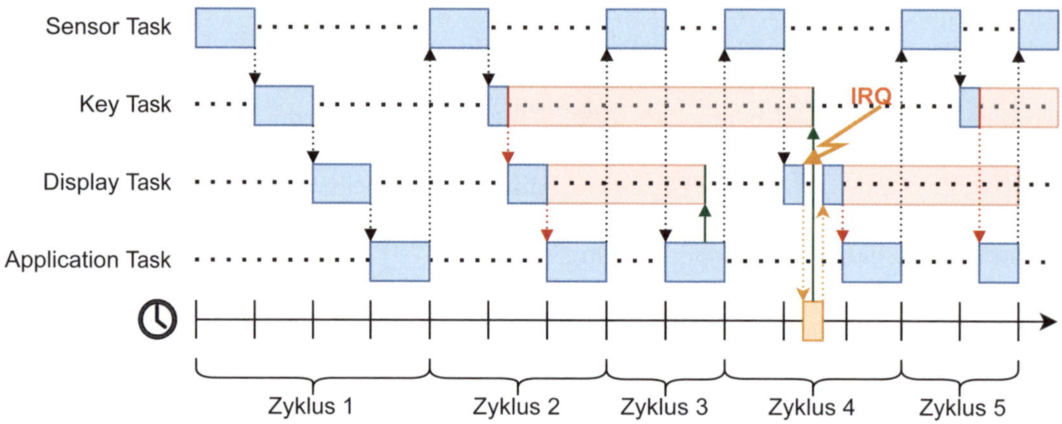

Abb. 9–4 *Arbeitsweise des Schedulers mit Round-Robin-Strategie*

In Abb. 9–4 ist das Scheduling ohne Task-Prioritäten dargestellt (für prioriätenbasiertes Scheduling siehe Abschnitt 9.4.7). Zyklus 1 zeigt ein Durchlaufen aller Tasks mit der Round-Robin-Strategie. Jeder Task dieses präemptiven Systems wird für die Dauer einer Zeitscheibe ausgeführt, um dann unterbrochen zu werden. Der aktuelle Kontext des Tasks, im einfachsten Fall bestehend aus allen Registern, wird im »Task Control Block« (TCB) gesichert (siehe Abschnitt 9.3.1). Für den Wechsel zum nächsten Task wird der Kontext aus dem entsprechenden TCB geladen und der Task exakt dort fortgesetzt, wo er zuletzt unterbrochen wurde. Bei einer Dauer von 10 ms für jeden Zeitschlitz und vier Tasks erhält jeder Task mindestens 25 Mal pro Sekunde die CPU.

Der Kernel des Betriebssystems führt den Taskwechsel mit Hilfe eines periodischen Timers im Interrupt-Kontext durch (in der Abbildung mit gestrichelten Pfeilen dargestellt). Je weniger Daten im TCB zu sichern sind, desto schneller kann der Wechsel erfolgen. Prozesse unterscheiden sich von Tasks bzw. Threads dadurch, dass sie virtuellen Speicher und einen Speicherschutz gegenüber anderen Prozessen haben. Die Einstellungen der dafür notwendigen Memory Management Unit (MMU) müssen beim Prozesswechsel ebenso gewechselt werden, was einen Mehraufwand gegenüber einem Taskwechsel bedeutet. Aus diesem Grund spricht man bei einem Task von einem »leichtgewichtigen« Prozess. MMUs sind in PC-Systemen zu finden, und deren Betriebssysteme wie Windows, macOS und Linux bieten Prozesse und Threads zur Aufteilung von Prozessen an. Embedded Kleinsysteme bieten oft nur ein Speicherschutzmodul wie die RISC-V Physical Memory Protection (PMP). Mit diesem Modul kann der Zugriff auf Speicherbereiche definiert werden, der Aufbau eines virtuellen Speichermodells ist aber nicht möglich (siehe auch Abschnitt 9.5).

Wenn Tasks auf externe Ereignisse warten, können sie den Zustand »Blocked« annehmen. Blockierte Tasks (rot eingezeichnet) werden vom Scheduler nicht mehr ausgeführt, bis die Blockade behoben ist. In Zyklus 2 blockieren der Key-Task, um auf einen Interrupt zu warten, und der Display-Task, da er keine neuen Daten anzuzeigen hat. Beim Eintritt in die Blockade erfolgt ein Wechsel (»Yield«) zum nächsten Task noch während der aktiven Zeitscheibe (roter Pfeil).

In Zyklus 3 generiert der Application-Task Daten, die auf dem Display angezeigt werden sollen. Die Blockierung des Display-Tasks wird aufgehoben (grüner Pfeil), und der Task wird »Ready«, fängt aber nicht unmittelbar an zu laufen. Im Beispiel arbeitet der Application-Task erst seinen Zeitschlitz ab, worauf der Scheduler in Zyklus 4 den wartenden Sensor-Task ausführt. Beim darauf folgenden Taskwechsel wird an den Display-Task übergeben. Dieser sendet die Anzeigedaten an das Display und wartet blockierend auf die nächsten Daten.

In Zyklus 4 wird während der Abarbeitung des Display-Tasks ein Interrupt durch Drücken des Tasters ausgelöst. In die ISR wird sofort verzweigt, um den Interrupt schnellstmöglich abzuhandeln. Dort wird die Blockierung des Key-Tasks aufgehoben und zum unterbrochenen Display-Task zurückgekehrt. In Zyklus 5 erfolgt dann die Abarbeitung des Tastendrucks durch den laufenden Key-Task.

Für das blockierende Warten und die Aufhebung der Blockierung stellt das Betriebssystem als grundlegende Datenstruktur den Semaphor (siehe Abschnitt 9.4.1) zur Verfügung. Auf diesem Synchronisierungsmechanismus wird die Kommunikation zwischen Tasks mit Queues, Mutexes, Mailboxes usw. vom Betriebssystem bereitgestellt.

9.3 Echtzeitbetriebssystem

Ein Betriebssystem übernimmt die Verwaltung der Ressourcen eines Rechners und stellt diese den Anwendungsprogrammen zur Verfügung. Es stellt die Serviceschicht zwischen Hardware und Applikation dar (siehe Abschnitt 6.2.1) und stellt neben der Programmierschnittstelle auch Serviceprogramme zur Verfügung. Es wird diskutiert, ob Entwicklungstools wie Compiler und Editor auch Teil des Betriebssystems sind. Bei der Cross-Plattform-Entwicklung (siehe Abschnitt 2.2) ist dies eher zu verneinen.

Die verwalteten Ressourcen sind der Speicher des Rechners, die Ein-/Ausgabegeräteverwaltung und die Prozessorzeit, die den Tasks zur Verfügung gestellt wird. Bei Echtzeitbetriebssystemen spielt die Zeit eine besondere Rolle: In regelnden Anwendungen muss garantiert werden können, dass die regelnden Programmteile unter allen Umständen innerhalb einer vorgegebenen Zeitspanne ausgeführt werden. Ob es sich um die Regelung eines langsamen oder schnellen Prozesses handelt und damit um Minuten oder Sekunden, spielt dabei keine Rolle.

Beim Pulsoximeter ist die Echtzeitanforderung, dass die Samplingdaten des Sensors schnell genug abgeholt werden, damit diese nicht überschrieben werden. Ebenso muss der Puls berechnet sein, bevor ein Pufferüberlauf auftritt. Bei der IoT-Anbindung (siehe Kapitel 10) muss die Datenintegrität ebenso gewahrt sein. Das User Interface muss für die Benutzer:in ruckelfrei und interaktiv erscheinen.

In der Praxis bedeutet dies, dass Echtzeitbetriebssysteme präemptives Multitasking mit einer geeigneten Scheduling-Strategie und definierte maximale Ausführungszeiten von Systemfunktionen und Interrupt-Behandlungen haben.

9.3.1 FreeRTOS

FreeRTOS ist ein weitestgehend in der Programmiersprache C entwickeltes Echtzeitbetriebssystem für Embedded Systeme. Es steht auf der Webseite [28] mit Quellcode zur Verfügung und ist auf viele Architekturen, auch RISC-V, portiert. Im ESP-IDF ist eine angepasste Version für den ESP32-C3, die von den Beispielprojekten durchgängig verwendet wird, enthalten.

FreeRTOS ist ein stark konfigurierbares System, das unter Abschlag der Echtzeitfähigkeit auch mit kooperativem Multitasking betrieben werden kann. Espressif empfiehlt jedoch, nur die Einstellungen zu ändern, die über die Projektkonfiguration (siehe Abschnitt 7.2) zugänglich sind.

In Analogie zum Vanilleeis, das als Standardsorte gilt, wird der Begriff »Vanilla« für nicht angepasste »Default«-Software verwendet.

Eine interessante Alternative zu FreeRTOS ist die auf dem Security Integrity Level (SIL) 3 für sicherheitsrelevante Applikationen kostenpflichtige zertifizierte Variante SAFERTOS. Die Gewährleistung der funktionalen Sicherheit ist in bestimmten Bereichen abhängig von der Wahrscheinlichkeit sowie der Größe möglicher Schäden unabdingbar.

Die weitere Betriebssystembetrachtung dieses Kapitels bezieht sich auf »Vanilla« FreeRTOS, wie es beim ESP-IDF mitgeliefert wird.

Andere embedded Betriebssysteme wie Keil RTX [4] und TI-RTOS [58] haben einen vergleichbaren Funktionsumfang, weshalb das hier vermittelte Wissen auch direkt auf diese Systeme übertragen werden kann.

Task-Implementierung

Jeder Task im System hat einen definierten Zustand. Die Task-Zustände und deren Übergänge, die das Betriebssystem FreeRTOS definiert, sind in Abb. 9–5, abgebildet. Auf einem Einkernsystem hat ein Task den Zustand »Running«. In einem Mehrkernsystem können mehrere Tasks gleichzeitig laufen, jeder Task auf einem Kern.

Beim Warten auf externe Ereignisse oder zum Schlafen per Aufruf von `vTaskDelay()` wechselt ein laufender Task in den Zustand »Blocked«. Bei Eintritt des Ereignisses oder bei Ablauf der Wartezeit wird in den Zustand »Ready« gewechselt. Aus der Liste der bereiten Tasks bedient sich dann der Scheduler, um die CPU zuzuteilen. Dies bedeutet besonders für die Funktion `vTaskDelay()`, dass das Schlafen die Mindestzeit angibt, nicht die exakte Zeit. Die Schleife

```
while (true) {
    vTaskDelay(100 / portTICK_PERIOD_MS);
    systemtime += 100;
}
```

zählt die Systemzeit nicht zuverlässig in der Variable `systemtime`, da das Delay mindestens 100 ms dauert. Der zusätzliche Overhead durch die Schleifenverarbeitung ist dagegen klein, doch für eine exakte Zeit ebenso nicht zu vernachlässigen. Eine Zeit sollte deshalb immer einem Timer entnommen werden (siehe Abschnitt 8.5).

Für den Fall, dass alle Tasks blockiert sind, existiert der »Idle«-Task, ein Task niederer Priorität, der nie blockiert und in diesem Fall die CPU beschäftigt.

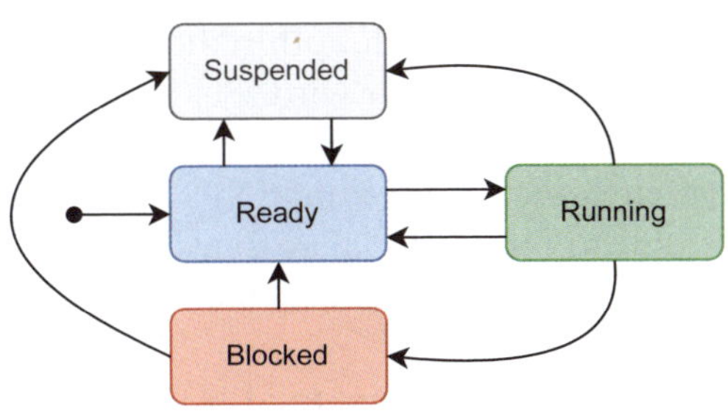

Abb. 9–5 *Task-Zustände und deren Übergänge in FreeRTOS*

FreeRTOS definiert auch einen Zustand »Suspended«, in dem ein Task über den Aufruf der Funktion `vTaskSuspend()` explizit deaktiviert wird. Nur ein Aufruf der Funktion `vTaskResume()` reaktiviert den Task wieder durch Setzen auf »Ready«, bis dahin wird der Task pausiert.

Der aktuelle Zustand eines Tasks wird neben weiteren Informationen wie Name und Priorität im TCB gespeichert. Es werden auch die Adresse und die Größe des Stacks im TCB abgelegt. Jeder Task besitzt einen eigenen reservierten Speicherbereich für den Stack. In diesem werden die gesicherten lokalen Variablen und Parameter sowie die Rücksprungadressen abgelegt.

Wäre dies nicht der Fall, hätte dies ein unvorhersagbares Systemverhalten zur Folge, was ein Beispiel verdeutlicht: In Abschnitt 3.3.2 wurde die Nutzung des Stacks beim Funktionsaufruf besprochen. In Abb. 3–21 liegt die Rücksprungadresse `ra_save` aus der Funktion `sum_up_n()` auf dem Stack. Wird der Haupt-Task an dieser Stelle vom Scheduler unterbrochen und zu einem anderen Task, der seinerseits eine Unterfunktion aufruft, wird wiederum eine Rücksprungadresse `ra_save2` auf den Stack gelegt. Es liegen nun die Adressen `ra_save` und `ra_save2` auf dem gemeinsamen Stack. Wird nun der Scheduler aktiv und wechselt wieder zum Haupt-Task, arbeitet dieser die Funktion `sum_up_n()` fertig ab und lädt die Rücksprungadresse vom Stack. Diese ist nun aber die falsche Adresse `ra_save2`. Ein Beenden der Funktion `main_app()` hätte dann einen Rücksprung an diese falsche Adresse zur Folge. Ein eigener Stack für jeden Task ist deshalb unbedingt erforderlich.

Durch den Speicherschutz wird dieses Fehlverhalten bei Prozessen erkannt, bei Tasks allerdings mangels dieses Schutzes nicht.

Task-Erzeugung

Listing 9.1 demonstriert das dynamische Erzeugen eines Tasks in FreeRTOS. Die erzeugende Funktion `xTaskCreate()` erhält verschiedene Parameter:

`ledTaskMainFunc` definiert die Hauptfunktion des Tasks, die beim Start der Ausführung betreten wird. Bei Verlassen der Funktion wird der Task beendet und der belegte Speicher freigegeben. Eine Hauptschleife, wie in der Funktion `ledTaskMainFunc()` des Listings, ist üblich. Damit der Task die CPU nicht durchgehend belegt, wird bei jedem Schleifendurchlauf mit `vTaskDelay()` geschlafen.

`"BLINK"` ist der Name des Tasks, der nur für Debugging-Zwecke verwendet wird.

`LED_TASK_STACKSIZE` gibt die Größe des Stacks für diesen Task an (siehe weiter unten in diesem Abschnitt).

`blinkPeriod_ms` Dieser Referenzparameter wird an die Hauptfunktion des Tasks übergeben. Um beliebige Daten übergeben zu können, hat der Parameter den Datentyp `void*`. Die Variable muss während der gesamten Laufzeit des Tasks bestehen, weshalb sie hier als `static` lokale oder als globale Variable angelegt wird. Bei der Verwendung in Zeile 17 wird der Parameter in den bekannten Zieldatentyp `uint32_t*` gecastet und dann dereferenziert.

`LED_TASK_PRIORITY` gibt die Priorität des Tasks an (siehe Abschnitt 9.4.7).

`gLEDTaskHandle` dient dem Feststellen, ob der Task erzeugt werden konnte, was `assert()` in Zeile 9 prüft. Außerdem kann der Task über den Task-Handle beispielsweise zum Versenden von Nachrichten angesprochen werden.

Der Task verbringt die meiste Zeit damit, zu schlafen. In den Wachphasen wird die LED geschaltet. In der inaktiven Zeit wird der Task vom Scheduler nicht aktiviert und verbraucht somit keinerlei CPU-Ressourcen.

Listing 9.1
Erzeugung eines Tasks in FreeRTOS

```
1  #define LED_TASK_STACKSIZE             2048
2  #define LED_TASK_PRIORITY              3
3  TaskHandle_t gLedTaskHandle = NULL;
4
5  void app_main() { [...]
6    static uint32_t blinkPeriod_ms = 500;
7    xTaskCreate(ledTaskMainFunc, "BLINK", LED_TASK_STACKSIZE,
8       ↪ &blinkPeriod_ms, LED_TASK_PRIORITY, &gLedTaskHandle);
9    assert(gLedTaskHandle != NULL);
10 }
11
12 void ledTaskMainFunc(void* pBlinkPeriod_ms) {
13   bool lightUp = false;
14   while (true) {
15     led_strip_set_pixel(gLedStrip, 0, 0, 0, lightUp ? 10 : 0);
16     led_strip_refresh(gpLEDStrip);
17     vTaskDelay(*(uint32_t*)pBlinkPeriod_ms /
18      ↪ (portTICK_PERIOD_MS * 2));
19     lightUp = !lightUp;
20   }
21 }
```

Taskwechsel

Wie bereits erwähnt muss beim Taskwechsel der gesamte Kontext gesichert und durch den Kontext des nächsten Tasks ersetzt werden. FreeRTOS speichert den Kontext, bestehend aus allen Registern, auf dem Stack des unterbrochenen Tasks. Bei Prozessoren mit Fließkommaoperationen werden die Fließkommaregister nur gesichert, wenn ein anderer Task ebenso Fließkommaberechnungen durchführt.

Abb. 9–6 verbildlicht den Wechsel. Im Speicher liegen der Stack und die TCBs von Task 1 und 2. Im linken Teil der Abbildung ist Task 1 aktiv (grün), weshalb sein Kontext in den Registern der CPU aktiv ist. Der Stack Pointer (SP), der bei RISC-V eines der Register ist, zeigt auf den freien Stackbereich. Der inaktive Task 2 (rot) hat seinen Kontext auf dem Stack gesichert.

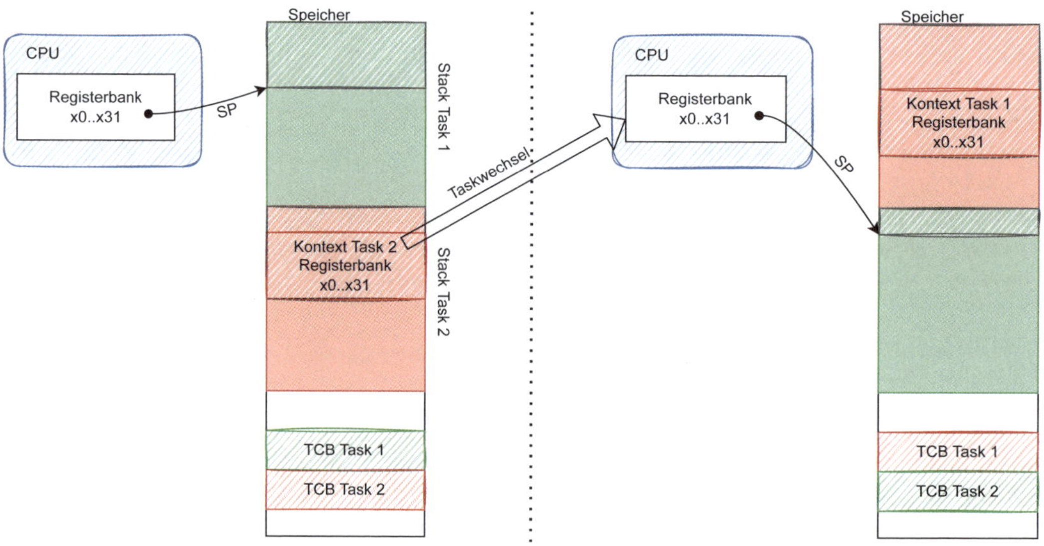

Abb. 9–6
Taskwechsel von Task 1 auf Task 2

Beim Taskwechsel werden die CPU-Register auf den Stack von Task 1 gelegt und der Kontext wird vom Stack von Task 2 in die Register übertragen, womit der Stack Pointer auf den freien Stackbereich von Task 2 zeigt. Somit ist der Taskwechsel vollzogen und die CPU arbeitet im Kontext von Task 2.

Stacküberlauf

Jeder Task verwendet seinen eigenen Stack, damit die Sicherung von lokalen Variablen, Parametern und Rücksprungadressen dem jeweilige Kontrollfluss zugeordnet werden kann. Ein zu kleiner Stack führt durch Stacküberläufe (»Stack Overflows«) zu Fehlverhalten oder Abstürzen, ein zu großer Stack ist Platzverschwendung. Die Größe des Stacks wird bei der Erzeugung des Tasks mit angegeben, doch stellt die Ermittlung dieser statischen Größe die Entwicklerin bzw. den Entwickler vor eine schwierige Entscheidung.

Prinzipiell kann die benötigte Stackgröße vorab abgeschätzt werden, wenn bekannt ist, wie tief die Funktionsaufrufe stattfinden und welche Parameter übergeben werden. Im Beispiel in Listing 9.1 wurde der Task mit einer Größe von 2 KiB angelegt, und es ist kein Stackproblem zu erwarten.

Um dies zu überprüfen, kann während des Entwicklungsprozesses die Funktion `vTaskGetInfo()` aufgerufen werden, um die aktuell maximale Stackbelegung zu ermitteln. Damit die Funktion verwendbar ist, müssen in der Konfiguration des ESP-IDF (siehe Abschnitt 7.2) »configUSE_TRACE_FACILITY« und »configGENERATE_RUN_TIME_STATS« in Menü »Component config – FreeRTOS« aktiviert werden. Für das Beispiel liefert der Einbau der Zeilen

```
TaskStatus_t tStat;
vTaskGetInfo(gLedTaskHandle, &tStat, true, eInvalid);
printf("%s: t=%ld, st=%ld\n", tStat.pcTaskName,
    ↪ tStat.ulRunTimeCounter, tStat.usStackHighWaterMark);
```

in die Hauptschleife des LED-Tasks vor dem Aufruf der Funktion `vTaskDelay()` die Ausgabe

```
BLINK: t=30, st=1560
BLINK: t=1059, st=196
BLINK: t=1200, st=196
```

Bei der Betrachtung der `usStackHighWatermark`, die die minimale freie Anzahl an Bytes auf dem Stack angibt, fällt auf, dass der Stack zwischen erstem und zweitem Schleifendurchgang stark belastet wird. Dies ist dem Aufruf der Funktion `printf()` geschuldet, die erheblichen Zeit-, Programmspeicher- und Stackplatz erfordert. Entwicklungstools für embedded Software stellen deshalb meistens verschiedene Derivate der `newlib`-Standardbibliothek mit Einschränkungen der `printf`/`scanf`-Funktionsfamilie bereit. Auch in der Konfiguration des ESP-IDF (siehe Abschnitt 7.2) kann unter »Component config – Newlib – Enable 'nano' formatting options for printf/scanf family« auf eine eingeschränkte ROM-Version dieser Funktionen umgestellt werden. Durch den Verzicht auf 64-Bit-Datentypen und Weiteres sinkt der Speicherverbrauch erheblich. Der unbenutzte Stack im Beispiel steigt damit von 196 B auf 1092 B.

Die manuelle Überprüfung und Optimierung von freiem Stack macht durchaus Sinn. Je weniger Stack ein Task benötigt, desto mehr Tasks können gleichzeitig existieren, was wiederum die Strukturierung großer Applikationen erst ermöglicht. Moderne Systeme haben zusätzlich eine automatische Überprüfung des Stacküberlaufs eingebaut. Die Vorgehensweise dabei ist, dass der Stack Pointer zum Zeitpunkt eines Taskwechsels auf Plausibilität, also eine gültige Adresse im Stack, geprüft wird. Unter der Annahme, dass der Kontext bereits auf dem Stack gesichert und dadurch ein Maximum an Stackplatz genutzt wurde, macht die Prüfung an dieser Stelle durchaus Sinn.

In der Konfiguration (siehe Abschnitt 7.2) kann im Menüpunkt »Check for stack overflow« eine Prüfung des Stack Pointers eingestellt werden. Da der Stack Pointer nur beim Taskwechsel überprüft wird, kann ein Stacküberlauf während des Task-Laufs (beispielsweise wegen einer zu tiefen Rekursion) nicht sicher erkannt werden.

Eine ebenso wählbare Alternative ist die Nutzung von »Canary Values«. Dieser Begriff geht auf die Kanarienvögel zurück, die in der Mine von Bergwerken verwendet wurden, um giftiges Grubengas zu erkennen. Wenn der empfindliche Vogel starb, war es höchste Zeit, die Mine zu verlassen. Im selben Sinn liegt ein spezieller Canary Value am Ende des Stacks. Wenn dieser Wert nicht mehr dort liegt, ist die Annahme, dass er von einem Überlauf überschrieben wurde. Nachteilig ist, dass dieser, beispielsweise 16 B lange Wert entsprechend Platz auf dem Stack belegt.

Darüber hinaus ist es möglich, auf modernen Systemen wie dem ESP32-C3 Debugger-Breakpoints nicht nur auf Codeadressen, sondern auch auf Datenzugriffe zu definieren. Mit dem Nachteil, bis zu 60 B Stackspeicher zu verlieren, kann dieses Prüfverfahren beim ESP-IDF mit dem Menüpunkt »Set a debug watchpoint as a stack overflow check« eingeschaltet werden.

Unabhängig von der Art der Prüfung wird in einem modernen Embedded System beim Auftritt eines Stacküberlaufs ein Reset mit anschließendem Neustart durchgeführt. Während der intensiven Testphase sollten diese Resets aufgespürt und durch Vergrößerung des jeweiligen Task-Stacks behoben werden. Nach der Vergrößerung des Stacks empfehlen sich jeweils eine neue Testung und eine Beobachtung des maximal verbrauchten Task-Stackplatzes.

Ein Programmierverfahren, das diese Bestimmung des Stackplatzes besonders erschwert, ist die Rekursion. Hier ist die Größe des Stacks von der Größe der bearbeiteten Daten abhängig, und damit sind vollständige Tests aufwendiger bzw. nicht durchführbar. Als Lösung dieses Problems empfiehlt sich ein gänzlicher Verzicht auf Rekursion, wie er in vielen Programmierstandards gefordert wird.

Wenn es zu hart erscheint, Rekursionen als wichtigen Pfeiler der Algorithmik gänzlich auszuschließen, kann mit einer Transformation von Rekursion in Iteration mittels separatem Stack ausgeholfen werden. Meist ist es auch sinnvoll, Rekursionen (beispielsweise beim Backtracking) in ihrer Tiefe zu begrenzen, um Laufzeit und Stackplatz zu sparen. Indirekte Rekursion, bei der eine Funktion `fa()` über den Umweg einer oder mehrerer Funktionen `fb`$_i$`()` aufgerufen wird, erhöht die algorithmische Komplexität und ist meist ungewollt. Auch hier ist ein iteratives Redesign oder eine Begrenzung der Rekursionstiefe anzuraten.

Zum Verständnis der Stacknutzung ist anzumerken, dass immer der Stack des Tasks verwendet wird, der eine Funktion aufruft. Wird eine Funktion `f()` in Task 1 aufgerufen, wird der Stack von Task 1 verwendet. Wird dieselbe Funktion »im Kontext von« Task 2 aufgerufen, wird der Stack von Task 2 verwendet.

9.4 Nebenläufigkeit

Die nebenläufige Nutzung von Ressourcen hat ohne weitere Absicherung einen gleichzeitigen Zugriff auf diese zur Folge. Durch die gleichzeitige Ressourcennutzung kann das am Beispiel in Abb. 9–7 dargestellte Problem der verlorenen Aktualisierung (»Lost update problem«) auftreten.

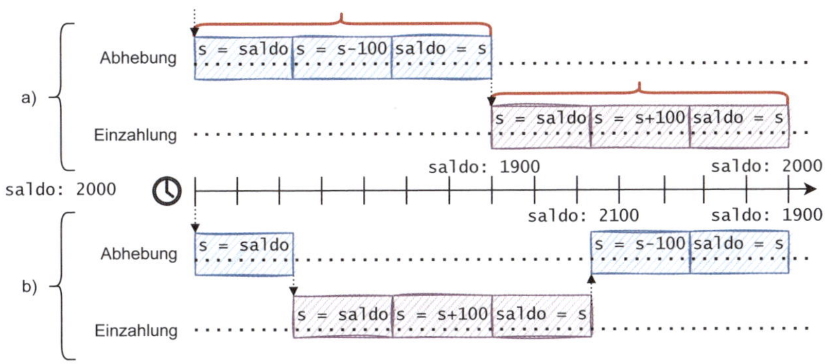

Abb. 9–7
Eine Unterbrechung an ungünstiger Stelle führt in b) zur verlorenen Aktualisierung.

Teil a) zeigt den korrekten Ablauf: Auf einem Konto mit Saldo 2000 wird eine Abhebung von 100 und eine Einzahlung von 100 durchgeführt. Erwartungsgemäß ist der Saldo nach Durchführung beider Operationen 2000. Eine einzelne Transaktion besteht aus dem

Lesen des Saldos in eine temporäre Variable s, der Änderung und dem Zurückschreiben des Ergebnisses.

In b) wird die Abhebung nach dem Auslesen des Saldos unterbrochen und es wird zum Task Einzahlung gewechselt. Diese wird korrekt durchgeführt. Der Saldo ist damit 2100. Nach dem Wechsel zurück zum Task Abhebung wird dieser mit dem gesicherten Saldo 2000 fortgesetzt. Das Ergebnis 1900 wird geschrieben, die Einzahlung geht verloren.

Ein derartiges Problem, das durch eine zeitlich geänderte Anordnung von Operationen entsteht und das bereits in Abschnitt 4.4.3 angesprochen wurde, heißt »Wettlaufsituation« (»Race Condition«). Auf Betriebssystemebene wird es durch die Einführung einer kritischen Region auf Basis eines Semaphors behoben.

9.4.1 Semaphor

Um eine falsche Ausführungsreihenfolge wie in Abb. 9–7 b) zu vermeiden, müssen mehrere Anweisungen atomar (siehe Abschnitt 6.1.2), also unteilbar, ausgeführt werden. Mit einem Semaphor kann sichergestellt werden, dass die blau eingefärbten Anweisungen ebenso wie die lila eingefärbten nicht unterbrochen werden, dass sie also in »kritischen Regionen« (in der Abbildung rot geklammert) untergebracht werden. Damit wird eine verlorene Aktualisierung verhindert.

Ein Semaphor (etwa »Signalgeber«) ist eine Datenstruktur, die der Verwaltung zählbarer Ressourcen dient. Im Wesentlichen kapselt der Semaphor einen Zähler `counter` und eine Warteschlange `queue`. Der Zähler wird mit der Anzahl verfügbarer Ressourcen initialisiert.

Listing 9.2 *Pseudocode der Reservierungsfunktion* `p()` *eines Semaphors*

```
algorithm p()
  begin atomic
    counter ← counter - 1
    if (counter < 0) then
      queue ← current task
      block current task and yield
    end
  end atomic
end.
```

Der Zugriff erfolgt über die atomaren Funktionen `p()` (bzw. `take()`) und `v()` (bzw. `give()`), die in den Listings 9.2 und 9.3 in Pseudocode dargestellt sind. `begin atomic` und `end atomic` garantieren die atomare Abarbeitung.

`p()` in Listing 9.2 erniedrigt den Zähler und damit die Anzahl verfügbarer Ressourcen. Wird der Zähler negativ, wird der aktuell laufende

Task in die Warteschlange des Semaphors eingereiht und blockiert. Per `yield` wird der Scheduler aufgefordert, den nächsten bereiten Task zu aktivieren.

Nach der Verwendung der Ressource muss ein Task diese durch einen Aufruf von `v()`, siehe Listing 9.3, wieder freigeben. Ist mindestens ein Task in der Warteschlange, wird ein Task entnommen und in die Ready-Queue eingefügt. Damit beginnt er nicht sofort zu laufen, sondern erst, wenn der Scheduler ihn aktiviert. Der Task, der `v()` aufgerufen hat, läuft weiter, bis er vom Scheduler unterbrochen wird.

```
algorithm v()
  begin atomic
    counter ← counter + 1
    if (counter ≤ 0) then
        task ← queue
        unblock task
    end
  end atomic
end.
```

Listing 9.3 *Pseudocode der Freigabefunktion* `v()` *eines Semaphors*

9.4.2 Kritische Region

Ein Semaphor kann genutzt werden, um kritische Regionen in Tasks zu definieren. Da diese im System nur ein Mal gleichzeitig betreten werden dürfen, wird deren Zähler initial mit dem Wert eins belegt. In FreeRTOS erzeugt man einen Semaphor mit diesem Wert mit

```
SemaphoreHandle_t gSem = NULL;
vSemaphoreCreateBinary(gSem);
assert(gSem != NULL);
```

Der Handle `gSem` muss überall dort bekannt sein, wo der Semaphor verwendet wird. Er wird deshalb entweder als (modul-)globale Variable angelegt oder der Hauptfunktion des Tasks als Parameter mitgegeben. Beim Einzahlvorgang ist die Absicherung der kritischen Region durch den Semaphor beim Zugriff auf die globale Variable `gSaldo` mit

```
if (xSemaphoreTake(gSem, 100 / portTICK_PERIOD_MS) == true) {
    gSaldo += 100;
    xSemaphoreGive(gSem);
}
```

einfach. Die Implementierung des Behebungsvorgangs ist entsprechend. Die Funktion `xSemaphoreTake()` erhält neben dem Handle gSem auch einen Parameter mit der maximalen Blockierungszeit. Endloses Blockieren anstatt der hier angegebenen 100 ms erreicht man durch Übergabe von portMAX_DELAY als zweiten Parameter. Es ist für das Funktionieren des Systems unabdingbar, dass der Semaphor durch xSemaphoreGive() wieder freigegeben wird. Eine fehlende Freigabe führt zu einem dauerhaften Blockieren (Deadlock, siehe Abschnitt 9.4.3) von Tasks.

Die globale Variable gSaldo wird von mehreren Tasks verwendet. Da der Compiler von diesem Zusammenspiel nichts weiß, versucht er, die Zugriffe auf die Variable zu minimieren. Um dies und damit einhergehend unerwartetes Verhalten zu vermeiden, ist es wichtig, die Variable volatile zu deklarieren. Somit wird jeder Zugriff tatsächlich durchgeführt (siehe auch Abschnitt 4.3.1).

Zum besseren Verständnis der Arbeitsweise einer kritischen Region mit einem Semaphor ist ein möglicher Ablauf mit drei Tasks T1, T2, T3 in Abb. 9–8 dargestellt. T1 betritt während seiner Ausführung die kritische Region mittels Aufruf von p(). Da der Zähler des Semaphors > 0 ist, ist dies möglich. Während der Ausführung der kritischen Region wird T1 unterbrochen und T2 ausgeführt, bis wiederum zu T3 gewechselt wird.

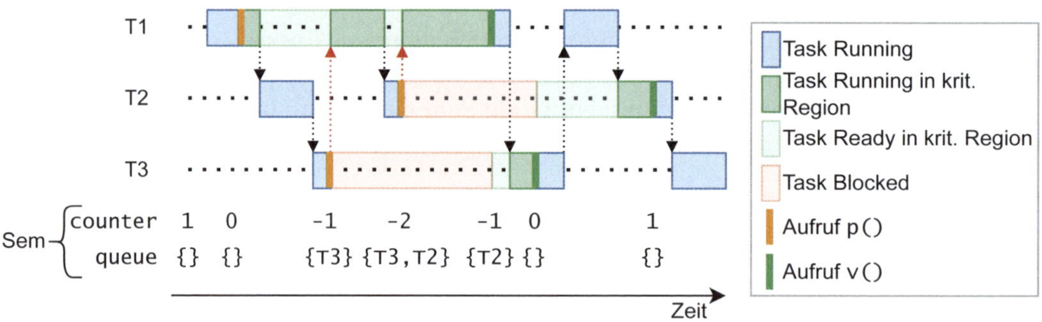

Abb. 9–8
Kritische Region mit Hilfe des Semaphors

T3 möchte die kritische Region durch Aufruf von p() betreten, wird aber blockiert, da die Ressource nicht frei (Zähler 0) ist. Die Blockierung löst einen sofortigen Taskwechsel zu T1 aus, der die kritische Region weiter abarbeitet, bis der Scheduler T2 aktiviert.

T2 wird beim Versuch des Betretens der kritischen Region blockiert (Zähler ist -1), und der einzige bereite Task T1 wird fortgesetzt. Da kein anderer Task Ready ist, wird die kritische Region ohne weiteren Wechsel abgearbeitet. In der Praxis existiert der Idle-Task, zu dem aber wegen der niedrigeren Priorität nicht gewechselt wird. Erst der Aufruf von v() nimmt den Task T3 aus der Warteschlange des Semaphors.

Nach Ablauf der Zeitscheibe erfolgt der Wechsel zu T3, der seinerseits die kritische Region per v() verlässt, was wiederum T2 aus der Warteschlange nimmt und Ready setzt. Der anschließende Taskwechsel zu T1 erfolgt wegen des Round-Robin-Schedulings. Ein System kann typischerweise auch so eingestellt werden, dass es entblockierte Tasks vorreiht.

Wenn T2 schließlich aktiviert wird, arbeitet auch dieser Task die kritische Region ab und verlässt sie durch Aufruf von v(). Der Zähler des Semaphors hat nun wieder den Anfangswert eins, weshalb ein Task die kritische Region, ohne zu blockieren, betreten kann.

9.4.3 Deadlock

Das Problem des Deadlocks lässt sich mit einem Gedankenexperiment erfassen. Angenommen, um einen Tisch sitzen, wie in Abb. 9–9 dargestellt, fünf Philosophen. Jeder der Philosophen hat einen Teller mit Spaghetti vor sich, und zwischen den Tellern liegt jeweils eine Gabel. Die Philosophen sind meist mit Denken beschäftigt, manchmal greifen sie mit der rechten Hand zur rechten Gabel, mit der linken zur linken und stopfen so die Spaghetti in den Mund. Dann legen sie die Gabeln an ihren Platz zurück und denken wieder über das Sein des Seienden nach.

In der eleganteren Variante schöpfen die Philosophen mit den Gabeln aus einem Topf in der Mitte auf ihre Teller.

Abb. 9–9
Wenn sich Philosophen die Gabeln teilen, kann das tödlich enden.

So sitzen sie also und denken und essen und denken und essen und ... – bis eines Tages alle zufällig gleichzeitig ihr Denken beenden.

Jeder Philosoph greift mit der rechten Hand zur rechten Gabel und hält diese fest. Dann tasten die Philosophen, immer noch gedankenversunken, mit der Linken nach der jeweiligen Gabel, die nun aber nicht mehr an ihrem Platz liegt. Und sie tasten und tasten und tasten ... – Das traurige Ende der Geschichte ist, dass alle Philosophen verhungern (»starve«).

In der Praxis tritt ein Deadlock auch direkter auf, wenn Task A beispielsweise auf das Ergebnis von Task B und Task B auf das Ergebnis von Task A wartet.

Das Philosophenproblem des Informatikpioniers Dijkstra dient der Illustration eines »Deadlocks«, eines ewigen Wartens bei der Ressourcenreservierung. Betrachtet man die Philosophen als Tasks $T_0..T_4$ und die Gabeln als Semaphoren $S_0..S_4$, dann reservieren die Tasks T_i erst die Semaphoren S_i, dann $S_{(i+1) \mod 5}$. Geschieht der erste Schritt durch alle Tasks »gleichzeitig«, führt die zyklische Ressourcenreservierung zum seltenen, aber möglichen Starvation-Deadlock.

Durch die Seltenheit des Auftretens sind Probleme dieser Art sehr schwierig zu erkennen. Als vorbeugende Maßnahme sollten zyklische Abhängigkeiten in jeglichen blockierenden Komponenten vermieden werden. Wenn dies nicht möglich ist, ist eine Strategie, die Ressourcen immer nummeriert aufsteigend en bloc zu reservieren. Eine weitere Strategie ist, den Timeout-Parameter bei der Reservierung von Ressourcen zu verwenden. Neben der Definition eines sinnvollen Timeouts muss ein Fallback für den Fall des Reservierungsfehlschlags implementiert werden.

9.4.4 Producer/Consumer

Neben der Ressourcenreservierung und der damit einhergehenden kritischen Region ist es erforderlich, anderen Tasks Nachrichten zuzustellen. Die Gesamtheit dieser Inter-Task-Kommunikationsmechanismen werden auch als Synchronisierungsmechanismen bezeichnet.

Wenn ein Task auf die Beendigung der Aufgabe eines anderen Tasks angewiesen ist, kann dieser mittels Semaphor per `p()` blockieren, bis er vom anderen Task per `v()` reaktiviert wird. Beim allgemeinen Producer/Consumer-Problem, das in Abb. 9–10 dargestellt ist, gibt es einen oder mehrere (in der Abbildung T2 und T3) Producer und einen oder mehrere (in der Abbildung T1) Consumer. Die Consumer verarbeiten Produkte (i.e. Daten), die von den Producern erzeugt werden. Der eingesetzte Semaphor zählt in seinem Zähler die aktuell produzierten und noch nicht konsumierten Produkte. Da beim Systemstart keine Produkte vorhanden sind, wird der Zähler des Semaphors mit dem Wert Null initialisiert.

In der Abbildung ruft der Consumer T1 die Funktion `p()` auf, worauf der Task sofort blockiert. Der anschließend aktivierte Producer T2 produziert die beiden Produkte `A` und `B` und ruft deshalb zwei

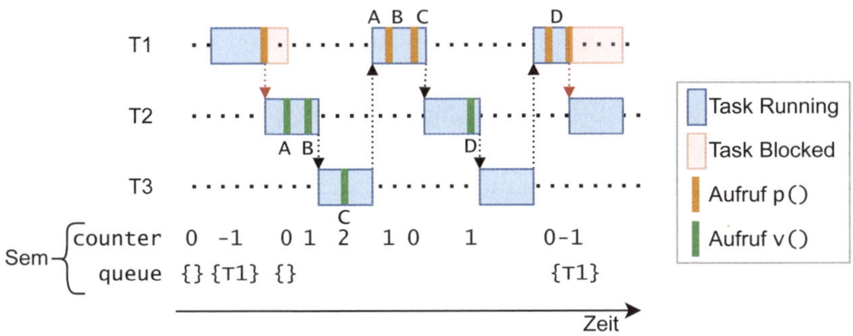

Abb. 9–10
Producer/Consumer-Synchronisierung mit einem Semaphor

Mal v() auf. Die Blockierung von T1 wird dadurch aufgehoben, und T1 arbeitet logisch bereits Produkt A ab. Tatsächlich geschieht die Abarbeitung, wenn T1 durch den Scheduler die CPU zugeteilt wird. Der Zähler des Semaphors wird auf eins erhöht, da ein Produkt (B) auf seine Verarbeitung wartet. Der nächste Taskwechsel aktiviert Producer T3, der seinerseits das Produkt C erzeugt und p() aufruft. Der Zähler des Semaphors wird auf zwei erhöht.

T1 verarbeitet nach seiner Aktivierung das Produkt A, ruft p() auf und kann Produkt B verarbeiten. Nach abermaligem Aufruf von p() beginnt T1 mit der Verarbeitung des Produkts C, wird aber währenddessen vom Scheduler unterbrochen.

T2 wird aktiviert und erzeugt das Produkt D, mit entsprechender Erhöhung des Zählers. Task T3 produziert in seinem Zeitschlitz kein Produkt, worauf wieder zu T1 gewechselt wird. Dieser Task beendet die Verarbeitung des Produkts C und ruft wiederum p() erfolgreich auf, um Produkt D zu verarbeiten. Der anschließende Aufruf von p() führt dann zu einem Blockieren des Consumers, bis wieder ein Produkt erzeugt wird.

9.4.5 Message-Queue

Als praktisches Beispiel für ein Producer-Consumer-System wird in diesem Abschnitt die Zustellung eines Tastendrucks an die Applikation verwendet. In den Abschnitten 5.5 und 6.2.1 wurde bereits das Erkennen eines Tastendrucks und dessen Weiterleitung an eine höhere Schicht über einen Callback besprochen. Es ist möglich, Daten per Callback von einem an einen anderen Task zu übergeben. Es sollte aber sichergestellt werden, dass die Daten bis zur Abhandlung des Callbacks nicht verändert werden. Dies betrifft hauptsächlich Daten, die per Referenz übergeben werden. Die Absicherung des Datenzugriffs kann mit einer kritischen Region erfolgen.

Eine übliche Alternative, die aber aufgrund der Taskwechselzeiten nicht mit zu hoher Rate erfolgen sollte, ist die Datenübergabe per Producer-Consumer-System. Bei zu hoher Rate können feingranulare Daten zu größeren Blöcken zusammengefasst werden. Die Speicherung der Daten (Produkte) wurde bei der Betrachtung der geradlinig implementierbaren Lösung mit einem Semaphor im vorigen Abschnitt außen vor gelassen. Da die Daten in der Reihenfolge ihrer Erzeugung verarbeitet werden sollen, wird dafür eine eigene Warteschlange eingesetzt. Um die Gleichzeitigkeit des Zugriffs auf die Elemente der Queue durch die einzelnen Tasks und die daraus resultierende mögliche Zerstörung der Queue zu verhindern, müssen diese Zugriffe über eine kritische Region mit einem eigenen Semaphor abgesichert werden.

Aufgrund des häufigen Einsatzes stellen (embedded) Betriebssysteme diese Producer-Consumer-Gesamtfunktionalität mit »Message-Queues« zur Verfügung. Im Betriebssystem FreeRTOS heißt die Implementierung mit Einträgen fixer Größe »Queue«. Bei der Erzeugung der Queue wird deren Größe, i.e. die maximale Anzahl an Einträgen, zusammen mit der Größe eines Eintrags angegeben:

```
#define QUEUE_LENGTH                10
#define QUEUE_ITEM_SIZE             sizeof(struct ButtonEvent)
static QueueHandle_t gQueue = NULL;
// [...]
gQueue = xQueueCreate(QUEUE_LENGTH, QUEUE_ITEM_SIZE);
assert(gQueue != NULL);
```

Die `xxxCreate()`-Funktionen von FreeRTOS erzeugen die Objekte dynamisch auf dem Heap. Deshalb muss immer geprüft werden, ob die Erzeugung erfolgreich war, beispielsweise mit der Funktion `assert()`, die die Applikation im Fehlerfall anhält. Objekte können mit den `xxxCreateStatic()`-Funktionen auch statisch erzeugt werden:

```
static StaticQueue_t gQueueMemory;
static uint8_t gQueueItemMemory[QUEUE_LENGTH * QUEUE_ITEM_SIZE];
// [...]
gQueue = xQueueCreateStatic(QUEUE_LENGTH, QUEUE_ITEM_SIZE,
    ↪ gQueueItemMemory, &gQueueMemory);
```

Dafür muss der Speicher `gQueueMemory` für die Verwaltung der Queue wie auch der für die Speicherung der Elemente `gQueueItemMemory` statisch angelegt und übergeben werden. Es ist sicherzustellen, dass dieser Speicher für die gesamte Dauer der Queue-Verwendung existiert. Globale Variablen und `static` deklarierte lokale Variablen erfüllen diese Anforderung. Die statische Erzeugung hat den Vorteil, dass Laufzeitfehler wegen Speichermangels nicht auftreten können (siehe auch Abschnitt 4.2.2).

Das Datenelement `struct ButtonEvent` ist vorab deklariert. Es nimmt die Art und den Zeitpunkt des Tastendrucks auf. Die Applikation kann dadurch entsprechend reagieren und beispielsweise einen kurzen von einem langen Druck unterscheiden.

```
enum ButtonState {
    ButtonState_Pressed = 1,
    ButtonState_Released
};
struct ButtonEvent {
    uint64_t systemtime;
    enum ButtonState buttonState;
};
```

Das Senden eines erkannten Tastendrucks an die Queue `gQueue` erfolgt durch Aufruf von

```
buttonEvent.buttonState = ButtonState_Pressed;
if (xQueueSend(gQueue, &buttonEvent, 0) == false) { // [...]
```

mit einem Zeiger auf den zu übertragenden Event. Dieser, in einer lokalen Variable abgelegt, wird in die Queue kopiert.

Wenn die zu sendenden Datenelemente groß sind, kann es aus Gründen der Performanz notwendig sein, statt der ganzen Elemente nur Pointer auf Elemente in die Queue zu speichern. Dies birgt neben dem Problem der Nebenläufigkeit die Notwendigkeit, dass das Element bis zur Entnahme aus der Queue und darüber hinaus bis zu dessen Verarbeitung existieren muss.

Der dritte Parameter der Funktion `xQueueSend()` ist die Blockierzeit beim Einreihen eines Elements in die Queue, falls die Queue voll ist. Mit dem Wert Null terminiert die Funktion bei voller Queue sofort und liefert den Wert `false` zurück. Die Rückgabe der Funktion sollte, wie im Beispielcode angedeutet, ausgewertet werden.

Der Consumer ruft die Empfangsfunktion

```
struct ButtonEvent buttonEvent;
if (xQueueReceive(gQueue, &buttonEvent,
    ↪ 400 / portTICK_PERIOD_MS) == true) {
```

auf, um einen Event aus der Queue zu entnehmen und in die lokale Variable `buttonEvent` zu kopieren. Da eine maximale Blockierzeit von 400 ms angegeben wurde, muss die Rückgabe der Funktion auf den Erfolg der Datenentnahme ausgewertet werden.

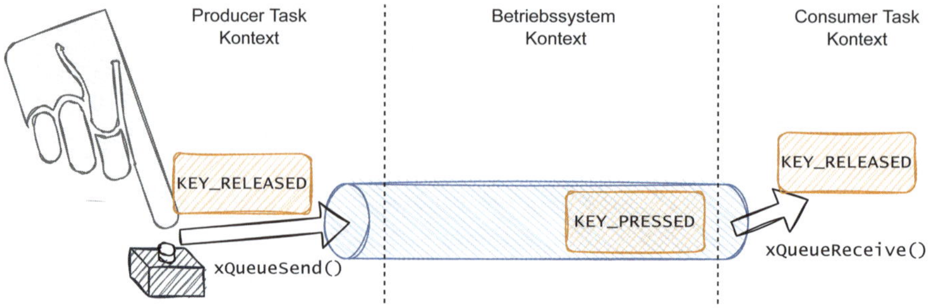

Abb. 9–11
Producer/Consumer-Synchronisierung mit einer Queue

Abb. 9–11 zeigt die Zustellung grafisch. Das Loslassen des Tasters bewirkt das Senden eines `KEY_RELEASED`-Events in die Queue. Der Aufruf von `xQueueSend()` erfolgt im Kontext des Producer-Tasks. Elemente in der Queue werden durch das Betriebssystem verwaltet und werden deshalb keinem Task-Kontext zugeordnet. Die Entnahme und Verarbeitung eines Queueeintrags per `xQueueReceive()` erfolgt im Kontext des Consumer-Tasks.

Da die Queue-Einträge sowohl beim Hinzufügen in die Queue als auch beim Entfernen aus der Queue kopiert werden und die Queue hierfür eine kritische Region besitzt, ist die Nebenläufigkeit unproblematisch. Es muss aber bedacht werden, dass der Eintrag zwei Mal kopiert wird. Als Alternative bietet sich bei großen Einträgen an, Pointer auf dynamisch angelegte Speicher anstatt der Kopien in der Queue zu verwalten. In diesem Fall erzeugt der Producer das zu übertragende Element dynamisch per `malloc()`, und der Consumer gibt dieses Element mittels `free()` wieder frei. Die Nebenläufigkeit der Speicherverwaltung spielt dann aber eine Rolle. Deshalb müssen diese Funktionen über kritische Regionen abgesichert werden, was im ESP-IDF bereits der Fall ist.

FreeRTOS bringt zwei Alternativen zur `Queue`, die etwas effizienter, aber auf einen Producer und einen Consumer eingeschränkt sind, mit:

Stream Buffer dient der Übertragung eines amorphen Datenstroms, wie die serielle Schnittstelle sie liefert.

Message Buffer ist eng mit dem Stream Buffer verwandt. Die Daten haben hier eine Struktur, diese kann aber von Datum zu Datum variieren.

9.4.6 Mutex und Signalisierung

Die Komponente `graphics` zur Displayansteuerung (siehe Anhang A.2), die in Abschnitt 7.1 eingeführt wurde, startet einen Task zum zyklischen Update des Displays. Wie in Abb. 9–12 zu sehen ist, schreiben Funktionen wie `graphics_setImage()` in den Zwischenpuffer `gDisplayBuffer`. Bei der Übertragung des Displayinhalts über I^2C liest die Funktion `sendDirtyDisplayBuffer()` den Puffer aus.

Da das Schreiben und das Lesen nicht gleichzeitig erfolgen sollen, um falsche Bildinhalte zu vermeiden, werden die Zugriffe in einer kritischen Region (in der Abbildung grün hinterlegt) abgelegt. Die Komponente verwendet hierfür einen »Mutex« (für »Mutual Exclusion«, also wechselseitigen Ausschluss), einen spezialisierten binären Semaphor. Dieses Element kann, wie im Beispielcode, rekursiv verwendet werden: Es ist möglich, `xSemaphoreTakeRecursive()` im selben Task öfter aufzurufen, ohne zu blockieren. So kann eine Funktion in einer kritischen Region eine weitere Unterfunktion mit einer kritischen Region verwenden.

Ein binärer Semaphor hat den initialen Zähler eins.

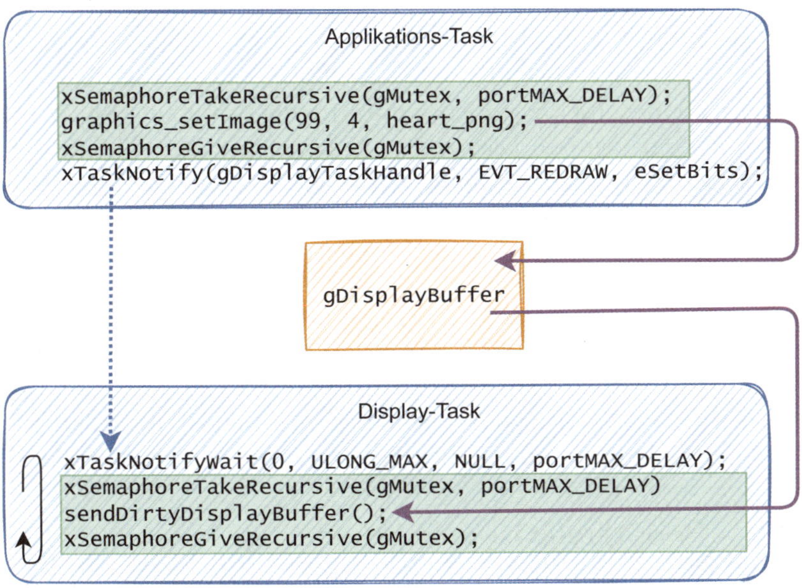

Abb. 9–12 *Tasksynchronisierung im Modul* `graphics`

Eine Signalisierung zwischen Tasks kann mittels Producer-Consumer erfolgen. Betriebssysteme bieten eine direktere Möglichkeit für Signale an, FreeRTOS die leichtgewichtigen »Notifications« und die mächtigeren »Event Groups«.

Im Beispiel werden Notifications verwendet. Um ein einzelnes Signal-Bit (`EVT_REDRAW`, definiert mit `0x00000001`) beim Empfangstask zu setzen, wird

```
xTaskNotify(gDisplayTaskHandle, EVT_REDRAW, eSetBits)
```

mit dem Task-Handle des Zieltasks, dem zu setzenden Bit und einer Option für die durchzuführende Aktion aufgerufen. `eSetBits` bewirkt, dass die angegebenen Bits beim Ziel per OR gesetzt werden. Somit ist es unproblematisch, wenn die Funktion öfter aufgerufen wird, bevor der Empfänger das Ereignis bearbeitet hat.

Der Empfänger blockiert per Aufruf von

```
xTaskNotifyWait(0, ULONG_MAX, NULL, portMAX_DELAY).
```

Die Parameter bedeuten, dass beim Eintritt in die Funktion kein Bit, beim Austritt aber alle Bits der Event-Maske gelöscht werden. Der tatsächliche Wert wird nicht benötigt (der Referenzparameter ist `NULL`) und die Blockierzeit ist »ewig«.

Auf diese Weise blockiert der Display-Task, bis der Display-Puffer verändert wird. Durch das Signal `EVT_REDRAW` wird der Display-Task aktiviert, der Puffer an den Displaycontroller übertragen. Abschließend blockiert der Task wieder auf das Signal wartend.

Das ESP-IDF stellt in der System API zusätzlich die »Event Loop Library« bereit, über deren Funktionalität Komponenten sich benachrichtigen können. Im Wesentlichen muss für die Benutzung ein »Event Loop« erzeugt werden. Dies kann ein Loop mit selbst definierten Events sein oder die Standardschleife, die mit dem Aufruf `esp_event_loop_create_default()` angelegt wird. Komponenten, die an Events interessiert sind, registrieren eine Callbackfunktion mit `esp_event_handler_register()`.

Mit der Funktion `esp_event_post()` können Events versendet werden. Dieser Mechanismus wird im Treiber des Wi-Fi-Moduls verwendet, um Events wie `WIFI_EVENT` mit konkreten IDs wie `IP_EVENT_STA_GOT_IP` zu signalisieren. In diesem Fall informiert das Wi-Fi Modul über den Erhalt einer IP-Adresse (siehe Abschnitt 10.1.1).

9.4.7 Prioritätenbasiertes Scheduling

Tasks haben in FreeRTOS und anderen embedded Betriebssystemen eine Priorität zugeordnet, die sich auf das Scheduling auswirkt. Beim Taskwechsel wird der Task, der die höchste Priorität und den Status Ready hat, aktiviert. Haben mehrere Tasks die höchste Priorität, werden diese per Round-Robin abgewechselt. Der Wert der Priorität liegt zwischen 0 (dieselbe Priorität wie der Idle-Task) und `configMAX_PRIORITIES`. Je höher der Wert, desto höher ist die Priorität.

Beim Systemdesign ist höchste Vorsicht bei der Vergabe der Prioritäten geboten. Zum einen müssen die höherprioren Tasks genügend lange blockieren, damit die niederprioren die CPU auch zugewiesen bekommen. Zum anderen ist es problematisch, wenn ein höherpriorer Task auf einen Semaphor blockiert, den ein niederpriorer Task hält. Die beiden Probleme können sowohl mit Watchdog-Timern als auch mit Prioritätsvererbung adressiert werden. Besser als die Behandlung dieser Probleme mit diesen nachfolgend beschriebenen Verfahren ist allerdings deren Vermeidung.

Watchdog-Timer

Der Watchdog-Timer ist ein Timer (siehe Abschnitt 8.5) zur Überwachung der Systemfunktion. Ähnlich wie eine Totmannschaltung im Eisenbahnverkehr, bei der die Lokführerin oder der Lokführer einen Knopf dauerhaft drücken und im Intervall loslassen muss, um zu beweisen, dass sie bzw. er bei Bewusstsein ist, um eine Notbremsung zu vermeiden, muss der Watchdog-Timer innerhalb eines eingestellten Intervalls »gefüttert« (»fed«/»reset«) werden. Geschieht diese Aktion nicht in der vorgesehenen Zeit, wird ein System-Reset durchgeführt.

Die Idee dahinter ist, dass das System nach einem schnellen Neustart wieder voll funktional ist. Es ist aber zu bedenken, dass das System in der Zeit bis zum ausgeführten Reset nicht funktionsfähig ist! Bei Steuerungsaufgaben muss in dieser Zeit ein »fail-safe«-Zustand erreicht sein oder die Steuerung an ein Backupsystem übergeben werden.

Vorsicht ist auch bei einem Reset geboten: Es ist möglich, dass das System nach dem Reset unmittelbar den fehlerhaften Zustand wieder betritt oder herstellt und damit in eine Reset-Schleife gerät.

Das Zurücksetzen eines Watchdogs im Idle-Task hilft, Probleme des Schedulings zu erkennen. Wenn der Idle-Task nicht oft genug CPU-Zeit zugewiesen bekommt, ist das System durch Tasks mit höherer Priorität (das sind normalerweise alle anderen, da der Idle-Task die niedrigste Priorität hat) ausgelastet.

Es stehen im System viele Watchdog-Timer mit einer entsprechenden API [24] zur Verfügung. Mit ihnen kann die Echtzeitfähigkeit des Systems geprüft werden, indem sie das Gesamtsystem, wichtige Tasks und das Funktionieren des Interrupt-Systems überwachen können. Beim ESP32-C3 ist es auch möglich, die Watchdog-Timer so zu konfigurieren, dass sie einen Interrupt statt eines Resets auslösen.

Es ist wichtig anzumerken, dass die Praxis, den Watchdog-Timer des Gesamtsystems in einem Timer-Interrupt zurückzusetzen, das Sicherheitssystem aushebelt! Der Watchdog-Timer soll die Funktionsfähigkeit der Software sicherstellen, indem beispielsweise Deadlocks erkannt werden, nicht aber das Funktionieren des Timer-Interrupts kontrollieren!

Prioritätsvererbung

In Abb. 9–13 sind drei Tasks mit unterschiedlichen Prioritäten eingezeichnet. T1 hat hohe, T2 mittlere und T3 niedrige Priorität. Task T3 läuft und betritt eine kritische Region durch Ausführung der Funktion p(). T1 wird durch ein externes Ereignis aktiviert und der niederpriore Task T3 während der Abarbeitung der kritischen Region unterbrochen.

T1 führt seinerseits p() aus, um die kritische Region zu betreten. Da T3 die kritische Region bereits für sich beansprucht, wird T1 blockiert, und es wird zum Task T2 mit mittlerer Priorität gewechselt. Dieser Task läuft nun ohne Unterbrechung, da seine Priorität höher als die von T3 und der hochpriore Task T1 blockiert ist. T3 und damit T1 werden auf Dauer blockiert.

Dieses Verhalten, das im VxWorks-Betriebssystem-basierten Marsroboter Pathfinder 1997 Probleme bereitete und von der Erde aus behoben werden konnte, wird wegen der praktisch geänderten Prioritäten »Prioritätsinversion« genannt.

Abb. 9–13 *Prioritätsinversion bei der Blockierung durch einen niederprioren Task*

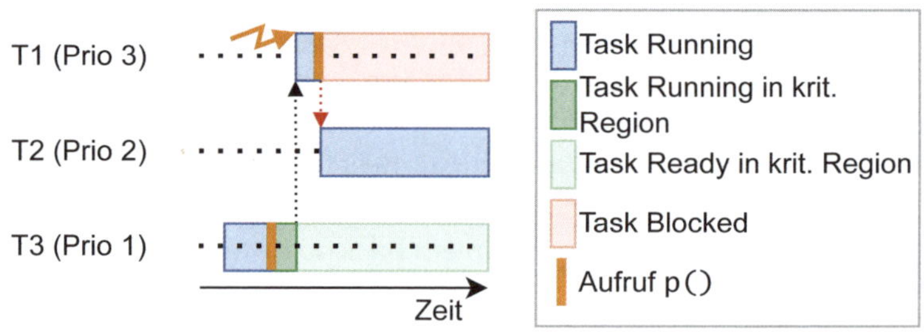

Zur Adressierung dieses Problems bietet der Mutex von FreeRTOS den »Priority Inheritance«-Mechanismus (Prioritätsvererbung). Eine Prioritätsinversion wird gegebenenfalls erkannt, und der niederpriore Task, der den Mutex hält, wird für die Dauer der kritischen Region auf die Priorität des blockierenden Tasks angehoben.

Dieses Verfahren sollte mit Bedacht eingesetzt werden, da die Prioritätsinversion eigentlich ungeplant auftritt. Es ist zu überlegen, ob die Prioritäten der Tasks angepasst werden können. Viele Systeme verwenden aus diesem Grund möglichst eine einheitliche Priorität für alle Tasks außer dem Idle-Task. Davon abweichende Prioritäten sollten nicht aus dem Gefühl heraus, sondern gut begründet vergeben werden.

FreeRTOS empfiehlt für die Implementierung kritischer Regionen grundsätzlich die Verwendung eines Mutex. Da klassische Semaphoren keine Priority Inheritance unterstützen, werden sie für diesen Zweck nicht empfohlen. Diese sind für den zählenden (Producer-/Consumer)-Einsatz geplant und können, anders als Mutexe, auch im Interrupt-Kontext, i.e. in einer ISR, eingesetzt werden.

9.5 Systemkontext

Moderne PC-Betriebssysteme bieten eine Kapselung der einzelnen Prozesse. Dies bedeutet, dass ein Prozess einen anderen und auch das Betriebssystem nicht stören kann. Ein fehlerhafter Speicherzugriff führt durch die Kapselung nicht zu einem Fehlverhalten oder Absturz des Systems, sondern nur des betreffenden Prozesses. Dieser kann vom Betriebssystem entfernt und neu gestartet werden.

Bei Betriebssystemen für embedded-Geräte ist typischerweise kein solcher Mechanismus vorhanden. Ein Grund dafür ist, dass die Hardware nicht fähig ist, diese komplexe Anforderung zu erfüllen. Darüber hinaus besteht die Annahme, dass das Gesamtsystem aus einer Hand stammt. Sämtliche Tasks des Kleinsystems werden von einer Einzelperson oder einem kleinen Team geschrieben, womit das Testen und die Behebung der Fehler vollständig von diesem Team durchgeführt werden.

In der Realität werden die Systeme aber aufwendiger, die Teams größer. Die Software besteht aus vielen Komponenten und stammt aus unterschiedlichen Quellen. Applikationen werden von Teams entwickelt, die auf der Basisimplementierung eines anderen Teams aufsetzen. Die Teams müssen nicht zwingend einer einzigen Firma angehören.

Zudem bieten moderne Prozessoren wie RISC-V durchweg Mechanismen zur Kapselung von Softwareteilen. Abb. 9–14 zeigt die Privilege Levels, die in der »RISC-V Privileged Architecture« [63] definiert sind.

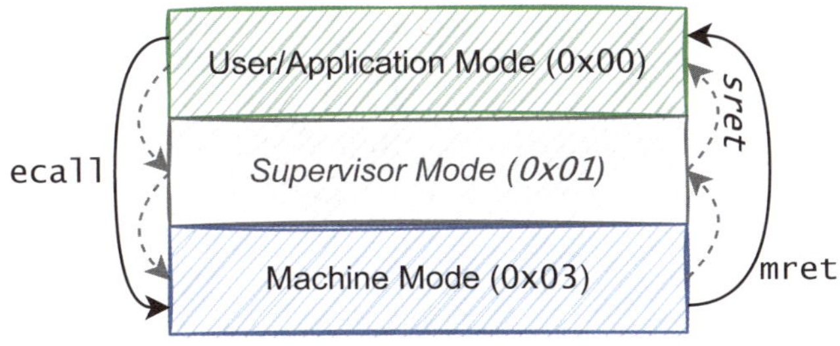

Abb. 9–14
RISC-V Privilege Levels dienen der Kapselung von Softwareteilen.

Im Machine Mode (M-Mode) ist jeglicher Zugriff auf die Hardware (CSRs, Register, alle Befehle) zugelassen. Im User Mode (U-Mode, auch Application Mode) hingegen sind Zugriffe auf die Hardware eingeschränkt.

Es ist auch möglich, Zugriffe auf den Speicher mit der »Physical Memory Protection« (PMP), und somit auch auf die über Memory-Mapped I/O angebundene Hardware, zu verbieten. Die PMP erlaubt die Konfiguration von 16 Speicherregionen zur Beschränkung des Lesens und Schreibens von Daten bzw. des Ausführens von Programmcode unter Berücksichtigung des Privilege Levels. Die Konfiguration erfolgt über 16 CSRs zur Definition von Adressbereichen und vier CSRs zur Einstellung des Zugriffs. Es ist angedacht, dass ein Speicherschema mit Adressbereichen für das gesamte System eingestellt wird. Beim Taskwechsel ist es dann nur notwendig, die schnelle Konfiguration in den Zugriffs-CSRs vorzunehmen.

Der Supervisor Mode (S-Mode) wurde für PC-Systeme mit Betriebssystemen wie Linux eingeführt. Auf diesem Privilege Level operiert das Betriebssystem, das mehr Rechte als der User, aber weniger als die Maschine innehat. Laut Spezifikation implementieren »Simple embedded systems« nur den M-Mode, »Secure embedded systems« die Modi M und U und »Systems running Unix-like operating systems« auch den S-Mode. Der ESP32-C3 fällt in die zweite Kategorie mit M- und U-Mode, weshalb in der Abbildung der Supervisor Mode ausgegraut ist.

Der Wechsel zwischen den Modi in Richtung M-Mode erfolgt durch Ausführung der Instruktion `ecall`, die unmittelbar eine Exception (auf anderen Systemen »Software Interrupt« genannt) auslöst. Die Bearbeitung der Exception geschieht dann in einem tieferen Modus, im »System-Kontext«, in dem das Betriebssystem tiefgreifende Tätigkeiten wie einen Task-(Prozess-)wechsel mit Umkonfigurierung der PMP oder den Zugriff auf externe Peripherie durchführen kann. Nach dem Abschluss der Tätigkeit wechselt das Betriebssystem durch Ausführen der Instruktion `mret` (bzw. `sret`) während des Rücksprungs in den restriktiveren Privilege Level zurück.

Mit diesen Mechanismen ist es möglich, ein bezüglich Angriffen und vielen Programmierfehlern sicheres System aufzubauen. Espressif stellt mit der »ESP Privilege Separation« [13] einen Mechanismus zur Trennung der Applikation im »User Space« und des Betriebssystems im »Protected Space« unter Verwendung der beiden eigens entwickelten Peripheriemodule »World Controller« und »Permission Control« bereit. Durch Aufruf einer Systemfunktion, einem sogenannten »Syscall« (»System Call«), durch eine Exception oder durch einen Interrupt wird der System-Kontext aktiv, in dem das Betriebssystem mit einem eigenen Stack arbeitet.

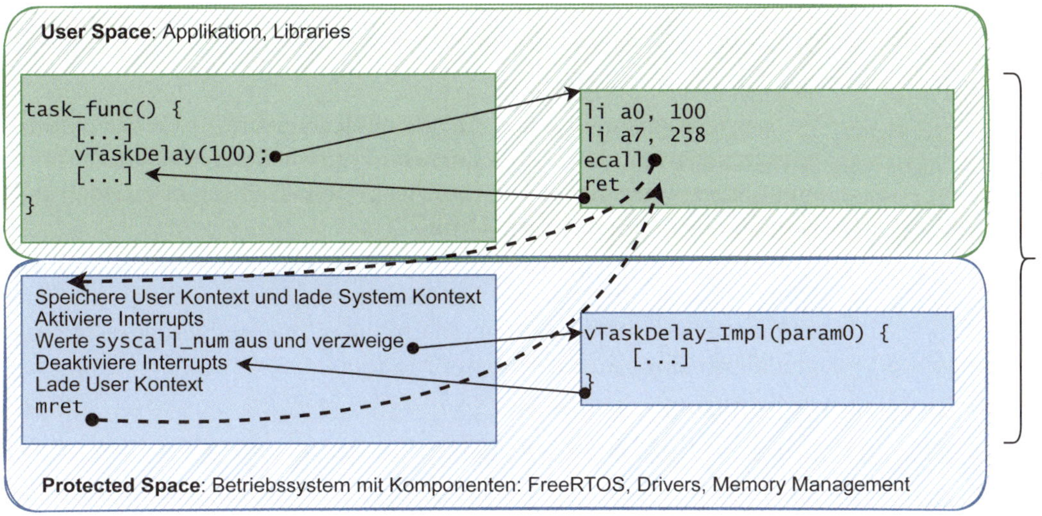

Abb. 9–15
System Call Interface der ESP Privilege Separation

Im Detail zeigt Abb. 9–15 den Ablauf eines System Calls. In einem Task im User Space, in der Funktion `task_func()` wird die Platzhalterfunktion (»Stub«) `vTaskDelay()` für die Systemfunktion aufgerufen. Diese ruft ihrerseits ein Fragment auf, das die Parameter in die Register `a0-a6` und eine `syscall_num` in Register `a7` kopiert, die Instruktion `ecall` absetzt und zum Aufrufer zurückkehrt. Das Ergebnis der Operation wird in Register `a0` zurückgegeben. Die `syscall_num` identifiziert die gewünschte Systemfunktion; `vTaskDelay()` hat beispielsweise die zugewiesene Nummer 258.

Die dadurch ausgelöste Exception führt zum Betreten des Privilege Space, in dem auf den System-Kontext gewechselt wird. Eine anschließende Auswertung der `syscall_num` führt zum Aufruf der gewählten Systemfunktion. Nach deren Abarbeitung wird mit der Instruktion `mret` zurück in den User Space und dann in den aufrufenden Task zurückgesprungen.

Der Aufruf einer Systemfunktion bringt für die Funktion `xTimerCreate()` laut Dokumentation einen Penalty von 195 Takten bis zum Start der Systemfunktion und weiteren 95 Takten für den Rücksprung in die Applikation. Bei 160 MHz Systemtakt dauert der System Call in diesem Fall 1,375 µs länger als der direkte Aufruf ohne Privilege Separation.

9.6 Gerätetreiber

Gerätetreiber sind Softwaremodule, die Hardware- oder virtuelle (Software-)Geräte steuert. In embedded-Geräten handelt es sich meist um die Ansteuerung von Peripheriemodulen. Die Treiber abstrahieren die Gerätefunktionalität und stellen sie auf einer definierten Schnittstelle zur Verfügung.

Betriebssysteme bieten oft einen Mechanismus zur Verwaltung von Treibern mit einer einheitlichen Schnittstelle an. Die Basisimplementierung von FreeRTOS bringt weder ein Treibermodell noch eine einheitliche Treiberbibliothek mit.

Die in Teil II verwendeten Gerätefunktionalitäten des ESP-IDF werden zwar von Espressif als Treiber bezeichnet, haben auch eine definierte Schnittstellennomenklatur, aber kein einheitliches Treibermodell im Sinne austauschbarer Module.

9.6.1 POSIX-Standard

Die heterogene Entwicklung verschiedener Betriebssysteme und Unix-Derivate resultierte in unterschiedlichen Schnittstellen für die Anwendungssoftware. Als Resultat wird die Portierung der Software erschwert. Als Lösung wurde der POSIX-Standard (»Portable Operating System Interface«) eingeführt.

Das Modul `pthread` *(POSIX Thread Support) des ESP-IDF kapselt die FreeRTOS-Tasks entsprechend.*

Dieser Standard, an den sich unterschiedliche Betriebssysteme mehr oder weniger stark halten, definiert eine Schnittstelle zu den Services des Betriebssystems. Die ISO-C-Bibliothek gehört ebenso zum Standard wie die POSIX-Threads-Funktionalität.

Geräte werden in POSIX als Dateien, auf die unter anderem mit `open()`, `close()`, `read()`, `write()` und `ioctl()` zugegriffen wird, abstrahiert. FreeRTOS stellt mit dem Modul FreeRTOS-Plus-IO einen Ansatz in diese Richtung dar.

Die ESP Privilege Separation geht noch einen Schritt weiter und integriert die Treiber gemäß dem Unix-Motto »Everything is a file« direkt in das virtuelle Filesystem (VFS, siehe Abschnitt 7.4.3).

Abb. 9–16 zeigt die Struktur dieses Treibersystems. Für die vorhandenen Gerätetreiber der Peripheral Library werden POSIX-konforme Hüllen der Zugriffsfunktionen implementiert. Diese beinhalten die Funktionen `open()` zur Initialisierung der Peripheriekomponente und `close()` zur Freigabe der belegten Ressourcen. `write()` schreibt Daten zum Gerät und `read()` dient dem Lesen von Daten aus dem Gerät.

Für die geräteabhängigen Einstellungen steht die Funktion `ioctl()` zur Verfügung, die neben dem File-Handle eine Nummer für den geräteabhängigen Parameter und einen Zeiger auf parameterabhängige Daten erhält. Ein Nachteil der Geräteeinstellung über diese Funktion ist die fehlende Standardisierung. Treiber für Geräte gleichen Typs können völlig verschiedene Parameter definieren. Beim

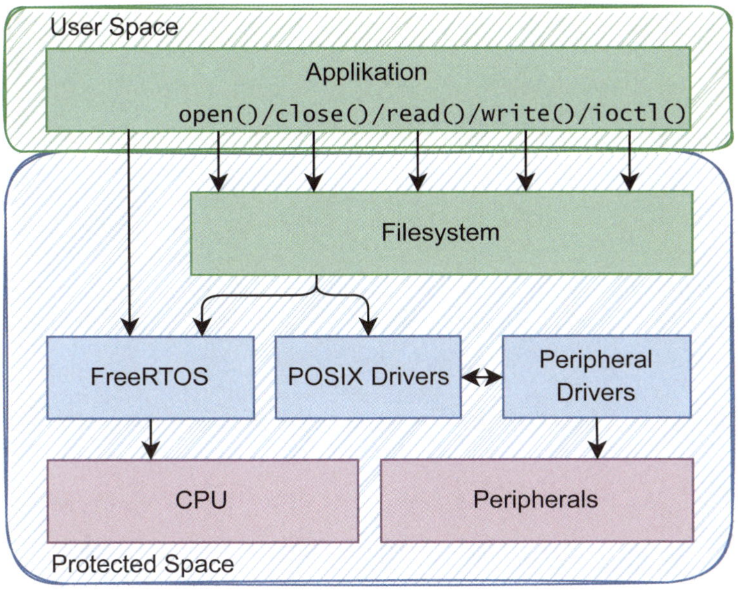

Abb. 9–16
Einbindung von POSIX-Treibern über das Filesystem

Ersetzen von Geräten müssen deshalb die geräteabhängigen Einstellungen separat implementiert werden.

Beim Hochfahren wird der Treiber per Aufruf der Funktion `esp_vfs_register()` mit einer Gerätedefinition, die Function Pointer auf die Treiberfunktionen enthält, im virtuellen Filesystem registriert. Dabei kann ein SPI-Gerät beispielsweise unter `/dev/spi0` eingehängt werden.

Um den Treiber zu verwenden, öffnet die Applikation dieses File, verändert die Einstellungen per `ioctl()` und schreibt bzw. liest Daten. Durch die zusätzliche Indirektion ist diese Verwendung sehr komfortabel, aber weniger effizient.

Zum Zeitpunkt des Schreibens dieses Buches befand sich die ESP Privilege Separation noch im Beta-Stadium. Die enthaltenen Konzepte standen daher erst für Tests, aber noch nicht für die Entwicklung von Produkten zur Verfügung.

10 Internet der Dinge

> *»Was nennen die Menschen am liebsten dumm? Das Gescheite, das sie nicht verstehen.«*
>
> MARIE VON EBNER-ESCHENBACH

Zunehmend werden Geräte und Gegenstände, beim Haushalt angefangen über den Alltag bis hin zum industriellen Bereich mit einem Mikrocontrollersystem »intelligent« gemacht. Oft haben diese »Dinge« eine Möglichkeit, sich mit den Diensten des Internet zu verbinden. Dadurch können sie stärker in den Hintergrund treten und über die angenehme Oberfläche eines Browsers oder Smartphones bedient werden. Ein Reset-Knopf und eine bunt leuchtende LED machen das typische User Interface am Gerät aus. Meist übermitteln die »Dinge« Sensordaten über deren Umgebung, manchmal besitzen sie auch Aktoren, um ihre Umwelt aktiv zu beeinflussen.

Unter dem Begriff IoT (»Internet of Things«, »Internet der Dinge«) werden solche Geräte mit Anbindung an das Internet gemeinsam mit den Diensten und der Infrastruktur zur Sammlung, Speicherung und Auswertung der Daten, zur Beobachtung und Beeinflussung der Umwelt und damit verwandten Themen zusammengefasst.

Eine exaktere Definition für IoT ist auf Wikipedia [65] angegeben.

Dieses Kapitel zeigt die wesentlichen Grundlagen des IoT am Beispiel des Pulsoximeters auf: Per Tastendruck wird der aktuelle Puls auf einen Server übertragen. In diesem Zusammenhang werden wesentliche Datenformate und die Bereitstellung von Daten über Bluetooth LE angesprochen.

10.1 Internet

Das Internet ist ein weltweiter Zusammenschluss von Rechnern mit jeweils eindeutiger IP-Adresse über standardisierte Protokolle. Um eine Austauschbarkeit von Einzelkomponenten zu ermöglichen und für eine bessere Strukturierung wurde ein Stapel von aufeinander

Rechner können auch mehrere Schnittstellen und damit IP-Adressen haben.

aufbauenden Protokollen definiert. Im OSI-Referenzmodell [34] werden sieben Schichten und die Kommunikation zwischen diesen Schichten definiert. Der ältere IP-Protokollstapel verwendet aber nicht alle Schichten (siehe Abb. 10–1).

Die in diesem Buch dargestellten Inhalte dienen dem raschen Einstieg in die Netzwerktechnologie, weshalb auf eine Besprechung des OSI-Referenzmodells zur Gänze verzichtet wird. Für eine umfassende Betrachtung der Thematik sei die Leserin bzw. der Leser auf ein Standardwerk über Computernetzwerke [37] verwiesen.

Das zu WLAN synonym verwendete Wi-Fi bedeutet, dass es sich um ein von der Wi-Fi-Alliance zertifiziertes WLAN-Produkt handelt. In diesem Buch wird durchgängig der Begriff Wi-Fi verwendet.

Die unterste Schicht, die »Netzzugangsschicht« (engl. »Link Layer«), regelt den Zugriff auf das physische Medium und führt die tatsächliche Bitübertragung, wie sie in Kapitel 7 besprochen wurde, durch. Der vorhandene Datenstrom wird außerdem in »Frames« zerteilt und mit einer Checksumme (siehe Abschnitt 10.1.6) gesichert. Bei der Kommunikation über ein Bussystem mit potenziell mehreren Teilnehmern, wie das bei Ethernet und generell bei Funkprotokollen wie Wi-Fi der Fall ist, muss beim Senden eines Frames mitgeteilt werden, für wen dieser bestimmt ist. Dafür besitzen die Kommunikationsschnittstellen eine eindeutige MAC(»Media Access Control«)-Adresse. In der Grafik ist ersichtlich, dass zur Kommunikation Frames auf der untersten Schicht (gelb hinterlegt) von den Geräten zum Ziel unter Angabe einer Quell- und einer Ziel-MAC-Adresse versendet werden.

Die Protokolle und Technologien dieser Schicht zählen im Sinne der Standardisierung nicht zu den Internetprotokollen. Wichtigstes Gremium ist hier die IEEE (Institute of Electrical and Electronics Engineers) in den USA mit der Standardfamilie IEEE 802. Herauszuheben sind Ethernet (802.3), Wi-Fi (802.11) sowie die Physical Layers von Bluetooth (802.15.1) und ZigBee (802.15.4).

Die nächsthöhere Schicht, die »Internetschicht«, arbeitet mit Paketen und kümmert sich um deren Vermittlung über mehrere, mitunter heterogene »Subnetze« (über physische Schnittstellen verbundene Geräte) an weit entfernte Rechner. Das vermittelnde Gerät auf dieser Schicht heißt »Router«. Die Internetprotokolle werden in RFCs (»Request for Comments«) von der IETF (»Internet Engineering Task Force«) standardisiert.

Jede Schnittstelle eines Gerätes erhält für diesen Zweck eine weltweit eindeutige IP-Adresse. In der Version 4 ist dies eine 32-Bit-Adresse, deren Bytes in menschenlesbarer Form dezimal durch Punkte getrennt angegeben werden, beispielsweise `127.0.0.1` für den eigenen Rechner (»localhost«). Im modernen IPv6 belegen die Adressen 128 Bit, menschenlesbar in hexadezimale 16-Bit-Blöcke gruppiert und durch Doppelpunkte getrennt angegeben.

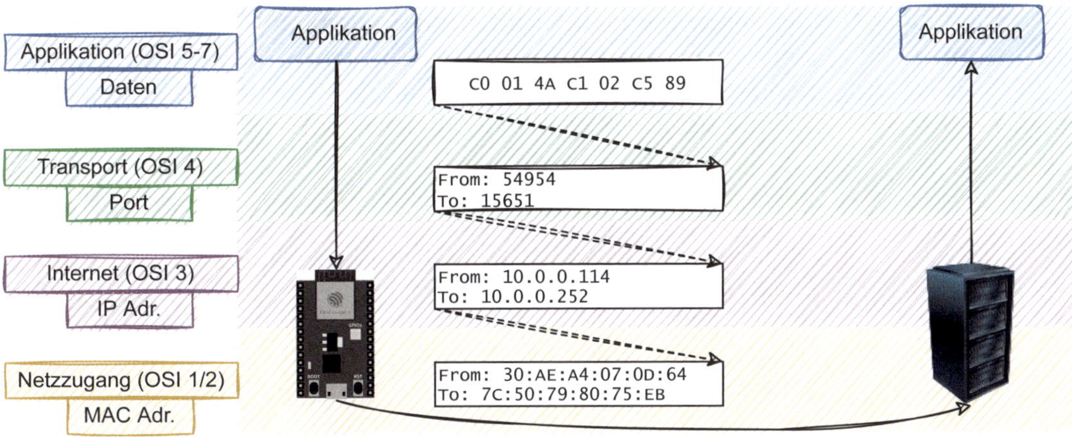

Abb. 10–1
Internetkommunikation über den TCP/IP Protokollstapel

Ein Paket erhält im IP-Header die Quelladresse (analog zu einer Absenderadresse bei einem Postbrief), die Zieladresse (analog zur Adressatenadresse), eine Version und andere die Zustellung betreffende Informationen. Der Sender sendet alle Pakete, die er nicht direkt in seinem lokalen Netzwerk an den Empfänger zustellen kann, an den Standard-Ausgangsrouter (in diesem Fall »Gateway« genannt), der das Paket seinerseits weiterleitet. In der Grafik sendet das Gerät mit IP-Adresse `10.0.0.114` an das Gerät mit IP-Adresse `10.0.0.252` ein IP-Paket. Dieses einfache Beispiel stellt die lokale Zustellung vom ESP32-C3 an den PC im selben »Subnetz« dar.

Da die Adressen der IP-Version V4 zur Neige gegangen sind, behilft man sich bis zur breiten Akzeptanz der Version V6 mit dem NAT(»Network Address Translation«)-Mechanismus, bei dem das Gateway ausgehende Pakete durch seine Adresse ersetzt. Somit teilt sich das lokale Netz eine gemeinsame Adresse.

Die Kommandozeilentools `ping` *und* `tracert` *eignen sich für Messungen dieser Art.*

Eine Antwort wird vom Ziel an die Quelladresse in gleicher Weise zurückgesendet. Durch die Struktur des Internet ist es möglich, dass der Rückweg andere Router passiert als der Hinweg. Es ist sogar möglich, dass für aufeinanderfolgende Pakete in derselben Richtung unterschiedliche Router ausgewählt werden. Pakete erreichen Ziele um die Welt typischerweise in unter 20 Sprüngen (»Hops«). Ein Hin- und Zurücksenden eines Pakets (Roundtrip) in die USA benötigt üblicherweise unter 200 ms.

Die Transportschicht, die über der Internetschicht liegt, beherbergt zwei zentrale Protokolle, UDP und TCP. Bislang wurde nur die Zustellung von Paketen an einen Rechner betrachtet. Da aber auf dem Rechner mehrere unabhängige Applikationen gleichzeitig kommunizieren können, müssen empfangene Pakete an die richtige Applikation geleitet werden. Für diese Weiterleitung verwendet die Transportschicht in den Protokoll-Headern einen »Port«, eine ID zur Bestimmung des Ziels auf dem Rechner. Die Transportschicht kümmert sich um die korrekte Zustellung der Daten an eine Applikation auf dem Rechner. Im Beispiel wird der Quell-Port `54954` und der Ziel-Port `15651` verwendet.

In der Applikationsschicht befinden sich bekannte Protokolle wie HTTP »Hypertext Transfer Protocol« zur Übertragung von Webseiten, FTP (»File Transfer Protocol«) für den Austausch von Dateien, SMTP (Simple Mail Transfer Protocol«) zum Versenden und POP (»Post Office Protocol«) bzw. IMAP (»Internet Message Access Protocol«) zum Empfang von Mails und viele mehr. Es ist auch geläufig, eigene spezialisierte Protokolle für den Einsatz in der Applikation zu definieren. Das Beispiel versendet ein Datum TLV-kodiert (siehe Abschnitt 10.1.5).

Beim Versenden werden die Schichten vertikal durchwandert, wobei jede Schicht ihre Daten hinzufügt. Die Applikation versendet im Beispiel die TLV-Daten, die in der Transportschicht um die Ports, in der Internetschicht um die IP-Adressen und in der Netzzugangsschicht um die MAC-Adressen erweitert werden. Ein Frame auf der untersten Schicht transportiert also alle Daten. Auf Empfangsseite werden die jeweiligen Daten von jeder Schicht wieder entfernt und der Inhalt wird nach oben weitergegeben, sodass die Applikation ihre Daten erhält. De facto werden nicht nur diese Daten, sondern weitere, wie Checksummen, Sequenznummmern usw., von den Schichten hinzugefügt (siehe Abschnitt 10.1.6).

10.1.1 Wi-Fi-Konfiguration

Der ESP32-C3 hat ein integriertes Wi-Fi-Peripheriemodul für den Internetzugriff, das in diesem Abschnitt verwendet wird. Es sind auch Treiber für ein kabelgebundenes externes Ethernetmodul vorhanden, das über SPI angeschlossen wird.

Listing 10.1 zeigt die Initialisierung des Netzwerkstacks und des Wi-Fi-Moduls. Zeile 1 initialisiert den TCP/IP Stack und das Netzwerk-Interface, Zeile 2 erzeugt den »Default Event Loop«, der notwendig ist, damit die Applikation sich für Ereignisse des Wi-Fi-Moduls (siehe Abschnitt 9.4.6) registrieren kann.

Zeilen 4–5 initialisieren den Treiber des Wi-Fi-Moduls mit Standardeinstellungen, danach wird das Modul in den Zeilen 6–7 für den Station Mode konfiguriert. Im Station Mode verbindet sich das Modul über einen Access Point zu einem bestehenden Netzwerk. Die Kennung (SSID) und das Passwort des Netzwerks müssen dafür bekannt sein. Der ESP32-C3 kann selbst auch die Rolle des Access Points übernehmen, sodass andere Geräte zu ihm verbinden.

Listing 10.1 *Initialisierung des Wi-Fi-Moduls im Station Mode*

```
1  ESP_ERROR_CHECK(esp_netif_init());
2  ESP_ERROR_CHECK(esp_event_loop_create_default());
3
4  wifi_init_config_t cfg = WIFI_INIT_CONFIG_DEFAULT();
5  ESP_ERROR_CHECK(esp_wifi_init(&cfg));
6  esp_netif_inherent_config_t esp_netif_config =
       ESP_NETIF_INHERENT_DEFAULT_WIFI_STA();
7  esp_netif_t *netif = esp_netif_create_wifi(WIFI_IF_STA, &
       esp_netif_config);
8  esp_wifi_set_default_wifi_sta_handlers();
9  ESP_ERROR_CHECK(esp_event_handler_register(WIFI_EVENT,
       WIFI_EVENT_STA_DISCONNECTED, &on_wifi_disconnect, NULL));
10 ESP_ERROR_CHECK(esp_event_handler_register(IP_EVENT,
       IP_EVENT_STA_GOT_IP, &on_got_ip, NULL));
11
12 ESP_ERROR_CHECK(esp_wifi_set_storage(WIFI_STORAGE_RAM));
13 wifi_config_t wifi_config = {
14     .sta = {
15         .ssid = "homenetwork",
16         .password = "netpass",
17         .scan_method = WIFI_FAST_SCAN,
18         .sort_method = WIFI_CONNECT_AP_BY_SIGNAL,
19         .threshold.rssi = -127,
20         .threshold.authmode = WIFI_AUTH_OPEN,
21     },
22 };
23
24 ESP_ERROR_CHECK(esp_wifi_set_mode(WIFI_MODE_STA));
25 ESP_ERROR_CHECK(esp_wifi_set_config(WIFI_IF_STA, &wifi_config));
26 ESP_ERROR_CHECK(esp_wifi_start());
27 esp_wifi_connect();
```

Der Treiber des Wi-Fi-Moduls generiert verschiedene Events, für die Standard-Handler installiert werden (Zeile 8). Für die Events `WIFI_EVENT_STA_DISCONNECTED` und `IP_EVENT_STA_GOT_IP` werden eigene Handler registriert. Über den ersten Event kann durch Aufruf der Funktion `esp_wifi_connect()` automatisch versucht werden, das Netzwerk wieder zu verbinden. Der zweite Event, der dem Gerät eine IP-Adresse zuteilt, ermöglicht das Feststellen der erfolgreichen Anmeldung an das Netzwerk. Eine Referenzimplementierung ist im Pulsoximeterbeispiel (siehe Poxi, Anhang A.2) vorhanden.
Die Verbindungsparameter werden in der `wifi_config` eingestellt. Diese Parameter können im RAM oder im Flash gespeichert wer-

den. Da die Werte in diesem Beispiel hart kodiert sind, wurde die Variante RAM gewählt. Das Pulsoximeterbeispiel weist auch einen »Provisioning«-Modus auf.

Bei diesem kann das Netzwerk über eine Smartphone-App per Bluetooth (siehe Abschnitt 10.3) konfiguriert werden. SSID und Passwort werden in diesem Fall im Flash abgelegt.

In den Zeilen 24–26 wird das Modul hochgefahren und in Zeile 27 die Verbindung zum Access Point aufgebaut. Die Beispiele des ESP-IDF erzeugen einen Semaphor und blockieren im Anschluss, bis der Semaphor im Event-Handler für `IP_EVENT_STA_GOT_IP` freigegeben wird. Somit blockiert der Applikationsstart, bis die Verbindung zum Netzwerk hergestellt ist. In der Praxis ist es aber meist sinnvoll, auch ohne gültige IP-Adresse zu starten und im laufenden Betrieb auf den Verbindungsstatus zu reagieren.

10.1.2 Berkeley Sockets

Für die Netzwerkprogrammierung wurde ein API unter dem Namen Berkeley (bzw. BSD/POSIX) Sockets zum De-facto-Standard. Ursprünglich definiert für die Programmiersprache C, gibt es mittlerweile Wrapper für alle gängigen Programmiersprachen.

Ein Socket stellt einen Kommunikationsendpunkt dar, der über die Funktion `socket()` für ein spezifisches Protokoll erzeugt wird. Auf Serverseite wird der Socket mittels `bind()` an einen Port gebunden. Mit `listen()` hört der Socket auf den Port und wartet mit `accept()` auf eine eingehende Verbindung. Der Client stellt diese mit `connect()` zum Server her.

Im Anschluss können Client und Server über die Funktionen `send()` und `receive()` Daten austauschen. Zur Beendigung der Kommunikation schließen die Partner mit `close()` den Socket.

10.1.3 UDP

Das »User Datagram Protocol« (UDP) überträgt einzelne Pakete, die »Datagramme« genannt werden. Der Header eines Pakets enthält hauptsächlich den Quell- und Ziel-Port, die Länge des Datagramms und eine Prüfsumme. UDP ist sehr schnell, hat aber mit seinem Motto »Fire and Forget« den Nachteil, dass verlorene oder defekte Datagramme nicht nachgesendet werden.

Listing 10.2 zeigt das Senden eines Datagramms inklusive Erzeugung und Schließen des UDP-Sockets. Eine Fehlerbehandlung ist in den Kommentaren angedeutet, aber nicht implementiert, um das Listing kompakt zu halten. In Zeile 1 wird der UDP-Socket erzeugt und unter dem Handle sock zugreifbar.

Listing 10.2 Senden eines UDP-Datagramms

```
1  int sock = socket(AF_INET, SOCK_DGRAM, IPPROTO_UDP);
2  // check sock >= 0 and handle error if check fails
3
4  struct sockaddr_in dest_addr;
5  dest_addr.sin_addr.s_addr = inet_addr(hostIP);
6  dest_addr.sin_family = AF_INET;
7  dest_addr.sin_port = htons(port);
8  int err = connect(sock, (struct sockaddr *)&dest_addr,
9      ↪ sizeof(struct sockaddr_in6));
10 // check err == 0 and handle error if check fails
11
12 err = send(sock, payload, payloadLen, 0);
13 // check err >= 0 and handle error if check fails
14
15 shutdown(sock, 0);
16 close(sock);
```

Die Funktion connect() erhält die Zieladresse und den Zielport. Die Adresse ist im String hostIP hinterlegt und kann beispielsweise 10.0.0.252 sein. Der port ist eine 16-Bit-Variable, beispielsweise mit dem Wert 15651. Die Daten, die in dem Byte-Array payload der Länge payloadLen stehen, werden in Zeile 12 als Datagramm verschickt. Der zurückgegebene Status der send()-Funktion gibt an, ob das Paket für das Senden eingereiht werden konnte, jedoch nicht, ob es beim Empfänger angekommen ist. Um den Empfang zu bestätigen, muss der Empfänger seinerseits eine Bestätigung senden. Nach dem Senden wird der Socket in den Zeilen 15–16 geschlossen.

Die Adresse des eigenen Rechners kann mit dem Kommandozeilentool ipconfig *bzw.* ifconfig *bestimmt werden.*

In der Pulsoximeterapplikation führt ein Tastendruck zum Versenden des aktuellen Pulses. Es ist dabei einfach, mit sprintf() einen String im Puffer buf zu erzeugen, etwa

```
char buf[64];
sprintf(buf, "Pulse %d at: %d ms\n",
    pulseoxi_getState()->fastHeartbeatDetectionState.
    ↪ currentPulse_bpm, (buttonEvent.systemtime / 1000));
```

Ein UDP-Server, der die Datagramme entgegennimmt, kann in einer Programmiersprache wie Java oder Python einfach erzeugt werden. Auf der Webseite zum Buch sind kleine Beispiele für solche Server und deren Verwendung zu finden. Eine Beschreibung dieser Software liegt aber außerhalb des Fokus dieses Buchs.

Für den Zweck des einfachen Testens kann ein einfacher Server mit dem Tool »Packet Sender« [45] gestartet werden. In den Einstel-

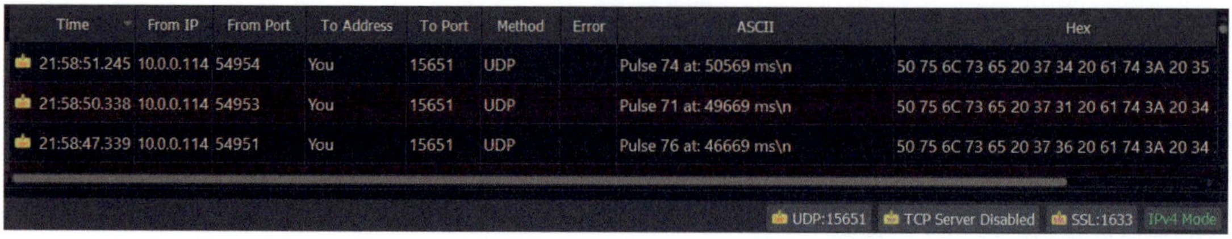

Abb. 10–2
Screenshot des Tools Packet Sender mit Aufzeichnungen von empfangenen Datagrammen

lungen kann der Port angegeben werden, dann startet der Server automatisch. Abb. 10–2 zeigt den unteren Teil des Tools mit empfangenen Datagrammen. In der Statusleiste unten rechts ist ersichtlich, dass der UDP-Server lokal auf dem Rechner läuft und auf Port 15651 hört. Der TCP-Server ist deaktiviert.

10.1.4 TCP

Das »Transmission Control Protocol« (TCP) stellt eine bidirektionale Verbindung zwischen zwei Kommunikationspartnern zur Verfügung. Diese Verbindung stellt einen zuverlässigen Datenstrom auf Basis der zugrunde liegenden IP-Pakete dar. Zuverlässig bedeutet in diesem Fall, dass verloren gegangene Pakete oder Pakete mit ungültiger Checksumme wiederholt gesendet und aus der Reihe empfangene Pakete korrekt eingereiht werden. Es wird also garantiert, dass der Empfänger den Strom liest, den der Sender geschrieben hat.

Die TCP-Überlaststeuerung (»Congestion Control«) dient der Vermeidung einer Router-Überlast. Bei einem Paketverlust wird angenommen, dass der Router das Paket wegen einer Überlastsituation verworfen hat. In diesem Fall senkt TCP die Datenrate dramatisch, um sie dann im Erfolgsfall wieder langsam zu steigern. Dieses Verfahren senkt die Netzlast und erhöht den Gesamtdurchsatz bei verkabelten Netzen.

Bei Funknetzen ist aber die zugrunde liegende Annahme der Überlast oft falsch. Funkprobleme durch Störungen führen ebenso zu Paketverlust. Die korrekte Strategie in diesem Fall wäre aber statt der Drosselung der Datenrate das erneute rasche Nachsenden des Pakets.

TCP handelt zu Beginn der Kommunikation die Verbindung aus, die dann bis zum expliziten Schließen oder bis zu einem Session Timeout offen gehalten wird. Eine aktive Verbindung benötigt dadurch einiges an Ressourcen für ihre Puffer.

Dem Vorteil der zuverlässigen Verbindung stehen nachteilig eine höhere Latenz, größerer Ressourcenbedarf, keine Möglichkeit des Broadcasts/Multicasts gegenüber. Typischerweise wird TCP als Universalprotokoll für die internetbasierte Kommunikation verwendet.

In Systemen mit eingeschränkten Ressourcen ist UDP eine erwägenswerte Alternative mit all ihren Vor- und Nachteilen (siehe Tabelle 10–1).

Tab. 10–1
UDP vs. TCP

Kategorie	TCP	UDP
Latenz	hoch	niedrig
Ressourcenbedarf	hoch	niedrig
Zuverlässigkeit	zuverlässig	unzuverlässig

Aufgrund des einheitlichen Socket-Modells entspricht der C-Code zum Aufbau einer TCP-Verbindung, Senden eines Puffers und Schließen der Verbindung dem aus Listing 10.2. Einziger Unterschied sind der zweite und dritte Parameter im Aufruf

```
socket(AF_INET, SOCK_STREAM, IPPROTO_IP)
```

in Zeile 1 des Listings.

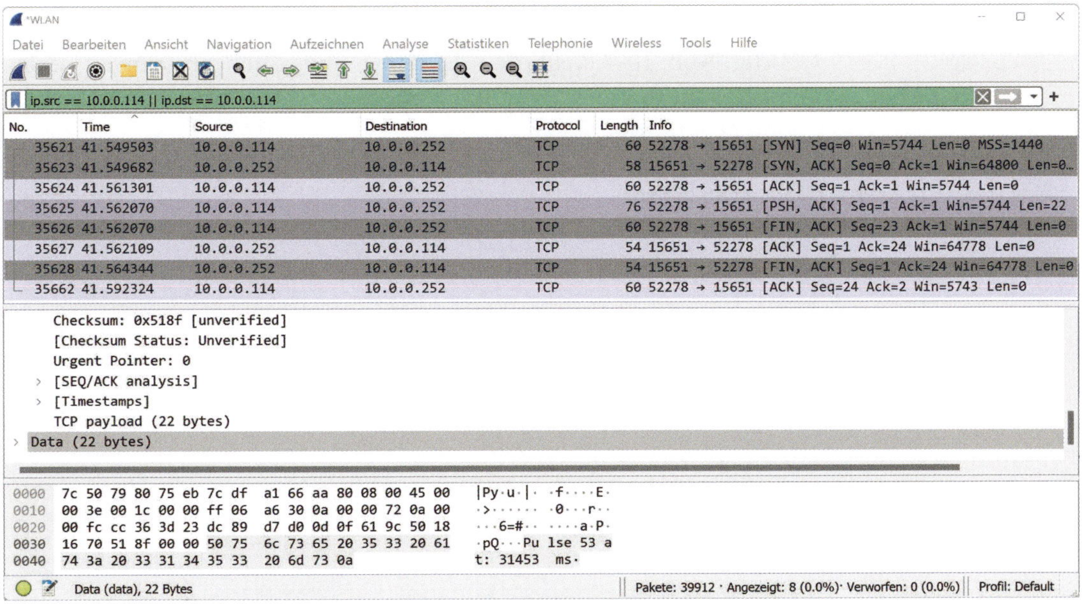

Abb. 10–3
Wireshark-Sniff der TCP-Verbindung

Ein gutes Werkzeug zur Untersuchung von Netzwerkproblemen und zum Verstehen von Netzwerkprotokollen ist Wireshark [69]. Dieser Sniffer hat Module (»Dissectors«) für eine große Zahl an Protokollen. Sollte ein Dissector nicht vorhanden sein, kann dieser leicht selbst implementiert werden. Zudem kann Hardware verschiedenster Hersteller eingebunden werden, um Funkprotokolle wie ZigBee oder Bluetooth zu analysieren.

Abb. 10–3 zeigt Wireshark mit einem Sniff des Öffnens, Sendens und Schließens bei TCP. Es ist ersichtlich, dass der Kommunikationsaufwand in diesem Fall deutlich höher ist als bei der Verwendung von UDP. Eine TCP-Verbindung sollte aus diesem Grund nicht für jedes Datenpaket separat geöffnet und geschlossen werden.

10.1.5 Datenformate

Textbasierte Protokolle und Daten haben den Vorteil der Menschenlesbarkeit. Die anfänglichen Anwendungsprotokolle des Internet wurden unter diesem Gesichtspunkt entwickelt. So kann sich eine Userin oder ein User im Grunde per Terminal zu einem IMAP-Server verbinden, mit dem Server kommunizieren und ihre bzw. seine Mails lesen.

Im Packet Sender kann der Inhalt der empfangenen Datagramme durch die ASCII-Darstellung sofort gelesen werden. Ein Nachteil dieser Vorgehensweise ist, dass die Daten für die weitere Verarbeitung wieder in ein binäres Format gewandelt werden müssen. Diese Wandlung ist umständlich und eine Fehlererkennung fallabhängig zu implementieren. Außerdem werden mehr Daten übertragen als notwendig. Abb. 10–4 stellt die Kodierung eines Pulswerts von 74 Schlägen pro Minute mit einem Zeitstempel 50,569 Sekunden in verschiedenen Datenformaten kodiert dar.

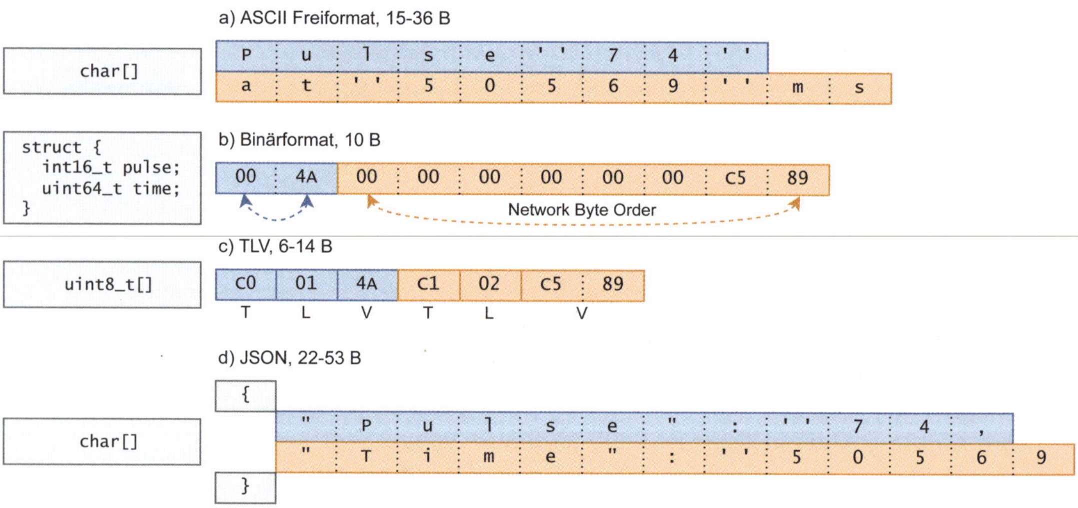

Abb. 10–4
Aufbau verschiedener Datenformate und C-Datentypen zu deren Speicherung am Puls-Beispiel

Abb. 10–4 a) zeigt eine exemplarische ASCII-Darstellung der Daten. Der String ist in seiner Länge von den Daten abhängig und variiert zwischen 15 und 36 Byte. Damit ist die Kodierung im Allgemeinen nicht platzsparend.

Abb. 10–4 b) zeigt alternativ die übertragenen Daten bei Verwendung eines strukturierten Datentyps mit der `int16_t`-Komponente `pulse` und der `uint64_t`-Komponente `time`. Ein negativer Puls zeigt an, dass kein Finger auf dem Sensor erkannt wurde. Gesamt benötigt diese Darstellung in jedem Fall 10 Byte. Wenn der Socket-Funktion `send()` ein Pointer auf diese Datenstruktur übergeben wird, liegen die gesendeten Daten in der Byte Order des Hostsystems vor. Dies muss bei Little-Endian-Systemen wie dem RISC-V gut dokumentiert werden, da die Byte Order nicht der im Internet verwendeten »Network Byte Order« (Big-Endian) entspricht. Empfehlenswert ist vor dem Senden eine Wandlung in die Network Byte Order (siehe Kasten »Byte Order«).

Byte Order

Werden mehrere Bytes für eine Zahl verwendet, ist darauf zu achten, in welcher Reihenfolge (»Byte Order«) diese stehen.

Die Dezimalzahl 53027 benötigt als `uint16_t` die zwei Bytes `0xCF` und `0x23`. Diese können im Speicher an aufsteigenden (»Big-Endian«) oder absteigenden (»Little-Endian«) Adressen abgelegt werden. Auch bei der Datenübertragung kann das höherwertige (Big-Endian) oder das niederwertige (Little-Endian) Byte zuerst gesendet werden, was folgenden Grafik darstellt.

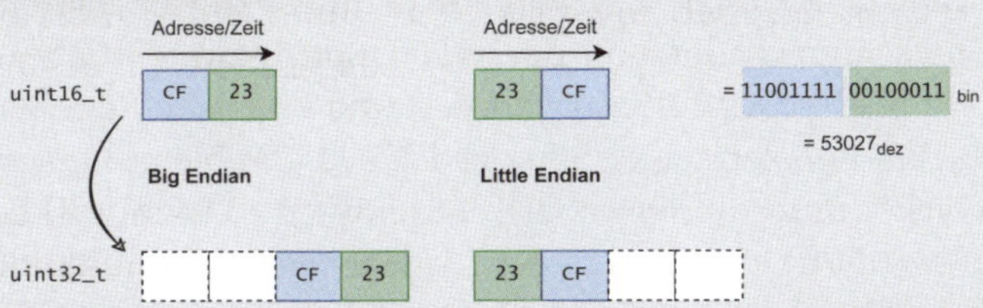

Big-Endian hat den Vorteil der besseren Lesbarkeit. Little-Endian hat im Gegenzug den Vorteil der einfacheren Typverbreiterung bzw. -verschmälerung: Während die Bytes bei Big-Endian im Speicher verschoben werden müssen, genügt in Little-Endian-Darstellung eine Reinterpretation des Speichers. Da diese Operationen durch die fixe Registerbreite in CPU-Architekturen wie RISC-V häufig sind, wird Little-Endian bei diesen präferiert als Byte Order eingesetzt.

In Netzwerken wird eine definierte »Network Byte Order«, in Internetprotokollen Big-Endian, verwendet. Zur Konvertierung stehen auf modernen Systemen »Host-to-Network«-Funktionen für verschiedene Standardtypen, wie `htonl()` für 32-Bit-Variablen und `htons()` für 16-Bit-Variablen, zur Verfügung. Zur Rückwandlung werden »Network-to-Host«-Funktionen wie `ntohl()` und `ntohs()` eingesetzt.

TLV

Die fixe Struktur binärer Daten zur Kommunikation bringt den Nachteil der statischen Typisierung mit sich. In zukünftigen Versionen der Kommunikationssoftware lässt sich der Inhalt des Datenpakets nur schwer, das heißt mit fallabhängigen Tricks, ändern. Dies macht das Gesamtsystem unverständlich und schwerer wartbar.

Eine kompakte Alternative bietet sich mit der Verwendung von »Tag-Length-Value« bzw. »Type-Length-Value« (TLV)-Tripeln an (siehe Abb. 10–4 c). Die einzelnen Datenelemente erhalten ein Tag, das den Datentyp des Feldes angibt. Im Beispiel wurde arbiträr das private Tag `0xC0` für den Puls und das private Tag `0xC1` für den Zeitstempel verwendet. Das zweite Byte kodiert die Länge der Daten, in diesem Fall 1 bzw. 2 Bytes. Im Anschluss an die Länge folgen jeweils die spezifizierten Datenbytes.

TLV bietet auf einfache Art eine sehr kompakte Darstellung gepaart mit einer hohen Flexibilität. Einzelne TLV-Elemente können anwendungsabhängig optional sein und beliebig in der Reihenfolge getauscht werden. Die Beispielkodierung benötigt zwischen 6 und 14 Byte.

Diese Kodierung wird in vielen Anwendungen eingesetzt, beispielsweise in der X.509-Kodierung von Zertifikaten im Sicherheitsbereich. Um Kollisionen bei der Vergabe von Tags zu vermeiden, werden die Strukturen in der von der ITU-T spezifizierten Schnittstellenbeschreibungssprache ASN.1 definiert und von fixen Regelwerken in TLV-Objekte übersetzt. Der Standard X.690 [35] bietet verschiedene Regelwerke, unter anderem die eindeutigen »Distinguished Encoding Rules»(DER), die auch in der Chipkartenkommunikation Anwendung finden. Eine übersichtliche Darstellung dieses für Chipkartensysteme wichtigen Datenformats findet sich im »Handbuch der Chipkarten« [50].

Diese Regeln definieren vorbelegte Tag-Datentypen, einen privaten Bereich für anwendungsspezifische Tags, die Möglichkeit für Verbunde und Aufzählungstypen und vieles mehr. Ein Tag muss nicht aus einem Byte bestehen, sondern kann auch eine variable Länge aufweisen.

Ebenso ist das Längenfeld variabel kodiert: Eine Länge bis 126 Byte wird im Längenbyte direkt dargestellt. Für eine größere Länge gibt das erste Längenbyte in den Bits_{0-6} die Anzahl der folgenden Längenbytes an, Bit_7 trägt den Wert 1. Die folgenden Längenbytes erhalten dann den Wert. Ein Beispiel verdeutlicht dies: Die Längenbytes 0x82 0x01 0x00 kodieren die Länge 0x100 (256), bestehend aus zwei Bytes. Mehrere Bytes beanspruchende Tags, Längen und Values werden in Network Byte Order gereiht.

Um das Erzeugen und Parsen einfach zu halten, verzichten manche Systeme auf die Standardkompatibilität und verwenden eine fixe Zahl an Bytes für Tags und Länge. Auch Standards können Derivate definieren, wie der Chipkartenstandard ISO7816-4 die SIMPLE-TLV-Kodierung, die eine Länge bis 254 in einem Byte und eine Länge bis 65535 in drei Bytes (0xFF gefolgt von zwei Längenbytes) ablegt. Die verschiedenen Spielarten erschweren eine Kompatibilität, weshalb es grundsätzlich sinnvoll erscheint, den komplexeren Standard DER-TLV anzuwenden.

JSON

Ein im Internet häufig genutztes textuelles Datenformat ist die »JavaScript Object Notation« (JSON), spezifiziert in RFC 8259. Das Format hat bei der Parameterübergabe an Webservices besondere Bedeutung erlangt.

Im Wesentlichen besteht ein JSON-Objekt aus Schlüssel-Wert-Paaren (Key-Value Pairs). Im Beispiel 10–4 d) sind die beiden Paare (»Pulse«, 74) und (»Time«, 50569) in einem Objekt zusammengefasst. Die begrenzte Typisierung erlaubt Nullwerte, boolesche Werte, Zahlen und Kommazahlen (mit Kommapunkt), Zeichenketten, Arrays in ›[‹und ›]‹und Objekte in ›{‹und ›}‹.

Listing 10.3
JSON-Schema für ein Puls-Datenobjekt

```
{
  "$schema": "http://json-schema.org/draft-04/schema#",
  "title": "PulseMeasurement",
  "type": "object",
  "required": ["Pulse", "Time"],
  "properties": {
    "Pulse": {
      "type": "integer",
      "minimum": -1,
      "maximum": 300
    },
    "Time": {
      "type": "integer"
    }
  }
}
```

Die Kodierung im Beispiel benötigt mit 22–53 Byte etwa den 3,5-fachen Speicherplatz des entsprechenden TLV-Objekts. Für die Verwendung von JSON spricht neben der breiten Verfügbarkeit, dass

Schemas wie in Listing 10.3 angelegt werden können. Diese, selbst in JSON definiert, dienen der automatischen Gültigkeitsprüfung (Validierung), der Schnittstellendokumentation und ähnlichen weiteren Zwecken.
Das Schema definiert `PulseMeasurement`-Objekte mit den Pflichtfeldern `Pulse` und `Time`. Beides sind ganze Zahlen, der Puls hat den Minimalwert -1 (für Finger nicht aufgelegt) und den Maximalwert 300.

XML

Die »Extensible Markup Language« ist ähnlich wie JSON ein menschenlesbares Datenformat. Es richtet sich syntaktisch nicht nach der Sprache JavaScript, sondern enthält Tags ähnlich zu HTML. Die in XML definierbaren Schemas waren das Vorbild für die JSON Schemas.

Listing 10.4
Die Pulsmessung analog zu Abb. 10–4 in XML

```
<?xml version="1.0" encoding="UTF-8"?>
<pulse-measurement>
   <pulse>74</pulse>
   <time>50569</time>
</pulse-measurement>
```

Listing 10.4 zeigt den Datensatz für eine Pulsmessung. XML wird weitgehend zu denselben Zwecken verwendet wie JSON, ist etwas mächtiger, aber gesprächiger, weshalb der Trend in Richtung JSON zu gehen scheint.

10.1.6 Header

Eine Applikation benötigt für die Kommunikation über einen Kanal meist nicht nur ein einzelnes Datenformat. Kommandos, Antworten, Statusinformationen, ... unterscheiden sich in ihrem Aufbau. Um zu unterscheiden, welcher Datenaufbau für die Nutzdaten verwendet wird, kann beim Paket zu Beginn ein Typ-Identifier mitgesendet werden.

Solche Daten, die den Nutzdaten vorangestellt werden, werden in einem »Header« zusammengefasst. Meist hat der Header aus Performanzgründen ein fixes Binärformat. Im Folgenden werden verschiedene Felder, die übliche Bestandteile von Headern sind, besprochen.

Versionsnummer

Neben dem Typ, der die Interpretation der Nutzdaten bestimmt, ist es sinnvoll, eine Versionsnummer im Header unterzubringen. Mit ihr ist es möglich, das Format des Headers zu ändern und so zukünftige Anpassungen zu ermöglichen.

Ohne Versionierung gilt die Änderung von Datenübertragungsprotokollen als schwieriger als die Änderung einer Applikation. Die Applikation kann ersetzt werden, aber damit das Datenübertragungsprotokoll ohne Versionierung geändert werden kann, müssen alle Instanzen der Applikation gewechselt werden. Alternativ kann versucht werden, aus den Daten die Version zu bestimmen bzw. zu erraten. Dies gilt als fehleranfällig und unsicher.

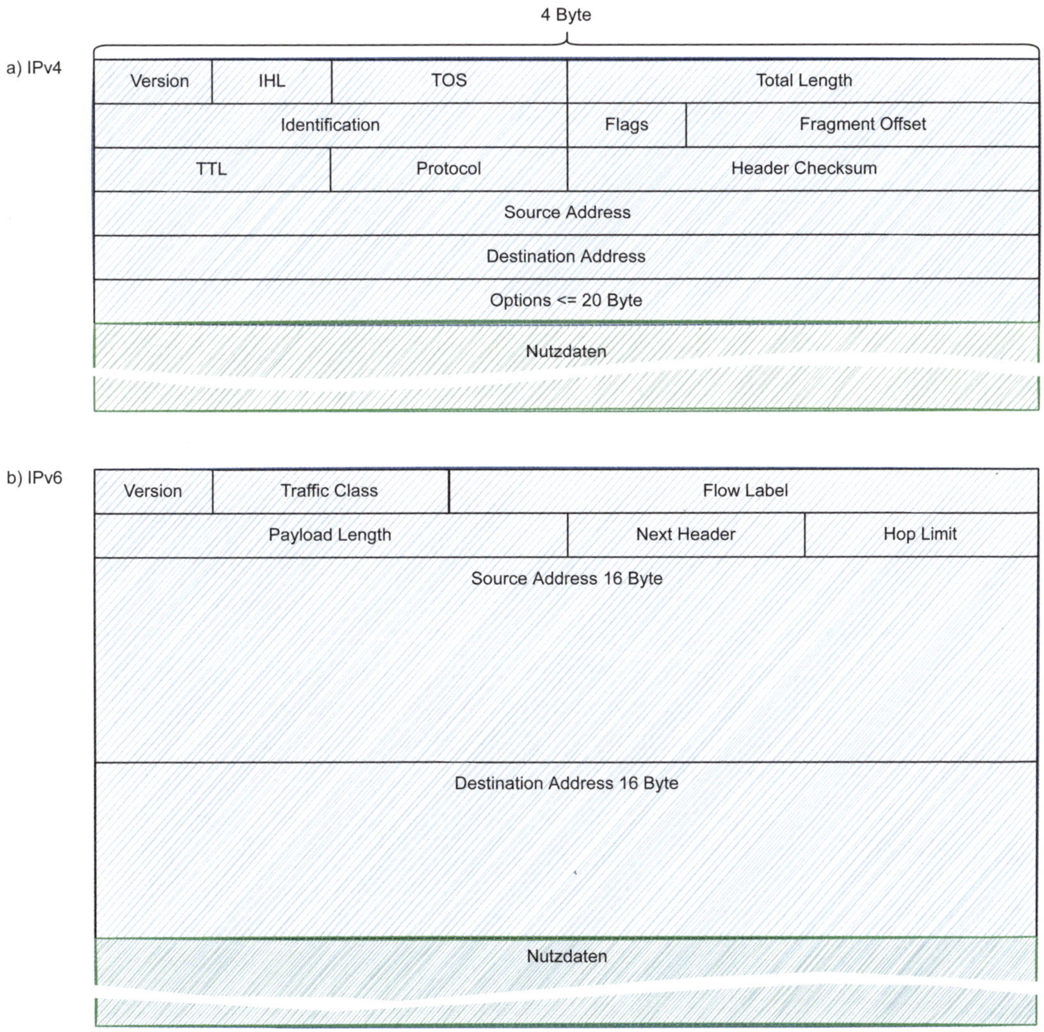

Abb. 10–5
Aufbau der Header von IPv4 und IPv6

Der IP Header trägt die Version in den ersten vier Bits (derzeit v4 oder v6). Abb. 10–5 zeigt den Aufbau der völlig unterschiedlichen

Header von IPv4 und IPv6, die anhand ihrer 4-bittigen Versionsnummer unterschieden werden können.

Der Typ der Nutzdaten wird bei IPv4 im Feld »Protocol«, bei IPv6 im Feld »Next Header« gespeichert. Beispielwerte sind 6 (TCP) und 17 (UDP).

Wenn die Länge des Gesamtpakets bzw. der Nutzdaten nicht aus der äußeren Schicht bekannt ist, wird sie im Header mit angegeben. IPv4 speichert die Länge sicherheitshalber, IPv6 nicht mehr.

Fehlererkennung und -korrektur

Die elektrischen und elektromagnetischen Kommunikationssysteme können durch verschiedene äußere Einflüsse gestört werden. In diesem Fall werden ungültige Daten empfangen. Abhängig von der Schwere der Veränderung kann diese mitunter durch eine Validierung der Daten nicht erkannt werden. Die entstehenden Probleme reichen von Inkonsistenzen der Daten bis zu fehlerhaftem Applikationsverhalten.

Wichtige Mechanismen zur Wahrung der Datenkonsistenz sind die Fehlererkennung und die Fehlerkorrektur. Die Wahl eines konkreten Verfahrens hängt von der Anzahl und Art der Fehler, die erkannt bzw. korrigiert werden sollen, ab. Ein einfacher Mechanismus ist das Paritätsbit, das in Abschnitt 7.6.1 besprochen wurde. Mit diesem kann ein Einfachfehler in einem Byte zuverlässig erkannt werden. Eine Änderung von zwei Bits wird aber nicht erkannt.

XOR-Checksumme Im Gegensatz zum Paritätsbit arbeitet die XOR-Checksumme auf einem Datenfeld. Die einzelnen Elemente des Feldes werden, wie in Abb. 10–6 dargestellt, per XOR verknüpft. Das Ergebnis der Operation wird mit den Daten abgelegt bzw. übertragen. Bei der Prüfung werden alle Elemente einschließlich der Checksumme wiederum per XOR verknüpft. Ist das Ergebnis Null, ist die Checksumme korrekt.

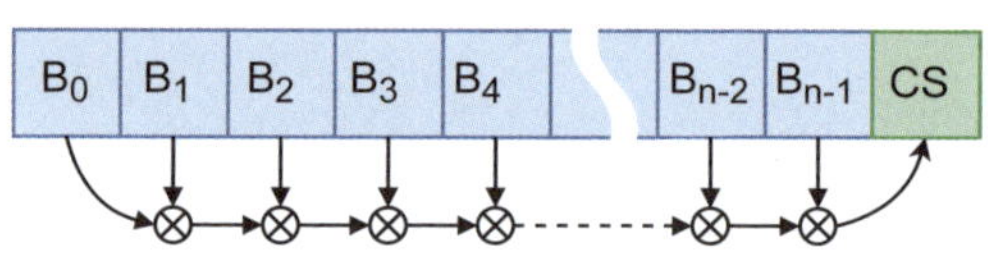

Abb. 10–6 *Eine XOR-Checksumme wird berechnet und angehängt.*

Die XOR-Checksumme ist ein effizienter Fehlererkennungsmechanismus, der an jeder Bitposition einen Einzelfehler erkennen kann. Mehrfachfehler werden deshalb dann zuverlässig erkannt, wenn sie als kurze Bündel auftreten. Vertauschungen von Bytes im Datenstrom werden aber nicht bemerkt. Die XOR-Checksumme findet hauptsächlich in Systemen mit wenig Rechenleistung bei vergleichsweise hohem Datendurchsatz Anwendung.

CRC-Checksumme Ein häufig eingesetzter Algorithmus, der auch Vertauschungen erkennen kann, ist der »Cyclic Redundancy Check« (CRC). Dieses Verfahren betrachtet den Datenblock als großes Polynom und dividiert dieses durch ein Generatorpolynom. Der Divisionsrest wird als berechnete Checksumme herangezogen. Die Polynome haben den Aufbau $b_n x^n + b_{n-1} x^{n-1} + ... + b_2 x^2 + b_1 x^1 + b_0$ mit Koeffizienten b_i, die den einzelnen Bits entsprechen. Der arbiträre Wert `0xC5` hat die Bitmaske 11000101_{bin} und entspricht dem Polynom $1x^7 + 1x^6 + 0x^5 + 0x^4 + 0x^3 + 1x^2 + 0x^1 + 1 = x^7 + x^6 + x^2 + 1$. Es sind verschiedene Generatorpolynome genormt, beispielsweise $x^{16} + x^{12} + x^5 + 1$ als ISO/IEC-3309-Standard.

Die Polynomdivision lässt sich in Hardware effizient mit einem Schieberegister implementieren. Die direkte Softwareimplementierung arbeitet relativ CPU-intensiv mit den Operationen XOR und Shift. Performantere Implementierungen arbeiten auf Kosten des Speichers mit Lookup-Tabellen.

Die Polynomdivision läuft ähnlich wie das schriftliche Dividieren am Blatt ab, mit der Vereinfachung, dass die einzelnen berechneten Stellen nur 0 oder 1 sein können und keine Überträge berücksichtigt werden müssen. Die Prüfsumme wird mit den Daten abgelegt bzw. übertragen. Eine Prüfung erfolgt wiederum mit einer Polynomdivision über die Daten inklusive angehängter CRC-Checksumme. Bei Divisionsrest Null wird eine fehlerfreie Übertragung angenommen.

Bei der Berechnung und Prüfung einer Checksumme ist es wichtig, dieselben Parameter zu verwenden. Dies sind das Generatorpolynom, ein Initialisierungswert für die Prüfsumme, sowie die Reihenfolge und eine mögliche Invertierung der Bits. Als Daumenregel gilt, dass Blöcke bis 4 KiB über eine 16-Bit-CRC, bis 4 GiB über eine 32-Bit-CRC abgesichert werden können. In der Praxis kann die Fehlerrate bei Funkpaketen mit schlechtem Empfang so groß und zufällig werden, dass die Fehlerrate von der Größe der Checksumme abhängt. In diesem Fall wird bei einer 16-Bit-Checksumme jedes 2^{16}. Paket »false positive«, also trotz Fehlern als korrekt erkannt. Für diesen Fall sind längere Checksummen und, falls möglich, eine zusätzliche Datenvalidierung anzuraten.

Die maximale Anzahl verbleibender Sprünge, TTL in IPv4 bzw. Hop Limit in IPv6, wird bei jeder Weiterleitung durch einen Router verringert. Auf diese Weise können Pakete, die kein Ziel finden und deshalb im Netz kreisen, ausgefiltert werden.

IPv4 sichert den Header ohne Daten per Addition im Einerkomplement über 16-Bit-Wörter. Da bei jedem Hop die TTL (»Time to live») verringert wird und die Checksumme deshalb im Router neu berechnet werden muss, wurde eine effiziente Implementierung gewählt. IPv6 verzichtet auf die Header-Checksumme und verlässt sich auf die Prüfung durch die tiefere Schicht.

Die Transportprotokolle UDP und TCP verwenden eigene additive Prüfsummen, mit denen sie die Header und die Daten absichern. Falls die Datenlänge nicht mit der von einem Algorithmus erwarteten Blockgröße (bei der additiven Checksumme sind das 16 Bit) zusammenpasst, werden definierte Fülldaten angehängt (»Padding«). IP füllt mit Null-Bytes auf.

Fehlerkorrektur Neben der Fehlererkennung kann auch eine Fehlerkorrektur angewendet werden. Für eine Korrektur wird eine entsprechende Redundanz benötigt. Mit einem einfachen Verfahren, 1/3 FEC (»Forward Error Correction«), wird der Header von Bluetooth-Paketen abgesichert, indem er dreifach gesendet und beim Empfang mit Mehrheitsentscheidung übernommen wird. Ein mathematisches Verfahren für Fehlererkennung und -korrektur im Einsatz bei der CD, DVD, in der Satellitenkommunikation, ... sind Reed-Solomon-Codes, die auf der Mathematik der endlichen Körper, namentlich Galois-Felder, gründen. Aufgrund ihrer Eigenschaften werden sie in Embedded Systemen beim Management von EEPROM-Speichern, meist nur zur Fehlererkennung, eingesetzt.

Weitere Felder

Header können noch weitere Felder beinhalten. Wenn ein zu sendender Datenblock größer ist als die maximal erlaubte Blockgröße, muss der Block in einzelne Teilblöcke aufgeteilt werden. Für diese Aufteilung, die »Fragmentierung«, werden zusätzliche Felder, die Aufschluss über die Position des Teilblocks im Block geben, im Header untergebracht.

Der IPv4-Header hat hierfür das Feld »Fragment Offset«. IPv6 meldet stattdessen dem ursprünglichen Sender (über »ICMP Packet too big«) zurück, dass er kleinere Pakete senden soll.

Die »Segmentierung« (beispielsweise in TCP) benötigt für die Herstellung der korrekten Reihenfolge im Datenstrom eine Sequenznummer im Header. Diese wird mit jedem versendeten Paket erhöht und rollt je nach Wertebereich früher oder später über.

Wenn ein Paket zur Sicherheit verschlüsselt ist, finden sich im Header typischerweise Informationen zum Algorithmus und zu den eingesetzten Parametern.

Ein Feld mit Flags, also bitweisen Einstellungen, ist oft vorhanden. Ein Flag zur Anforderung einer Bestätigung bedeutet für den Empfänger, dass er eine Bestätigung (oft ein als solche markiertes

Paket) sendet. Einstellungen für »Quality of Service« (QoS) dienen der Garantie von Datendurchsatz, maximaler Latenz, ... – Prioritäten beim Versenden dienen der Vorreihung in der Sendewarteschlange.

Ein Header kann praktisch beliebige Daten tragen, die in der jeweiligen Netzwerkschicht Sinn ergeben. Bei der Definition eines Headers muss beachtet werden, dass der Header bei jedem Paket mitgesendet wird. Daten, die für einen speziellen Fall gesendet werden, sollten dementsprechend in den Nutzdaten oder im Header der nächsthöheren Schicht untergebracht werden.

10.2 Cloud-Zugriff

Eine Cloud stellt eine Sammlung von Services dar, die ein Gerät nutzen kann. Es handelt sich dabei unter anderem um Datenbanken, Applikationen, andere Server. Der Zugriff auf die Cloud erfolgt durch die verschiedensten Gerätearten meist über das Internetprotokoll.

10.2.1 REST und CoAP

REST (»Representational State Transfer«) ist ein Architekturstil für den Zugriff auf verteilte Ressourcen über Webservices. Üblicherweise verwenden RESTful Services, also Dienste, die REST einsetzen, das HTTP-Protokoll für den Zugriff. Meist wird REST für die Cloud-Anbindung verwendet. HTTP-Methoden wie `POST`, `GET`, `PUT` und `DELETE` werden für die vier grundlegenden Speicherzugriffsoperationen Create, Read, Update und Delete (CRUD) verwendet.

Im RFC 7252 [33] ist das speziell für das IoT entwickelte »Constrained Application Protocol« (CoAP) definiert. Es ist ein kompakt kodierter Ersatz für HTTP und damit für den Zugriff auf Webservices. Im Gegensatz zu HTTP wird UDP für den Transport verwendet, doch es wurde aufgrund allgemeiner Firewall-Einstellungen auch TCP als Transport nachgerüstet. CoAP verwendet kompakte 4 Byte große Header und kurze Nutzdatengrößen. Die gewünschte HTTP-Methode ist im Header eines Pakets kodiert.

Die Spezifikation geht von der Nutzung eines »6LoWPAN« zur Bereitstellung von IPv6 aus. »IPv6 over Low power Wireless Personal Area Network« nutzt die Netzzugangsschicht IEEE 802.15.4, die auch Grundlage von ZigBee, Thread und ISA100.11a ist. IEEE 802.15.4 ist statt Wi-Fi gemeinsam mit Bluetooth LE im ESP32-H2, der denselben RISC-V-Kern wie der ESP32-C3 besitzt, integriert.

10.2.2 MQTT-Protokoll

Ein gängiges Protokoll für die Übertragung von Telemetriedaten, die zwischen Sensoren, Aktoren, Embedded Systemen, PCs, Servern, ... ausgetauscht werden sollen, ist das »Message Queueing Telemetry Transport«(MQTT)-Protokoll.

Die dezentralen ressourcenbeschränkten Komponenten verbinden sich zu einer zentrale Komponente, dem MQTT-Broker, üblicherweise über TCP (siehe Abb. 10–7). Der Broker kann die Nachrichten in einer Datenbank speichern und den Zustand des Gesamtsystems halten oder den Zugang zum Hintergrundsystem herstellen.

Die im ESP-IDF enthaltene Komponente ESP-MQTT kann für den einfachen Zugriff auf einen Broker verwendet werden. Der Einfachheit halber wird der freie Testbroker des Mosquitto-Projekts [42] verwendet. In einem produktiven System muss an seiner Stelle ein eigener Broker lokal oder im Internet eingesetzt werden.

Der Verbindungsaufbau zum Testserver auf dem MQTT-Standardport 1883 ist in Listing 10.5 dargestellt. Die Signalisierung auf TCP-Ebene wird an dieser Stelle nicht betrachtet, sondern die logische Arbeitsweise und die Verwendung in ESP-MQTT. Der Code für den registrierten `mqtt_event_handler` ist in Listing 10.6 zum Teil enthalten. Im Pulsoximeterbeispiel ist der Handler für Ereignisse wie `MQTT_EVENT_CONNECTED` oder `MQTT_EVENT_DATA` implementiert.

Listing 10.5 *Verbindungsaufbau zum MQTT-Testbroker des Mosquitto-Projekts*

```
const esp_mqtt_client_config_t config = {
    .broker.address.uri = "mqtt://test.mosquitto.org",
};
esp_mqtt_client_handle_t client = esp_mqtt_client_init(&config);
esp_mqtt_client_register_event(client, ESP_EVENT_ANY_ID,
    ↪ mqttEventHandler, NULL);
esp_mqtt_client_start(client);
```

Nach dem Öffnen der Verbindung kann ein Client ein »Topic«, für das er sich interessiert, abonnieren (»Subscribe«). Clients können ebenso auf Topics Daten veröffentlichen (»Publish«). Aufgrund dieser Operationen heißt dieses Verfahren »Publish-Subscribe«-Verfahren. Beliebig viele Clients können ein Topic abonnieren oder veröffentlichen.

MQTT definiert selbst keine kryptografische Sicherheit, sondern lagert diese auf das Trägerprotokoll aus. Wenn Sicherheit gewünscht ist, und das sollte sie in einem Produkt sein, kann als Trägerprotokoll TLS verwendet werden. Die Clients müssen sich dann für den Zugriff auf den Broker authentifizieren. Eine detaillierte Einführung in Netzwerksicherheit kann in diesem Buch aus Platzgründen nicht erfolgen.

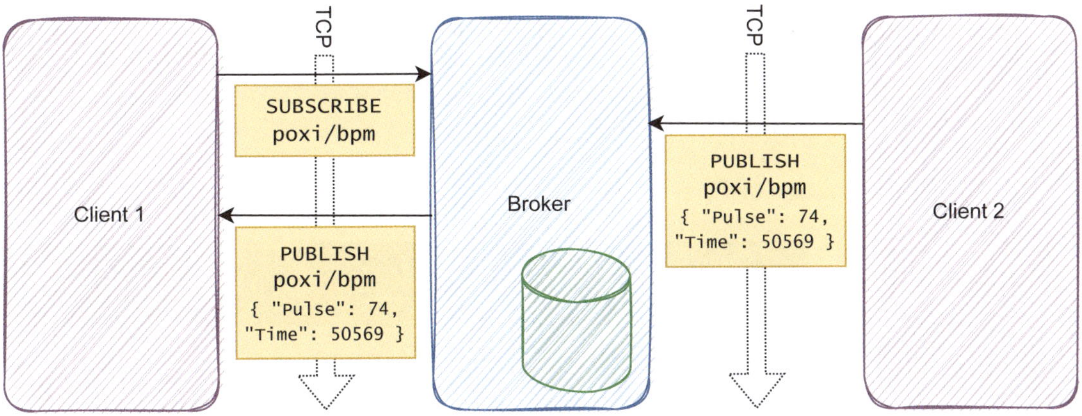

Abb. 10–7
Publish und Subscribe auf Topics in MQTT

In Abb. 10–7 abonniert Client 1 das Topic `poxi/bpm`, was auch im Pulsoximeterbeispiel umgesetzt ist: Auf den Event `MQTT_EVENT_CONNECTED` reagiert die Applikation mit dem Abonnieren des Topics:

Listing 10.6
Abonnieren eines Topics

```
case MQTT_EVENT_CONNECTED:
  int msgId = esp_mqtt_client_subscribe(client, "poxi/bpm", 0);
  break;
```

Beim Drücken des Tasters veröffentlicht der Client den neuen Pulswert. Es wurde für das Beispiel die übliche Darstellungsform JSON gewählt. Beim Versenden der Daten besteht die Möglichkeit, eine QoS (»Quality of Service«) zu definieren. Die drei definierten Serviceklassen sind

At most once (0) Das Datum wird jedem Client höchstens einmal zugestellt.

At least once (1) Das Datum wird jedem Client mindestens einmal zugestellt.

Exactly once (2) Das Datum wird jedem Client genau einmal zugestellt.

Die QoS-Einstellungen erfordern entsprechende Ressourcen des Brokers für das Vorhalten der Daten. Eine weitere Einstellung ist das `retain`-Flag, mit dem eingestellt werden kann, ob das Datum für die Abonnenten für den Fall, dass sie nicht erreichbar sind, vorgehalten wird.

Listing 10.7
Veröffentlichen eines Topics

```
int msgId = esp_mqtt_client_publish(client, "poxi/bpm",
    ↪ (char*)payload, payloadLen, 1, 0);
```

Zur Visualisierung der Topics eignet sich ein Werkzeug wie der MQTT Explorer [43]. Nach dem Verbinden zum Broker kann ein Topic gesucht und mit seiner Geschichte angezeigt werden, wie in Abb. 10–8 im Screenshot ersichtlich. Die JSON-Objekte werden in entpackter Form angezeigt.

Abb. 10–8 *Der MQTT Explorer mit einer Aufzeichnung des Pulses*

MQTT übernimmt eine definierte Zustellungsgarantie, und in neueren Versionen ist es auch garantiert, dass die Werte in ihrer ursprünglichen Reihenfolge an die Abonnenten übermittelt werden. Dies gilt innerhalb einer QoS-Warteschlange und nicht warteschlangenübergreifend. Ein Paket mit QoS 0 kann beispielsweise ein Paket mit QoS 1 überholen.

Für Geräte im mobilen Einsatz, die mit Verbindungsabbrüchen zu rechnen haben, bietet MQTT das LWT(»Last Will and Testament«)-Feature. Ein Client kann beim Aufbau der Verbindung einen »letzten Willen«, i.e. eine Nachricht, die beim Verbindungsabbruch veröffentlicht werden soll, hinterlegen. Auf diese Weise kann das Hintergrundsystem auf den Verbindungsabbruch reagieren.

10.2.3 Webserver

Auf dem ESP32-C3 kann auch ein Webserver betrieben werden. Die Dokumentation des ESP-IDF enthält detaillierte Informationen zu diesem minimalen Webserver, der auch Websockets beherrscht [17].

Das Pulsoximeterbeispiel verwendet den Webserver, um eine statische Seite mit dem aktuellen Pulswert anzuzeigen. Für eine Anzeige genügt es, in einem Browser die IP-Adresse des ESP32-C3 anzugeben. Der Browser verbindet dann auf den Port 80 (HTTP-Port) des Gerätes und lädt per HTTP-Protokoll, GET-Methode, die Standardseite herunter.

10.3 Bluetooth

Ein Webserver eignet sich für den Gerätezugriff, wenn das Gerät gefunden wird. Dies ist im Heimnetzwerk machbar, aber schwierig, wenn das Gerät aus dem Internet erreicht werden soll. In Firmennetzen mit eingeschränkten Rechten kann dies ebenso herausfordernd sein.

Eine Alternative ist der direkte Zugriff über Bluetooth mit einer App auf dem Smartphone. In diesem Abschnitt werden die Grundlagen von Bluetooth insoweit erklärt, als diese zum Verständnis einer minimalen Implementierung im Pulsoximeter notwendig sind. Eine vollständige Behandlung des Themas kann aus Platzgründen nicht erfolgen.

Bluetooth wurde ursprünglich als drahtloser Kabelersatz geplant. Der Netzzugriff ist in der IEEE 802.15.1 spezifiziert. Damit gehört die Technologie mit einer Reichweite von etwa 10 m zu den WPANs, den »Wireless Personal Area Networks«. Seit der Einführung im Jahr 1999 wurden viele Korrekturen und Erweiterungen eingeführt.

Eine erhebliche Erweiterung ist Bluetooth LE (»Low-Energy«, BLE), zeitweise auch Bluetooth Smart genannt, in Version 4. Für diese Technologie wurde die Netzzugangsschicht so stark geändert, dass eine Kommunikation mit der ursprünglichen, nun Classic Bluetooth genannten Technologie nicht mehr möglich ist. Es existieren deshalb reine Classic-, reine LE- und Geräte mit Classic- und LE-Funktionalität. Smartphones und PCs beherrschen typischerweise beide Technologien, der ESP32-C3 nur Bluetooth LE 5.

Wegen der geringeren Leistungsaufnahme ist Bluetooth LE in tragbaren Geräten weit verbreitet. Bestimmte Funktionalität wird in LE nachgerüstet, wie Bluetooth Audio in V5.2 zur Übertragung hochqualitativer Audiodaten zwischen zwei Geräten oder an eine ganze Hörerschaft, wie dies in einem Kino oder Museum der Fall sein kann. Die im ESP32-C3 enthaltene Version 5 hat diese Funktionalität noch nicht, ebenso wie das in V5.1 eingeführte Direction Finding, mit dem aus der Signalrichtung eine Position ermittelt werden kann. Die erhöhte Geschwindigkeit und Reichweite von LE V5 werden mit maximaler Sendeleistung unterstützt.

Der Protokollstapel von Bluetooth LE ist in Abb. 10–9 wiedergegeben. Der Netzzugang besteht aus den Schichten Physical und Link Layer und ist laut Spezifikation auf dem Controller untergebracht.

Abb. 10–9
Bluetooth-LE-Protokollstapel

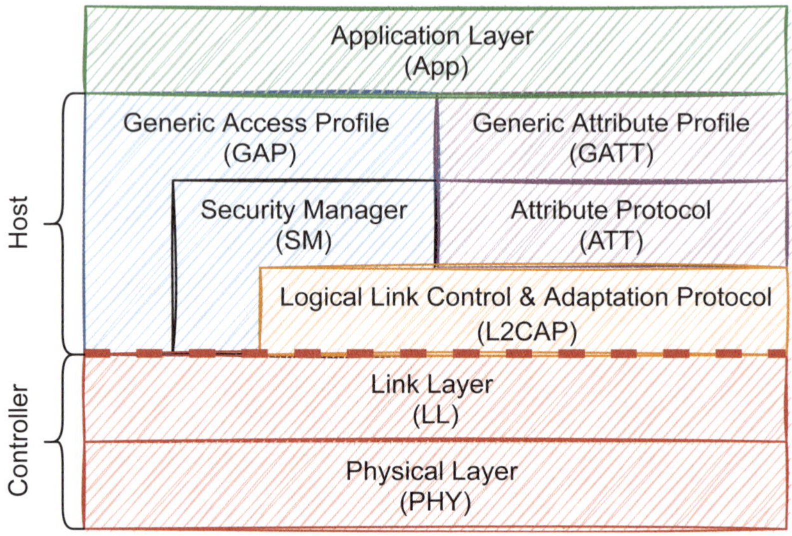

Bluetooth sendet im selben ISM-Band bei 2,4 GHz wie WLAN und ZigBee und teilt dieses Band in 40 Kanäle, die mit jedem Paket gewechselt werden. Die höheren Schichten sind auf einem Host implementiert. Dies kann der Softwarestack auf einem PC oder auch das Embedded System mit den Controller-Schichten sein. Die Trennung zwischen Host und Controller ist für die Kompatibilität und Austauschbarkeit explizit eingezogen. Das HCI (»Host Controller Interface«) definiert die Schnittstelle, sodass ein Protokollstapel (der »Bluetooth Stack«) mit beliebiger Hardware arbeiten kann.

Auf dem Logical Link Control and Adaptation Protocol (L2CAP) bauen die weiteren Protokolle auf. Es stellt den höheren Schichten Verbindungen mit Quality of Service zur Verfügung. Im Grunde unterscheidet sich L2CAP in Classic Bluetooth von der Variante in LE nur wenig. Da die zugrunde liegende Physical Layer aber nicht die notwendige Datenrate hat, können Profile wie das Headset Profile zum Anschluss eines Kopfhörers nicht umgesetzt werden. Von der Vielzahl an Profilen des Classic Bluetooth sind die meisten nicht in LE enthalten.

Es gibt aber weiterhin die Möglichkeit, per L2CAP einen Kommunikationskanal zwischen Geräten zu eröffnen. Die übliche Vorgehensweise ist aber nicht, über einen Kanal zu kommunizieren, sondern das GAP- und das GATT-Profil zu nutzen, um je nach Geräterolle zu verbinden und auf Geräte-»Attribute« zuzugreifen.

10.3.1 NimBLE Stack

Das ESP-IDF beinhaltet zwei Bluetooth Stacks:

Bluedroid, ein umfangreicher Stack für Classic und LE Bluetooth, wurde von Android übernommen

NimBLE, ein reiner Bluetooth LE Stack, aus dem Apache-Projekt Mynewt [2]

Aufgrund der niedrigen Ressourcennutzung empfiehlt Espressif für reine BLE-Projekte letzteren Stack. Zum Starten des NimBLE-Stacks müssen verschiedene Initialisierungsfunktionen aufgerufen werden. Im Pulsoximeterbeispiel wird der Stack in der Funktion `blehrdevice_init()` initialisiert. Im Anschluss an die Initialisierung wird der Stack in einem eigenen Task per `blehrdevice_start()` gestartet. Dieser Task entnimmt einer Queue zyklisch spezielle Events und arbeitet diese ab.

Der Code ist im C-Modul `blehrdevice`*, für »BLE Heart Rate Device« untergebracht.*

10.3.2 Generic Access Profile (GAP)

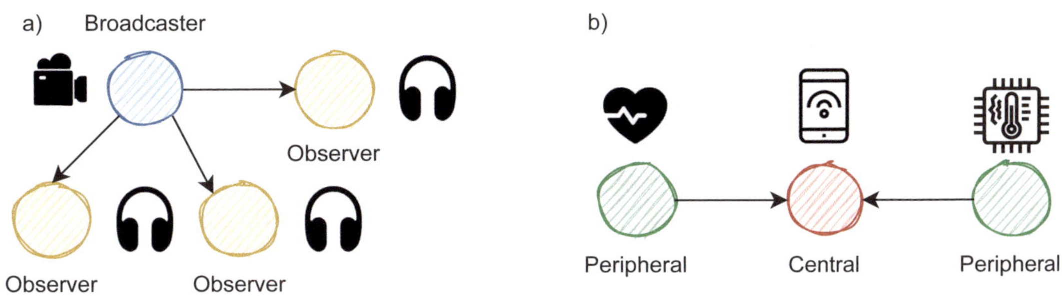

Abb. 10–10
BLE-GAP-Geräterollen

Im GAP sind zwei Mechanismen zur Kommunikation zwischen Geräten definiert. In der selteneren Variante gibt es einen »Broadcaster«, der Daten an viele »Observer« veröffentlicht (siehe Abb. 10–10 a). Für diesen Zweck wird keine Verbindung benötigt. Die speziellen Pakete, die der Broadcaster sendet, sind »Advertisements«. Diese werden abwechselnd auf einem von drei reservierten Kanälen ausgesendet. Die Kanäle sind so gewählt, dass sie mit größtmöglichem Abstand zu den Mittenfrequenzen von WLAN platziert sind und so möglichst wenig überlagert werden. Die zyklisch gesendeten Advertisements können beliebige Zusatzinformationen tragen, die der Observer entnimmt. Eine Anwendung für Broadcasts ist die Tonübertragung an die Besucher eines Kinos. Schwerhörige Menschen können so den Ton über ihr eigenes BLE-Headset verstärken.

Häufiger ist der Aufbau einer Verbindung zwischen einer »Peripheral« und einer »Central« (siehe Abb. 10–10 b). Eine Peripheral sendet zyklische Advertisements, auf die eine Central unmittelbar durch einen Verbindungsaufbau reagieren kann. Die Peripheral steht der Central damit zur Verfügung und stoppt das Senden der Advertisements. Das Pulsoximeter sendet als Peripheral die Pulsdaten an das Smartphone als Central.

In NimBLE werden die Felder der Advertisements mit der Funktion `ble_gap_adv_set_fields()` gesetzt, anschließend beginnt das Senden von Advertisements mit einem Aufruf der Funktion `ble_gap_adv_start()`. Um anzuzeigen, dass es sich um ein BLE-Gerät ohne Classic Bluetooth handelt, muss das Flag `BLE_HS_ADV_F_BREDR_UNSUP` (»BR/EDR Not Supported«) gesetzt werden.

In den Parametern der Funktion erfolgt unter anderem die Einstellung der Zykluszeit. Der übergebene Event-Handler `handleGAPEvent()` reagiert auf Ereignisse wie `BLE_GAP_EVENT_DISCONNECT`, also einem Verbindungsabbruch, mit einem Neustart der zyklischen Advertisements.

Die weitere Kommunikation erfolgt attributbasiert über das ATT-Protokoll.

10.3.3 GATT-Profil und ATT-Protokoll

Eine Liste der Spezifikationen findet sich auf der Bluetooth-Webseite [7].

Das »Generic Attribute Profile« dient der Definition der Services von BLE-Geräten. Die Bluetooth SIG (Special Interest Group), die die Bluetooth-Technologie spezifiziert, definiert auch Profile und Services für verschiedene Einsatzzwecke. Das einfachere »Heart Rate Profile« wird zusammen mit »Heart Rate Service« an dieser Stelle beschrieben und im Pulsoximeterprojekt verwendet, um den aktuellen Puls zu übertragen. Das etwas kompliziertere »Pulse Oximeter Profile« wird mit dem zugehörigen Service im Poxi2-Projekt verwendet (siehe Anhang A.2).

Die BLE-Profile und -Services sind nach einem einheitlichen Schema aufgebaut, wie Abb. 10–11 zeigt. Ein Gerät wie der BLE Heart Rate Sensor definiert seine Services. Die Services bestehen aus »Characteristics«, beim Heart Rate Service die `Body Sensor Location` und das `Heart Rate Measurement`. Eine Characteristic hat eine eindeutige UUID, eine Universally Unique Identifier. Wird diese 128-Bit-Zahl zufällig erzeugt, ist ihre Einzigartigkeit wahrscheinlich. Reservierte UUIDs, wie sie für die Servicespezifikationen verwendet werden, sind im Dokument »16-Bit UUID Numbers« aufgelistet. Diese sind 16 Bit lang. Eigene UUIDs können beliebig (normalerweise zufällig) gewählt werden.

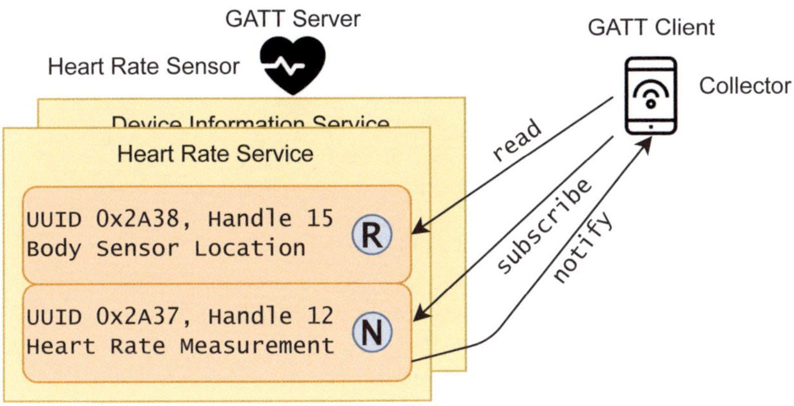

Abb. 10–11 *BLE GATT: Heart Rate Service*

Das Gerät, das Services zur Verfügung stellt, ist ein GATT-Server, das nutzende Gerät der GATT-Client. Die Characteristic beinhaltet ein oder mehrere Attribute, die tatsächliche Werte enthalten. Diese Attribute haben für das Gerät eindeutige Handles zugeordnet. Dies ist notwendig, weil dieselben UUIDs in verschiedenen Services verwendet werden können.

Die Art des Zugriffs auf eine Characteristic bzw. deren Attribute ist ebenso definiert. Je nach Zugriffsart verwendet der Client die Funktionen `read` zum Auslesen, `write` zum Schreiben oder `subscribe` zum Abonnieren eines Attributs.

Der Heart Rate Service definiert die Characteristic `Body Sensor Location (0x2A38)` für den Lesezugriff. Das Smartphone kann den Wert per `read` auslesen. Das Beispielprojekt gibt den Wert 3 zurück, der die Position »Finger« kodiert.

Der Puls ist in der Characteristic `Heart Rate Measurement (0x2A37)` als »Notification« abgelegt. Dieser Zugriff bedeutet, dass die Characteristic per `subscribe` abonniert werden kann. In der Folge sendet der Server Pulswerte zyklisch an den Server. Die Zykluszeit, beim Pulsoximeterbeispiel eine Sekunde, wird vom Server festgelegt. Die Zustellung von Notifications ist nicht garantiert. Eine »Indication« funktioniert analog zur Notification mit bestätigter Zustellung.

Um den Heart Rate Service anzulegen, wird dieser wie in Listing 10.8 definiert und mit den Funktionen `ble_gatts_count_cfg()` und `ble_gatts_add_svcs()` registriert. In Zeile 4 wird die vordefinierte UUID des Services angegeben, die beiden Characteristics verwenden ebenso die spezifizierten UUIDs. Die angegebene Callback-Funktion `gattCharacterisicAccessHeartRate()` wird aufgerufen, wenn das Read-Attribut Body Sensor Location gelesen wird. Sie erhält Handles auf die bestehende Verbindung, das auszulesende Attribut sowie einen Kontext für den Attributzugriff (`struct ble_gatt_access_ctxt* ctxt` als Parameter.

Listing 10.8 *Definition des BLE Heart Rate Service als GATT-Service*

```
static const struct ble_gatt_svc_def gGATTServices[] = {
{ // Bluetooth Heart Rate Service Spec. V10.0
   .type = BLE_GATT_SVC_TYPE_PRIMARY,
   .uuid = BLE_UUID16_DECLARE(GATT_HRS_UUID),
   .characteristics = (struct ble_gatt_chr_def[])
   { { // Characteristic: Body sensor location
      .uuid = BLE_UUID16_DECLARE(GATT_HRS_BODY_SENSOR_LOC_UUID),
      .access_cb = gattCharacterisicAccessHeartRate,
      .flags = BLE_GATT_CHR_F_READ,
   }, { // Characteristic: Heart-rate measurement
      .uuid = BLE_UUID16_DECLARE(GATT_HRS_MEASUREMENT_UUID),
      .access_cb = gattCharacterisicAccessHeartRate,
      .val_handle = &gHeartRateValueHandle,
      .flags = BLE_GATT_CHR_F_NOTIFY,
   }, { 0, /* No more characteristics in this service */ }, }
},
// [...] more services
```

In der Funktion genügt es, die Antwort an den Puffer des Attributkontexts anzuhängen, um das Attribut an den Client zu senden:

```
uint8_t loc = GATT_SENSOR_LOCATION_FINGER;
if (os_mbuf_append(ctxt->om, &loc, sizeof(loc)) != ESP_OK) {
   // report error: BLE_ATT_ERR_INSUFFICIENT_RES;
}
```

Notifications werden vom Client abonniert und dann vom Server zyklisch versendet. Beim Abonnieren oder Kündigen der Notification wird der im vorigen Abschnitt beschriebene GAP Callback `handleGAPEvent()` mit dem Eventtyp `BLE_GAP_EVENT_SUBSCRIBE` aufgerufen. Als Reaktion ist es üblich, das zyklische Versenden der Notifications zu starten.

Listing 10.9 *Versenden der Heart Rate Notification*

```
static uint8_t hrm[2] = {
   (GATT_SENSOR_HEARTBEAT_FLAG_VALUEFORMAT_UINT8 |
    GATT_SENSOR_HEARTBEAT_FLAG_SENSORCONTACT_SUPPORTED), 0 };
if (pulse_ok) {
   hrm[0] |= GATT_SENSOR_HEARTBEAT_FLAG_SENSORCONTACT_GOOD;
   hrm[1] = pulse_bpm;
}
struct os_mbuf* om = ble_hs_mbuf_from_flat(hrm, sizeof(hrm));
esp_err_t rc = ble_gattc_notify_custom(gConnectionHandle,
    ↪ gHeartRateValueHandle, om);
```

Der Versand der Heart Beat Notification ist in Listing 10.9 dargestellt. Die Zeilen 1–7 stellen die profilkonformen Daten zusammen. Eine Bitmaske im ersten Byte der Daten `hrm` gibt dem Client Auskunft darüber, ob ein Puls vorhanden ist. Das zweite Byte der Daten enthält den gemessenen Puls als `UINT8`-Zahl. Nach dem Kopieren der Daten in den Puffer `om` sendet `ble_gattc_notify_custom()` die Notification unter Bezugnahme auf das Attribut `gHeartRateValueHandle` zum Client.
Die Smartphone-App »BLE Scanner«, die im Google Play Store gratis verfügbar [6] ist, eignet sich zum Testen der BLE Services. Die Services können aufgelistet, eine Verbindung kann hergestellt und Daten können gelesen und geschrieben werden. Abb. 10–12 zeigt den BLE Scanner mit einer Verbindung zum Pulsoximeter. Es ist ersichtlich, dass vier Services auf dem Gerät sind. Durch Drücken auf den Knopf »R« wurde die Position des Sensors ausgelesen. Ebenso wurde durch Drücken des Knopfs »N« die Notification gestartet. Der Wert 52 bpm wurde erfolgreich übermittelt.

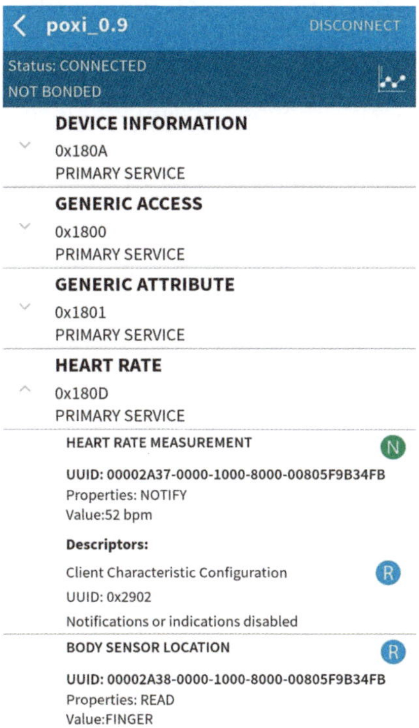

Abb. 10–12 Kommunikation mit der Smartphone-App BLE Scanner

Die Sicherheit von Bluetooth mittels Pairing ist für Produktivsysteme zu empfehlen, kann aber, wie viele weitere Eigenschaften dieses mächtigen Systems, im Rahmen dieses Buchs nicht behandelt werden. Die Basis der Übertragung und der weitere Aufbau von Verständnis dieser Technologie sollten mit diesem kurzen Überblick jedoch möglich sein.

10.4 Power-Management

Eine Optimierung des Stromverbrauchs ist bei Embedded Systemen im Allgemeinen wichtiger als bei PC-basierten Systemen. Grund dafür sind die Mobilität und der netzunabhängige Betrieb dieser Systeme, die einen Batteriebetrieb zur Folge haben. In Abschnitt 5.4.12 wurden die elektrische Arbeit und Leistung eingeführt und die Lebensdauer eines Batteriesystems berechnet. In diesem Abschnitt werden die Ansätze der Verbrauchsreduktion im ESP-IDF betrachtet.

Schaltungen in CMOS (siehe Abschnitt 5.4.2) haben statischen und dynamischen Stromverbrauch. Statisch, also im »Ruhezustand«, fließen Elektronen vom Gate oder von der Source ab. Dynamisch entsteht während des Schaltens kurzzeitig ein Kurzschluss durch beide Transistoren. Diese Stromflüsse sind technologiebedingt und können durch die Software nicht beeinflusst werden.

Dynamisch bewirkt das Laden/Entladen der Gates beim Schaltvorgang ebenso einen erhöhten Stromverbrauch. Dieser lässt sich grob abschätzen mit:

$$P \approx C_L \cdot V^2 \cdot f$$

V wirkt sich als angelegte Spannung quadratisch aus, weshalb die Technologie dahingehend zunehmend optimiert wird. Zu niedrige Spannungen erhöhen aber den statischen Stromverbrauch.

C_L ist die Summe der zu ladenden Kapazitäten der Schaltung. Eine Verkleinerung der Strukturgröße macht eine Schaltung deshalb nicht nur günstiger, sondern wirkt sich auch positiv auf den Stromverbrauch aus.

Die Schaltfrequenz f wirkt linear, weshalb es sinnvoll ist, diese so gut wie möglich zu drosseln.

Clock Gating ist eine einfache und effektive Methode zur Drosselung des Stromverbrauchs durch die Abschaltung der Taktleitung, die zu einem Modul führt. Der ESP32-C3 erzeugt verschiedene Takte, die er über den »Clock Tree« zur Verfügung stellt. Zum Anschalten eines Moduls stellt die Nutzerin bzw. der Nutzer bei der Peripherie (bzw. beim Peripherietreiber) den gewünschten Takt ein. Wenn kein Taktsignal gesetzt wird, schaltet das betreffende Peripheriemodul ab.

Power Gating Manche Architekturen erlauben nicht nur das Abschalten des Takts, sondern auch der Stromzufuhr zu einem Peripheriemodul. Dieses Power Gating ist in der Implementierung deutlich aufwendiger als Clock Gating. Problematisch dabei ist, dass der aktuelle Zustand eines Moduls mit Abschalten der Spannung verloren geht. Module, die den Zustand halten sollen, haben Bereiche, die durchgehend versorgt, und Bereiche, die abgeschaltet werden.

10.4.1 Sleep Modes

Moderne Mikrocontroller unterstützen verschiedene Arten von Sleep Modes bezüglich der »Tiefe des Schlafs«. Gemeint ist dabei, welche Komponenten noch aktiv sind und wie lange eine Reaktivierung benötigt. Grundsätzlich gilt: Je tiefer der Schlaf, desto länger die Aufwachphase.

Der ESP32-C3 hat eine eigene Low-Power Management Unit, die vielerlei Einstellungen für ein effektives Stromsparen erlaubt. Zu den Sleep Modes zählt der »Light-sleep Mode«, bei dem der Takt der Peripherie, von großen Teilen des RAM und von der CPU abgeschaltet ist (Clock Gates). Beim Aufwachen werden die Takte angelegt, und das System kann seine Arbeit direkt fortsetzen.

Im »Deep-sleep Mode« wird die Spannungsversorgung der Peripherie, die den Bustakt APB_CLK bezieht, abgeschaltet. Einzig die RTC-Domäne mit dem RTC-Controller und einem kleinen RAM (8 KiB RTC Fast Memory) bleibt versorgt.

Der »Modem-sleep Mode« schaltet die Netzzugangsschicht von Wi-Fi und Bluetooth LE ab. Die Stacks können in dieser begrenzten Zeit aktiv bleiben und die Verbindungen halten.

Im Datenblatt ist der maximale Strom bei 3,3 V Versorgungsspannung beim Senden über Wi-Fi mit maximaler Sendeleistung 335 mA. Der Wi-Fi-Empfang benötigt maximal 87 mA. Im Modem-sleep Mode reduziert sich der Stromverbrauch auf 20 mA bei 160 MHz und 15 mA bei 80 MHz. Der Light-sleep Mode schlägt mit 130 µA und der Deep-sleep, bei dem nur der RTC-Timer und -Speicher bestromt sind, mit 5 µA zu Buche. Es ist ersichtlich, dass das Sparen von Strom die Batterielebensdauer beträchtlich erhöhen kann. Es darf bei der Berechnung der Batterielebensdauer nicht vergessen werden, dass der Mikrocontroller typischerweise einen wesentlichen, aber nicht den alleinigen Stromverbrauch verursacht. Jede versorgte elektrische Komponente, vom Spannungswandler bis zum Pull-up-Widerstand, hat statische und dynamische Stromverbrauchseigenschaften.

Im ESP-IDF stehen Funktionen wie `esp_light_sleep_start()` und `esp_deep_sleep_start()` bereit, um in den Schlafmodus zu wechseln. Je nach Sleep Mode ist zu beachten, wie die externen Komponenten reagieren. Die serielle Schnittstelle puffert beispielsweise den Sendepuffer im Light-sleep. Nach dem Aufwachen wird dann die Übertragung fortgesetzt. Die GPIOs werden im Deep-sleep hochohmig, was Auswirkungen auf angeschlossene Systeme haben kann und deshalb in der externen Beschaltung berücksichtigt werden muss. Für Systeme, die den Zustand während des Tiefschlafs beibehalten sollten, steht eine begrenzte Zahl (sechs) von GPIO-Pins zur Disposition, die ihren Zustand in diesem Modus beibehalten können.

Das Aufwecken kann nur eine Komponente, die nicht schläft, erledigen. Dies kann im Deep-sleep der RTC-Timer oder ein Deep-sleep-fähiger GPIO-Pin sein. Der Wakeup wird mit entsprechenden Funktionen aktiviert, beispielsweise `esp_sleep_enable_uart_wakeup()` für ein Aufwachen, wenn der UART im Light-sleep Daten empfängt. Weitere Informationen sind in der Dokumentation von Espressif [22] zu finden.

10.4.2 Power-Management-Algorithmus

Das ESP-IDF bringt einen eigenen Algorithmus zum Power-Management mit. Anstatt per Power Gating oder Clock Gating den Strom bzw. den Takt zu einem Peripheriemodul abzuschalten, reduziert der Algorithmus dynamisch die Taktfrequenz. Betroffen sind die Frequenz des APB-Bus und die der CPU. Bei niederer Last kann der Algorithmus das System auch im Light-sleep Mode schlafen legen.

Um nicht in der Ausführung gestört zu werden, können dem Algorithmus Bedingungen mitgeteilt werden. Ein aktiver Peripherietreiber kann verbieten, die Taktfrequenz zu ändern, da dies eine asynchrone serielle Kommunikation stören würde. Das Betriebssystem kann wünschen, dass die CPU mit maximaler Frequenz betrieben wird, solange andere Tasks als der Idle-Task laufen. Ein Peripherietreiber kann verhindern, in den Sleep-Modus zu wechseln, da das zugeordnete Modul dann keine Interrupts mehr erkennen und auslösen kann. Informationen zur Arbeitsweise und Konfiguration des Power-Management-Algorithmus sind in der Entwicklerdokumentation [20] hinterlegt.

Gerade in IoT-Anwendungen spielt der Stromverbrauch eine wesentliche Rolle, da die Systeme oft batteriebetrieben sind. Das Auswechseln von Batterien oder Laden von Akkus stellt die Betreiber und Nutzer dieser Anwendungen vor neue Anforderungen. Der Komfort des Systems sollte unter den Wartungsaufgaben möglichst wenig leiden. Aus diesem Grund ist effizientes Power-Management mit ein Schlüssel zum Erfolg einer Anwendung.

11 Schlusswort

> *»Wer hohe Türme bauen will, muss lange beim Fundament verweilen.«*
>
> ANTON BRUCKNER

Dieses Zitat des Komponisten Anton Bruckner hat an Strahlkraft nichts verloren. Um ein komplexes Werk zu schaffen, ist es wichtig, seine Einzelteile zu verstehen. Wenn die Basis nicht stabil ist, kann der Aufbau nicht halten.

Diese Basis ist im Bereich der Embedded Systeme solides Wissen über die Architektur und Funktionalität der einzelnen Komponenten. Eine Arbeit nach allen Regeln der Ingenieurskunst mit korrekter Planung und Umsetzung ist nur mit dieser Basis möglich.

So werden Fehler vermieden und Systeme implementiert, die logisch begründet funktionieren. Im andern Fall würden Systeme durch Versuch-und-Irrtum-Methoden geschaffen, die funktionieren können. Wie lange und unter welchen Bedingungen, ist unbekannt.

Das Fundament, das dieses Buch legt, ist breit und stellenweise tief. Es wurden viele Themen angesprochen, teilweise nur angeschnitten. Es besteht der Wunsch, dass die Leserin bzw. der Leser animiert wurde, weitere Details nachzulesen. Mit den vermittelten Grundlagen sollten Datenblätter, Reference Manuals, Schaltpläne, Sourcecodes, ... keine Hürde mehr darstellen.

Abschließend möchte der Autor zum Ausdruck bringen, dass es sich um seine Sicht auf Embedded Systeme handelt. Er hat den Stoff aus der Theorie und der Praxis sowohl des Lehrbetriebs an der Fachhochschule Vorarlberg als auch vielen praktischen Kundenprojekten bei der Firma clownfish IT GmbH zusammengetragen. Er wünscht der Leserschaft viel Erfolg und Freude bei der Ausarbeitung eigener Projekte!

IV Anhang

A Webseite zum Buch

Auf der Webseite zum Buch [52] finden sich Informationen, die laufend ergänzt und auf dem neuesten Stand gehalten werden. Ein Blick auf das Material hilft beim Einstieg in die Programmierung und für ein tieferes Verständnis des Inhalts.

A.1 Material zum ESP32-C3 und ESP-IDF

Dieser Anhang befindet sich auf der Webseite zum Buch.

Die Artikel behandeln unter anderem die Installation des ESP-IDF, die erste Inbetriebnahme, das Vorgehen beim Debugging sowie die Verwendung der Git-Versionsverwaltung.

Es werden Quellen für den Bezug der elektronischen Komponenten zum Aufbau der Schaltungen im Buch aufgelistet. Zusätzlich finden die Besucher:innen Links auf die wesentlichen Online-Dokumente.

A.2 Beispiele des Buchs

Im Buch sind viele Beispielprogramme zur besseren Vermittlung des Inhalts angegeben. Die vollständigen Sourcen, von denen nur Teile abgedruckt sind, befinden sich in einem Online-Repository. Dieses ist mit zusätzlichen Informationen zur Hard- und Software über die Webseite zugänglich.

Für die Beispiele wurden zwei verschiedene Versionen des ESP-IDF eingesetzt:

- Das Beispiel `sum_up_n`, das in Kapitel 3 eingesetzt wird, wurde mit V 4.4 des ESP-IDF entwickelt. Wichtig ist, dass dort V 8.4.0 der GCC Compiler Tools eingesetzt wurde. Der entstehende Code unterscheidet sich mit einiger Wahrscheinlichkeit vom Code anderer Versionen, sollte mit der Beschreibung im Kapitel aber dennoch verständlich sein.

- Die restlichen Beispiele wurden mit ESP-IDF V 5.0 entwickelt. Diese Version war zur Drucklegung des Buchs aktuell. Neuere Versionen können sich unterscheiden. Unterschiede und Anleitungen zur Migration sind auf der Espressif-Webseite [19] dokumentiert.

Neben den kleinen Beispielen zum Berechnen des »kleinen Gauß«, Schalten von LEDs sind das auch die große Pulsoximeterapplikation ohne (`poxi`) und mit (`poxi2`) MAX32664-(»biometric hub«)Baustein.

Außerdem sind die Display-Ansteuerungsbibliothek `graphics` mit unterstützenden Werkzeugen sowie weitere Werkzeuge wie `FlexiPlot` eingehender beschrieben.

A.3 Übungsbeispiele

Auf der Webseite zum Buch befinden sich Übungsbeispiele zu den einzelnen Kapiteln. Diese dienen dem Sammeln von Erfahrungen mit der embedded Plattform und dem Üben anhand typischer Problemstellungen. Ein Vergleich mit den bereitgestellten Lösungen hilft bei der Beurteilung der eigenen Ausarbeitung.

Wichtig ist dabei zu beachten, dass eine Musterlösung nicht die einzig sinnvolle Lösung darstellt. Es gibt immer viele Wege zum Ziel, die jeweils ihre eigene Begründung haben. Deshalb werden auf der Webseite Kommentare zu den Musterlösungen und alternative Ansätze der Leserschaft gesammelt und bereitgestellt.

A.4 Errata

Trotz aller Sorgfalt kann nicht garantiert werden, dass keine Fehler im Buch enthalten sind. Aus diesem Grund werden auf der Webseite Fehler, seien sie lexikalischer, grammatikalischer oder inhaltlicher Art, gesammelt und als Errata zur Verfügung gestellt.

Die Errata sind auch für die Beseitigung von Unklarheiten gedacht. Vorab sei der Leserin, dem Leser mein Dank für eine eventuelle Meldung und die Geduld ausgesprochen!

Literaturverzeichnis

[1] Analog Devices. *LTC4015 Multichemistry Buck Battery Charger Controller with Digital Telemetry System.* https://www.analog.com/en/products/ltc4015.html. Accessed: 2022-11-08.

[2] Apache Mynewt. *BLE User Guide.* https://mynewt.apache.org/latest/network/. Accessed: 2022-11-08.

[3] arm Developer. *AMBA.* https://developer.arm.com/architectures/system-architectures/amba. Accessed: 2022-11-07.

[4] arm Keil. *RTX Real-Time Operating System.* https://www.keil.com/arm/rl-arm/kernel.asp. Accessed: 2022-11-08.

[5] Berns K, Köpper A, Schürmann B. *Technische Grundlagen Eingebetteter Systeme: Elektronik, Systemtheorie, Komponenten und Analyse, 1. Aufl.* Springer Vieweg, 2019.

[6] Bluepixel Technologies. *BLE-Scanner im Google Play Store.* https://play.google.com/store/apps/details?id=com.macdom.ble.blescanner. Accessed: 2022-11-08.

[7] Bluetooth SIG. *Liste der Spezifikationen und Prüfdokumente.* https://www.bluetooth.com/de/specifications/specs/. Accessed: 2022-11-08.

[8] choosealicense. *Licenses.* https://choosealicense.com/licenses/. Accessed: 2022-11-08.

[9] Downey A. *Think DSP, digital signal processing in python.* O'Reilly, Jul. 2016.

[10] elm-chan. *FatFs – Generic FAT Filesystem Module.* http://elm-chan.org/fsw/ff/00index_e.html. Accessed: 2022-11-08.

[11] Espressif. *Build System.* https://docs.espressif.com/projects/esp-idf/en/latest/esp32c3/api-guides/build-system.html. Accessed: 2022-11-08.

[12] Espressif. *eFuse Manager.* https://docs.espressif.com/projects/esp-idf/en/latest/esp32c3/api-reference/system/efuse.html. Accessed: 2022-11-08.

[13] Espressif. *ESP Privilege Separation Programming Guide.* https://docs.espressif.com/projects/esp-privilege-separation/en/latest/esp32c3/index.html. Accessed: 2022-11-08.

[14] Espressif. *ESP32-C3-DevKitM-1.* https://docs.espressif.com/projects/esp-idf/en/latest/esp32c3/hw-reference/esp32c3/user-guide-devkitm-1.html. Accessed: 2022-11-08.

[15] Espressif. *Espressif DSP Library.* https://docs.espressif.com/projects/esp-dsp/en/latest/esp-dsp-library.html. Accessed: 2022-11-08.

[16] Espressif. *GPIO & RTC GPIO.* https://docs.espressif.com/projects/esp-idf/en/latest/esp32c3/api-reference/peripherals/gpio.html. Accessed: 2022-11-08.

[17] Espressif. *HTTP Server.* https://docs.espressif.com/projects/esp-idf/en/latest/esp32c3/api-reference/protocols/esp_http_server.html. Accessed: 2022-11-08.

[18] Espressif. *IDF Component Registry.* https://components.espressif.com/. Accessed: 2022-11-08.

[19] Espressif. *Migration Guides.* https://docs.espressif.com/projects/esp-idf/en/latest/esp32c3/migration-guides/index.html. Accessed: 2023-01-12.

[20] Espressif. *Power Management.* https://docs.espressif.com/projects/esp-idf/en/latest/esp32c3/api-reference/system/power_management.html. Accessed: 2022-11-08.

[21] Espressif. *Sigma-Delta Modulation (SDM).* https://docs.espressif.com/projects/esp-idf/en/latest/esp32c3/api-reference/peripherals/sdm.html. Accessed: 2022-11-08.

[22] Espressif. *Sleep Modes.* https://docs.espressif.com/projects/esp-idf/en/latest/esp32c3/api-reference/system/sleep_modes.html. Accessed: 2022-11-08.

[23] Espressif. *System Time.* https://docs.espressif.com/projects/esp-idf/en/latest/esp32c3/api-reference/system/system_time.html. Accessed: 2022-11-08.

[24] Espressif. *Watchdogs*. https://docs.espressif.com/projects/esp-idf/en/latest/esp32c3/api-reference/system/wdts.html. Accessed: 2022-11-08.

[25] Espressif. *ESP32-C3 Series Datasheet, Version 1.4*. https://www.espressif.com/en/support/documents/technical-documents, Accessed: 2021-12-16.

[26] Espressif. *ESP32-C3 Technical Reference Manual, Pre-release v0.7*. https://www.espressif.com/en/support/documents/technical-documents, Accessed: 2022-12-16.

[27] Free Software Foundation. *Constraints for asm Operands*. https://gcc.gnu.org/onlinedocs/gcc/Constraints.html. Accessed: 2021-10-19.

[28] FreeRTOS. *FreeRTOS Real-time operating system for microcontrollers*. https://www.freertos.org. Accessed: 2022-11-08.

[29] Fritzing. *Fritzing website*. https://fritzing.org/. Accessed: 2022-11-07.

[30] git. *git –fast-version-control*. https://git-scm.com/. Accessed: 2022-11-07.

[31] Glatz E. *Betriebssysteme – Grundlagen, Konzepte, Systemprogrammierung, 4. Auflage*. dpunkt.verlag, Okt. 2019.

[32] Hartl et al. *Elektronische Schaltungstechnik, Mit Beispielen in LTSpice, 2. Auflage*. Pearson Studium, Aug. 2019.

[33] IETF. *The Constrained Application Protocol (CoAP)*. Internet Engineering Task Force (IETF), 2014.

[34] ISO/IEC. *Information technology – Open Systems Interconnection – Basic Reference Model: The Basic Model*. INTERNATIONAL STANDARD ISO/IEC 7498-1, 1996.

[35] ITU-T. *Information technology – ASN.1 encoding rules: Specification of Basic Encoding Rules (BER), Canonical Encoding Rules (CER) and Distinguished Encoding Rules (DER)*. INTERNATIONAL STANDARD ISO/IEC 8825-1, 2021.

[36] Kernighan B, Richie D. *The C Programming Language*. Prentice Hall Professional Technical Reference, 1988.

[37] Kurose J, Ross K. *Computernetzwerke: Der Top-Down-Ansatz, 6. Auflage*. Pearson Studium, 2014.

[38] Loy G. *Musimathics, the mathematical foundations of music, volume 2*. The MIT Press, Aug. 2011.

[39] maxim integrated. *MAX30102 High-Sensitivity Pulse Oximeter and Heart-Rate Sensor for Wearable Health*. https://www.maximintegrated.com/en/products/interface/sensor-interface/MAX30102.html. Accessed: 2022-11-08.

[40] maxim integrated. *MAX30102 Datasheet: High-Sensitivity Pulse Oximeter and Heart-Rate Sensor for Wearable Health, Rev 1; 10/18.* https://www.maximintegrated.com/en/products/interface/sensor-interface/MAX30102.html, Accessed: 2022-05-24.

[41] MISRA. *MISRA website.* https://misra.org.uk. Accessed: 2022-11-07.

[42] Mosquitto. *Mosquitto website.* https://test.mosquitto.org/. Accessed: 2022-11-08.

[43] Nordquist T. *MQTT Explorer website.* http://mqtt-explorer.com/. Accessed: 2022-11-08.

[44] NTi Audio AG. *Fast Fourier Transformation FFT – Grundlagen.* https://www.nti-audio.com/de/service/wissen/fast-fourier-transformation-fft. Accessed: 2022-07-06.

[45] packetsender. *Packet Sender website.* https://packetsender.com/. Accessed: 2022-11-08.

[46] Patterson D, Hennessy, J. *Computer Organization and Design RISC-V Edition: The Hardware Software Interface.* Morgan Kaufmann, 2nd Edition, Apr. 2021.

[47] Patterson D, Waterman A. *The RISC-V Reader: An Open Architecture Atlas.* Strawberry Canyon, 1. Edition, Nov. 2017.

[48] Philips Semiconductors. *Application Note AN10216-01 I^2C Manual, March 24, 2003.* https://www.nxp.com/docs/en/application-note/AN10216.pdf, Accessed: 2022-05-24.

[49] Qing L, Yao C. *Real-Time Concepts for Embedded Systems.* CMP Books, Apr. 2003.

[50] Rankl W, Effing W. *Handbuch der Chipkarten: Aufbau – Funktionsweise – Einsatz von Smart Cards, 5. Auflage.* Carl Hanser Verlag, 2008.

[51] RISC-V International. *RISC-V ABIs Specification, Version 0.01, October 12, 2021: Pre-release version.* "https://github.com/riscv-non-isa/riscv-elf-psabi-doc/releases". Accessed: 2021-10-15.

[52] Ritschel P, Koch J. *Embedded Systems – Auf den Punkt gebracht.* https://ritschel.at/buch-embedded-systems-auf-den-punkt-gebracht/. Accessed: 2021-08-03.

[53] Saake G, Sattler KU. *Algorithmen und Datenstrukturen: Eine Einführung mit Java, 4. Auflage.* dpunkt.verlag, 2020.

[54] Schmeh K. *Kryptografie – Verfahren, Protokolle, Infrastrukturen, 6. Auflage.* dpunkt.verlag, Apr. 2016.

[55] Schneier B. *Applied Cryptography: Protocols, Algorithms and Source Code in C, Anniversary Edition*. John Wiley & Sons Inc., Mar. 2015.

[56] Sommerville I. *Software Engineering, 10. Auflage*. Pearson Studium, 2018.

[57] statista. *Microcontroller unit (MCU) shipments worldwide from 2015 to 2021*. https://www.statista.com/statistics/935382/worldwide-microcontroller-unit-shipments/. Accessed: 2022-11-07.

[58] Texas Instruments. *TI-RTOS: Real-Time Operating System (RTOS) for Microcontrollers (MCU)*. https://www.ti.com/tool/TI-RTOS-MCU. Accessed: 2022-11-08.

[59] The ESP Journal. *ESP32-C2 and Why It Matter-s*. https://blog.espressif.com/esp32-c2-and-why-it-matter-s-bcf4d7d0b2c6. Accessed: 2022-11-08.

[60] TIOBE. *TIOBE Index*. https://www.tiobe.com/tiobe-index/. Accessed: 2022-11-07.

[61] VARTA. *VARTA website*. https://www.varta-ag.com. Accessed: 2022-11-07.

[62] Waterman A, Asanović K. *The RISC-V Instruction Set Manual, Volume I: User-Level ISA, Document Version 20191213*. RISC-V Foundation, December 2019.

[63] Waterman A, Asanović K. *The RISC-V Instruction Set Manual, Volume II: Privileged Architecture, Document'Version 20190608-Priv-MSU-Ratified*. RISC-V Foundation, June 2019.

[64] Wikipedia. *Chi-Quadrat-Test*. https://de.wikipedia.org/wiki/Chi-Quadrat-Test. Accessed: 2021-11-17.

[65] Wikipedia. *Internet der Dinge*. https://de.wikipedia.org/wiki/Internet_der_Dinge. Accessed: 2022-11-08.

[66] Wikipedia. *Jahr-2038-Problem*. https://de.wikipedia.org/wiki/Jahr-2038-Problem. Accessed: 2023-02-16.

[67] Wikipedia. *Spectre (Sicherheitslücke)*. https://de.wikipedia.org/wiki/Spectre_(Sicherheitsl%C3%BCcke). Accessed: 2022-11-08.

[68] Wikipedia. *Zweierkomplement*. https://de.wikipedia.org/wiki/Zweierkomplement. Accessed: 2022-11-23.

[69] Wireshark. *Wireshark website*. https://www.wireshark.org/. Accessed: 2022-11-08.

[70] xcoder123. *Flexiplot github repository.* https://github.com/xcoder123/FlexiPlot. Accessed: 2022-11-08.

[71] Zurawski R (ed). *Industrial Communication Technology Handbook, Second Edition.* CRC Press, 2015.

Index

Marius Bancila

Die C++-Challenge

Echte Probleme lösen und zum C++-Experten werden – 100 Aufgaben und ausprogrammierte Lösungen

2019
306 Seiten, Broschur
€ 29,90 (D)

ISBN:
Print 978-3-86490-626-8
PDF 978-3-96088-653-2
ePub 978-3-96088-654-9
mobi 978-3-96088-655-6

Auf *dpunkt.de* auch als Bundle (Print & E-Book) erhältlich.

C++ ist eine der am weitesten verbreiteten Programmiersprachen. Schnell, effizient und flexibel – ist sie zur ersten Wahl für Softwareentwickler geworden und wird zur Lösung vieler Probleme eingesetzt. Die neuesten Versionen von C++ unterstützen und fördern zudem einen modernen Programmierstil.

Marius Bancila zeigt Ihnen zahlreiche bemerkenswerte Features, die modernes C++ zu bieten hat, und wie Sie sie implementieren, um Ihre Anforderungen zu erfüllen. In 100 Aufgaben werden exemplarische Probleme behandelt, die nicht nur Ihre Sprachkenntnisse testen, sondern auch Ihre Fähigkeiten entwickeln, über den Tellerrand hinauszuschauen und neue Wege zu gehen, um optimale Lösungen zu finden.

Sie werden mit einer Vielzahl von Herausforderungen mit unterschiedlichen Schwierigkeitsgraden konfrontiert. Und falls Sie ratlos sind, brauchen Sie sich keine Sorgen zu machen: Wir haben die besten Lösungen für Ihre Probleme in diesem Buch festgehalten und zum Download bereitgestellt. Nehmen Sie die Herausforderung an!

dpunkt.verlag
www.dpunkt.de